普通高等教育交通类专业系列教材

交通运输商务管理

主　编　邓红星
副主编　王连震　吴晓东

机械工业出版社

本书共 10 章，主要内容包括绪论、交通运输营销管理、交通运输业务管理、交通运输合同管理、交通运输费用管理、交通运输保险和保价、交通运输商务事故处理、交通运输安全管理、交通运输电子商务、交通运输商务礼仪。

本书可作为交通运输类专业本科生教材，也可供相关专业培训机构、企事业单位管理人员及相关业务人员使用。

图书在版编目（CIP）数据

交通运输商务管理／邓红星主编 .—北京：机械工业出版社，2021. 11
（2025. 2 重印）
普通高等教育交通类专业系列教材
ISBN 978-7-111-69703-9

Ⅰ. ①交⋯ Ⅱ. ①邓⋯ Ⅲ. ①交通运输经济-经济管理-高等学校-教材 Ⅳ. ①F506

中国版本图书馆 CIP 数据核字（2021）第 244757 号

机械工业出版社（北京市百万庄大街 22 号　邮政编码 100037）
策划编辑：王　婕　　　责任编辑：王　婕
责任校对：炊小云　　　责任印制：邓　博
北京盛通数码印刷有限公司印刷
2025 年 2 月第 1 版第 2 次印刷
184mm×260mm・19 印张・468 千字
标准书号：ISBN 978-7-111-69703-9
定价：60.00 元

电话服务　　　　　　　　网络服务
客服电话：010-88361066　　机　工　官　网：www.cmpbook.com
　　　　　010-88379833　　机　工　官　博：weibo.com/cmp1952
　　　　　010-68326294　　金　书　网：www.golden-book.com
封底无防伪标均为盗版　机工教育服务网：www.cmpedu.com

前　言

2019年9月19日，中共中央、国务院印发了《交通强国建设纲要》（以下简称《纲要》）。《纲要》指出，推动交通发展由追求速度规模向更加注重质量效益转变，由各种交通方式相对独立发展向更加注重一体化融合发展转变，由依靠传统要素驱动向更加注重创新驱动转变，构建安全、便捷、高效、绿色、经济的现代化综合交通体系，打造一流设施、一流技术、一流管理、一流服务，建成人民满意、保障有力、世界前列的交通强国。

《纲要》为我国交通运输事业的发展指明了方向。"打造一流管理、一流服务"的发展目标更是对交通运输业相关人员提出了具体要求。在提高交通运输业务能力的基础上，掌握与运输业密切相关的保险、合同、法律、金融、营销等商务知识尤为重要。为适应交通运输业发展对人才培养提出的新需求，结合《纲要》的具体要求，编者根据交通运输及其商务管理的主要内容、业务流程及相关法律规范，详细阐述了交通运输商务管理的理念。

本书由邓红星主编并统稿。具体编写人员分工如下：第1章、第2章、第5章由邓红星编写；第3章、第4章、第6章由王连震编写；第7章、第8章由吴晓东编写；第9章由庞然编写；第10章由赵静编写。

由于编者学识有限，书中难免出现不足及错误之处，敬请广大读者批评指正，同时对本书的出版单位及本书参考文献的作者表示诚挚的感谢！

编　者

目 录

前言
第1章 绪论 ·· 1
  1.1 交通运输商务管理概述 ·· 1
    1.1.1 运输和商务 ··· 1
    1.1.2 交通运输商务管理 ·· 2
  1.2 交通运输商务管理内容及作业流程 ··· 3
    1.2.1 交通运输商务内容 ·· 3
    1.2.2 交通运输商务管理基本内容 ·· 5
    1.2.3 交通运输商务管理作业流程 ·· 6
  1.3 交通运输商务管理发展 ·· 7
  复习思考题 ·· 7
第2章 交通运输营销管理 ·· 8
  2.1 营销概述 ·· 8
    2.1.1 市场营销的概念 ··· 8
    2.1.2 市场和顾客需求分析 ··· 9
    2.1.3 营销概念的整合 ··· 13
  2.2 营销环境分析 ··· 14
    2.2.1 微观环境 ·· 16
    2.2.2 宏观环境 ·· 18
    2.2.3 对营销环境的反应 ·· 23
    2.2.4 营销市场调查与预测 ··· 25
  2.3 营销战略 ·· 32
    2.3.1 顾客驱动型营销战略 ··· 32
    2.3.2 制定产品战略 ·· 33
    2.3.3 定价策略与方案 ··· 36
    2.3.4 服务的设计与管理 ·· 40
    2.3.5 可持续营销 ··· 41
  2.4 客户关系管理的营销理论 ··· 41
    2.4.1 数据库营销 ··· 41
    2.4.2 关系营销 ·· 43
    2.4.3 一对一营销 ··· 44
  2.5 客户服务中心 ··· 45
    2.5.1 客户服务中心及其发展 ·· 46
    2.5.2 客户服务中心的作用 ··· 47

2.5.3 客户服务中心的设计与建设 …………………………………………… 48
  2.6 运输企业营销案例 ……………………………………………………………… 49
  复习思考题 …………………………………………………………………………… 53
第3章 交通运输业务管理 ……………………………………………………………… 54
  3.1 公路运输业务 …………………………………………………………………… 54
    3.1.1 公路货物运输业务 …………………………………………………………… 54
    3.1.2 公路旅客运输业务 …………………………………………………………… 59
  3.2 铁路运输业务 …………………………………………………………………… 59
    3.2.1 铁路货物运输业务 …………………………………………………………… 59
    3.2.2 铁路旅客运输业务 …………………………………………………………… 61
  3.3 水路运输业务 …………………………………………………………………… 62
    3.3.1 水路货物运输业务 …………………………………………………………… 62
    3.3.2 水路旅客运输业务 …………………………………………………………… 70
  3.4 航空运输业务 …………………………………………………………………… 71
    3.4.1 航空货物运输业务 …………………………………………………………… 71
    3.4.2 航空旅客运输业务 …………………………………………………………… 74
  3.5 运输业务案例 …………………………………………………………………… 77
  复习思考题 …………………………………………………………………………… 78
第4章 交通运输合同管理 ……………………………………………………………… 79
  4.1 概述 ……………………………………………………………………………… 79
    4.1.1 交通运输合同的概念和特征 ………………………………………………… 79
    4.1.2 交通运输合同的内容 ………………………………………………………… 81
    4.1.3 交通运输合同的种类 ………………………………………………………… 82
  4.2 货物运输合同 …………………………………………………………………… 84
    4.2.1 货物运输合同的概念和种类 ………………………………………………… 84
    4.2.2 货物运输合同的形式 ………………………………………………………… 85
    4.2.3 货物运输合同主体及其权利、义务 ………………………………………… 86
    4.2.4 货物运输合同的订立、履行、变更和解除 ………………………………… 89
    4.2.5 有关货物运输合同格式 ……………………………………………………… 91
  4.3 旅客运输合同 …………………………………………………………………… 94
    4.3.1 旅客运输合同的种类和特点 ………………………………………………… 94
    4.3.2 旅客运输合同主体及其权利和义务 ………………………………………… 95
    4.3.3 旅客运输合同的订立、履行、变更和解除 ………………………………… 96
    4.3.4 行包运输合同的订立、履行、变更和解除 ………………………………… 99
  4.4 运输合同案例 …………………………………………………………………… 100
  复习思考题 …………………………………………………………………………… 103
第5章 交通运输费用管理 ……………………………………………………………… 104
  5.1 运价的基本原理 ………………………………………………………………… 104
    5.1.1 运价的特点 …………………………………………………………………… 104

  5.1.2 运价的结构和种类 · 105
  5.1.3 运价的形式 · 107
  5.1.4 运价制定方法 · 109
 5.2 公路运费计算 · 110
  5.2.1 公路旅客票价的分类及构成 · 110
  5.2.2 公路货物运价的分类和构成 · 111
  5.2.3 公路货物运输费用的计算 · 111
 5.3 铁路运费计算 · 115
  5.3.1 铁路旅客票价 · 115
  5.3.2 铁路货物运价的分类 · 118
  5.3.3 铁路货物运输费用的构成 · 119
  5.3.4 铁路货物运输费用的计算 · 119
  5.3.5 国际铁路联运货物运输费用的计算 · 126
 5.4 航空运费计算 · 129
  5.4.1 航空旅客票价的分类及构成 · 129
  5.4.2 航空货物运价的分类和构成 · 130
  5.4.3 航空货物运输费用的计算 · 130
 5.5 水运运费计算 · 133
  5.5.1 水运旅客票价的分类及构成 · 133
  5.5.2 水运货物运价的分类 · 134
  5.5.3 班轮运价的种类及运输费用的构成 · 135
  5.5.4 集装箱海运运费的构成 · 136
  5.5.5 港口使费的分类及构成 · 137
  5.5.6 水运货物运输费用的计算 · 138
 5.6 运输费用管理案例 · 146
 复习思考题 · 150

第6章 交通运输保险和保价 · 151
 6.1 运输保险 · 151
  6.1.1 保险概述 · 151
  6.1.2 运输保险概况 · 155
  6.1.3 货物运输保险概述 · 156
  6.1.4 国内水路、陆路货物运输保险 · 157
  6.1.5 海上货物运输保险 · 159
  6.1.6 航空货物运输保险 · 167
  6.1.7 旅客意外伤害保险 · 170
 6.2 保价运输 · 175
  6.2.1 保价运输的概念和特点 · 175
  6.2.2 铁路货物保价运输 · 177
  6.2.3 公路货物保价运输 · 181

  6.2.4 水路货物保价运输 ········· 182
  6.2.5 航空货物保价运输 ········· 182
  6.2.6 保价与保险的异同 ········· 183
 6.3 运输保险和保价案例 ············ 185
 复习思考题 ························ 188

第7章 交通运输商务事故处理 ······ 189
 7.1 运输事故概述 ················· 189
  7.1.1 铁路运输事故 ············ 189
  7.1.2 公路运输事故 ············ 193
  7.1.3 水路运输事故 ············ 195
  7.1.4 航空运输事故 ············ 196
 7.2 运输事故责任划分 ············· 198
  7.2.1 铁路运输事故责任划分 ····· 198
  7.2.2 公路运输事故责任划分 ····· 200
  7.2.3 水路货运事故责任划分 ····· 202
  7.2.4 航空运输事故责任划分 ····· 202
 7.3 运输事故索赔 ················· 203
  7.3.1 铁路运输事故索赔 ········ 203
  7.3.2 公路货运事故索赔 ········ 205
  7.3.3 水路货运事故索赔 ········ 205
  7.3.4 航空运输事故索赔 ········ 206
 7.4 运输事故理赔 ················· 207
  7.4.1 铁路运输事故理赔 ········ 207
  7.4.2 公路货运事故理赔 ········ 211
  7.4.3 水路货运事故理赔 ········ 212
  7.4.4 航空货运事故理赔 ········ 214
 7.5 运输事故案例 ················· 216
  7.5.1 铁路运输事故案例 ········ 216
  7.5.2 公路运输事故案例 ········ 218
  7.5.3 水路运输事故案例 ········ 220
  7.5.4 航空运输事故案例 ········ 221
 复习思考题 ························ 222

第8章 交通运输安全管理 ·········· 223
 8.1 概述 ························· 223
  8.1.1 驾驶人的安全管理 ········ 223
  8.1.2 交通运输企业的安全管理 ··· 226
  8.1.3 车辆运行的安全管理 ······ 227
  8.1.4 交通运输安全管理体制 ···· 228
 8.2 货运安全及检查 ··············· 230

8.2.1　货运运输安全管理 ………………………………………………………………… 231
　　8.2.2　货运检查 …………………………………………………………………………… 238
8.3　客运安全及检查 …………………………………………………………………………… 240
　　8.3.1　旅客运输安全管理 ………………………………………………………………… 241
　　8.3.2　旅客运输安全检查 ………………………………………………………………… 250
复习思考题 ………………………………………………………………………………………… 254

第9章　交通运输电子商务 255

9.1　电子商务概述 ……………………………………………………………………………… 255
　　9.1.1　电子商务的概念及特点 …………………………………………………………… 255
　　9.1.2　电子商务在交通运输业的应用 …………………………………………………… 256
9.2　运输与电子商务 …………………………………………………………………………… 258
　　9.2.1　铁路运输电子商务 ………………………………………………………………… 258
　　9.2.2　航空运输电子商务 ………………………………………………………………… 261
　　9.2.3　海上运输电子商务 ………………………………………………………………… 264
　　9.2.4　公路运输电子商务 ………………………………………………………………… 267
9.3　运输电子商务案例 ………………………………………………………………………… 272
复习思考题 ………………………………………………………………………………………… 276

第10章　交通运输商务礼仪 277

10.1　商务礼仪概述 ……………………………………………………………………………… 277
10.2　见面及沟通礼仪 …………………………………………………………………………… 280
10.3　商务通信与客户往来礼仪 ………………………………………………………………… 284
10.4　商务礼仪案例 ……………………………………………………………………………… 292
复习思考题 ………………………………………………………………………………………… 293

参考文献 ………………………………………………………………………………………… 294

第 1 章 Chapter 1

绪论

从运输业的发展来看，运输与保险、法律、银行、海关等行业联系密切，运输业的经营范围包括水路、公路、铁路、航空等多种运输方式，涉及管理货物的运输、中转、装卸、仓储等事宜。交通运输商务管理是一门理论与实务相结合的综合性学科，对交通运输生产经营活动具有重要的理论和实际操作指导意义。

1.1 交通运输商务管理概述

为了生存和发展，任何组织或个人都要在社会活动中从其他方面获取物资、能量和信息，并直接或间接地通过交换为社会提供产品或服务。这些与市场相关的活动，通常称之为商务活动或商业活动。商务活动是人类有史以来的基本活动，商务管理是人们长期商务活动实践经验的总结。

1.1.1 运输和商务

1. 运输

运输是指物品或人借助于运力在空间上所发生的位置移动。对物品来讲，运输就是通过各种运输手段使货物在物流节点之间流动，以改变"物"的空间位置为目的的活动，其中包括集货、分配、搬运、中转、装入、卸下、分散等一系列操作。虽然运输过程不产生新的物质产品，但它可以实现物流的空间效用。

运输是社会生产必备的一个条件，是整个经济的主要基础。生产、分配、交换和消费必须通过运输这一纽带才能得到有机结合。生产的社会化程度越高，商品经济越发达，生产对流通的依赖性越大，运输在整个生产中的作用就越重要。运输活动及其载体所构成的运输体系是物流管理体系中最重要的组成部分。物流运输是现代物流的业务核心，是物流运作与管理不可缺少的一环。因此，加强现代物流运输活动的研究，实现运输合理化，无论是对物流系统整体功能的发挥，还是对促进国民经济持续、稳定、协调的发展，以及企业的自身竞争实力的增强都有着极为重要的意义。

运输作为物流系统的一项功能，包括生产领域的运输和流通领域的运输。生产领域的运输活动一般是在生产企业内部进行，因此称之为厂内运输。它作为生产过程的一个组成部分，是直接为物质产品的生产服务的。其内容包括原材料、在制品、半成品和成品的运输，这种厂内运输有时也称为物流搬运。流通领域的运输活动，则是作为流通领域的一个环节。其主要内容是对物质产品的运输，是以社会服务为目的，是完成物品从生产领域向消费领域在空间位置上的物理转移过程。它既包括物品从生产所在地直接向消费所在地的移动，也包括物品从生产所在地向物流网点的移动和由物流网点向消费（用户）所在地的移动。为了区别长途运输，往往把从物流网点到用户的运输活动称为"发送"或"配送"。将场地内部的移动称为"搬运"。

2. 商务

商务（commerce）是指通过货币进行的商品和服务的交换，是以盈利为目的的市场经济主体，通过商品（有形产品和无形产品）交易（买卖或交换）获取经济资源的各种经济行为的总称。

广义上，与资产买卖或交换有关的一切活动，包括企业组建、企业运行过程中的买卖、企业破产后的资产处理等都可以说是商务活动，即广义的商务是指一切与买卖商品服务相关的商业事务，而狭义的商务概念指商业或贸易，是仅限于商品或服务的交易活动。

商务活动中包含一些不同的角色：购买者是指有购买能力想要购买产品或者服务的人。销售者是指向购买者提供产品和服务的人。一般存在两种不同的形式：直接向消费者销售产品的零售商以及向零售商和其他商人销售产品的批发商或分销商。生产者是指生产和创造销售者提供给购买者的产品和服务的人。生产者始终也必然是销售者。生产者将生产的产品销售给批发商、零售商或者直接销售给消费者。

1.1.2 交通运输商务管理

交通运输商务是指交通运输企业在经营客货运输业务的过程中，面向运输市场而开展的各种经济行为的总称。

交通运输商务管理是有关运输生产活动中的运输法规与政策的管理、客货运输营业管理、运输费用管理、运输质量管理、运输商务信息管理以及与货运有关的仓储、理货、代理、联运、保险等业务管理活动的总称。

交通运输商务的开展具有非常重要的意义：

1）交通运输商务工作是交通运输生产的前提和基础。运输商务为运输生产提供了所需的客流和货源，同时为运输生产提供了法律和政策的支持、信息支撑和服务保障，联系了运输和其他经济活动，是运输生产的前提和基础。

2）交通运输商务工作是交通运输企业提高市场声誉、扩大市场份额的基础。运输商务活动是面向运输市场的活动，运输商务活动的过程也是旅客和货主了解运输企业的过程。因此，运输商务活动质量直接影响着旅客和货主对于运输企业的评价，运输商务工作是运输企业提高市场声誉、扩大市场份额的基础。

3）交通运输商务工作是提高运输服务质量的基础。运输服务质量包括安全、迅速、准确、舒适、经济、便利等方面，这些都与运输商务活动直接有关。不断提高运输商务工作的质量，可以使上述特性得到改善，从而提高运输服务质量。

4）交通运输商务工作是交通运输企业提高运输效率、增加运输收入和经营效益的基础。优质、高效的运输商务活动，有利于提高运输企业的声誉，使运输企业吸引更多的客流和货源，为运输企业增加运输收入和经营效益，提高运输效率。一些新的商务形式（例如运输电子商务）的开展也大大提高了运输效率。

运输商务学科是交通运输科学的重要组成部分，属于运输管理学、运输经济学、运输市场营销学、交通运输法学等学科的交叉和边缘学科。

运输商务与相关学科的关系如下。

(1) 运输商务与运输组织学

运输组织学侧重于研究运输企业内部的客货运输组织、行车组织以及调度指挥等工作；而运输商务则主要研究运输企业对外的工作。

(2) 运输商务与运输经济学

运输经济学是一门研究如何有效地在交通运输与其他经济活动之间分配资源，以及如何有效利用已分配用于运输部门的资源的学科；而运输商务在运输费用的计算、运输事故理赔等方面需要应用运输经济学的理论。

(3) 运输商务与运输市场营销学

运输市场营销学是一门研究在运输市场上通过运输劳务的交换来满足旅客或货主现实的或潜在的运输需求的学科；而运输商务在运输市场调查与分析方面需要应用运输市场营销学的理论。

1.2 交通运输商务管理内容及作业流程

1.2.1 交通运输商务内容

运输商务按照运输对象的不同可以分为货物运输商务和旅客运输商务。运输商务主要包括以下几方面的内容。

1. 运输合同

运输合同是指承运人将旅客或者货物从起运地点运输到约定地点，旅客、托运人或者收货人支付票款或者运输费用的合同。运输合同可以被描述为运输合同的当事人依据运输合同的约定所享有的权利和承担的义务。

(1) 合同的订立

运输合同是运输商务的纽带。运输合同按运输对象的不同，可以分为货物运输合同和旅客运输合同。对于旅客运输，运输合同订立的标志是旅客购得的客票。对于货物运输，运输合同成立的标志一般为承运人的承运。另外，在订立运输合同时，还要遵守国家的有关运输法律法规与政策。对于货物运输，该项商务工作还涉及货物的发送作业程序。

(2) 运输合同的履行

在市场经济条件下，运输商务工作是围绕运输合同展开的，当运输合同签订以后，运输商务工作的中心任务就是按运输合同要求组织好客货运输，承运人及旅客、托运人和收货人要认真履行运输合同及有关运输法规规定的各项义务，以使对方当事人的合同权利得以顺利实现。运输合同的履行涉及旅客和货物的发送、途中和到达作业程序。

(3) 运输合同的变更或解除

运输合同订立后，旅客、托运人或收货人可以向承运人提出变更或解除运输合同的要求，但应当遵守相应的运输法规。符合规定的条件，并经承运人确定后，运输合同的变更或解除才能成立。对于因旅客、托运人或收货人的原因而造成运输合同的变更或解除，旅客、托运人或收货人应缴纳一定的手续费，作为对承运人的补偿。

(4) 运输事故理赔

运输合同订立后，合同当事人应该严格履行运输合同。但是，由于运输过程是一个动态过程，而且在运输过程中还会不可避免地受到各种外界因素的影响，所以，因当事人的过错或无法防止的外因造成运输事故是不可避免的。运输事故发生后，要在明确责任的前提下，依据有关运输法规决定事故的赔偿问题。作为运输商务工作的一项重要内容，运输事故理赔工作将直接影响到运输企业的信誉。

2. 运输业务

(1) 运输市场调查与分析

在市场经济条件下，运输生产要围绕运输商务进行，而运输商务必须围绕运输市场进行，运输生产和运输商务活动都要以市场为中心。运输市场调查与分析是运输商务活动的起点。交通运输企业要实现其经营目标，首先必须做好客流和货源的调查与分析工作，以便对其目标市场、服务对象和经营环境有一个全面的了解，从而为运输商务决策做好准备。

(2) 运输计划的编制

为了充分满足旅客和货主的运输需求，经济、合理地使用运输技术设备，充分利用运输能力，有计划、有组织、均衡地组织运输，交通运输企业必须在进行运输市场调查与分析及运能分析的基础上编制客货运输计划。由于运输能力具有不能储存的特点，运输计划编制工作的地位尤为突出。

(3) 运输产品的营销

由于运输产品是社会生产生活派生需求的产物，运输产品的影响因素非常繁杂，例如个人出行的意愿或季节变动等都会对运输需求产生影响。对运输生产企业而言，要维持稳定的生产输出，必须要对运输市场和运输需求有充分的了解，并能设计出适用于本企业运输产品的营销方案，适应市场的变化，在市场竞争中处于有利位置。

(4) 运输代理

随着运输市场的繁荣，运输代理业蓬勃兴起，交通运输企业必须与运输代理人广泛开展合作，以不断扩大市场份额。因此，研究运输代理的业务范围、运输代理人与委托人的权利与义务关系等是运输商务工作的一项重要内容。

(5) 多式联运

在运输市场中，存在多种运输方式，每种运输方式都有其技术经济特点和市场优势领域。通过将两种或两种以上的运输方式联合起来共同完成运输任务，可以实现运输效益的整体优化。各种运输方式从竞争走向联合，是运输业发展的一个重要趋势。因此，研究多式联运经营人的条件、多式联运单证、多式联运费用等是运输商务工作的一项重要内容。

(6) 运输电子商务

随着我国社会主义市场经济体制的逐步完善，运输市场在不断向新的领域延伸与拓宽，这要求运输商务工作与国际商务接轨，逐步实现商务信息流转的电子化、商务单证的电子化、运费支付的电子化，并最终通过互联网全面实现运输电子商务。

3. 运输费用

(1) 运输费用的计算和核收

运费就是运输价值的货币体现，表现为运输单位产品的价格。在运输合同中，一般都有运输费用条款，因此，运输费用的计算和核收工作也是运输商务工作的一项重要内容。运费是托运人根据运输契约向承运人支付的运输费用，或者是承运人根据运输契约向托运人收取的运输报酬。由于运输工作的复杂性，运输费用的计算也是比较复杂的，各种运输方式都有其特定的运价，一些交通运输企业还必须采用国家制定的运价标准。

（2）运输保险与保价

在运输过程中，常会因自然灾害或意外事故而使旅客的生命或财产受到损害或者使货主的货物受到损失，为了在损害或损失后得到足额赔偿，旅客或货主可以选择参加运输保险。

在运输过程中，对于因承运人的过失责任造成的货物损失，交通运输企业一般实行限额赔偿原则，即货主经常得不到与货物损失等额的赔偿，为了解决这个矛盾，货主可以参加保价运输。

1.2.2 交通运输商务管理基本内容

1. 市场调研

首先，要明确调研的目的；其次，要确定调研的范围；第三，制订调研计划；第四，实施调研计划；第五，对调研资料进行整理、加工，得出结论，并形成正式报告。

运输商务企业对运输市场进行调研的目的是掌握市场动态、竞争对手以及用户的情况，以便开拓市场、扩大市场占有率。

2. 运输供应商和购买者管理

商务管理的一个重要环节就是对运输业务提供者的管理。主要涉及两个方面的内容：一是供应商自身对其资质进行管理，同时进行市场调研和市场开拓等方面的管理；另一方面是运输需求者对供应商的信誉、资质等方面的考评。

供应商对自身的资质管理主要是进行企业的经营资格管理，以及以后的运作质量管理、经营业绩管理、年度资格审查、工商登记等事务性工作。

用户对供应商的考评主要是为了选择诚实可靠的供应商，以减少商务风险。其中一项主要工作就是实施市场调查、收集有关供应商生产运作等方面的信息，然后借助于一定的方法和工具进行评估。为了科学、客观地反映供应商的运作情况，应建立一整套的绩效评价指标体系，同时为了突出重点，应对关键指标进行实时分析，而不要作事后分析。

1）安全性指标，如旅客安全运输率、行车责任事故频率、行车责任事故死亡频率、安全事故频率等。

2）及时性指标，如旅客正点率、客运正班率、货运合同履约率等。

3）完整性指标，如货损货差率、货物赔偿率等。

4）经济性指标，主要是供应商的价格水平等。

5）支持、配合与服务指标，如反应表现（是否对质量投诉、交货等反应及时、迅速，答复是否完整）、沟通手段、合作态度、共同改进（是否积极、主动地关心运输质量、降低成本等）、售后服务（是否主动征询客户意见、主动解决或预防问题等）等指标。

3. 合同管理

合同管理主要包括3个方面的工作：合同的谈判、签订和实施。

(1) 合同的谈判

合同是经双方商议,为防止和处理意外事故的发生,就某些具体事项,如运输条件、运价、保险、理赔等达成共识,并形成具有法律效力的正式文字文本。它不仅规定了双方应享受的权利,同时也规定了双方应负的责任和义务。交易双方一旦签约就必须按规定的要求保质保量地履约,也就是说,运输供应商必须保质保量、及时、准确地完成运输任务,运输劳务购买者在对方没有任何违约前提下也必须按事先规定的付费方式、数量和时间进行付费结算,并且在出现质量事故时可以按合同规定的方式进行索赔。

合同签订前,双方要进行充分的沟通和协商,本着友好合作的态度,就运输过程中所涉及的各种情况进行全面的考虑,以免发生不必要的纠纷,如承运货物的质量、数量、包装、运输方式的选择、运到期限的规定、运价和运输费用的计算、支付方式、保险、运输事故的处理和理赔等。

商务谈判或沟通是一门具有很强实战性的艺术。商务谈判既要本着扩大共同利益、互利互惠,坚持客观标准、公平合理、竞争有度、以礼待人、对事不对人的原则,同时又要掌握一定的灵活务实、攻防兼备的技巧。要善于与谈判对手周旋,既要坚持己方利益,同时当谈判陷入僵局时,又要善于打破僵局、促成最终和谈的成功。

(2) 合同的签订和实施

合同的拟订只是运输商务管理的第一步,对合同管理的关键是合同的实施。合同的实施也称为履约,运输合同的实施不仅涉及运输活动的全过程,而且还包括纳税、商检、报关、结算、保险和理赔等重要环节。

运价是供需双方最敏感的话题,也是运输劳务交易最终能否成功的关键因素。运价的制定既要考虑运输企业正常的利润,又要考虑具有一定的市场竞争力。一般而言,运价等于运输成本加正常利润,再根据货物价值、行业性质和国家政策酌情进行考虑。因此,运输供应商要使自己的运价具有竞争力,就必须尽可能地降低运输成本,而运输成本和服务水平往往又是相悖的,存在着此消彼长的趋势。当然,管理出效益,因此在同等条件下,只有通过对商务过程及物流过程进行有效的管理方能取得竞争优势。

由于运输过程中涉及人、车、路、环境等诸多因素,经过运输、仓储、装卸搬运等诸多环节,所以运输事故的绝对避免是不可能的,一旦出现事故,要本着相互理解的态度加以妥善处理,才不至于破坏合作的基础。一方面承运方要正确总结经验,采取恰当的防范措施,以防止同类事件的再次发生;另一方面还要做好对客户的理赔工作。作为客户,也应在合理的范围内提出理赔要求,而不能趁机漫天要价。因此,承运方为了不致因对顾客的过度赔偿而蒙受重大损失,最好的办法还是事先对运输产品进行保险。

1.2.3 交通运输商务管理作业流程

运输商务管理活动一般都要经过运输市场的调研、营销、交易对象的选择、交易双方的商务谈判,合同签订、合同履行、单证传输、费用的支付和结算,售后服务、保险和理赔,以及工商登记、税务、商检、报关等一系列的活动。其基本流程如图1-1所示。

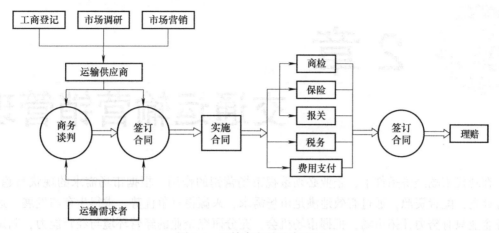

图 1-1 运输商务的基本流程

1.3 交通运输商务管理发展

人类商品交换的发展经历了以下几个阶段。
1）人类社会最初的商品交换形式，即商品—商品。
2）以货币为媒介的商品交换，即商品—货币—商品。
3）专门从事商品交换的经济事业，出现货币—商品—货币的流通形式。
4）大量非物质形式的产品（如劳务、资金、信息等）也先后进入交易市场。
5）商务活动的高级形式——电子商务。

运输产品作为社会商品的重要组成部分，其发展历程也与其他商品一样，从传统的交换机制逐步向电子交换机制转变。数十年来以关系网搭建起来的运输体系目前正面临着新结构的冲击，运输电子商务不但已经出现，而且正在以很快的速度发展。运输商及客户在网络上相互交流，接洽生意，这为交通运输商务管理发展到更高的水平提供了契机。

在交通运输商务管理中引入电子商务，将传统商业活动中的客流、货流、资金流、信息流的传递方式利用网络技术整合。企业将重要的信息以全球信息网、企业内部网络或外部网络直接与分布各地的客户、员工、经销商、供应商连接。在传统商务管理中，询价、报价、订单、单证传输、协议签订、付费、报关、纳税等商务活动需要多次沟通，花费比较长的时间才能把所有流程完成，而现在这些流程完全可以通过电子商务系统，在互联网、企业内部网和增值网上以电子交易方式进行交易活动和相关服务活动，使传统的商务管理电子化、网络化、信息化，可以创造更具竞争力的经营优势。

复习思考题

1. 什么是交通运输商务？
2. 交通运输企业开展商务管理工作有什么意义？
3. 交通运输商务包含哪些内容？

第 2 章 交通运输营销管理

在现代市场经济条件下,企业必须重视市场营销的作用,根据市场需求的现状与趋势,制订计划,配置资源,通过有效地满足市场需求,来赢得竞争优势,求得生存与发展。运输商务企业只有努力开拓市场,把握市场机会,充分研究企业的经营环境与经营能力,制定适应运输商务市场的营销策略,才能取得最大经济效益。

2.1 营销概述

在 20 世纪初,许多发达国家由于推行科学的管理方法,社会生产率大大提高,生产能力的增长速度超过了社会需求的增长速度,生产企业的产品销售遇到了困难。于是一些经济学家根据企业销售活动的需要,开始从理论上研究商品销售问题,这是营销学从经济学中分离出来的起点,但这时营销学的研究主要侧重于商品推销方法,尚未形成理论体系。经过近百年的实践和探索,从 20 世纪 70 年代开始,市场营销理论的研究进入了高速发展阶段,在这个阶段,市场营销学与经济学、哲学、数学、管理学、心理学、社会学等更紧密地结合,形成一门完善、独立的学科,并且出现了许多应用分支。

在企业与市场产生联系的过程中,经常接触到两个比较相近的概念,即销售和营销,这两个概念是有区别的,销售只能发生在产品生产出来之后,而营销早在企业生产产品之前就开始了。营销同企业的其他职能相比,更多地涉及顾客。营销人员需要预测消费者的需求,估计需求的多少及强烈程度,并且确定是否存在赢利机会。理解、创造、沟通、让渡顾客价值和实现顾客满意是现代营销思想与实践的核心内容。从这个意义上讲,营销的最简单定义是,满足他人的需要且自己盈利。其目标包括两方面:向顾客承诺高价值来吸引新顾客和让顾客满意来留住现有顾客。

2.1.1 市场营销的概念

市场营销一词在不同时期,不同学者从不同角度有多种解释。

现代营销之父,美国西北大学教授菲利普·科特勒把营销(Marketing)定义为:营销是通过创造并同他人交换产品及价值,从而使个人或群体满足需要和欲望的一种社会和管理过程。

美国营销协会(American Marketing Associations,AMA)2004 年给出了一个比较详尽和全面的市场营销的定义:市场营销是一项有组织的活动,它包括创造价值,将价值沟通输送给顾客,以及维系管理公司与顾客间关系,从而使得公司及其相关者受益的一系列过程。

根据此定义,市场营销包括以下 4 个基本义项。

1）市场营销首先是有组织的活动，因而它需要被管理。

2）市场营销是创造价值的活动，这个价值既不是单独指向顾客的，也不是单纯指向企业的，而是与所有利益相关者都有联系。

3）市场营销的本质是顾客关系管理，而不是销售，销售是营销中需要使用的众多工具中的一种，但销售不是营销。

4）市场营销具有过程性，是从确定提供什么生产价值、沟通价值到传送价值的一系列活动过程的组合。

2.1.2 市场和顾客需求分析

在现代市场经济条件下，企业必须按照市场需求组织市场，企业市场营销行为依托于市场，只有认识市场、适应市场，才能驾驭市场、开拓市场。

1. 市场概念

市场是社会分工和商品经济发展的产物。"市场"的概念在不同历史时期和不同经济场合具有不同的内涵。传统的观点认为，市场是指买卖双方进行商品交换的场所。随着经济的发展和生产力水平的提高，商品交换活动的内容和形式都发生了巨大变化，不再仅局限于同一时间、同一地点、由买卖双方直接交换而完成，而是渗透于整个现代经济。现代经济按照劳动分工的原则运行。每个社会成员都专门从事某种物品的生产，基于其劳动而获得报酬，再用所获得的报酬去换取自己所需要的物品。可以说现代经济源于市场。

市场是一种以商品交换为内容的经济联系形式，是商品经济中社会分工的表现，也是企业生产经营活动的起点和终点。生产劳动的社会分工使得不同生产者各自所生产的产品相互变成商品，从而出现了商品的供求与交换，继而也出现了用于商品交换的市场。在商品或产品的交换过程中，消费者与生产者之间通过市场建立起双方或多方的经济关系。因此，现代市场是指以交换过程为纽带的现代经济体系中的各种经济关系的总和。市场的基本关系是商品供求关系，市场的基本活动是商品交换活动。

2. 运输市场

对于运输市场而言，运输需求和运输供给构成了运输市场。狭义的运输市场是指运输劳务交换的场所，该场所为旅客、货主、运输业者、运输代理者提供交易的空间。广义的运输市场则包括运输参与各方在交易中所产生的经济活动和经济关系的总和，即运输市场不仅是运输劳务交换的场所，而且包括运输活动的参与者之间、运输部门与其他部门之间的经济关系。

交通运输业与工业、农业、建筑业等物质生产部门相比较，既有共同之处，又有其自身的特点。了解和掌握运输业的特点，对于加强运输企业管理，顺应客观经济规律，提高经济效益具有十分重要的现实意义。

运输市场和普遍意义的市场相比有以下4个方面特点。

（1）运输商品生产、消费的同步性

运输商品的生产过程、消费过程是融合在一起的，在运输生产过程中，劳动者主要不是作用于运输对象，而是作用于交通工具，货物是和运输工具一起运行的，并且随着交通工具的场所变动而改变所在位置。由于运输所创造的产品在生产过程中同时被消费掉，因此不存在任何可以存储、转移或调拨的运输产品。同时运输产品又具有矢量的特征，不同的到站和发站之间的运输形成不同的运输产品,它们之间不能相互替代。因此,运输劳务的供给只能表现在特定时空的运输能力之中,不能靠储存或调拨运输产品的方式调节市场供求关系。

(2) 运输市场的非固定性

运输市场所提供的运输产品具有运输服务特性,它不像其他工农业产品市场那样有固定的场所和区域来生产、销售商品。运输活动在开始提供时只是一种"承诺",即以货票、运输合同等作为契约保证,随着运输生产过程的开始进行,通过一定时间和空间的延伸,在运输生产结束时,才将货物位移的实现所形成的运输劳务全部提供给运输需求者。整个市场交换行为,并不局限于一时一地,而是具有较强的广泛性、连续性和区域性。

(3) 运输需求的多样性及波动性

运输企业以运输劳务的形式服务于社会,服务于运输需求的各个组织或个人。由于运输需求者的经济条件、需求习惯、需求意向等多方面存在比较大的差异,必然会对运输劳务或运输活动过程提出不同的要求,从而使运输需求呈现出多样性的特点。

由于工农业生产有季节性的特点,因此货物运输需求也有季节性的波动,特别是水果、蔬菜等农产品的运输需求季节性十分明显。由于运输产品无法储存,运输市场供需平衡较难实现。

(4) 运输市场容易形成垄断

运输市场容易形成垄断的特征表现在两个方面:一方面是运输业在一定的发展阶段,某种运输方式往往会在运输市场上形成较强的垄断势力,这主要是因为自然条件和一定生产力水平下某一运输方式具有技术上的明显优势等原因造成的;另一方面是指运输业具有自然垄断的特性,这使得运输市场容易形成垄断。通常把因历史原因、政策原因和需要巨大初期投资原因等使其他竞争者不易进入市场,而容易形成垄断的行业称为具有自然垄断特征的行业。运输市场上出现的市场垄断力量会使运输市场偏离完全竞争市场的要求,因此各国政府都对运输市场加强了监管。

3. 顾客需求分析

需求是购买产品的前提条件,是研究市场变化的重要内容。没有需求,就没有市场。正确把握运输市场,必须理解顾客运输需求的内容及其变动规律。

运输需求是一个特定的概念,指运输消费者在一定时期内,在不同的价格水平下愿意并能够购买的运输产品量。这一定义表明,运输需求是运输需要和购买能力的有机统一,运输需求并不等于运输需要。运输需要只是运输需求的必要条件,而运输消费者的支付能力是充分条件,二者缺一不可。因此,要理解运输需求,就必须具体了解运输需要和消费者的支付能力两个概念。

(1) 运输需要

需要是人类生存和发展的条件,反映了人类正常生活中某个或某些方面的缺乏。运输需要就是人类最基本需要中的一种,表现为旅客或货物空间位移的运输产品,从它生产的第一天起,就为人们的生存和发展所需要,尤其是在现代社会中,人们对运输的需要显得更为突出。从运输需要产生的原因看,主要有以下3种。

1) 因生产而产生的运输需要。在物质生产活动中,由于自然、经济和社会方面的因素,人们需要不断地改变物的位置,才能使物质生产得以顺利进行。如企业所需的原材料,只有通过运输才能集中于生产场所以供加工;同样,生产出来的产成品,只有通过运输才能运送到市场销售；消费者购物之后，只有通过运输才有可能实现对物的最终消费。正因为如此，运输作为商品流通的主要手段将生产者和消费者密切地连接在一起，并为生产活动和物质产品的消费所必需。

2）因生活而产生的运输需要。人们探亲、访友、旅游、休闲、看病、购物等，都可能需要改变其空间位置，实现其最终目的。这正是长期以来人们把吃穿住行作为基本的生存需要的原因，这也是产生客运需求的基本原因。

3）因社会活动而产生的运输需要。由于一些重大的社会性活动而产生的各种运输需要，如奥运会、亚运会、博览会等在短时间内就会产生大规模的、新的交通服务需要。这类运输需要具有突发性和突变性。

随着社会的快速发展，人类对运输需要也必然不断产生、不断变化。需要反映的是人们在一定时期的渴求和欲望，例如对于运输需要，一个人从主观上可以任其所想，但其目的的实现则要取决于一定的条件，其中最主要的是需具备相应的支付能力。

（2）支付能力

支付能力也称为购买能力，是指消费者通过自己货币的支付而获得产品的能力。支付能力的大小取决于两个基本的要素：一是所购买的产品价格水平，二是消费者的收入水平。在一定的价格水平下，消费者的收入水平越高，其支付能力就越大；反之，就越小。消费者需要是多种多样的。每个人不仅要把有限的收入用在出行需要的满足上，而且要用于吃穿住用及各种精神需要的满足上。

综上所述，运输需求是运输需要和支付能力的统一。一方面，有需要不一定就发生运输需求，还要看是否有支付能力，如果没有支付能力，只能是幻想；另一方面，有支付能力不一定有某种需求产生，如运输需求，对于一个有支付能力的人，他需要乘坐舒适、快捷的运输工具去旅游，不需要乘坐等级低的运输工具出行，他对后者的需求就为零。因此，在研究运输市场，特别是在分析和预测运输市场需求时，必须正确区分运输需要和运输需求这两个基本概念。

基于以上对需求内涵的分析，从消费者的角度把顾客需求分为以下几种形态。

（1）无需求

无需求是指顾客对产品毫无兴趣或漠不关心的一种需求状况。它不是由于消费者对产品产生厌恶或反感情绪而采取的否定态度，而多是由于缺乏对产品的了解和使用而引起的。新产品上市，消费者由于缺乏对商品效能的认识而产生无需求时，市场营销的任务是通过大力促销、广告宣传及其他市场营销措施，将产品所能提供的利益与人的自然需要和兴趣联系起来，以刺激消费，产生需求。

（2）潜在需求

潜在需求是指相当一部分消费者对某事物有强烈的需求，而现有产品或服务又无法使之满足的一种需求状况；或是指在一定的市场环境下，市场需求的最高限量中扣除现实需求后的那一部分需求。随着社会的进步和人们消费水平的提高，潜在需求的内容和层次越发丰富。在潜在需求情况下，市场营销的任务是开展市场营销研究和潜在市场范围的测量，进而开发有效的新产品和服务将潜在需求变为现实需求。因此，善于发现和了解市场的潜在需求，是保证企业开发新产品，开辟新市场，增强企业生存和竞争发展能力的最可靠的源泉。

(3) 下降需求

下降需求是指市场对一个或几个产品或服务的需求呈下降趋势的一种需求状况,这种情况多是由于新的产品或服务的加入和冲击造成的。由于产品和服务都有一定的市场生命周期,当其上市一段时间,需求经历了上升和高涨之后必然会趋于衰退。在下降需求情况下,市场营销的任务是分析需求衰退的原因,采取营销手段开拓新的目标市场或进行市场转移,或采取产品改进策略或采用更有效的沟通手段,开发潜在市场,刺激消费者对产品的新的需求,以延长产品的市场寿命或使其开始新的生命周期。

(4) 不规则需求

不规则需求是指某些商品或服务的市场需求量和供应能力之间在时间或地点上不均衡、有波动的情况。一般地,产品的供给受企业生产能力变化的限制通常是比较均衡、稳定的,而消费者需求则是活跃的。由于受多种因素的影响,顾客需求呈波动性,在不同时期、不同地点常表现出较大差别,许多季节性商品和旅游产品的供求关系就表现出这种规律性。在不规则需求情况下,市场营销的任务是采取各种调节性的手段,如灵活定价、大力促销以及其他刺激手段,以改变需求的时间模式,协调商品的供需关系。

(5) 充分需求

充分需求是指某种商品或服务的目前需求水平和时间与预期需求水平和时间相一致的一种需求状况。这是企业最理想的需求状况,供需之间趋于平衡。但由于市场的动态性、消费者需求的变化及竞争的激烈,产品供需的平衡相对短暂,经常被不断出现的新的不平衡所取代。在充分需求情况下,市场营销的任务是采取维持性营销,即控制成本,保证质量,灵活定价,稳定销售渠道,改善售后服务,增加广告宣传,进行各种非价格竞争。

(6) 过量需求

过量需求是指某种商品或服务的市场需求超过了市场所能供给或所愿供给的水平,而呈供不应求的一种需求状况。一般出现在商品紧俏或暂时缺货的情况下。在过量需求情况下,为了最大限度地减少其他企业的竞争,企业可采取两种方式:积极的措施是在市场预测的基础上,有计划、有步骤地扩大生产规模,增加产品供应量,满足市场需求,即采取增长性营销方案;与之相对的是采取降低性营销策略限制需求,即通过提高价格、合理分销、减少服务、降低促销等措施,暂时或永久地降低市场需求水平,但不是杜绝需求。

(7) 负需求

负需求是指绝大多数消费者因对某些产品感到厌恶,而持回避或拒绝态度的情况。出现负需求的原因,可能是由于消费者对某些产品或服务存在误解,或是该产品或服务由于某些限制条件而不适宜某一市场的消费者。在负需求情况下,企业市场营销的任务是分析产品出现负需求的原因以及消费者的需求特点,通过产品重新设计、积极促销的营销手段,改变市场的信念和态度,使负需求转变为正需求。

4. 运输需求的规律性

运输需求因受各种因素的影响而不断变化,但总的来说,它呈现出一定的规律性。

(1) 运输需求的波动呈上升趋势

无论是货运需求还是客运需求,都在波动中呈上升趋势。随着社会经济的不断发展,作为社会经济发展派生的运输需求也必然不断提高。在这一点上,运输需求和物质消费品需求形成了明显的对比,这也是分析运输需求变化时的一个基本立足点。尽管货运需求和客运需求总体呈上升趋势，但却是在波动中上升的，而且这种波动无法避免。从货运需求的波动看，其根本原因在于物质产品生产和消费的季节性，如空调、风扇等物质产品消费的季节性，农作物等产品生产的季节性。而有些产品则生产和消费都具有季节性。从旅客运输需求的波动看，其根本原因也是由旅客工作、学习、探亲等活动的季节性引起的，此外，假日、寒暑假也是重要的原因。了解这一点，对于把握短期内运输需求的变动有着重要的作用。

（2）运输需求的波动增长呈现差别

不同的运输需求种类，其波动程度的大小是不同的，因此有的运输需求增长较稳定，有的运输需求则大起大落。造成这种现象的主要原因是，不同的运输需求有不同的需求弹性。如客运需求比货运需求稳定。在客运需求中，公务客运需求比私务客运需求稳定。货运需求中，不同货物的运输需求的波动程度也是不同的。由于运输需求的波动程度不同，意味着运输市场的稳定程度有大有小。了解运输需求变动的特点，可以根据一定时期内不同的运输需求，采取相应的策略和手段，以赢得更多的市场份额，特别是针对某个地区的运输需求进行分析时，更应注意这一点。

（3）运输需求增长与运输供给增长的不一致性

由于运输供给的变化是比较稳定的，而运输需求却在波动中变化，因此运输需求和运输供给之间在变化上呈现出不一致性。

2.1.3 营销概念的整合

整合营销是企业开拓市场、满足消费者需要的重要保证。它要求企业全面地组织市场营销活动，针对消费者多方面的需要，综合运用各种营销手段，包括合理设计产品和制定产品价格、正确选择分销方式和促销方式、做好产品的市场调研和售后服务等，使企业的市场营销构成一个有机的整体。

菲利普·科特勒认为：企业所有部门为服务于顾客利益而共同工作时，其结果就是整合营销。整合营销发生在两个层次：一是不同的营销功能——销售力量、广告、产品管理、市场研究等必须共同工作；二是营销部门必须和企业的其他部门相协调。

整合营销理念改变了把营销活动作为企业经营管理的一项职能的观点，要求所有活动都整合和协调起来，为顾客的利益服务。同时强调企业与市场之间互动的关系和影响，努力发现潜在市场和创造新市场。以注重企业、顾客、社会三方共同利益为中心的整体营销，具有整体性与动态性的特征，企业把与消费者之间的交流、对话、沟通放在特别重要的地位，是营销理念的变革和发展。传统营销理论强调产品（Product）、定价（Price）、地点或渠道（Place）和促销（Promotion）四要素。4P理论认为，企业只要围绕4P进行灵活的营销组合，产品销售就有了保证。随着经济的发展，市场营销环境发生了很大变化，消费个性化、人文化、多样化特征日益突出，传统的4P理论已不适应新形势。为此，美国市场营销专家劳特朋于20世纪90年代提出用新的整合营销4C理论取代传统营销4P理论（图2-1），强化了以消费者为中心的营销组合。

1）消费者。在整合营销理念4C论中，消费者是指消费者的需要和欲望。4C理论认为，消费者是企业一切经营活动的核心，企业重视顾客甚于重视产品，强调创造顾客比开发产品更重要，满足消费者的需求和欲望比产品功能更重要。

2）成本。在整合营销理念4C论中，成本是指消费者获得满足的成本，或是消费者满足自己的需要和欲望所愿意付出的成本价格。4C 理论将营销价格因素延伸为生产经营全过程的成本，包括企业的生产成本，即生产适合消费者需要的产品成本；消费者购物成本，不单是指购物的货币支出，还包括时间耗费、体力和精力耗费以及风险承担。新的定价模式是，消费者接受的价格–适当的利润＝成本上限。企业要想在消费者支持的价格限度内增加利润，就必须努力降低成本。

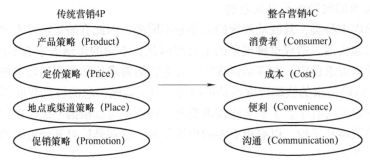

图 2-1　整合营销的 4C 理论和传统营销的 4P 理论

3）便利。在整合营销理念 4C 论中，便利是指购买的方便性。4C 理论强调企业提供给消费者的便利比营销渠道更重要。便利就是方便顾客，维护顾客利益，为顾客提供全方位的服务。运输企业要深入了解不同消费者的不同要求，把便利原则贯穿于运输营销的全过程。在售前及时向消费者提供充分的关于运输速度、质量、运价等方面的准确信息，为顾客洽谈运输业务提供咨询服务、方便停车、上门办理等服务；运输过程中，提供上门取货、送货、代办中转和信息等服务，方便顾客；运输产品售出后，应重视信息反馈和跟踪调查，及时答复、处理顾客意见，及时、妥当地处理货运事故。为了方便顾客，很多企业开办了热线电话和网络问询服务。

4）沟通。在整合营销理念 4C 论中，沟通是指与用户沟通。4C 理论用沟通取代促销，强调企业应重视与顾客的双向沟通，以积极的方式适应顾客的情感，建立基于共同利益之上的新型的企业、顾客关系。

企业可以尝试多种营销策划与营销组合，如果未能收到理想的效果，说明企业与产品尚未完全被消费者接受。这时，不能依靠加强单向劝导顾客，而要着眼于加强双向沟通，增进相互的理解，实现真正的适销对路，培养忠诚的顾客，而忠诚的顾客既是企业稳固的消费者，也是企业最理想的推销者。

2.2　营销环境分析

美国著名市场营销学家菲利普·科特勒给出的营销环境定义是，一个企业的市场营销环境是由企业营销管理职能外部的行为者与力量所组成，这些行为者与力量影响企业营销管理者成功地保持和发展其目标顾客进行交易的能力。市场营销环境的内容既广泛又复杂，主要包括市场营销的宏观环境和微观环境两大类。

如果将运输企业放入一个社会经济技术系统来考虑，则运输企业是一个子系统，是一个有机的整体。它既包括运输生产过程中的各种物质和技术因素，又包括各种社会因素。根据市场营销学环境的定义，可以这样描述运输市场营销环境：指运输企业在制定相应的营销策略过程中所涉及的各种不可控制因素，即与运输企业营销活动存在潜在关系的外部力量与机构的体系，如图 2-2 所示。

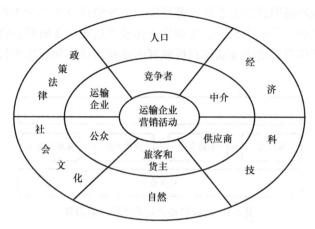

图 2-2 运输企业营销活动与营销环境

运输企业的营销环境同样也可分为宏观环境和微观环境。宏观环境主要是指影响运输企业营销的各种政治、经济、法律、科技、自然、社会文化等因素的综合。微观环境则是指与运输企业紧密相连的，影响其为顾客服务的能力的各种参与者，包括运输企业、供应商、营销中介、竞争者、顾客和社会公众。

运输企业营销环境受多种因素的影响而不断变化，运输企业要在动态的环境中抓住机会，适应并利用有利的营销环境，避免不利环境的影响。避开风险，取得竞争优势，就必须了解运输市场营销环境的特征，采取有效的营销手段。

(1) 差异性

运输市场营销环境的差异性主要体现在：不同的企业受不同的营销环境影响，如客运市场和货运市场所处的环境就不一样；同一环境因素对不同企业的影响程度也不一样。这就要求不同的运输企业，根据自己所处的营销环境，制定符合实际、独具特色的营销策略。

(2) 多变性

运输市场营销环境是一个多因素、多层次且不断变化的综合体，多变性是指构成运输企业的市场营销环境，总是处于动态变化中，从而客观上要求运输企业对环境变化的适应要快，营销策略调整也要及时、迅速。运输企业要了解、适应并利用有利的营销环境，就必须抓住营销环境多变的特性，有针对性地制定、调整市场营销策略，取得竞争优势。

(3) 相互关联性与相对分离性

相互关联性是指营销环境是由一系列相关因素所组成的综合体共同影响的结果。相对分离性是指环境中某些因素又彼此相对分离，各因素对企业营销活动影响大小不一样。如航运运价的变动，不仅受供求关系的影响，还受运输的结构方式、货主心理等因素的影响。

(4) 不可控制性

对运输企业来说，营销环境是客观存在的不可控制因素。运输企业不可能控制国家的政策，不可能控制经济的增长与变化趋势，也不可能控制竞争对手的生产和经营。虽然运输企业无法控制这些外部因素的变化,却可以改变环境因素变化给企业带来的影响。

2.2.1 微观环境

运输市场的微观环境即运输企业的内部环境,主要包括以下几个方面的内容(图 2-3):其中供应商、运输企业、营销中介、旅客和货主构成了运输企业的核心营销系统,而竞争者和社会公众这两大群体对运输企业满足目标顾客的需要而获得利润这个目标的实现也有重大影响。

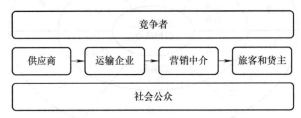

图 2-3 运输市场营销的微观环境因素

1. 运输企业自身

运输企业自身的条件直接影响企业的营销活动,主要包括运营基础设施和运输企业内部的经营管理条件等。

1)运营基础设施。良好的基础设施是保证运输企业正常运营的重要条件,也直接影响到企业市场营销的效率和效益。运输方式不同,对基础设施的要求也不一样。

近年来,我国铁路运输速度不断提高,这就要求基础设施的建设要加强,主要包括铁路路网的布局要严密、营运里程要加长,车站的规模要扩大,牵引方式先进化,通信信号设备要运用高科技等。

公路基础设施主要包括公路网布局,公路质量,各等级公路的里程及比例,主要附属设施如停车场、维修网、加油站的数量、分布及服务质量等。公路基础设施的改善能为运输企业提供良好的运营环境,还有利于企业的市场营销。近年来,国家对公路运输的发展极为重视,投入了大量资金进行公路运输的基础设施建设,为我国公路运输打下了良好的基础。

水路运输受到快速发展的其他运输方式(尤其是公路运输的发展)的冲击,发展速度曾一度下降严重,但由于其本身具有不可替代的优势,如占地少、污染小、能耗小、运量大、有利于社会的可持续发展等,开始受到重视。目前,各地都在投入资金进行航道的疏通、港口基础设施及装卸设备的改善。水运基础设施的改善,将为水运企业的发展创造良好的条件。

航空运输的基础设施主要包括机场、通信、导航、航线等。航空运输的特点决定了对基础设施的要求很高,它需要非常发达的通信技术,来保证每次飞行的安全。目前,我国已经形成了以北京为中心,连接国内主要大中型城市和重点旅游区的空中运输网。

2)运输企业内部营销环境。运输企业的市场营销由营销部门负责,该部门由营销经理、营销研究人员和促销人员等组成。营销部门负责为营销服务制订并实行营销计划。运输企业的营销部门在制订营销计划时,必须考虑到与企业其他部门如最高管理层、财务部门、人事部门、会计部门、营业部门等的协调,所有这些部门构成了运输企业内部的微观环境(图 2-4)。

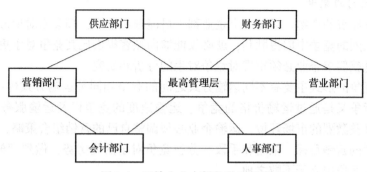

图 2-4　运输企业内部的微观环境

运输企业的最高管理层由总经理、董事会组成，他们负责企业目标、总战略及政策的制定。营销经理只能在最高管理层所规定的范围内进行决策，而且制订的营销计划必须得到最高管理层的同意之后才能在实践中实施。营销管理部门与企业其他业务部门配合的状况直接影响企业营销活动的顺利进行。营销经理为保证营销活动的协调一致，必须做到：在以顾客需求为导向的营销理念基础上，协调整个企业的全部营销活动；与主管财务、生产等的经理们协调部门之间的活动及关系。

2. 供方的讨价还价能力

供方是指运输企业从事运输活动所需的各种资源和服务的供应者，包括为运输企业提供设备、工具、能源、土地和房产的各类供应商，提供信贷资金的各类金融机构以及在各类人才市场上为企业提供人力资源的中介机构等。另外，为运输企业生产经营过程提供各种劳务和服务的机构，如货物运输、设备修理、员工培训、环卫清洁及保安等服务机构，也构成了运输企业的供应商。

当供方的压力足够大时，会导致运输企业因无法使其产品价格跟上成本的增长而失去利润。因此，运输企业必须加强与供应商互惠互利，建立彼此间的信任关系，做到降低营销成本，实现营销目标。

3. 营销中介

营销中介是指协助运输企业促销或分销运输产品给最终消费者的机构或个人，主要包括运输代理公司、营销服务机构等。营销中介能为运输企业提供货源或客源，拓宽销售渠道，分销产品，提供市场调研，以及进行运输产品的广告宣传，塑造企业形象等，从而提高企业的营销水平。

4. 旅客和货主的讨价还价能力

旅客和货主是运输企业服务的对象，它既是企业营销活动的出发点，也是企业营销活动的最终点。运输企业必须坚持"顾客至上""用户第一"的现代营销观念，识别市场上顾客的特征，以便更好地为顾客提供优质的服务。旅客和货主，根据其需求的不同，可分为不同类型、不同层次的消费群体，而且在任何时候，旅客和货主的需求都是在不断变化的。这就要求运输企业要充分了解这些消费群体的特征，以不同的营销方式为他们提供不同的运输服务。

5. 竞争者之间的竞争

竞争是市场经济的产物。任何一个企业都不可能独占市场，都会面对形形色色的竞争对手。企业要在激烈的竞争中取得胜利，就必须能够向顾客提供比其竞争对手更好的产品或更优质的服务，这就要求企业必须重视对竞争对手的分析和研究。

运输市场竞争的形式主要有不同运输方式之间的竞争和同种运输方式内部的竞争两种，这两种形式的竞争又是通过运输价格的竞争、运输速度的竞争以及运输服务的竞争来实现的。面对竞争日益激烈的市场环境，运输企业必须调整自己的营销组合策略，了解和掌握不同时期竞争对手的营销目标、策略和手段，分析竞争对手的优劣势，做到"知己知彼"，扬长避短，才能在竞争中立于不败之地。

6. 社会公众

社会公众是指与企业实现营销目标的能力有实际或潜在利害关系和影响力的社会团体或个人。企业面对的广大公众的态度，会协助或妨碍企业营销活动的正常开展。现代运输企业是一个开放的系统，它在营销活动中必然和各方面发生联系，必须处理好与各方面公众的关系。运输企业面临的社会公众主要有下面几种。

1) 融资公众。融资公众是指影响运输企业融资能力的金融机构，如银行、投资公司、保险公司、证券公司等。运输企业可以通过公布财务报表、回答关于财务问题的询问，谨慎地运用融资等方式在公众中树立良好的信誉，以保证资金的正常供应。

2) 政府公众。政府公众是指与运输企业有直接关系的上级主管部门和对企业的经营行为有监督、指挥、制约功能的一些政府部门，如财政、税收、商检、海关等。企业必须妥善地处理好与这些部门的关系，其发展战略与营销计划和这些部门的有关政策保持一致，才能顺利地开展业务活动。

3) 媒介公众。媒介公众是指报社、杂志社、广播电台和电视台等从事信息传递工作的大众传播媒体。运输企业的营销活动关系到社会各方面的切身利益，必须密切注意来自社会公众的批评和意见。

4) 社区公众。社区公众是指企业所在地邻近的居民和社区组织。运输企业的营销活动必然要和这些公众发生联系，甚至有可能与他们发生冲突。企业必须重视保持与社区公众的良好关系，积极支持社区的活动，为社区的发展贡献力量，争取社区公众理解和支持企业的营销活动。

5) 内部公众。内部公众是指企业内部的所有员工，包括高层管理人员和一般职工。运输企业的营销计划，需要全体职工的充分理解、支持和参与。运输企业要加强内部凝聚力教育，充分调动职工的创造性和积极性，不断完善和健全激励机制，使职工树立主人翁责任感，把企业当作自己的家去关心。只有这样才能使企业始终充满生机和活力，在竞争中发展壮大。

6) 一般公众。一般公众是指除上述各种关系公众之外的社会公众。一般公众虽未有组织地对企业采取行动，但企业形象会受到他们的影响。

2.2.2 宏观环境

运输市场宏观环境是指对企业的营销活动影响较为间接的各种因素的总称，如图 2-5 所示。

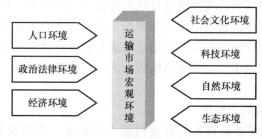

图 2-5　运输市场宏观环境

1. 人口环境

市场是由有购买欲望和购买能力的人构成的，运输企业市场营销活动的最终对象是运输产品的消费者。人口环境对运输市场的影响是整体的和深远的，主要体现在对运输消费需求和消费行为的变化上。

1）人口总量及地理分布。人口总量对运输市场的影响主要在于获取社会生活需要。人口越多，市场对运输产品的需求量也就越大。运输企业开展营销活动，首先就要了解企业运输生产服务区域的人口总量，以便确定企业开展市场营销活动的市场潜力和规模，同时还要考虑到人口的增减变化趋势，以预测市场容量。

人口的地理分布是极不均衡的，即使在一个城市之内也有较大差别。人口的地理分布与运输企业的营销决策密切相关。一方面，人口密度的不同，人口流动量的多少，影响着不同地区运输量需求的大小；另一方面，人们的消费需要、购买习惯和行为，不同地区也会存在差异，其主要反映在需求的构成上。

2）人口的构成。人口构成包括自然构成和社会构成，性别结构、年龄结构都属于自然构成；职业构成、民族构成、教育程度等属于社会构成。人口的构成不同，产生了收入、生活方式、价值观念、风俗习惯、社会活动等方面的差异，从而产生不同层次的运输需求和消费行为。

3）人口的流动趋势。随着经济的发展，人们的物质文化生活水平越来越高，生活方式也在发生巨大的变革，远距离的旅行、探亲访友变得更容易，因此，人口的流动趋势也越来越大，在一定程度上刺激了对运输的消费。人口在地区间的流动，给不同地区的市场营销环境带来不同的影响，必然为运输企业提供新的营销机会。

2. 经济环境

经济环境是指与运输企业市场营销有关的社会经济条件及运行状况。经济环境对运输企业营销活动的影响最直接，也是最主要的环境因素。

（1）社会购买水平

社会购买水平是指一定时期内由社会各方面用于购买产品的货币支付能力。从营销角度看，运输市场是由有购买运输产品的欲望并具有购买力的人构成的，而且这种人越多，市场规模就越大。因此，社会购买力是运输企业经营的主要环境力量，运输企业的营销活动必然会受到社会购买力发展变化的影响和制约。

社会购买力的大小取决于国民经济的发展水平以及由此决定的国民平均收入水平。经济发展快，人均收入高，社会购买力强，运输企业的营销机会就越大，反之亦然。

社会购买力的实现与国家宏观经济运行状况有着密切的关系。如果国民经济长期处于高速增长期，必然导致各种生产资料需求量的增长，反之则生产资料需求量将减少。社会购买力的实现与国家投资规模等密切相关。运输总需求是由投资总需求和消费总需求构成的，在一定时期内投资的增加或减少，会带来运输需求的相应增强或减弱，对运输企业营销产生不同的影响。

(2) 消费者的收入与消费结构

1) 收入。市场消费需求是指人们有支付能力的需求。在研究收入对消费需求的影响时，常关注以下概念。

① 人均国内生产总值。人均国内生产总值一般是指价值形态的人均 GDP。它是一个国家或地区，所有常驻单位在一定时期内，按人口平均所生产的全部货物和服务的价值，超过同期投入的全部非固定资产货物和服务价值的差额。人均 GDP 从整体上影响和决定了消费结构与消费水平。

② 个人收入。个人收入是指城乡居民从各种来源得到的收入总和。各地区居民收入总额，可用来衡量当地消费市场的容量，人均收入的多少，反映了购买力水平的高低。

③ 个人可支配收入。从个人收入中，减除缴纳税收和其他经常性转移支出后，所余下的实际收入，即能够作为个人消费或储蓄的数额。

④ 可任意支配收入。在个人支配收入中，有相当一部分要用来维持个人或家庭的生活以及支付必不可少的费用。只有在可支配收入中减去这部分维持生活的必需支出，才是个人可任意支配收入，这是影响消费需求变化的最活跃因素。

2) 消费结构。消费结构主要是指消费者在各种消费支出中的比例及相互关系。收入在很大程度上影响消费者支出模式与消费结构。消费者支出一般包括衣食住行等，各种支出所占比例不同，对运输企业的营销活动有重大影响。

一般来讲，随着家庭收入的增加，用于食物支出的比例呈下降趋势，用于服装、交通、保健、住房、教育、娱乐等方面的支出逐渐增加。恩格尔系数是衡量一个家庭、一个地区乃至一个国家富裕程度的重要指标。恩格尔系数越小，富裕程度就越高。联合国根据恩格尔系数的大小，对世界各国的生活水平有一个划分标准，即恩格尔系数大于 60% 为贫穷，50%~60% 为温饱，40%~50% 为小康，30%~40% 相对富裕，20%~30% 为富裕，20% 以下为极其富裕。一个国家的居民的消费水平也可用恩格尔系数来衡量。近年来，从整体上看，我国的恩格尔系数有所下降（表 2-1），城乡居民生活基本达到或接近富裕水平，用于交通出行方面的支出也会有所增加。

表 2-1 我国居民消费的恩格尔系数 (%)

年 份	2016	2017	2018	2019	2020
城镇系数	29.3	28.6	27.7	27.6	29.2
农村系数	32.2	31.2	30.1	30.0	32.7

消费者的储蓄与信贷。

① 储蓄。储蓄是指城乡居民将可任意支配收入的一部分储存起来备用。储蓄的形式有多种，可以是银行存款，可以是购买债券，也可以是现金。当收入一定时，储蓄增加，现实购买力和消费支出就少，从而影响企业的销售量；反之，储蓄量减少，现实购买力和消费支

出就多。

②信贷。信贷是指金融或商业机构享有一定支付能力的消费者融通资金的行为。主要形式有信用卡结算、分期付款等。消费信贷的规模与期限在一定程度上影响了某一时期的现实购买力的大小，消费信贷高，时间长，现实购买力就大；反之，现实购买力就小。

3. 科技环境

运输企业的科技环境一般包括基础应用层次环境和环境体系层次环境。其中，基础应用层次有互联网、地理信息系统、全球卫星定位系统、条形码技术等；环境体系层次有电子数据交换、支付和信用标准等。

科学技术是第一生产力，也是影响运输企业发展的重要且长远性的环境因素，它不仅直接影响运输企业的市场营销活动，还与其他影响因素相互作用，给企业营销活动带来有利和不利的影响。科学技术在运输企业中的应用，既可以提高运输企业的劳动生产率，又能促进运输企业销售手段的现代化，引发营销手段和营销方式的重大变革，提高运输企业的市场营销能力。

信息技术的应用使综合物流在运输中得到迅速发展，更好地满足了货主的要求。以 EDI（电子数据交换）为例，航运企业可以利用技术用电子报表代替书面单证，在很大程度上减少了数据重复录入，降低了差错率，实现了运输信息流转过程的自动化和高效化，从而方便、快捷地完成国际集装箱运输单证的流转，提高了航运服务质量。

4. 政治法律环境

政治是经济的集中表现。把握政治环境，应注意政治形势以及对运输企业的营销活动有重大影响的政策方针等。

（1）政局和政治形势

政局和政治形势即当前国际国内政治状况的态势与走势。国际国内的政治状况直接影响经济、贸易的发展，从而影响运输市场的经营状态。形势分析准确，才能制定出与政治形势相对应的营销战略，才能在战略实施中遇到暂时的、偶发的政治波动时不动摇。

（2）国家政策

为了保证运输市场的有效运行和运输企业的经济效益不断提高，运输企业应该密切关注国家政策的变化，抓住国家政策的变化带来的有利影响，使之为企业的经营活动服务；同时采取对策来避免或减轻政策的变化带来的不利影响。

1）人口政策。人口的变化，从发展的趋势来看，会对我国客运市场需求产生一定的影响。但人口自由流动政策又将给铁路、公路、民航等运输需求带来增长。

2）国家经济政策。国家经济政策是指针对运输领域在某一特定时期的经济状况所采用的政策。它主要有价格政策、货币政策、财政政策、金融政策等。

①价格政策。价格政策主要是指价格水平及主要产品和服务的价格控制与监控政策。国家的价格政策对运输企业的营销活动将产生重要影响。公路、水路运输价格由市场供求关系决定，灵活性较大，对铁路运价国家控制较严，灵活性差；民航价格，实行国家定价和浮动价格。运输价格的变化，对运输需求总量和运输需求结构也将产生重大影响。运价上涨，需求将下降；反之，需求则上升。同时，一种运输方式价格变化，也会影响到其他运输方式的运价。

②货币政策。货币政策包括货币供应量政策、存款贷款利息率变动政策等。货币政策

发生变化，同时也会影响运输需求量和运输需求结构的变化。

③ 财政、金融政策。财政、金融政策等是政府用来实施宏观调控最有效的手段。随着财政、金融体制改革的深化，各项政策措施的相继出台，都会不同程度地影响交通运输企业的市场营销活动。

④ 环保和能源政策。随着人们生活水平的提高，消费观念也在不断发生变化，环保意识得到了很大程度的提高。环境保护是人类进入 21 世纪的必然选择，国家在环境保护方面也出台了很多相关的政策法规，以达到环境保护的目的。交通运输业是能源的重要消费者，因此，国家的能源政策对运输企业产生了重大影响。国家能源总量、结构、地区分布以及对某些地区能源消耗的限制，都会影响运输企业的发展。

(3) 法律环境

法律环境是指国家或地方颁布的各项对企业的市场营销活动产生重要影响的法规、法令和条例等。法律环境对市场营销需求的形成和实现，具有一定的调节作用。企业研究并熟悉法律环境，既能保证自身严格依法管理和经营，也可以运用法律手段保障自身的权益。

5. 自然环境

自然环境是指影响社会生产和企业经营的各种自然因素，主要包括自然地理位置、气候、自然资源分布等。这些因素都对运输业及运输企业的发展产生重要影响，进而影响到运输企业的市场营销活动。

自然地理位置包括地形、山川、河流等因素。运输企业所处的地理位置不同，直接影响到采用的运输方式、运输工具以及运输成本的高低。地理位置优越，经济腹地广阔，将给运输企业带来良好的发展机会。因此，运输企业应全面分析所处位置的各种地理环境因素，为运输决策做准备。

自然气候主要包括温度、降雨、降雪、降雾等情况及变化。这些因素对各种运输方式的正常运行会产生一定的影响。如在雾很浓的天气，飞机不宜飞行，容易造成事故。因此，运输企业应时刻关注自然气候的变化，并采取相应措施，保证企业的正常运营。

6. 社会文化环境

社会文化环境主要是指一个国家、地区的民族特征、价值观念、生活方式、风俗习惯、宗教信仰、伦理道德、教育水平等因素的总和，它影响人们的购买欲望和水平。教育程度不仅影响劳动者的收入水平，而且影响着消费者对服务的鉴赏力，影响消费者心理、购买欲望和消费结构，从而影响运输企业营销策略的制定和实施。人们的宗教信仰、风俗习惯、生活方式等的不同，同样也在一定程度上影响消费需求和购买行为，影响运输企业的市场营销行为。如我国春节通常是旅游消费最旺的时期，人们探亲访友、学生放寒假都给客运市场带来运营的高峰期，人们因价值观念、生活方式、文化层次等不同，选择的交通工具也不同，从而都会在一定程度上影响运输方式的结构，进而影响运输企业的市场营销行为。

7. 生态环境

随着社会对可持续发展问题的重视，将给那些能较好地促进可持续发展的运输方式提供良好的发展市场和机会，这就要求运输企业在服务营销过程中特别要注意充分考虑生态保护问题，并将生态意识贯穿于生产、营销和服务的全过程，在可持续发展方面较之竞争者更能得到顾客和公众的拥护，从而建立自己的竞争优势。

2.2.3 对营销环境的反应

运输企业生存在营销环境中,要寻找营销机会,要生存和发展,就必须熟悉和了解这些影响因素,以便制订切实可行的经营计划。宏观环境的变化非企业所能控制,但宏观环境的急剧变化对于运输企业既是一种威胁和挑战,也是一个有利的机会,因此运输企业的一切活动都必须适应环境的变化,这样运输企业才具有生命力。市场营销的本质,就是实现微观环境、宏观环境和运输企业经营目标三者的动态平衡。在企业营销宏观环境、微观环境和经营目标这3个因素中,宏观环境是最活跃的因素,企业的营销只能适应和服从宏观环境的变化,并根据这一变化来调整企业的营销活动,通过制定有效的经营战略,使宏观环境与微观环境相协调,从而实现运输企业的经营目标——满足旅客和货主的需要。

研究营销环境同运输企业市场营销的关系,对于指导运输企业的营销实践具有重大的意义。环境因素虽然并不决定企业的营销,但却影响企业的营销。因此,运输企业必须根据外部环境的变化,主动地调整营销策略,以提高企业的适应能力和应变能力,否则企业将面临较大的市场风险。在企业的营销活动中,不仅要加强企业内部环境的分析,更应重视外部环境的研究,保持同外部环境的协调适应关系,只有那些主动适应外部环境的企业,才能在竞争激烈的市场中生存下来,并得到不断发展壮大;而具有开拓创新精神的企业,则兴旺发达,并在一定条件下可能影响外部环境的变化。

对企业的优势、劣势、机会和威胁的全面评估称为SWOT(Strength, Weakness, Opportunity and Threat)分析。其中,优势和劣势主要是针对企业内部结构分析的内容,而机会和威胁主要是对企业外部环境分析的内容。

1. 运输市场营销的环境机会分析

运输市场机会一般有两种情况:一种是环境机会,一种是企业机会。环境机会是指外部环境的变化,给运输企业扩大运输量、提高市场占有率、增加盈利带来有利的影响。而企业机会是指对运输企业的营销活动有推动作用的那部分环境机会,即对运输企业的营销活动具有吸引力,企业采取有关措施后可获得竞争优势的特定市场环境。运输市场机会具有公开性、时效性和不间断性的特点,运输市场营销的环境机会总是客观存在的,因此,运输企业要善于抓住时机,求得生存与发展。环境机会一般采用"环境机会矩阵图"进行分析,如图2-6所示。

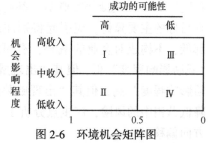

图2-6 环境机会矩阵图

"环境机会矩阵图"中,纵轴表示机会影响程度,即运输企业只要利用这一机会,就能带来经济效益,它可以用货币数额表示;横轴代表成功的可能性(概率),一般用0~1之间的概率值表示,数值越大,成功的可能性越大,反之则小。在纵轴上以中等收入为分界线,在横轴上以0.5概率值为分界线,将矩阵分为4个区域。Ⅰ区域是最好的营销环境机会,其"机会影响程度"和"成功的可能性"都大,运输企业应制订营销战略和计划,以便抓住和利用这一机会;Ⅱ区域的"机会影响程度"小,但其"成功的可能性"大;Ⅲ区域的"机会影响程度"大,但其"成功的可能性"小,对于Ⅱ、Ⅲ区域,企业在进行营销决策时,应进行具体分析,权衡利弊,根据目标市场要求,促使其向着有利于企业营销的方向发展;Ⅳ区域表示最差的营销环境机会,运输企业必须设法摆脱这一状况。

运输企业能否抓住对其有利的市场机会,是影响其发展的关键因素。

1) 抢先策略,即抢先利用新发现的潜在机会,获得竞争的有利地位,以排挤后来的竞争者。实施这种策略的企业应具备如下条件:一是要客观分析环境变化,具有敏锐的观察力;二是企业应具备利用此机会的条件,才能在发现机会的基础上,开发产品占领市场。当然,这种策略也存在一定的风险,在决策时要做好可行性研究。

2) 追随策略,即如果有利的市场机会已被别人抢先占领,企业仍然存在可利用的机会。在实践中常出现最先进入者,并不一定是最成功者。追随策略是紧跟抢先者的后面分析其弱点,发挥自己优势,以便迅速占领市场,提高市场占有率。采取这一策略,一方面该市场有发展的潜力,另一方面后来者应具备某方面的优势,能够提供某种特色的运输产品。这种策略的优点在于可以节省市场开发的成本,但有时易招致抢先者的制裁。

2. 运输市场营销的环境威胁分析

运输市场营销的环境威胁是指外部环境因素的变化将影响其运输产品销售量、盈利水平、市场占有率的提高,给其正常的营销活动带来严重的后果,甚至威胁到企业的生存和发展,即企业面临着巨大的营销风险。在市场经济条件下,风险是客观存在的,只是企业营销的影响程度不同。环境威胁分析的目的,就是要分析环境威胁对运输企业的影响程度,以便决定企业应该采用的对策。

环境威胁一般采用"环境威胁矩阵图"表示,如图2-7所示。

"环境威胁矩阵图"的纵轴代表"威胁影响程度",即威胁出现给企业带来的损失(盈利减少);横轴代表出现威胁的概率,一般用0~1之间的数值表示,数值越大,表示出现威胁的可能性越大,反之则小。纵轴以中等损失为分界线,横轴以0.5概率为分界线,形成4个区域。Ⅰ区域给企业带来的威胁最严重,其"威胁影响程度"和"出现威胁的概率"都高,是运输企业实现盈利目标的主要障碍,应引起特别注意;Ⅳ区的两个因素

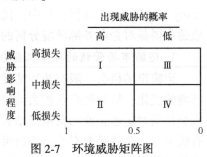

图2-7 环境威胁矩阵图

都低,不构成对企业的威胁,有可能转化为企业的机会,应把握机会加以利用;Ⅱ区域"威胁影响程度"低,但其"出现威胁的概率"高,构成企业发展的主要威胁;Ⅲ区域"威胁影响程度"高,但其"出现威胁的概率"低,对企业不构成威胁。因此,运输企业为了降低营销中的风险,应重点分析Ⅰ、Ⅱ区域,对于Ⅲ区严格监控,以防向不利于企业发展的方向偏移。

3. 企业营销环境综合分析

综合分析是将环境机会分析和环境威胁分析结合起来,用于确定在一定环境条件下的企业类型。这是因为在现实情况下,当某一环境因素变化时,对企业的影响是两方面的,既可能存在机会,也可能产生威胁,综合分析矩阵图如图2-8所示。

在图2-8中,纵轴代表机会水平,横轴代表威胁水平,

图2-8 综合分析矩阵图

这两种指标在机会矩阵分析和威胁矩阵分析中得到。因此,运输企业依据以上分析方法,可以分为如下 4 种类型。

① 冒险的企业,即高机会水平和高威胁水平的企业。
② 困难的企业,即低机会水平和高威胁水平的企业。
③ 理想的企业,即高机会水平和低威胁水平的企业。
④ 成熟的企业,即低机会水平和低威胁水平的企业。

运输企业在营销活动中,对环境机会和环境威胁的分析必须要有超前性,因为当环境发生重大变化之后,威胁已成为现实,机会已经丧失,企业再做分析,为时已晚。运输企业要取得营销的成功,关键在于要善于抓住机会,尽量避免威胁。

运输企业在进行环境分析时,对于环境机会,必须客观分析,抓机遇求发展;对于环境威胁,应正视现实,研究对策,降低营销风险。可供选择的对策有以下 3 种。

1) 反抗策略,即试图限制或者扭转所面临的环境威胁,如采用一定的方式,通过一定的渠道,促使政府制定某些经济政策或法令。

2) 减轻策略,即通过调整营销组合策略来改善环境适应,以减轻环境威胁给企业带来的不利影响。

3) 转移策略,即运输企业决策将其业务转移到盈利水平更高的市场,实施多元化经营战略。

2.2.4 营销市场调查与预测

1. 营销市场调查

市场调查(Marketing Research)又称为市场调研、市场研究、营销调研,是伴随商品经济的发展而出现的,并随着商品经济的进一步发展,其含义也不断地发生着变化。通常情况下,运输市场调研是指交通运输企业为了实现自身经济利益和社会公益目标,运用科学的方法和手段,系统地、有目的地收集、分析和研究与运输市场营销有关的各种信息,掌握运输市场现状及发展趋势,找出影响运输企业市场营销的主要因素,为运输企业准确地预测和决策,有效地利用市场机会提供正确依据的一种市场营销活动。有时国家为了制订某项运输计划或预测,也要进行市场调研,收集相关的信息,为计划的制订提供依据。通过运输市场调研,可以了解和掌握运输经济腹地的货源、客流构成及流向、流量等,从而为货源及客流组织工作准备资料,为保证运输计划有节奏、均衡地实施提供客观依据。

运输市场调研的内容十分广泛。可以说,凡是直接或间接影响运输企业营销活动的资料,都应收集和研究。但由于每次调研目的的不同,调研时间有限,其内容也不完全一样,且一次调研活动不可能包罗万象,涵盖所有内容,必须通过多次长期的调研积累,才能全面认识市场。为了全面了解、认识市场活动,就必须了解运输市场调研的具体内容。

(1) 运输市场营销环境调查

运输市场营销环境的调查包括政治法律、经济、社会文化、自然、科技、竞争等环境。对交通运输企业而言,运输市场营销环境是不可控因素,运输企业的生产与营销活动必须与之相协调和适应。

(2) 运输市场需求调查

运输市场需求是决定运输市场购买力和市场规模大小的主要因素,其主要调查内容包括消费者规模及构成调查、消费者购买动机和购买行为调查、产业市场调查等。

(3) 运输市场供给调查

运输市场供给是指一定时间内，运输企业为市场提供的产品总量。市场供给调查的目的在于使市场供给与需求相适应，以便更好地满足不断变化的市场需求。主要包括各种运输方式的布局及运输能力，各种运输方式的产品特点、类型和数量，交通运输总体发展规划、企业发展规划等。

(4) 运输市场营销策略调查

现代市场营销活动是综合运用产品、价格、分销和促销等策略的组合活动，追求全面满足消费者的需求。因此，运输市场营销调查也应围绕这些营销组合来进行，主要包括产品、价格、分销渠道、促销、竞争情况调查等。

2. 营销调查步骤

运输市场调查是一项复杂细致而且涉及面很广的工作，要保证调查工作的效率和质量，确保调查的准确性，取得良好的预期效果，就应尊重客观规律，按科学的程序和方法进行。一般地讲，运输市场调查的基本程序包括3个阶段，8个步骤。

(1) 调查准备阶段

调查准备阶段是市场调查工作的开端。这一阶段的主要工作就是通过对市场的初步分析，掌握一般市场情况和市场问题，从而明确调查的目的，确定调查主题和范围，并制订调查计划，具体分如下两个步骤。

1) 确定调查的目的和范围。首先，应明确调查的目的，或者说这次调查要解决的主要问题。比如这次为什么要调查、想要调查什么情况、了解情况后有什么用途等问题，对这些问题应能做出准确的回答。其次，应确定调查范围。调查范围的区分，直接影响到调查收集资料的范围，如果范围界限不清，调查中就可能出现资料信息收集不全或信息杂乱、资料庞杂，或者收集资料范围过大等情况，造成不必要的浪费。因此，应该对调查范围加以限定，一般可以从地区上确定市场的区域范围，从运输产品使用对象上确定调查的旅客或货主群体范围。

2) 制订调查计划。调查计划是对调查工作的设计和预先安排，作用在于保证调查有目的、有计划、有组织地进行。调查计划内容如下。

① 明确调查主题及目的。对调查目的初步确定后，在此阶段还需进一步明确，目标的确定要符合企业的实际，要尽量具体、准确，还可以邀请有关专家及经营管理者听取他们的意见。

② 确定调查地点、调查对象及调查方法。在确定调查地点时，要根据调查目的考虑地区的分布、调查对象的居住地点；在确定调查对象时，要考虑被调查对象应具备的条件；确定调查方法时，应从调查的目的和具体条件出发，以有利于搜集符合需要的第一手材料为原则进行。

确定调查地点、对象和方法不是孤立进行的，它们同调查目的以及需满足的要求密切相关，应根据对调查结果可信度的要求和费用的限制综合考虑。

③ 选定调查人员。由于调查对象的多样性与复杂性，市场调查人员的水平对调查结果影响甚大，为了确保调查质量，对参加市场调查的人员应有一定的素质要求：第一，调查人员要具备一定的文化基础知识。参加市场调查要记录、计算、汇总情况，因此调查人员应有

良好的文字表达能力和计算能力。第二，调查人员要具备一定的经济学、市场学、交通运输管理、统计学、心理学、财政金融、商品流通等方面的知识，这样才能正确理解调查问题的内涵。否则，如果不懂或理解不准确，就会导致认识上的偏差，调查质量就无法保证。第三，调查人员要有认真负责、严谨踏实的工作态度。市场调查工作任务复杂、繁忙，如果缺乏良好的工作态度，工作敷衍，那么调查资料必然会产生较大误差，严重的甚至可能导致调查工作失败。第四，调查人员要有文明的举止，稳重开朗的性格。举止文明的调查人员容易取得调查对象的信任，配合调查工作开展，开朗的性格更便于相互间的交流与沟通，有利于调查工作的顺利进行。

调查人员的数量，应在保证效果、节约费用的条件下综合考虑确定。

④ 预算调查费用。市场调查的费用较大，要考虑运输企业的承受能力，应在有限调查费用的条件下，力求取得最好的调查效果。或在已确定的调查目标下，使费用支出最小。在预算调查费用时，应包括印刷费、资料费、交通费、调查费、人员开支等。

⑤ 安排调查时间和工作进度。为了保证调查工作有序且按期完成，必须做出具体的时间安排，如何时做好准备工作、何时开始人员培训、何时开始正式调查、何时完成资料整理、何时完成调查报告等。有了时间要求，还应定期或不定期地对工作进度进行监督检查。这样，一方面可以确保调查工作按预期的目标进行；另一方面还可以掌握情况，及时发现问题，加强薄弱环节管理，从而使调查活动顺利完成。

(2) 调查实施阶段

调查实施阶段主要是按照调查计划，组织调查人员，深入实际，全面、系统地收集各种有关资料、信息数据，大体分为以下4个步骤。

1) 选择资料收集方法。市场调查收集资料，可分为第一手资料和第二手资料。

第一手资料又称为原始资料，是调查人员通过现场实地调查所收集的资料，如对货源的调查。收集方法即市场调查方法，有询问法、观察法、实验法。对这3种方法应根据调查问题的性质，决定采用其中的一种或几种方法。

第二手资料又称为现成资料，来源于企业内部资料和外部资料。企业内部资料是企业内部经常收集和记录的资料，如有关统计报表、企业历年的统计资料、有关年度总结报告和专题报告等就是第二手资料。外部资料是从统计机构、行业组织、市场调研机构、科研情报机构、报纸杂志文献等获得的资料。

在收集资料过程中，获得第一手资料往往需要时间长、费用高，而第二手资料较容易取得且费用低。因此，应充分利用现成资料，最大限度地缩小实地调查的范围。同时为保证资料的准确性和可靠性，也应进行一定的现场调查。也可以根据具体情况，交叉进行原始资料和现成资料的收集。

2) 设计调查表。调查方法确定后，为了在现场实地调查时能有的放矢，调查人员必须事先设计拟定调查表。调查表也称为询问表或问卷，是市场调查中用来收集资料的基本工具。它以书面的形式记录和反映调查对象的看法和要求。调查表设计是一项技术含量高而又十分重要的工作，它直接关系到调查工作的成效。因此，要求设计的调查表主题明确，重点突出，问题通俗易懂，便于回答，同时还要便于计算机的统计汇总和处理。

3) 选择调查方式。市场调查方式包括市场普查、重点调查、典型调查及抽样调查等几种。应根据调查的目的和要求以及调查对象的特点，选用适当的调查方式。

市场普查是对调查对象的全体进行无一遗漏的逐个调查,是一种全面调查的组织方式。它需要花费很大的人力、物力、财力以及较长的时间,一般企业很难承受。因此,市场普查很少用于运输企业的市场调查工作中。

重点调查是在全体调查对象(总体)中选择一部分重点单位进行的一种非全面调查。所谓重点单位,是指所要调查的这些单位在总体中占重要地位或在总体某项标志总量中占较大比重的单位。重点调查可用于运输企业对大宗货源的调查,以及有关流通渠道、经营条件、竞争对手等的调查。这种调查方式,能以较少的人力和费用开支,较快地掌握调查对象的基本情况。但需要说明的是,重点调查中选取的重点单位不具有普遍的代表性,一般情况下不宜用其综合指标来推断总体的综合指标。

典型调查是在全体调查对象(总体)中有意识地选择一些具有典型意义或有代表性的单位进行非全面的专门调查研究。这种调查方式由于调查单位较少,人力和费用开支较少,可以有较多的调查内容,因此有利于深入实际对问题作比较细致的调查分析。例如,一段时期内,某铁路线上客流有较大幅度的增加,经过对沿途几个大站及旅客的调查,了解到车站合理的始发、到达时间以及方便购票、优质的服务等一系列营销措施是吸引旅客的重要原因。为此,可以根据情况对此经验在全路范围内加以推广。用典型调查的综合指标推断总体的综合指标,一般只能做出估计,不可能像随机抽样那样能计算出抽样误差,也不能指明推断结果的精确度,不过,在总体各单位的差异比较小,典型单位具有较大代表性的情况下,以典型调查资料推断总体指标也可以得到较为满意的结果。

抽样调查是一种统计学方法,是从全体调查对象(称为总体)中抽取部分对象(称为样本)进行调查研究,用所得样本结果推断总体情况的调查方式。抽样调查可把调查对象集中在少量样本上,并能获得与全面普查相近的结果,有很强的科学性与准确性,同时又省时、省力、省费用,因此在市场调查中广泛采用。

4)实地调查。调查人员按照确定的调查对象、调查方法,进行实地调查,收集第一手资料。对于这一阶段,不同的调查人员可能有不同的调查结果,因此,调查人员必须具备一定的素质、知识水平和调查技巧,才能确保获得正确而又满足要求的第一手资料。

(3)调查结果处理阶段

调查结果处理阶段是调查全过程的最后一个阶段,又称为分析和总结阶段,是将收集到的资料和数据进行加工整理及分析,得出调查结论,然后撰写调查报告。这一阶段分以下两个步骤。

1)整理分析资料。

① 调查资料的整理。调查所得的资料是大量、零散的,还有可能有片面和不真实的,必须进行系统的编辑整理,去粗取精,去伪存真,如检查资料是否齐全、是否有互相矛盾的地方,数据口径是否一致、是否满足时效要求等,以便对发现的问题及时进行补充和修正,保证资料的系统完整和真实可靠。

② 调查资料的分类汇编。对经过编辑整理的资料,要根据要求进行分类,把性质相同的归在一起。分类后的资料还要加以统计汇总,编号归档储存,这样将方便以后的查找和使用。当采取计算机加工处理资料时,资料的分类编号更为重要。

③ 调查资料的分析。为了掌握被调查事物的内在联系,揭示问题的实质和各种市场现象间的因果关系,就必须对调查资料进行综合分析,以找出其内在的规律性和关联性。如可

以运用各种统计方法（如相关分析、回归分析等）或根据需要制成各种统计表、统计图来进行分析，最终得出合乎实际的调查结论。

2）撰写调查报告。调查报告是市场调查工作的最后阶段，它是将调查分析的情况、得出的结论、提出的措施或建议写成书面报告，提供给管理部门和职能部门的管理人员作为决策时的参考。

市场调查报告的基本内容一般包括：调查的地点、时间、对象、范围、目的；采用的主要调查方法；调查结果的描述分析；调查结论与建议。

调查报告的格式一般由引言、正文、结束语和附件等部分组成。编写报告时，应注意报告内容要达到以下几点要求：紧扣调查主题，突出重点；引用数据准确可靠，如实地反映客观情况；观点明确，切忌模棱两可，文字要简明扼要等。

3. 运输市场预测内容

运输市场预测作为市场预测的一种，属于经济预测的范畴。要准确理解运输市场预测的内涵，必须首先明确预测和经济预测的含义。

所谓预测，就是人们根据事物以往发展的客观规律性和当前出现的各种可能性，运用科学的知识、方法和手段，对事物未来发展趋势和状态预先做出科学的估计和评价。人们研究未来，是为了探求客观事物未来的发展变化趋势和内在的规律性，以指导自己的行动，力求趋利避害，按客观规律办事，达到改造客观世界的目的。然而，在客观世界中，很多事物的发展具有不确定性，它们在一定的时间和空间范围内能否发生，如何演变，产生何种影响，往往是不确定的，人们很难预先进行完全肯定。这就要求人们通过科学预测，将未来事物发展变化的不确定性极小化，尽量减小事物的不确定性对人类活动的影响。这样，人们就可以在把握事物发展变化趋势的基础上，制订行动计划，以指导当前的行动，引导客观事物朝着有利于人类进步的方向发展。可见，预测不是凭空想象的猜测，而是根据过去和现在的客观实际资料，运用科学的方法，探求事物发展的规律，从现在预计未来，从已知或有根据的假设推测未知的可能的趋向。

在市场经济条件下，市场预测是经济预测中最基本、最主要的内容。所谓市场预测，是指在市场调查的基础上，根据预测对象的有关资料，应用科学的预测方法，对市场需求和市场有关因素的发展变化趋势及变化程度进行的估计和推测。正确的市场营销决策，来自对市场供求变化的科学预见和推断。市场预测可为企业确定发展目标、制定生产经营决策提供科学依据，使企业实现发展生产、满足需求、提高效益、促进国民经济发展的目的。

运输市场是市场体系的重要组成部分，运输市场预测也是一种重要的市场预测。运输市场预测是指在运输市场调查的基础上，揭示运输市场供求矛盾发展变化的规律性及影响运输市场供求关系的各类复杂因素，运用逻辑推理、统计分析、数学模型等科学方法，对运输市场上运输产品的供需发展趋势和未来状况及与之相联系的各种因素的变化，进行预计和推测，从而为运输企业确定发展目标、制定运输经营决策提供科学的依据。

运输市场预测的内容非常广泛。运输市场需求量、运输市场供给能力、运输价格和成本变化趋势、运输市场占有率、运输市场营销发展趋势、运输企业经济效益和社会效益、同行业的竞争能力和竞争战略策略的改变等，都可以是运输市场预测的内容。但对运输企业来讲，最基本和最重要的是运输市场需求预测，简称运输需求预测。

应该指出，"运输需求"和"运输量"是两个不同的概念，运输需求是指社会经济生活在人与货物空间位移方面所提出的有支付能力的需要。而运输量则是指在一定运输供给条件下所能实现的人与货物的空间位移量。社会经济活动中，人与货物的空间位移量是通过运输量的形式反映出来的。运输量的大小当然与运输需求水平密切相关，但运输量本身并不能完全代表社会运输需求。运输需求的实现还要取决于运输供给的状况，在运输能力完全满足运输需求的情况下，运输量基本上可以反映运输需求，但在运输供给严重不足的情况下，运输业完成的运输量仅是社会经济运输需求的一部分，如果增加运输设备、提高运输能力，被不正常抑制的运输需求就会迅速变成实际的运输量。

理解"运输需求"与"运输量"的不同，对预测运输需求是非常重要的。过去在很多预测工作中没有分清运输需求与运输量的区别，在预测过程中往往采用以过去的历史运输量数据预测未来运输需求的方法，以"运量预测"简单代替运输需求预测，这种概念上的混淆必然影响到预测的准确度。显然，在运输供给完全满足运输需求的情况下，运量预测尚可代表对运输需求的预测，但在运输能力严重不足的情况下，不考虑运输能力限制的运量预测结果，就难以反映经济发展对运输的真正需求。

运输需求预测可以分为运输需求总量预测和客货流预测两大部分。其中运输需求总量预测是比较抽象意义上的预测，它只负责从总量上把握全国、某部门或某地区的客货运输需求量，包括发到量、周转量等，其特点是只考虑总量，基本上不涉及具体的发到地和具体线路上的客货流量。而客货流预测则负责把已预测出的客货运输需求总量，在分析地区间交流的基础上，分配到具体运输方式和运输线路上。可见，客货流预测更接近实际的客货位移。

4. 运输市场预测的步骤

运输市场预测是调查研究、综合分析和计算推断的过程。一个完整的运输市场预测项目，一般应包括以下几个步骤。

（1）确定预测目标、制订预测计划

进行一项运输市场预测，首先必须明确预测的目标，即明确预测的对象、目的和要求。预测对象应视为预测系统的总体。预测目的是指通过预测要了解什么问题和解决什么问题。预测要求是指对预测结果的具体要求和附加条件，例如，预测是定性预测、定量预测，还是定时预测，对哪个时期预测，对预测时间和预测精确度有什么要求等。这些预测目标将直接影响着预测的内容、规模，对预测人员的组织、预测资料的搜集、预测方法的选择、预测费用的支出等工作及预测的效果都有很大关系。总之，只有目标明确，才能使预测工作有的放矢，避免盲目性，从而以较短的时间、较少的费用，取得较满意的预测结果。

为了保证运输市场预测目标的实现，要制订具体周详、切实可行的预测计划。预测计划应包括以下内容：预测工作的负责人、预测前的准备工作、收集和整理资料的步骤和方法、预测方法的选择、预测精确度的要求、预测工作的期限、预测费用等。预测计划不是一成不变的，可以在实际预测工作中对原计划作必要的调整。

（2）收集和整理资料

资料是预测的基础，资料的质量直接关系到预测的精度。要根据预测对象的目的和要求，广泛收集影响预测对象未来发展的一切资料，既要收集预测对象本身的历史资料，也要收集对预测对象有影响作用或与之相关的因素的资料，包括对预测对象的未来会造成较大影响的间接因素资料。收集资料的范围包括统计资料、计划资料、方针政策和其他社会调查资料等。在收集资料时要注意资料的基本来源和不断补充更新的可能性。对所收集的资料要进行认真的审核，对不完整和不适用的资料要进行必要的调整。例如，应把偶然发生而将来不大可能重现的一次性事件从历史资料所呈现出的趋势中清除出去，从而保证资料的准确性、系统性、完整性和可比性。对经过审核和整理的资料还要进行初步分析、观察资料结构的性质，作为选择适当预测方法的依据。

(3) 选择适当的预测方法

如何选择适当的预测方法是提高预测质量的一个重要因素。因此必须从实际出发，根据预测对象的特点、预测的目的、预测的期限和时间间隔及预测对费用、时间和精确度的要求，结合收集的资料和预测人员的技术条件，选择有效的预测方法。选用的预测方法要在满足预测要求的前提下，尽量简单、方便、实用。有些预测方法要建立数学模型，有些则可以采用匡算、推算、类比测算等简单的预测方法。

另外，在选用预测方法时要根据实际情况，有时选择一种，有时也可以几种方法结合起来，相互验证预测结果，以提高预测的准确性。

(4) 进行预测

根据已选定的预测方法，利用所掌握的资料，就可以具体地计算、研究、做出定性或定量分析，推测判断预测对象未来的发展方向和发展趋势。

(5) 分析预测误差

所谓预测误差，是指预测值和实际值之间的差异。由于预测是根据历史资料，利用简化了的模型进行的，不可能包罗影响预测对象的所有因素，因此误差是不可避免的。预测误差的大小，反映预测的准确程度。如果误差过大，就失去了预测的意义，用于决策则会产生危害。因此，预测人员应该分析预测误差产生的原因，测出误差的程度，并找出把预测误差控制在预测目标所容许的范围内的措施。需要指出的是，预测总是有误差的，在任何给定的情况下，总会有一些更有效的方法可用于改进预测水平。但是，使用这些方法要花费更多的时间和费用，反而会使经济效益下降。因此，应对预测的不精确度持灵活态度，而不要力图改进预测方法。

(6) 参照新情况，确定预测值，并进行评审

利用选用的预测方法得到的预测值，仅能作为初步预测结果。根据这个结果，还要参照当前已经出现的各种可能性，利用正在或将要形成的各种趋势、征兆，进行综合对比和判断推理，最后确定出预测值。不能简单地认为预测运算的结果就是最后的预测值。预测不仅是一种科学，而且是一种艺术，预测技术是工具，每个人都可以使用，但使用的好坏，则由使用者的技艺高低所决定。技艺是个人的才能、经验与教训等的综合体，不是通过简单传授所能获得的。另外，还要将确定的预测值请各方面专家评审，集思广益，做到专业预测人员与领导、群众相结合，定量预测与定性预测相结合，使预测效果更好。

(7) 经常反馈，及时调整预测方法和预测值，发布正式预测报告

运输市场预测是为决策提供依据。预测人员要及时根据预测值与实际值之间的差异和预测工作中的实践经验，以及评审意见，及时调整预测方法和预测值，并提出正式的预测报告和说明，递交给有关部门，供其决策时参考。

以上是运输市场预测的一般步骤，为提高预测水平和预测效果，预测工作应逐步走向规范化、制度化、程序化。

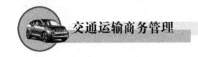

2.3 营销战略

2.3.1 顾客驱动型营销战略

顾客驱动型营销是把顾客作为营销过程的着眼点，通过认真仔细的市场研究，为目标市场开发生产出他们所需要的产品。它把顾客作为企业一切经营活动的对象。顾客需要是企业活动的准绳，企业要根据顾客的意愿和偏好来安排生产，只要能够生产出顾客所需要的产品，不仅能增加顾客的利益，而且可以使自己获得利润。这种生产何种产品的主动权不在于生产者，也不是政府，而是顾客的思想，称为"顾客就是上帝"。

顾客驱动型营销是一种生产者积极地开发产品、引导消费，推动形成市场新空间的主动型营销，其所注重的是对顾客隐性需要的挖掘，而不是去简单地跟随市场。这是因为这样做不仅需求规模有限，形成不了新的消费热点，而且也无法拉开与对手的差距。传统市场营销管理理念最核心的原则是用户满意原则，即满足用户当前的需求。这样的营销理念只考虑将当前服务提供给用户，忽略了用户这一营销的战略资源在未来企业增长中的重要性。

以顾客为生产和营销驱动的企业需要主动地设计消费，充分发挥生产者引导消费的作用，以推动更高层次、更大规模的新消费市场来实现创造新市场空间的目的，从而独辟蹊径，抢占先机，有效地与竞争对手拉开差距。这一观点与早期的生产观念完全不同，它强调的是生产者创造消费，引导市场的作用，强调超越消费者的现有需要。生产者不再是根据需要进行生产，而是更多地对消费者未觉察到的需要进行挖掘，创新出产品，并对消费者进行指导与说服。顾客驱动型营销有两个重要的创新内容：一是向市场消费者提供新的价值主张，即价值创造，顾客要获得新的利益需要付出更高的价格为代价，企业则通过技术革新或营销策略变化来提供超值的顾客价值主张；二是创造企业特有的业务经营系统，即流程创新，流程是企业特有的业务经营系统，指企业为顾客设计、生产、传递价值主张的所有活动的事件整合系统。由于价值主张易见，容易被模仿，而创造与传递价值主张的业务流程系统则不易引起注意或不易被发现。

企业营销者设计顾客驱动型营销战略，必须解决以下几方面的问题。

首先是选择服务对象。任何企业必须首先决定它将为谁服务。通常通过将市场划分为不同的消费者群体，然后选择为之提供服务的细分市场来完成这个任务。有的人认为营销者会尽可能选择多的顾客以此增加需求，但营销者心里清楚，他们不可能为所有顾客提供所有的服务。试图为所有顾客提供所有服务，最终可能为任何顾客提供的服务都不尽人意。

其次是确定价值陈述。企业还必须决定应该如何为目标顾客服务——在市场中实现差异化和定位。所谓的价值陈述，就是承诺向顾客传递并满足顾客需要的一组利益或者价值。要特别强调品牌价值陈述的重要性，它将帮助企业在目标市场上获得巨大的优势。

第三是做好营销管理导向。营销管理希望设计与目标消费者建立盈利性关系的战略。但指导营销战略设计的理念是什么呢？消费者、组织和社会的利益经常发生冲突，在这些利益面前又该如何权衡呢？有几种不同的观念指导企业设计和执行营销战略，即生产观念、产品观念、销售观念、市场营销观念和社会营销观念。

最后,任何一家企业都要明确这样一个观念:做正确的事,既有利于消费者,也有利于企业自身发展。

综上所述,所有这些有突破的企业要么是创设了一个新市场领域,要么就是创造了新的市场或新的交易方式。这些运用顾客驱动型营销的企业会定期创新性地提供一项产品、服务,而且在该企业自身的基础上构筑了一个优于其竞争者的商业体系。它代表着价值上的一个实质性飞跃。驱动市场型企业有效地摧毁了其对手的核心竞争力,同时也使得这些竞争对手很难模仿他们创新性的商业体系。

2.3.2 制定产品战略

1. 产品及运输产品

产品是指向市场提供的能满足人们某种需求的实物和劳务,它包括实物、服务、保证、组织、意识等多种有形和无形的形式,这一观点具有两方面的含义:一是不能把产品仅仅理解为实物产品,凡是提供满足人们某种需求的劳务也是产品;二是对于一些企业来说,其产品往往是由产品实物本身和有关的服务构成,即产品等于实物加服务。因此,市场营销学对于产品这一概念,可以概要地表述为:凡是能够为购买者带来有形和无形的效用和利益,满足需求与欲望的实物和劳务都称为产品。

运输业从事社会化运输生产活动,参与创造国民收入,参与社会总产品的生产。运输业不像工农业生产那样改变劳动对象的性质和形态,而只是改变运输对象——被运送的货物和顾客在空间上和时间上的存在状态,具体体现为空间位置的移动。这种空间位置的改变,也是一种物质变化的形式,通常称为"位移"或者"运输"。位移虽不创造新的有形产品,也不改变运输对象的形态,但可以增加被运送货物的使用价值或满足被运送旅客的运输需要。它既是运输生产活动产生的效用,也是运输业用以出售的产品。由于这一产品是非实物的、无形的,因此也被称为"劳务"。

现代市场营销学中的产品整体概念也同样适用于运输产品。运输产品整体概念的三个层次,如图2-9所示。

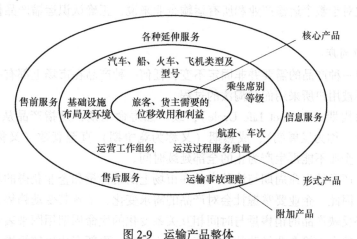

图 2-9 运输产品整体

(1) 核心产品

运输产品的核心内容，就整个运输产业而言，就是要满足顾客需要的位移、基本效用和利益，即安全、准确、迅速、文明地实现从始发地到目的地的位移。这是顾客所需购买的实质性的东西，是运输产品的实体利益，也是实质性产品。由于运输产业包括铁路运输、公路运输、水路运输、航空运输、管道运输等多种行业，对于每个行业来说，其位移在安全、准确、迅速、文明等方面的内涵和水平并不是完全相同的。例如，铁路运输行业所完成的位移，要求在安全、准确、迅速、文明等方面的实现水平，既不完全和航空运输相同，也有别于公路运输、水路运输或管道运输。同样，对于同一行业中的不同运输企业而言，因为有各自具体的位移产品项目，每一具体的位移产品项目，在安全、准确、迅速、文明等方面的要求程度，也不完全相同。

(2) 形式产品

这是核心产品的外在表现和具体形式，一般行业中以其产品的品质、款式、特色、外观、品牌和包装等来表达，而在运输行业通常则由位移载体的外在特性（诸如汽车、船、火车、飞机的类型和型号，线路、航线、站、港等基础设施的布局及环境、运营工作组织及运送过程服务质量，航班、车次以及乘坐席别等级等）加以展现，将位移核心产品转变为可以感知的形式产品，从而便于顾客判断和评估所提供的效用和利益程度的大小。在上述外在特性中，航班、车次、车船、火车、飞机名号实质上是一种品牌、款式，能够比较综合地从总体上反映位移核心产品所带来的效用和利益，许多运输企业往往在促销广告中直接以此来招揽顾客。

(3) 附加产品

这是顾客在购买位移产品时所得到的附加服务和利益，如售前服务（客票预约预售，上门办理有关货运业务等）、售后服务（查询、旅客投诉、批评和建议、客货运输事故赔偿），提供运输信息服务以及各种延伸服务（代办货物仓储、包装、行李包裹接取送达、地方搬运、送货上门、运输代理、旅行服务等）。一个运输企业如果致力于开发适当的附加产品，就一定能在激烈的市场竞争中赢得较好的市场份额。

总之，由于运输业和运输产品具有独特的特点，其产品概念不易为一般人所全面认识和准确把握，因此对于整个运输产业和所有运输企业来说，正确认识运输产品概念，就显得更为重要。

2. 产品生命周期

社会对任何一种产品的需要并非固定不变，任何一种产品在市场上都有一个发生、发展直到最后由于不被用户所采用而被淘汰的过程。

产品的生命周期（Product Life Cycle），或产品寿命周期，是指产品从引入市场开始，经过其成长期（又称为发展期）、成熟期（又称为竞争期）直至衰败（又称为衰退期）而被市场所淘汰，企业不能再生产为止的全部延续时间。

由此可知，产品的生命周期与该种产品在市场上的销售量和企业获得的利润额的变化有很密切的关系。因此，企业要掌握社会对产品的需求变化，了解其变动趋势，来研究产品的经营策略。可将反映产品的销售量与时间相互关系变化的生命周期用图来表示（图2-10）。

一般来说，每个运输企业经营的位移产品并不繁多，更新变化也较缓慢，不少产品还是"多年一贯制"，其产品生命周期相对来说也比较长。虽然运输企业的产品在生命周期的各个阶段其销售量经常受季节、气候、节假日等因素影响而出现周期性波动,但总的发展趋势仍符合一般产品生命周期的规律。

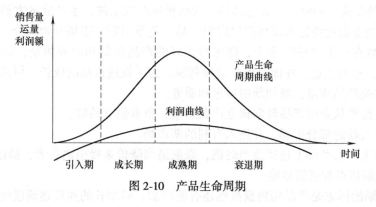

图 2-10　产品生命周期

3. 运输产品生命周期各阶段营销策略

根据运输产品生命周期的发展规律,运输产品也要经历从无到有,从小规模发展到大量普及,再到饱和,最终走向衰落的变化过程。运输产品种类繁多,不同的产品种类,生命周期经历的阶段,每一时期经历的时间长短也不同。但与其他工业产品相比,所有运输产品的周期阶段都较长。

(1) 引入期特点和营销策略

这个时期产品处于初期发展阶段,对于它在用途上的优势、价格、服务质量、服务方式等,消费者还缺乏足够的了解,还不能被消费者所普遍接受和使用。因此,销售量比较少,成本较高,加之必须支付高额的促销费用,定价需要高些。即使如此,一般仍处于亏损状态。这个阶段营销策略要突出一个"准"字,即市场定位和营销组合要准确无误,符合企业和市场客观实际。

如果把价格和促销两个营销因素结合起来考虑,根据不同的市场环境,有 4 种不同的策略方案可供选择。

① 高价快速推销策略。采用高价格,花费大量的广告宣传费用,迅速扩大销售量。适合采用此策略的市场环境是:大部分潜在消费者不了解新产品;已知新产品的顾客求购心切,愿意出高价购买;企业面临潜在竞争者的威胁,急需在市场中树立品牌。

② 高价低促销费用策略。采用高价格,花费少量的广告宣传费用。适合采用此策略的市场环境是:市场容量相对有限,大部分消费者已知晓这种新产品,急需购买者愿意出高价购买,潜在竞争者的威胁不大。

③ 低价快速推销策略。采用低价格,花费大量的广告宣传费用。目的在于先发制人,迅速打入市场,取得较大的市场占有率。适合采用此策略的市场环境是:市场容量相当大;消费者对新产品不了解;消费者对价格十分敏感;潜在竞争比较激烈;新产品的单位成本可以因大批量生产而降低,产品单价有条件下调。

④ 逐步打入市场策略。采用低价格,但花费少量的广告宣传费用。低价的目的是吸引消费者采用新产品,少量促销费用在于对企业有利可图。适合采用此策略的市场环境应是:市场容量大,顾客对产品已有了解,消费者对价格十分敏感,有相当的潜在竞争者。

(2) 成长期特点和营销策略

这个时期产品的优势通过消费者的体验和传播而得以充分发挥，已形成相当大的市场需求，因此销售量提高。同时，卖方也具备了大批量生产的条件，生产成本大幅下降，利润迅速增长。其他企业也纷纷进入市场提供同类产品，竞争加剧，市场开始细分。这个阶段营销策略的重点应放在一个"好"字上，即保持良好的产品质量和服务质量，切勿因为产品畅销而急功近利，粗制滥造，片面追求产量和利润。为了促进市场的成长，可采取如下策略。

① 努力提高产品质量，增加新的特色和服务。
② 广告宣传要从介绍产品转向树立产品形象，争取创立品牌。
③ 积极寻找新的细分市场，并进入有利的新市场。
④ 在大量生产的基础上选择适当时机，采取适当降价来吸引消费者，抑制竞争。

(3) 成熟期特点和营销策略

进入成熟期的标志是产品销售量虽然还有所增加，但增长的速度逐渐缓慢，市场趋于稳定。由于销售增长率降低将使产品生产能力过剩，市场供过于求，竞争日益加剧，产品价格下跌，利润下降。这个阶段持续时间较长。此时营销策略应突出一个"争"字，即争取稳定市场份额，延长产品市场寿命，可采用以下3种营销策略。

① 改变市场策略。此策略不要求改变产品本身，而只是改变销售方法来扩大销售对象，如：寻找新的细分市场和营销机会，特别是发掘那些没有用过本产品的新市场；设法促使消费者增加使用量和使用频率；重新树立产品形象，设法争夺竞争者的顾客。
② 改变产品策略。这种策略在于提高产品质量，增加产品功能或改进产品的特色，向顾客提供新的利益。
③ 改变营销组合。通过改变营销组合中的一个或几个因素，来扩大产品的销售，如以低价来吸引竞争者的顾客和新的买主，采取更有效的广告宣传，开展多样化的推销活动，还可以采取改变分销渠道，扩大附加利益和增加服务项目等。

(4) 衰退期特点和营销策略

这个时期的主要特点是产品的需求量和销售量迅速下降，开始被新产品逐步代替，市场需求发生了转移，更多的竞争者退出市场。企业维持处于衰退阶段的产品，往往需要经常调低售价，处理积货，很少有赢利，有时甚至出现亏损现象。因此，对大多数企业来说，应当机立断，弃旧出新，及时实现产品的更新换代。当然，应首先准确地判定该种产品是否已进入衰退阶段。

在衰退期，营销策略总的来说要突出一个"转"字，即有计划、有步骤地转移，切忌仓皇失措，贸然撤退，同时为了有效处理"超龄"产品可采取如下策略。

① 连续策略。继续沿用过去的策略不变，仍然保持原有的细分市场、销售渠道、促销方法等，前提是大多数同行已退出市场竞争。
② 集中策略。企业把人力、物力集中到最有利的细分市场和销售渠道上，缩短了经营战线，从有利的市场和渠道中获取利润。
③ 榨取策略。大力降低销售费用，削减推销人员，增加眼前利润，这样会导致销售量迅速下降，但企业可以保持一定的利润。

2.3.3 定价策略与方案

运输产品的价格称为运价，运价是运输企业为提供运输服务所收取的价格，它是指货物运输产品和旅客运输产品的销售价格,是运输产品价值的货币表现。运价是运输业主要的经济杠杆,运价制度运用得当与否,关系到国家和广大消费者的利益,同时也关系到企业的经济效益和发展前途。运输价格的确定是一个十分复杂的问题,它直接关系着吸引运量的大小和运输企业利润的高低,并影响着运输市场营销组合的其他因素,在运输市场营销活动中,起着重要作用。

定价策略是指在制定价格和调整价格的过程中,为了达到企业的经营目标而采取的定价艺术和定价方法。它是定价目标和定价方法的具体化,是具有灵活性、技巧性、竞争性和操作性的营销手段。常见的定价策略及方案有以下几种。

1. 运输新产品定价策略

(1) 撇脂定价策略

撇脂定价策略又称为高价策略,是指在运输新产品进入市场时,对于需求价格弹性小、竞争对手少的产品,运输企业可以将其价格定得很高,以便在较短的时间就获得最大利润,然后根据市场供求情况,逐步降低价格,犹如从牛奶中撇取奶油一样。

采用这种定价策略的优点是:

1) 可使企业在短期内收回成本,并获得较大利润。

2) 为运输企业利用价格进行市场细分留有足够的空间和余地,企业对于购买力强的顾客和地区的价格可以定得高一点,而对于购买力低的地区可以低一点。

3) 为弥补因预测失误而导致的定价缺陷留有足够的修正空间。

4) 可以抑制过快的需求增长而导致企业服务质量的下降。通过高价,一方面使企业获得较高的利润回报,为扩大生产、提供更多的运输供应能力做充分的准备;另一方面还会在新产品上市时加强质量控制,在顾客中形成良好的口碑。

缺点是:价格高于价值会损害消费者的利益,引起消费者的不满;同时高价还蕴涵了高额利润,必然招致更多外来资本的参与和竞争。

(2) 渗透定价策略

渗透定价策略又称为低价策略,是指在新产品投入市场时价格定得较低,使用户很容易接受,以利于快速打开市场。采用这种定价策略的产品,其特点是潜在市场很大,企业生产能力较大,同时竞争者容易加入。这种定价策略适用于以下几种情况。

1) 某种运输服务的需求弹性大,低价可以促进销售。

2) 营销费用、运输成本与运输量关系较大,即运输量越大,单位运输量和成本费用越低。

3) 潜在市场大,竞争者容易进入,采用低价策略,利润微薄,别的企业不愿参加竞争,有利于扩大市场占有率。

4) 运输不发达、购买力弱的地区,利于逐步培育市场。国外通常把这种定价策略称为"侵入策略"或"渗透策略"。

(3) 温和定价策略

温和定价策略又称为满意定价策略,是指企业将行业或社会平均利润率作为确定企业目标利润的主要参考标准,比照市场价格定价,避免不必要的价格竞争,通过其他促销手段扩大销售,推广新产品。采用这种策略,容易使运输企业与货主或旅客双方面都满意。这种定价策略既可避免高价策略因高价而带来的市场风险,又可使企业避免因价低而带来的产品进入市场初期收入低微、投资回收期长等经营困难问题。

2. 折扣定价策略

企业为了鼓励顾客大量购买、淡季购买等，酌情降低其基本价格。这种价格调整叫作价格折扣或折让。主要有以下几种策略。

1）数量折扣策略。是指运输企业根据用户请求的运输服务项目（托运货物或购买客票）的数量所给予的折扣优惠。数量折扣又分为累计数量折扣和一次数量折扣，前者是规定在一定时期内，购买量达到一定数量即给予的折扣。这一策略鼓励用户大量或集中向本企业购买。

2）现金折扣策略。是指运输企业对以现金付款或提前付款的用户给予一定比例的价格折扣。现金折扣可以改善企业的现金周转，减少赊欠和坏账损失，提高企业利润率。例如"1.5/10，全价30"，表示用户如果在10日内现金付款可享受1.5%的折扣，如果不能，则不享受折扣，必须在30日内付清全款。

3）季节折扣策略。运输企业在运输淡季时给予一定的价格折扣，有利于刺激消费者均衡需求，便于企业均衡运输组织作业。

4）代理折扣策略。运输企业给运输中间商（如货运代理商、票务代理）提供的价格折扣，以便发挥中间商的组货、组客功能，提高企业的市场占有率。

5）回程和方向折扣策略。运输企业在回程或运力供应富裕的运输线路与方向给予价格折扣，以提高运输工具的使用效率，减少运能浪费。

6）推广期折扣策略。运输企业在新产品上市的推广期内，在产品还不被人们认识的情况下，为了招揽更多的代理商和顾客的加入而采用较高折扣的方式。

3. 心理定价策略

这是运用心理学原理，根据不同类型的用户在购买运输服务时的不同消费心理来制定价格以诱导用户增加购买的定价策略。其主要策略有尾数定价策略、分级定价策略和声誉定价策略。

（1）尾数定价策略

心理学家的研究表明：当价格低于5元时，其尾数应该是9，即2.9元、3.9元、4.9元等；当价格大于5元而小于100元时，其尾数应该为95，即9.5元、19.5元、59.5元等；当价格大于100元时，其尾数应该为98、99，即599元、698元等。

尾数定价策略又称为非整数定价策略，即企业给商品定一个接近整数，以零头尾数结尾的价格。例如，某商品的价格为0.97元，接近1元，就是利用了顾客的求廉心理和要求定价准确的心理。保留了尾数，一方面可给顾客以不到整数的心理信息；另一方面使顾客从心里感到定价认真、准确、合理，从而对价格产生一种信任感。

（2）分级定价策略

分级定价策略即在定价时把同种运输分为几个等级，不同等级采用不同的运输价格。这种定价策略能使客户产生货真价实、按质论价的感觉，因而较易为用户所接受。采用这种定价策略时，等级划分不能过多，级差也不能太大或太小，否则会使用户感到烦琐或显不出差距而起不到应有的效果。

（3）声誉定价策略

这是根据顾客对某些运输企业的信任心理而使用的价格策略。有些运输企业因为长期的市场经营在顾客心中树立了声望，如服务态度好、运输质量高、送达速度快等，因此这些企业可以采用比其他企业稍高的价格。当然，这种价格策略要以高质量作保证，否则就会丧失企业的声望。

4. 关系定价策略

（1）长期合同

运输企业为了吸引顾客与自己建立长期业务关系、签订长期业务合作合同而制定的具有竞争力的价格。

（2）多购优惠

运输企业为了促销，对顾客承诺一次请求两个或两个以上的运输服务项目时所给予的优惠政策。

5. 差别定价策略

差别定价策略是指企业根据不同的顾客群、不同的时间和地点，对同一产品或劳务采用不同的销售价格。这种差别不反映生产和经营成本的变化，有利于满足顾客不同需求和企业组织管理的要求。例如，美国航空公司将形式上一致的座位人为地加以区分，以满足不同层次旅客的需求。他们将不同的消费者群体细分为质量敏感型、价格敏感型和中间型乘客，考虑其分别希望享受到什么样的服务，然后设计和提供相应的运输产品（包括不同的价格体系、购买限制等特征的组合），供消费者选择，在满足不同市场需求的情况下实现利润最大化。

6. 大客户定价策略

大客户定价策略是在80/20原则的背景下产生的，对企业非常重要的客户给予一定的价格优惠。例如，某船公司给重要的货运代理商和大货主提供的运价要低于给普通代理商和货主的运价，以维持与客户良好的关系，保证稳定的货源。一个典型的例子是班轮公会的双重运价制，运价由班轮公会制定，供参加班轮公会的班轮公司使用。其具体做法是：对于与班轮公会缔结合同将货物全部交由班轮公会运输的货主，按合同费率计收运费；对于未与班轮公会缔结合同的货主，则按非合同费率计收运费。

7. 运价调整策略

（1）主动调整策略

主动调整策略是指企业因市场供求、成本变动等需要降低或提高自己的运价。降低运价策略适用于运力供过于求，运输市场竞争激烈，或是本企业成本降低，有较强成本优势，企业欲利用该策略扩大市场占有率等情况。提高运价策略适用于运力供不应求、企业因非经营因素所导致的成本上涨等情况。

无论采用降低还是提高运价策略，企业在运价调整之前，须对竞争者、顾客以及企业自身情况进行认真分析，包括竞争产品的成本结构，竞争对手的运价、竞争行为和习惯，竞争者生产能力的利用情况，该产品的市场需求量大小，顾客对该产品运价的敏感程度，企业的经济实力和优、劣势等。在此基础上做好调价的计划，包括调价的时间、调价的幅度、是一次调整还是分多次调整以及调价后整个市场营销策略的变动等。调价后还要注意分析顾客和竞争者对调价的反应以及企业市场占有率和收入利润的变化。

（2）被动调整策略

被动调整策略是指在竞争对手率先调价后，本企业据此做出的反应。企业同样须对竞争者、顾客及本企业情况进行分析研究进而做出决策。一般来说，企业对调高价格的反应较容易。竞争对手具备某些差别优势，没有把握不会提价。若本公司也有相似优势，正好跟进；若本公司不具备类似优势，则不宜紧随，待大部分公司提价后，本公司再跟进较为稳妥。

对于竞争者率先降价，企业一般反应较慎重，通常有 3 种处理方式：①置之不理，这在竞争者降价幅度较小时采用；②价格不变，但增加服务内容或加大销售折扣；③跟随降价，一般在竞争者降价幅度较大时采用。调整运价对企业是有风险的，实际操作较妥当的方法则是企业稳定价格策略。同时，价格策略是市场营销组合的有机组成部分，须与产品策略、渠道策略、促销策略配合使用，才能有效达成企业营销目标。

2.3.4 服务的设计与管理

要了解在向顾客提供服务时，顾客需要哪些服务，然后根据顾客所需要的服务项目，进行相关重要性分析，做出相应的服务设计，并对实施的服务设计决策进行管理。如旅客在出行时，可能需要的服务项目和这些项目的重要性排列如下：①便利的购票途径；②便利的交通条件；③舒适的候车环境；④明确的引导系统；⑤必要的饮食供应；⑥适当的娱乐设施等。

在旅客需要的这些服务当中，有些服务对于旅客来说是基本的，如①、②、③项；有些是比较重要，但不是非提供不可，可作为一种差异化的手段，如④项；其余的可视竞争情况来确定。这是因为除了服务因素的重要性是决定运输企业应提供给旅客服务项目的依据，还需要根据竞争对手已经提供的服务项目来决定本企业应提供哪些服务项目。

运输企业不仅要就提供的服务项目进行设计，而且还要就服务质量水平做出判断，因为质量既关系到顾客满意度，也关系到企业成本。因此需要在服务质量与经济性之间进行平衡。一般来说，服务水平越高，顾客的满意程度也越高，销售量就可能增加，但费用支出也会增加。因此，在进行服务水平设计时，运输企业应进行服务质量和销售量的相关程度分析。在分析中，服务质量作为自变量，相应的销售量作为因变量，图 2-11 所示为运输企业所提供的服务质量水平与销售量可能的 4 种相互关系。

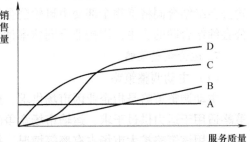

图 2-11 服务质量水平与销售量相互关系

A 种情况表示无论服务质量如何提高，销售量都不会增加，两者没有相关性；B 种情况表示服务质量和销售量成正比关系；C 种情况表示随着服务质量的提高，开始时销售量增加明显，随后不再有显著的增加；D 种情况表示，提高服务质量只在一定范围内对销售量有影响，过高或过低都没有影响。因此，运输企业欲达到既保证顾客满意，又将开支控制在一定范围内，就需确定适当的服务质量。主要应通过对顾客的市场调查，将顾客最关心、最需要的服务项目作优先安排。根据成本控制的要求，在一定的预算和成本控制范围内，考虑适当增加顾客所需要的服务。

2.3.5 可持续营销

可持续营销是指企业在生产经营过程中，在满足消费者需要的同时，必须为生态、经济和社会的可持续发展尽一份责任，不污染环境，维护生态平衡，节省资源消耗，不做违法之事，遵守商业伦理道德，树立良好形象，兼顾消费者、企业和社会的当前和长远利益，使企业获得可持续发展。

可持续营销理论强调营销过程中的可持续性准则，其内容主要有如下几点。

1. 绿色营销

当今绿色营销风靡世界，绿色产品和服务不断被企业创造出来。这是因为当今世界消费者的消费理念正在发生着变化，绿色文明的生活方式和消费模式正在形成，所以绿色产品和服务有广阔的市场，绿色营销不断赢得消费者支持和响应，将为企业带来更多的利润和更大的发展。

2. 定制营销

当今消费者的消费需求彰显出个性化和差异化，使统一市场需求向多元化市场需求转变，要求企业将市场细分到每个人；产品既要满足生理的需要，又要满足心理的需要，而且偏重于满足心理的需要，要求产品和服务更加精细。这种定制营销的好处：一是它能为顾客量身制作，而顾客又积极参与到生产过程中，双方互动，因此能最大限度地满足顾客需求，为企业赢得更多的顾客；二是实施大规模定制，可以像传统的大规模生产那样降低成本；三是产品生产具有针对性，防止了传统营销过程中生产的盲目性，避免了产品积压和生产资源的浪费，也节省了流动资金，减少了流通费用；四是产品和服务的文化含量不断提高是一种发展趋势，企业的营销和促销策略增加了文化的内涵，凸显人性化营销，使企业核心竞争力得到提高，使企业得以可持续营销。

3. 适度营销

所谓适度营销，就是指企业适应国情国力、国家经济发展水平和国家自然资源存量水平，充分利用企业的现有资源条件，开展营销活动。与适度营销相反的就是过度营销。过度营销必然会造成资源的巨大浪费，使企业营销活动难以持续，这是企业应该竭力避免的。

2.4 客户关系管理的营销理论

2.4.1 数据库营销

数据库营销就是企业通过收集和积累会员（用户或消费者）信息，经过分析筛选后针对性地使用电子邮件、短信、电话、信件等方式进行客户深度挖掘与关系维护的营销方式。或者，数据库营销就是以与顾客建立一对一的互动沟通关系为目标，并依赖庞大的顾客信息库进行长期促销活动的一种全新的销售手段。数据库营销是一套内容涵盖现有顾客和潜在顾客，可以随时更新的动态数据库管理系统，其核心是数据挖掘。

1. 数据库营销的内容

数据库营销最核心的两部分内容：数据库资源及数据库营销的执行方式。

客户数据库的建立是开始数据库营销的第一件要事，之后的更新客户消费行为则是数据

库营销的重点。细致地完成这两项工作后,就达到了数据库营销的目的。数据库营销可提升企业的销售能力,减少冗余的广告投入,进而产生更丰厚的利润。

营销数据库的运营对于企业的营销部门来说,是至关重要的。企业的营销部门往往不具备运营和维护具有大量数据的营销数据库的能力,而一些企业的IT部门也不具备支撑营销数据库运营的能力和经验,在这种情况下,将营销数据库的运营和维护外包给那些拥有运营能力和经验的服务机构通常是一个不错的选择。专业的数据库营销运营服务机构往往在这一领域有多年营销数据库建立和维护的经验,并且有多项核心的业务技能,同时也对营销数据库的管理和应用软件有丰富的操作和实践能力,他们往往会成为企业营销部门业务运营和支持的长期合作伙伴。

2. 数据库营销的运营方式

数据库营销有几种运营方式,根据企业所处行业的不同、企业产品生命周期的不同、企业经营战略与经营策略的不同阶段,可以为企业量身定制一个合适的运营方式。

(1) 基础运营方式

无论企业有任何情况,只要希望在市场上有所作为,都应该实施的运营方式,就是基础运营方式。基础运营方式是指企业建设自己的数据库营销运营平台,对企业自身已有数据进行集中管理,通过自身网站获取潜在目标客户,通过一系列的数据库营销策略开展数据库营销,与目标客户建立起通向信任与忠诚的互动关系,为企业创造出长期的商业价值。

(2) 数据租赁运营方式

这种运营方式是利用专业的数据库营销公司提供的潜在目标客户数据,向潜在目标客户投递品牌信息或者产品信息广告,实现精准的广告投放效果。这种运营方式,也是企业重要的、需要长期执行的数据库营销策略。通过数据租赁这种运营方式,企业可以获取精准的目标客户对企业品牌与产品的关注,为建立客户关系、销售线索挖掘、品牌推广等市场行为提供较好的投资回报。

(3) 数据购买运营方式

这种运营方式是通过一系列的、符合法律程序的形式获取潜在目标客户数据,企业通过自己的数据库营销部门开展数据库营销,这种运营方式一般要和基础运营方式匹配使用。这种方式的效果,很大程度上要依赖两个因素:一是基础运营方式中是否搭建适合企业的数据库营销平台;第二个是企业是否已经建立了数据库营销运营机制,以及是否已经具备了数据库营销所要求的人力资源条件。

总之,3种数据库营销方式的配合使用,是通向成功的最为重要的数据库营销策略。

3. 数据库营销的过程

一般来讲,数据库营销经历数据采集、数据存储、数据处理、寻找理想的消费者、使用数据、完善数据库六个基本过程。

1) 数据采集。一方面通过市场调查消费者的消费记录以及促销活动的记录,另一方面利用公共记录的数据,如人口统计数据、医院婴儿出生记录、患者记录卡、银行担保卡、信用卡记录等,可以选择性地进入数据库采集数据。

2) 数据存储。将收集的数据以消费者为基本单元,逐一输入计算机,建立起消费者数据库。

3) 数据处理。运用先进统计技术,利用计算机把不同的数据综合为有条理的数据库,然后在强有力的各种软件支持下,产生产品开发部门、营销部门、公共关系部门所需要的任意详细数据库。

4) 寻找理想的消费者。根据使用最多类消费者的共同特点,用计算机勾画出某产品的消费者模型,此类消费群具有一些共同的特点——比如兴趣、收入,以采用专用某品牌产品的一组消费者作为营销工作目标。

5) 使用数据。数据库数据可以用于多个方面:决定购物优惠券价值目标,决定该送给哪些顾客;开发什么样的新产品;根据消费者特性,判定如何制作广告比较有效;根据消费记录,判定消费者的消费档次和品牌忠诚度。如特殊身材的消费者数据库不仅对服装厂有用,而且对于减肥药生产厂、医院、食品厂、家具厂也有用。因此,数据库不仅可以满足信息的需求,而且可以进行数据库经营项目的开发。

6) 完善数据库。随着以产品开发为中心的消费者俱乐部、优惠券反馈、抽奖销售活动记录及其他促销活动收集而来的信息不断增加和完善,使数据不断得到更新,从而及时反映消费者的变化趋势,使数据库适应企业经营的需要。

2.4.2 关系营销

关系营销是指企业在赢利的基础上,识别、建立、维护和巩固与顾客和其他伙伴之间的关系,以实现参与各方的目标,从而形成一种兼顾各方利益的长期关系。关系营销把营销活动看成是一个企业与消费者、供应商、分销商、竞争者、政府机构及其他公众发生互动作用的过程,正确处理企业与这些组织及个人的关系是企业营销的核心,是企业经营成败的关键。

关系营销从根本上改变了传统营销将交易视作营销活动关键和终结的狭隘认识。企业应在主动沟通、互惠互利、承诺信任的关系营销原则的指导下,利用亲缘关系、地缘关系、业缘关系、文化习惯关系、偶发性关系等关系与顾客、分销商及其他组织和个人建立、保持并加强关系,通过互利交换及共同履行诺言,使有关各方实现各自的目的。面对日益残酷的竞争挑战,许多企业逐步认识到:保住老顾客比吸引新顾客收益要高;随着顾客的日趋大型化和数量不断减少,每一客户显得越发重要;交叉销售的机会日益增多;更多的大型公司正在形成战略伙伴关系来对付全球性竞争,而熟练的关系管理技术正是必不可少的;购买大型复杂产品的顾客正在不断增加,销售只是这种关系的开端,而任何善于与主要顾客建立和维持牢固关系的企业,未来都将从这些顾客中得到许多销售机会。

关系营销建立在顾客、关联企业和政府三个层面上,它要求企业在进行经营活动时,必须处理好与这三者的关系。

1. 加强同顾客的关系

顾客是企业生存和发展的基础。企业离开了顾客,其营销活动就成了无源之水,无本之木。市场竞争的实质就是争夺顾客,顾客忠诚的前提是顾客满意,而顾客满意的关键条件是顾客需求的满足。要想同顾客建立并保持良好的关系,首先,必须真正树立以消费者为中心的观念,并将此观念贯穿于企业生产经营的全过程。产品的开发应注重消费者的需要,产品的定价应符合消费者的心理预期,产品的销售应考虑消费者的购买便利和偏好等。其次,切实关心消费者利益,提高消费者的满意程度,为顾客提供高附加值的产品和服务。通过产品的品牌、质量、服务等,为顾客创造最大的让渡价值,使他们感觉到物超所值。第三,重视情感在顾客作购物决策时的影响作用。技术使人们之间沟通的机会减少，但人们却希望进行交流，追求高技术与高情感间的平衡。企业在经营中要注意到顾客的这种情感因素。

2. 与关联企业合作

在传统市场营销中，企业与企业之间是竞争关系，任何一家企业若想在竞争中取胜，就得使出浑身解数。这种方式既不利于社会经济的发展，又易使竞争双方两败俱伤。关系营销理论认为：企业之间存在合作的可能，有时通过关联企业的合作，将更有利于实现企业的预期目标。首先，企业合作有利于巩固已有的市场地位。当今市场，细分化的趋势越来越明显，诸强各踞一方，竞争日趋激烈，任何企业想要长期保持较大的市场份额，难度越来越大，通过合作可增强企业对市场变动的适应能力。其次，企业合作有利于企业开辟新市场。企业要发展壮大就必须不断地扩大市场容量，而企业要想进入一个新市场，往往会受到许多条件的制约。但若在新市场寻找一个合作伙伴，许多难题将迎刃而解。第三，企业合作有利于多角化经营。企业为了扩大经营规模往往要向新的领域进军，但企业不可能对所有领域里的经营活动都十分熟悉，如果遇到一个十分陌生的领域，企业将要承担很大的风险，若企业通过与关联企业合作，这种风险就可能降低。第四，企业合作还有利于减少无益的竞争。同行业竞争容易导致许多恶果，如企业亏损增大，行业效益下降，这对整个社会经济的发展将产生不良影响，而企业间的合作即可使这种不良竞争减到最低。每个企业各有所长，各有所短，发现和利用企业外在的有利条件是关系企业营销成败的重要因素。

3. 与政府协调一致

企业是社会的一个组成部分，其活动必然要受到政府有关规定的影响和制约，在处理与政府的关系时，企业应该采取积极的态度，自觉遵守国家的法规，协助研究国家所面临的各种问题的解决方法和途径。关系营销理论认为：如果企业能与政府积极地合作，树立共存共荣的思想，那么国家就会制定出有利于企业营销活动的政策。现代营销的内容十分广泛，相关团体与企业内部员工也是关系营销的一个重要方面。协调好与这些组织的关系，建立与企业员工的良好关系，就能为实现企业目标提供保证。

关系营销是一项系统工程，它有机地整合了企业所面对的众多因素，通过建立与各方面良好的关系，为企业提供了健康、稳定的长期发展环境。

2.4.3 一对一营销

一对一营销针对每个客户创建个性化的营销沟通。该过程的首要关键步骤是进行客户分类（例如根据需要，基于以往行为等），从而建立互动式、个性化沟通的业务流程。

一对一营销的执行和控制是一个相当复杂的机制，它不仅意味着每个面对顾客的营销人员要时刻保持态度热情、反应灵敏，最主要也是最根本的是，它要求能识别、追踪、记录个体消费者的个性化需求并与其保持长期的互动关系，最终能提供个体化的产品或服务。因此，一对一营销的核心是企业与顾客建立起一种新型的服务关系，即通过与顾客的一次次接触而不断增加对顾客的了解。企业可以根据顾客提出的要求以及对顾客的了解，生产和提供完全符合单个顾客特定需要的产品或服务。即使竞争者也进行一对一的关系营销，你的顾客也不会轻易离开，因为他还要再花很多的时间和精力才能使你的竞争者对他有同样程度的了解。

消费者对生产商的要求日益提高，这主要体现在两个方面：一是，希望厂商能提供为自己专门设计的定制商品或服务；二是，希望定制的商品或服务能尽快送达自己的手中。企业只有不断提高自己一对一的营销能力，才能赢得顾客，增加利润。

企业营销人员要实现一对一营销，需经过如下几个流程。

1. 识别你的客户

企业在启动一对一营销之前，必须与大量的客户进行直接接触。重要的是要获取更多的细节，并且牢记这是一个永不停息的过程。应该了解的不仅仅是客户的名字、住址和联系方法，还包括他们的购买习惯、爱好等信息。不要认为发张问卷就完事了，还要通过每次接触、每个渠道、每个地点、企业的每个部门来获得这些信息。只要客户可能对你的任何一种产品或服务产生购买欲望，就要将其信息收入数据库。

2. 对客户进行差异分析

不同客户之间的差异主要在于两点：对产品的需求不同，对公司的商业价值不同。试着把你的客户分为 A、B、C、D 等不同的类别。一个 A 级客户的价值也许无法完全用金钱来加以衡量，但在帮助你完成业绩方面可能拥有关键的作用。与之相反，C 级或 D 级客户在和你打交道的时候或许会为你带来负面的影响。对客户进行有效的差异分析，可以帮助企业更好地优化配置资源，使产品或服务的改进更有成效。牢牢掌握最有价值的客户，才能取得最大的效益。

3. 与客户保持积极接触

客户交流是企业成长战略的一个重要组成部分。实施一对一营销，就要探索客户过去买了些什么，发现客户的最终价值，然后开发能够从客户身上获取的递增的业务。也就是通过更全面、具体地了解客户来挖掘其"战略价值"。通过这一步骤，最好的、最有效的公开交流渠道被建立起来。无论使用网站还是呼叫中心，目的都是降低与客户接触的成本，增加与客户接触的收效，最终找到与客户建立学习型关系的办法。客户的反馈在此阶段中非常关键。

4. 调整产品或服务以满足每位客户的需要

如果你了解了客户的需求，就应立即采取行动，并且提供能够为他们带来额外收益的产品或服务。要想把客户锁定在学习型关系中，因人制宜地将自己的产品或服务加以个性化必不可缺。这可能会涉及大量的定制工作。而且调整点一般并不在于客户直接需要的产品，而是这种产品"周边"的某些服务，诸如分发产品的方式、产品的包装样式等。向客户准确地提供他们需要的东西，客户的忠诚度就会大大提高。

2.5 客户服务中心

企业在生产和营销过程中必须从深入收集客户数据加以分类着手，针对客户的需求将信息分类，从而设计出满足客户需求的产品和服务，并以客户喜爱的方式提供给他们。因此，企业必须利用有效的技术和设备来完成对客户信息的收集工作，通过与客户交流等多种途径收集数据，然后将其按照可用的方式组合在一起，通过数据仓库和挖掘等协助发现客户的类型和需求方向。在这里，客户服务中心将作为企业与客户联络、交流的工具，发挥其分析、传递数据的作用。

2.5.1 客户服务中心及其发展

1. 客户服务中心概述

Internet 正在改变着我们的生活方式。随着工业时代向信息时代过渡,企业运作的模式也从以制造和技术为中心转向以客户为中心。客户服务中心是企业为实现低成本、高效率、高质量的服务而建立的客户服务机构。利用客户服务中心,可以为适当的客户提供适当的服务,让他感到满意并继续与企业保持关系,从而确保企业继续获利,由此才能真正实现 CRM 的价值。

所谓客户服务中心,是指以电话呼入和呼出为主,以 CTI(计算机与电话集成)技术为核心,不断集成和融合通信、计算机网络、数据库和自动识别等最新技术,并与企业前、后端系统连为一体的一个综合信息服务系统。它能高效、高速地为用户提供多种服务,使企业获得最大利润和社会效益。

以 CTI 技术为核心的客户服务中心是一个集语音技术、呼叫处理、计算机网络和数据库技术于一体的系统,成为企业和客户联系的新型纽带,在当今的商务中拥有极为广泛的应用前景。

随着网络、移动通信的发展,人们越来越习惯于通过 Web(如文本交谈、同步浏览、表单协作等)、E-mail、WAP、SMS(短消息)、VOIP 等方式进行交流,于是呼叫中心也开始支持这些联络媒体,构成了多媒体的呼叫中心,现在国内新建的呼叫中心基本都属于这种类型。

2. 客户服务中心的发展历程

按照所使用的技术以及所取得的效果,可将客户服务中心的发展分为 4 代:

第 1 代客户服务中心:人工热线电话系统。

早期的客户服务中心实际上就是常说的热线电话,企业通常指派若干经过培训的客服人员专门负责处理各种各样的咨询和投诉,客户只需拨通指定的电话就可以与客服人员直接交谈。

第 2 代客户服务中心:交互式自动语音应答系统。

随着计算机技术和通信技术的发展,第 1 代呼叫中心由于基本上靠人工操作,对话务员的要求相当高,而且劳动强度大,功能差,已明显不适应时代发展的需要。因此,功能完善的第 2 代客户服务中心系统应运而生,它是由具有简单排队功能的交换机和自动语音应答系统构成的,客户拨入客户服务中心后,可以选择人工或自动语音应答服务方式,用户可以根据语音提示选择不同的操作,获得需要的服务,如 168 信息台。

第 3 代客户服务中心:兼有自动语音和人工服务的客户服务系统。

它是在第 2 代基础上引入 CTI 技术,实现数据与语音的融合,从而实现了人工处理与计算机自动应答之间的有机结合,在系统中实现自动话务分配、预测拨号、客户资料显示等功能。这样客户服务系统可以根据用户资料和用户选择等信息,为用户提供高效和个性化的服务。

第 4 代客户服务中心:客户互动中心。

随着时代的发展,企业在社会中的作用从提供产品转变为提供服务,企业之间的竞争也从产品竞争发展到了服务竞争的新格局。企业的社会作用和竞争模式的改变导致企业提高了呼叫中心的作用和地位,新一代呼叫中心——客户互动中心(CIC, Customer Interactive Center)出现了(图 2-12)。

第 4 代客户服务中心(CIC)完全提供了前三代呼叫中心所具有的语音交换功能,同时利用了集成的 IP 交换功能,能够完全支持计算机的网络服务。CIC 的技术优势,使其真正实现了对多媒体应用的支持，从而完全脱离了传统的呼叫中心所固有的单调的表现形式。同时由于技术的支持，CIC 改变了呼叫中心和客户之间的关系。CIC 最大限度地提高了用户的自主性，其完全开放的系统平台可以和用户现有的 Mail 服务器、Web 服务器、数据库以及业务应用系统紧密集成，有效地保护了用户以往的投资，最大限度地提高了系统集成的效率。

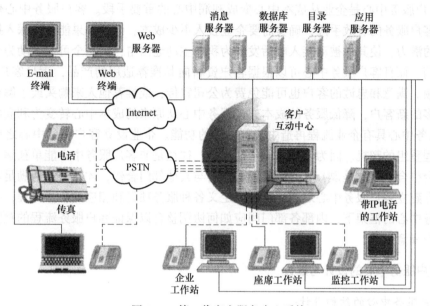

图 2-12　第 4 代客户服务中心系统

2.5.2　客户服务中心的作用

客户服务中心可以很好地推进客户与企业的联系。这是因为尽管从效率或成本的角度来讲，完全网络化的人机界面操作实现的交易是最迅速的，也是最便宜的，但是，当客户把信任度、消费习惯、运输、付款、售后服务等因素进行通盘权衡的时候，纯网络交易在现在还略显单薄。通过方便的客户服务中心，一方面可以使客户确认网络信息的及时有效；另一方面，也可为习惯于运用电话工具的顾客提供方便的联系渠道。CRM 系统中，客户服务中心的作用主要表现在以下几个方面。

1）客户服务中心是企业与客户沟通的单一平台。客户服务中心是企业为客户提供的一个明确且单一的对话窗口，在与客户联系的过程中能够解决客户的各种问题，也避免了干扰企业内部作业。如果没有客户服务中心，客户不同性质的问题必须直接寻求企业中不同部门人员的协助，或牵扯许多单位往来奔波。

2）客户服务中心是企业搜集客户资料、了解客户需求的关键渠道。企业利用客户服务中心可以全面地接近市场，满足客户的需求。如通过搜集客户的抱怨和建议，并定期整理集中交给相关部门，可以作为企业改善产品和服务质量的重要依据；通过搜集客户的基本资料、偏好与关心的问题，可以帮助企业建立客户数据库并用于分析市场消费倾向；企业还可以通过客户服务中心的各个渠道来了解市场的动向，提早协调后台活动来调整市场营销活动等。

3）客户服务中心是为客户提供优质服务、维护客户忠诚度的中心。一般客户的发展阶梯是，潜在客户—新客户—满意的客户—留住的客户—老客户。失去一个老客户的损失往往需要8~9个新客户来弥补，而20%的重要客户可能为您带来80%的收益，因此留住客户比替换客户更为经济、有效。要学会判断最有价值的客户，通过满足他们的需求和提供优质服务，来提高客户满意度和忠诚度。

4）客户服务中心是企业从成本中心变成利润中心的重要手段。客户服务中心作为企业提供优质客户服务的有效手段，确实需要企业投入不少成本，但是如果能真正深入挖掘客户服务中心的潜力，使其由被动接入电话发展为积极主动地出击，则完全可以主动为企业创造丰厚的利润。而且客户服务中心可以根据客户资料向其推荐适用的产品，满足客户的需求，增加销售额。满意和忠诚的客户也可能免费为公司宣传，或推荐他人来购买或了解产品，从而增加更多的新客户，降低服务的成本，使服务中心从原来的成本中心转变为利润中心。

5）服务中心具有企业流程再造中流程总管的功能。企业设立客户服务中心之后也带来了内部流程重组的契机。因为客户的需求及抱怨，往往是非客户服务中心能单独解决的，而是需要后台整合。这就是说，客户服务中心只有与其他部门合作，才能全面地满足客户的需求。企业在建立客户服务中心之初，就需要定义各种服务项目和相应的服务流程，必须解决在客户服务中心的框架下，内部各部门间应如何协调整合以保证客户服务流程的顺畅，创造最大的客户满意度。

2.5.3 客户服务中心的设计与建设

1. 客户服务中心的结构设计

客户服务中心包括多个组成部分，不同部分的功能、作用也不同。最简单的划分可以分为平台和业务两部分。平台主要进行话务处理，具有通用性，不同的客户服务中心可能使用相似的平台。业务处理则相对具有专业性，不同行业的业务都会有所不同，很难有统一的内容。

按照客户服务中心各个部分的功能类型以及它们在一个交易进行的标准流程中所处的顺序，将整个服务中心划分为3个平台：通信平台、业务平台和数据信息平台。

1）通信平台。通信平台是应用用户的接口部分，它担负着客户与系统间的对话功能，用于检查用户输入的数据，显示应用输出的数据。根据平台功能可划分为通信接入层和媒体服务层两个层次。通信接入层负责用户的接入，包括电话、WAP、短消息、Internet等各种渠道的接入；媒体服务层提供包括IVR、人工座席服务、FAX、E-mail、Web等灵活的服务方式，完成客户与系统间的对话和交互功能。

2）业务平台。业务平台实现系统提供的各种具体应用，处理具体的业务，可以看作是实现一系列功能的服务簇。在系统业务功能设计中采用RTU（Rights to Use，用户使用权限）的方式。在系统中通过RTU的管理方式控制具体业务的开通和关闭，在工程的实施中只需根据具体的业务需求开通相应的业务功能RTU即可，十分方便。

3）数据信息平台。数据信息平台是各业务系统的接口，可能的组成部分包括交易系统、调度系统、MIS系统等。

2. 客户服务中心的接入平台

接入平台是通信平台的一部分，不同的接入平台适用的情况不同，建设成本不同，实现功能的质量也不同。根据接入设备的不同，平台主要分为：

1) 板卡平台方案。系统由工控机（插有语音处理卡、座席卡和传真卡等）、人工座席、IVR、数据库、业务处理系统等构成。基于计算机语音板卡方式的基本思想是在微型计算机平台上集成各种专用的计算机语音板卡（如呼叫处理卡、语音资源卡、服务座席卡），完成通信接口、语音处理、传真处理、座席转接等功能，再结合外部的计算机网格来实现应用系统的需求。

2) PBX 平台方案。系统由交换机、ACD、IVR、人工座席、数据库、业务处理系统等组成。基于交换机方案的核心思想是，在专用交换机集成 ACD 的基础上扩展路由功能，开放 CTR-Link 接口，用 CTI 技术实现通信和计算机的功能结合，再配合必要的语音和数据库系统，从而以强大的通信和计算机功能满足呼叫中心的要求。PBX 方案发展是基于 CTI-Link 标准，通信厂家和计算机厂家利用各自优势分工合作制定的。由于 PBX 方案处理能力较大，性能稳定，因此国际上大型呼叫中心一般采用 PBX 方案实现。

3) IPCC 平台方案。系统主要由语音网关（通常由路由器加相关模块构成）、Call Manager、IP IVR、IP 座席、ICM 控制软件、PG 网关、AW 工作站、数据库、业务处理系统等构成。IPCC 是在 IP 语音技术（VoIP）的基础上发展起来的，它是 IP 电话技术与呼叫中心的结合，并被认为是呼叫中心发展的方向。它的实现思想是，把语音转换为 IP 包，与数据一起在计算机网络上传递，在一定程度上实现了三网合一，完全使用计算机网络构建呼叫中心。

3. 呼叫中心的业务处理

呼叫中心的典型处理流程如下：①呼叫进入中心交换局；②PBX 应答呼叫，捕获自动号码证实（ANI）信息或被叫号码证实（DNIS）信息；③PBX 寻找空闲的 VRU 路由，并把呼叫转至该线路；④PBX 通过 RS232 串行口发送初始呼叫信息给自动语音应答 VRU，包括呼叫转至的端口号及 ANI 和 DNIS 信息；⑤VRU 播放提示菜单信息给呼叫者，以确定哪类接线员受理比较合适；⑥VRU 检查接线员队列，若无空闲接线员，则播放消息给呼叫者，告诉其在等待队列中的位置，询问是否愿意等待；⑦接线员空闲时，VRU 通过拍叉簧把呼叫转至该接线员，等待 PBX 发来的拨号音，再拨新的分机号，接线员拿起电话后，VRU 自动挂起，处理另一个呼叫；⑧利用数据库的共享或局域网通信工程，VRU 向接线员的 PC 发送 ANI 信息，呼叫到达时，客户信息会自动显示出来；⑨呼叫用户或接线员一方挂机时，PBX 检测到断线信号，通过 RS232 串行口发送呼叫记录信息给 VRU，此时 VRU 根据此信息确定刚处理完呼叫的接线员已恢复空闲，可进行下一次呼叫处理。

总之，通过客户服务中心的服务可收集并利用相关的个性化顾客知识，以协助企业了解顾客的需求、想法，实现在线客户关系管理（CRM），提供个性化服务，并可进一步利用联机分析（OLAP）、数据挖掘（Data Mining）、数据仓库（Data Warehousing）技术发现商务的增长点，提供决策支持依据。

2.6 运输企业营销案例

中国南方航空集团有限公司（China Southern Airlines，以下简称南航），总部设在广州，成立于 1995 年 3 月 25 日，以蓝色垂直尾翼镶红色木棉花为公司标志，是中国运输飞机较多、航线网络较发达、年客运量较大的航空公司。南航是全球第一家同时运营空客 A380 和波音787的航空公司。

2016年度，南航营收1147.9亿元，同比增加2.95%；净利润50.55亿元，同比增加29.88%。客运量达1.146亿人次，同比增长4.75%，居亚洲第一、世界第三；累计完成货运量151.15万t，同比增加5.44%，货邮业务收入68.61亿元。引进B777-300ER、B787等飞机58架，年末集团拥有飞机达到700架，机队规模稳居亚洲第一、世界第四。2016年8月，南航在"2016中国企业500强"中排名第127位。

2018年10月，南航登上福布斯2018年全球最佳雇主榜单。11月15日，南航宣布2019年起退出天合联盟，将于2019年12月31日完成离开天合联盟各项过渡工作，自2020年1月1日起正式退出天合联盟。2019年9月1日，2019中国服务业企业500强榜单在济南发布，南航排名第55位。2020年4月，入选国务院国资委"科改示范企业"名单。

1. 南方航空公司整合营销案例背景

在过去的十年中，中国出境市场持续保持两位数，甚至达到20%以上的增长，成为全球最大的出境旅游客源国和旅游消费支出国。根据文化和旅游部2018年旅游市场基本情况，2018年全年国内旅游人数55.39亿人次，比上年同期增长10.8%；中国公民出境旅游人数14972万人次，比上年同期增长14.7%。中国出境旅游热进一步升温，稳居世界出境旅游的第一位。

出境旅游已经从少数人的享受进入了大众的日常生活；不只是美丽风景，美好生活和时尚感也在引领旅游的未来；定制旅游将进入市场成熟期，个性化的需求会进一步突显。随着居民收入平稳增长，消费能力逐渐提高，居民愿意花费更多成本在高品质的出游上。自由行和私人出行将成为主流，旅游附加值的增长为航空市场的拓展带来了新的契机。

从出行旅客的受访数据可以看出，无论是航班预订、酒店预定、餐厅选择还是线路安排，均离不开"网络查找"，可以说，出境游的自由离不开网络。2018年中国内地受访出境游客预定航班渠道情况如图2-13所示。

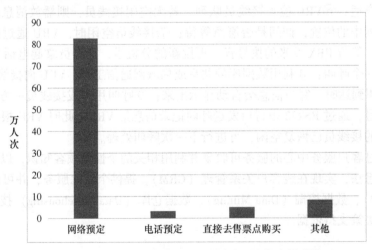

图2-13　2018年中国内地受访出境游客预定航班渠道情况

2. 整合化的营销策略

（1）产品主题化

为解决现有旅游度假产品比较单一的问题，设计了多个具有丰富主题内容的旅游产品，例如针对新婚夫妇的蜜月游，针对大学生群体的青春游，针对老年群体的暖冬游等。

(2) 产品个性化

由于出境游增长幅度比较大，并且出境游的首选交通工具就是飞机，所以南航对国际航线产品的营销极为重视。整合了重要国际航线的周边资源，形成具有南航特色的度假产品。每一类特色产品都有不同的受众客户，想要设计出具有吸引力的产品，就要对客户的需求有深入的了解，南航根据客户需求，把产品的受众群体分为3大类。

第一大类是观光旅游类。这类人群基本是结伴而行，其中80%以上伴侣为家人，即这类人群是以家庭消费为主，而家庭消费的主导多为女性，女性出行主要考虑的问题是安全性和性价比，对于此类人群产品营销的重点是设计多种可任意搭配的套餐产品，通过套餐形式凸显价格优势。

在2018年1月，南航推出了"定制行程春节七天游"的产品，产品的主题为：定制化家庭旅游，让新年独一无二。产品由不同的套餐组成，如海岛游、祈福游等，用户选好主题套餐后，赠送当地定制旅行顾问，规划全家专属旅行。

第二大类是消费购物类。消费购物类人群女性占比最大，尤其是一些追求时尚，消费水平比较高，喜欢利用各种假期境外购物的女性。这类人群属于社会中高端消费人群，他们对社会热点讯息反应最快。产品营销活动如果多结合社会热点，更能引起这类人群的关注。

2017年12月，南航推出了"购物城市固定航线特价"的产品，产品主题为：新年决战购物季，海淘全球好货。活动规则是购买12月南航"北上广深—首尔、东京、纽约、巴黎、曼谷"航线，可享受返程半价优惠，并赠送10kg行李超额。

第三大类是商务旅行类。商务旅行人群以企业高、中层，或者私营企业家为主，是高端目标人群，他们对旅行产品的要求主要是准时性和便捷性，对价格的考虑占比不大。为此类人群设计营销产品应加入私人定制化服务的元素，以凸显身份的尊贵。

2017年11月，南航推出了"里程翻倍升舱易"的产品，产品主题为：里程翻倍轻享公务舱。活动规则是在活动期里，凡在南航官网或APP购买国内航线的用户，可享受在原有里程的基础上，以2倍里程去升公务舱的优惠。

(3) 数字化平台的建设

南航电商人群是以80、90后为主要消费群体，根据这类人群需求进行细分的，可从人群消费水平维度将南航电商用户分为三类，针对这3个不同的消费群体指定相应的策略，并打造具有南航电商平台特色的"最优一站式出行方案"。

南航电商平台的第1类旅客为价格敏感旅客。对这类旅客应加大"最优价格保障"的产品宣传力度，强调在其电商平台上直接购票能确保最优价格，在加大品牌影响力的同时，也能带动电商平台的销售提升。

南航电商平台的第2类旅客为价格中端旅客。南航可以凭借其充足的人力资源和遍布全世界的子公司和营业部优势，以移动构建"超市+导购"的模式，用一站式出行方案应对OTA（在线旅行社）的"一站式出行产品组合"。

南航电商平台的第3类旅客为价格高端旅客。南航在大客户开发和维护方面有丰富的经验，向高端旅客提供管家式的服务会比追求效率和产投比的其他平台更有优势。南航电商平台"一站式出行"流程如图2-14所示。

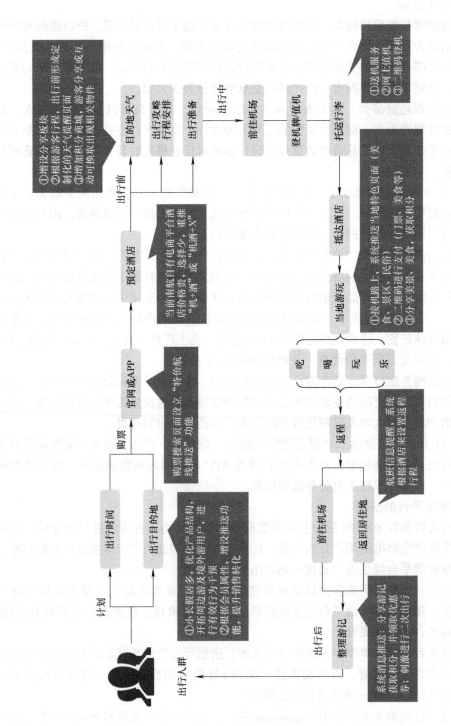

图2-14 南航电商平台"一站式出行"流程

复习思考题

1. 什么是市场营销？
2. 交通运输企业的宏观营销环境包含哪些因素？
3. 当运输产品进入成熟期时，常用的营销策略有哪些？
4. 什么是数据库营销？其常用的运营方式有哪些？
5. 客户服务中心的作用是什么？

第 3 章 Chapter 3
交通运输业务管理

不同的运输方式，其业务范围和流程不同，了解该方面的内容有利于更好地开展交通运输商务管理工作。本章对不同运输方式客货运输业务的主要范围和流程进行了详细介绍。

3.1 公路运输业务

3.1.1 公路货物运输业务

公路运输主要承担中短途的货物运输，相对铁路、水运、航空运输起着货物集散的作用。公路货物运输合同规定托运方和承运方的权利义务关系，公路货物运输合同的订立、履行、变更和解除贯穿货物运输的整个过程，是货物运输的保证。按照运输组织方法的不同，公路货物运输可以分为公路整车货物运输、公路零担货物运输、公路集装箱货物运输，每一类运输组织方法都有相应的工作程序。

1. 公路整车货物运输

根据公路货物运输的规定，一次货物运输在 3t 以上者可视为整车运输，如货物重量虽为 3t 以下，但不能与其他货物拼装运输，需单独提供车辆办理运输，则也可视为整车运输，但以下的货物必须按整车运输。

1）鲜活货物，如冻肉、冻鱼、鲜鱼、活的牛、羊、猪、兔、蜜蜂等。
2）需用专车运输的货物，如石油、烧碱等危险货物，粮食、粉剂等散装货等。
3）不能与其他货物拼装运输的危险品。
4）易于污染其他货物的不洁货物，如炭黑、皮毛、垃圾等。
5）不易于计数的散装货物，如煤、焦炭、矿石、矿砂等。

（1）整车货物的运输托运、受理
1）整车货物运输托运、受理的主要方法。
① 登门受理。即由运输部门派人员去客户单位办理承托手续。
② 下产地受理。在农产品上市时节，运输部门下产地联系运输事宜。
③ 现场受理。在省、市、地区等召开物资分配、订货、展销、交流会议期间，运输部门在会场设立临时托运或服务点，现场办理托运。
④ 驻点受理。对生成量较大，调拨集中，对口供应，以及货物集散的车站、码头、港口、矿山、油田、基建工地等单位，运输部门可设点或巡回办理托运。
⑤ 异地受理。企业单位在外地的整车货物，运输部门根据具体情况，可向本地运输部门办理托运、要车等手续。

⑥ 电话、传真、信函网上托运。经运输部门认可，本地或外地的货主单位可用电话、传真、信函网上托运，由运输部门的业务人员受理登记，代填托运单。

⑦ 签订运输合同。根据承托双方签订的运输合同或协议办理货物运输。

⑧ 站台受理。货物托运单位派人直接到运输部门办理托运。

2) 整车货物的托运、受理的工作程序。公路货物的托运与受理一方面能为货主解决生产、销售、进出口运输需要，另一方面使运输部门有了充足的货源，满足运力的需要。整车货物的托运受理工作程序如下。

① 货物托运人填写托运单。货物托运单（无论整车、零担、联运）是承托双方订立的运输合同或运输合同证明，其明确规定了货物承运期间双方的权利、责任，货物托运单的主要作用如下。

a. 托运单是公路运输部门开具货票的凭证。

b. 托运单是调度部门派车、货物装卸和货物到达交付的依据。

c. 托运单是运输期间发生运输延滞、空驶、运输事故时判定双方责任的原始记录。

d. 托运单是货物收据、交货凭证。

整车货物的托运单一般由托运人填写，也可委托他人填写，并应在托运单上加盖与托运人名称相符的印章，托运单的填写有严格的要求。

a. 内容准确完整，字迹清晰，不得涂改。如有涂改，应由托运人在涂改处盖章证明。

b. 托运人、收货人的姓名、地址应填写全称，起运地、到达地应详细说明所属行政区。

c. 货物名称、包装、数量、体积、重量应填写齐全。

② 托运单内容的审批和认定。公路运输部门收到由货物托运人填写的托运单后，应对托运单的内容进行审批，审批的主要内容包括审核货物的详细情况（名称、数量、体积、重量、运输要求），以及根据具体情况确定是否受理。通常下列情况运输部门不予受理。

a. 法律禁止流通的物品或各级政府部门指令不予运输的物品。

b. 属于国家统管的货物或经各级政府部门列入管理的货物，必须取得准运证明方可出运。

c. 不符合《危险货物运输规则》的危险货物。

d. 托运人未取得卫生检疫合格证明的动植物。

e. 托运人未取得主管部门准运证明的违反规定的超长、超高、超宽货物。

f. 必须由货物托运人押送、随车照料，而托运人未能做到的货物。

g. 由于特殊原因，以致公路无法承担此项运输的货物。

检验有关运输凭证。货物托运应根据有关规定同时向公路运输部门提交准许出口、外运、调拨、分配等证明文件或随货同行的有关票证单据，一般分为以下几种。

a. 货物托运人委托承运部门代为提取货物的证明或凭据。

b. 有关运输该批（车）货物的质量、数量、规格的单据。

c. 其他有关凭证，如动植物检疫证、超限运输许可证、禁通路线的特许通行证、关税单证等。

审批有无特殊运输要求，如运输期限、押运人数或承托双方议定的其他有关事项。

③ 确定货物运输里程和运杂费。对货物运输的计费里程和货物的运杂费由货物受理人员在审核货物托运单的内容后认定。

④ 托运编号及分送。托运单认定后,应将托运单按编定的托运号码告知调度、运务部门,并将结算通知交于货主。

3) 托运、受理的要求。托运、受理工作应做到以下几点。

① 托运人、收货人名称、联系人、地址、电话要准确。
② 起讫站名、装卸货物地址要详细。
③ 货物名称、规格、性质、状态、数量、重量应齐全、准确。
④ 应选择合理的运输路线。
⑤ 有关证明文件、货运资料应齐全。
⑥ 危险货物、特种货物应说明运输要求,采取的措施及预防的方法。
⑦ 运费结算单的托收银行、户名、账号要准确。

(2) 整车货物的核实理货

货物的核实理货工作一般有受理前的核实和起运前的核实。受理前的核实是在货方提出托运计划并填写货物托运单后,运输部门派人会同货方进行的核实。核实的主要内容如下。

1) 托运单所列的货物是否已处于待运状态。
2) 装运的货物数量、发运日期有无变更。
3) 连续运输的货源有无保证。
4) 货物包装是否符合运输要求,危险货物的包装是否符合《危险货物运输规则》规定。
5) 确定货物体积、重量的换算标准及其交接方式。
6) 确定装卸场地的机械设备、通行能力。
7) 确定运输道路的桥涵、沟管、电缆、架空电线等详细情况。

货物起运前的核实工作称为理货或验货,其主要内容如下。

1) 承托双方共同验货。
2) 落实货源、货流。
3) 落实装卸、搬运设备。
4) 查清货物待运条件是否变更。
5) 确定装车时间。
6) 通知发货、收货单位做好过磅、分垛、装卸等准备工作。

(3) 整车货物的装卸和监装、监卸

车辆到达装货地点后,监装人员应根据货票或运单填写的内容、数量与发货单位联系发货,并确定交货办法。散装货物根据体积换算标准确定装载量,单件杂货一般以件计算。

在货物装车前,监装人员应注意并检查货物包装有无破损、渗漏、污染等情况,一旦发现,应与发货单位商议修补或调换。如发货单位自愿承担因破损、渗漏、污染地下水等引起的货损,则应在随车同行的单证上加盖印章或作批注,以明确其责任。装车完毕后,应清查货位,检查有无错装、漏装,并与发货人员核对实际装车的件数,确认无误后,办理交接签收手续。

货位放卸人员在接到卸货预报后,应立即了解卸货地点、货位、行车道路、卸车机械等情况。在车辆到达卸货地点后,应会同收货人员、驾驶人、卸车人员检查车辆装载有无异常,一旦发现异常,应做好卸车记录后再开始卸车。

卸货时,应根据运单及货票所列的项目与收货人点件或监秤记码交接。如发现货损、货差,则应按有关规定编制记录并申报处理。收货人可在记录或货票上签署意见,但无权拒收货物。交货完毕后，应由收货人在货票收货回单联上签字盖章，公路承运人的责任即告终止。

2. 公路零担货物运输

公路零担货物运输按其性质和运输要求可分为普通零担货物和特种零担货物。普通零担货物指《公路汽车货物运输规则》中适应于零担汽车运输的普通货物。

特种零担货物则分为长、大、笨重零担货物，危险、贵重零担货物，以及特种鲜活零担货物等。

零担货物的办理内容包括受理托运、检货司磅、验收入库、开票收费、配运装车、卸车保管和提货交付。

(1) 零担货物托运受理

1) 托运受理的方法。

① 站点受理，即由货主送货到站办理托运手续。

② 上门受理，即由车站指派业务人员到托运单位办理托运手续。

③ 预约受理，即与货主约定日期送货到站或上门提取货物。

2) 托运单的填写与审核。公路零担货物托运单一式两份，一份由起运站存查，另一份则于开票后随货同行。凡货物到站在零担班车运输路线范围内的，称为直线零担，应填写零担货物托运单。如需要通过中转换装的，称为联运零担，应填写联运货物托运单。填写托运单时应注意以下几点。

① 填写的内容齐全、完整、准确，并注明提货方式。

② 填写的货物名称应该用常见的、通俗易懂的名称，不可用代号、字母代替。

③ 如有特殊事项，除在发货人事栏内记载外，还必须向受理人员作书面说明。

托运单在审核时则应注意以下几点。

① 检查并核对托运单内容有无涂改，对涂改不清的要求重新填写。

② 审核到站与收货人地址是否相符，以免误运。

③ 对货物的品名、属性应进行鉴别，避免造成货运事故。

④ 对同一批货物且有多种包装的应认真核对，以免错提错交。

⑤ 对托运人在声明栏内填写的内容应特别予以注意，如要求的内容无法办理，则应予以说明。

(2) 零担货物的配送装车

零担货物在配运装车时应注意以下几点。

1) 整理各种随货同行的单据，其中包括提货联、随货联、托运联、零担货票以及其他随送单据。

2) 根据运输车辆核定吨位、容积、货物的理化性质、形状、包装等合理配装，并编制货物交接清单。

3) 货物装车前，货物保管人员将接收的货物按货位、批量向承运车辆的随车人员或驾驶人及装车人员交代货物的品名、件数、性能以及具体装车要求。

4) 中途装卸零担货物，应先卸后装，无论卸货进仓或装货上车均应按起点站装卸作业程序办理。

5) 起运站与承运车辆应根据零担货物装车交接清单办理交接手续，并按交接清单有关栏目逐批点交。交接完毕后，由随车理货人员或驾驶人在交接清单上签收。交接清单以一站一车为原则。

(3) 零担货物的卸车交货

零担班车到站后，对普通到货零担及中转联运零担分别理卸，并根据仓库情况，除将普通到货按流向卸入货位后，对需要中转的联运货物，应办理中转手续。零担货物的卸车交货应注意以下几点。

1) 班车到站时，车站货运人员应向随车理货人员或驾驶人索阅货物交接单以及跟随的有关单证，并与实际装载情况核对，如有不符，应在交接清单上注明。

2) 卸车时，应向卸车人员说明有关要求和注意事项，然后根据随货同行的托运单、货票等按批件验收，卸车完毕后，收货人与驾驶人或随车理货人员办理交接手续，并在交接清单上签字。

3) 卸车完毕后，将到达的货物记录到零担货物到达登记表，并迅速以到货公告或到货通知单的形式催促收货人前来提货。

4) 交货完毕，公路运输的责任即告终止，因此交货时应注意以下几点。

① 不能以白条、信用交付货物。

② 在凭借货票提货交付货物时，应由收货人在提货联上加盖与收货人名称相同的印章，并提供有效证明文件。

③ 如凭借到货通知单交付货物，收货人在到货通知单上加盖与收货人名称相同的印章，验看收货人的有效证明，并在货票提取联上由提货经办人签字交付。

④ 凭借电话通知交付时，则凭借收货人提货证明，并经车站认可后由提货经办人在货票提货联上签字交付。

⑤ 如委托他人代提货，则应有收货人盖有相同印章向车站提出的委托书，经车站认可后，由代提货人在货票提货联上签字交付。

3. 公路集装箱运输

公路集装箱运输生产过程是指从运输货物之前的准备工作开始，直至将集装箱货物送到目的地的全过程。公路集装箱运输经常表现为海上国际集装箱运输的继续。当今，公路集装箱运输在发达国家十分普及，已成为世界货物运输的主要方式之一，而我国集装箱运输车辆在整个公路运输中所占的比例偏低，仅占营业性载货车辆总量的0.4%左右，主要集中在沿海省市。公路集装箱运输以其安全、快捷、优质、高效、环保等诸多优点，越来越受到广大用户的欢迎，是公路运输现代化的主要标志之一。

(1) 公路集装箱货物运输的责任

公路集装箱货物运输的责任覆盖自承运人接受货物，并签发货物托运单或其他货运单证时起，至将货物交给收货人时的整个期间。因此，公路集装箱运输应注意以下几点。

1) 接受集装箱货物时，应对货物托运单中所记载的货物件数、规格、标志、重量、外表状况等予以检查。

2) 公路承运人在与发货人、收货人、集装箱货运站或集装箱码头堆场办理集装箱货物交接时，均应在单证上作交接手续记录。

3) 对于联运中转的集装箱货物，应与前后承运人办理交接手续。

4) 拼箱货物交接时，驾驶人应与集装箱货运站、托运人、收货人办理交接、签收手续。

5) 整箱货物交接时，驾驶人应与集装箱码头堆场、发货人、收货人办理集装箱外表状况、铅封交接、签收手续。

6）对运输期间因保管、照料过失，运输延误等原因造成货物灭失、损害的，由公路承运人负责赔偿。

（2）公路集装箱运输的免责

由于下列原因引起集装箱货物及集装箱的灭失、损害的，公路承运人不负责任。

1）发货人填写或申报货物内容过失。
2）货物包装不牢、标志不清。
3）由于货主自己负责装卸、搬运而造成的过失。
4）货主装箱、封箱、配箱不当。
5）集装箱不适合货物装载运输所致。
6）人力不可抗拒的自然灾害或货物本身的变化。
7）有关当局对货物处理的法令。
8）收货人逾期提货或拒收货物造成的货损。
9）第三者的过失等。

3.1.2 公路旅客运输业务

公路旅客运输业务是指完成旅客和行李位移的过程。公路旅客运输流程主要包括购票、候车、乘车等环节，各环节主要在车站和汽车上完成。公路旅客运输流程如图3-1所示。

图3-1 公路旅客运输流程

在购票方面，公路运输主要采用客运站窗口购票的形式，为方便旅客行程，目前联网售票正在推行。

在车站候车方面，车站应该为旅客提供良好的候车环境，提供售票、问询、安检等各种服务。在节假日，旅客应与车站相互配合，确保车站完成运输组织工作。

在乘车方面，承运人应确保将旅客安全、迅速地送往目的地，并提供安全、舒适、卫生的乘车环境。

3.2 铁路运输业务

3.2.1 铁路货物运输业务

铁路货物运输业务主要包括货物的出发作业、途中运输、到达作业3个阶段。铁路货物运输业务流程就是货物运输合同订立、履行的过程。同时，运输的过程中可能会涉及运输合同的变更和解除。

铁路货物的出发作业主要包括货物的托运、承运人的受理、进货和验收、装车、制票和承运等环节。整车货物是先装车后承运，零担货物是先承运后装车，集装箱货物与零担货物基本相同。整车运输有计划，零担随到随承运。

铁路货物的途中运输包括途中货物的交接、检查，以及货物的换装整理。途中运输过程中可能涉及货物运输合同的变更和解除。

货物的到达作业主要包括到达货票登记、接收重车和货票数据、卸车、催领通知、货物的保管、内勤支付、外勤支付、货主查询等环节的作业。

企业单位、机关团体以及个人用户到铁路托运货物的步骤及铁路内部相应的作业过程简要表示，如图 3-2 所示。

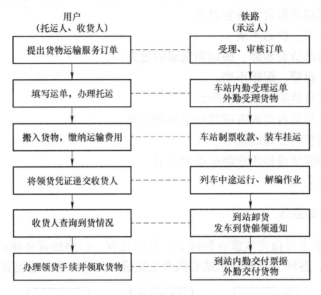

图 3-2　铁路货物运输流程

图 3-3 所示为国内某铁路车站货物发送处理流程，图 3-4 所示为国内某铁路车站货物到达处理流程。

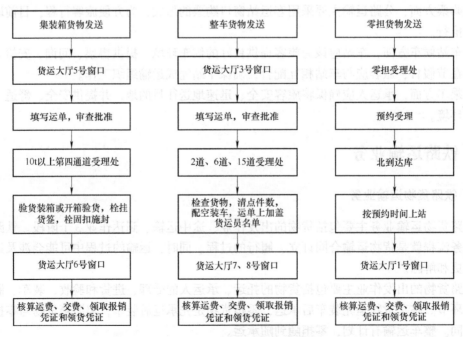

图 3-3　国内某铁路车站货物发送处理流程

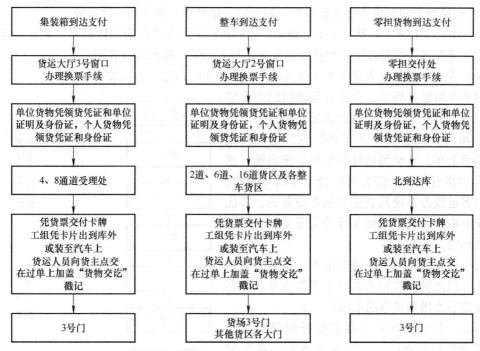

图 3-4　国内某铁路车站货物到达处理流程

3.2.2　铁路旅客运输业务

目前，铁路售票采用车站窗口售票、代售网点售票、互联网购票、电话订票、自助售票机售票等多种售票形式，同时推出了实名制购票的要求，不仅打击了倒卖车票的行为，更为旅客的出行购票提供了最大程度的便捷。旅客购票的有关规定如下。

1）铁路旅客车票应在铁路承运人、销售代理人的售票处或者铁路的12306网站上购买。

2）发售软座客票时最远至本次列车终点站。

3）旅客购买加快票必须有软座或硬座客票。

4）旅客乘坐提供空调的列车时，应购买相应等级的车票或空调票。

5）随同成人旅行，身高1.2～1.5m的儿童应当购买儿童票；超过1.5m时，应购买全价票。每一成人旅客可免费携带一名身高不足1.2m的儿童，超过一名时，超过的人数应购买儿童票。儿童票的座别应与成人车票相同，其到站不得远于成人车票的到站。免费乘车及持儿童票乘车的儿童单独使用卧铺时，应当补收票价差额。

6）在普通大专院校（含国家教育主管部门批准有学历教育资格的民办大学）、军事院校、中小学、中等专业学校、技工学校就读，没有工资收入的学生，家庭居住地和学校不在同一城市时，凭借附有加盖院校公章的减价优待证的学生证（小学生凭书面证明），每年可购买家庭到院校（实习地点）之间4次单程的学生票。新生凭录取通知书、毕业生凭学校书面证明可买一次学生票。学生票限于使用普通旅客列车硬座和动车组列车二等座，使用普通旅客列车硬卧时应当补收票价差额。

7）中国人民解放军和中国人民武装警察部队因伤致残的军人凭借中华人民共和国残疾军人证、因公致残的人民警察凭借中华人民共和国伤残人民警察证可购买优待票。

8）到站台上迎送旅客的人员应购买站台票，站台票当日使用一次有效。

9）20 人以上乘车日期、车次、到站、座别相同的旅客可作为团体旅客，承运人应优先安排；如填发代用票时除代用票持票本人外，每人另发一张团体旅客证。

10）在无人售票的乘降所上车的人员，可在列车内购票，不收取手续费。

对于车站服务环节，在旅客运输组织中要坚持"以人为本"的理念。铁路客运站是一个人流集散的场所，旅客从一个车站购票、进站、候车、检票上车，直至到达目标车站下车出站，这个过程中将有很大一部分时间处于车站环境中，而车站客运服务系统是直接为旅客服务的，其优劣直接影响旅客购票及候车环节的安全性、舒适性和便利性。

对于列车服务环节，列车服务与旅客感受密切相关，因此提高铁路旅客列车服务质量和旅客满意度能有力增强铁路的市场竞争力。

目前，我国旅客列车存在服务质量良莠不齐、部分车辆设施陈旧、列车正点率不高等问题，应进一步优化乘车环境，加大硬件投入，细化服务标准，提高服务质量，并强化培训，提高服务人员的各方面素质。

铁路旅客运输流程和服务内容如图 3-5 所示。

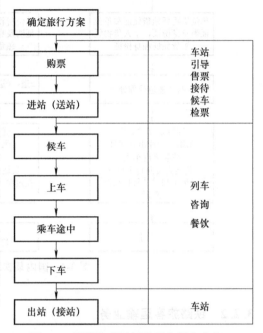

图 3-5 铁路旅客运输流程和服务内容

3.3 水路运输业务

3.3.1 水路货物运输业务

国际贸易中，海上货物运输按照船舶的经营方式主要分为班轮运输和租船运输两种。

3.3.1.1 班轮货物运输业务

班轮运输又称为定期运输，是指船舶在固定的航线上和港口间，按照公布的船期表进行的有规律的反复航行、按照事先公布的费率收取运费的一种船舶营运方式。其服务对象是非特定的、分散的众多货主。

班轮货物运输在其业务内容与形式上有着明显的特点，主要有以下 4 点。

1）"四固定"的特点。即固定航线、固定港口、固定船期和相对固定的费率，这是班轮运输的基本特点。

2）运价内已包括装卸费用。货物由承运人负责配载装卸，承托双方不计算滞期费和速遣费。

3）承运人对货物的负责期限是从货物装上船起，到货物下船为止。

4）承托双方的权利、义务和责任豁免以船运公司签发的提单条款为依据，并受统一的国际公约制约。

1. 班轮货运单证

班轮货物运输是海洋货物运输中一种多环节且各生产环节先后有序、紧密衔接的生产过程，出于安全、效率和管理需要的考虑，运输中各个作业环节能够承前启后、井然有序地不间断进行，并能清晰地界定相邻环节货物交接的责任，多年来已形成了多种货运单证。货运单证是航运中各个相关业务部门间联系某项业务或通知某些事项而缮制的单证，也是各个作业环节证明货物交接并区分交接责任的证据，同时还是海关等监管部门对进出口船舶和货物进行监督管理的单证。

现在国际上通用的以及我国航行于国际航线船舶所使用的主要单证可以大致分为装船单证、卸货单证、交付单证 3 类，具体各个类别单证详述如下。

(1) 装船单证

1) 托运单。托运单是指由托运人根据买卖合同和信用证的有关内容向承运人或其代理人办理货物运输申请的书面凭证。承运人或其代理人对该单的签认，即表示已接受这一托运申请，承运人与托运人之间对货物运输的合同关系即告建立。在班轮运输的情况下，托运人只要以口头形式或通过函电向船公司或其代理人预订舱位，船公司对这种预约表示承诺，运输关系即告建立，并不需要什么特定形式。

2) 装货单。装货单俗称下货纸，是由托运人按照托运单的内容填制，交船公司或其代理人审核并签字或盖章后，据以要求船长将货物装船的承运凭证。

在托运人凭借船公司或其代理人签字或盖章后的装货单要求船长将货物装船之前，还必须先到海关办理货物装船出口的报关手续，经海关查验后在装货单上加盖海关放行图章，表示该票货物已允许装船出口，才能要求船长将货物装船，故此时的装货单习惯上称为关单。船长或大副只能依据关单接受货物装船承运。由此可见，在船公司或其代理人和海关签字或盖章的装货单既是托运人办妥货物托运和出口手续的证明，又是船公司下达给船长接受货物承运装船的命令。

3) 收货单。收货单又称为大副收据，是指某一票货物装上船舶后，由船上大副代表船方签署给托运人的作为证明船方已收到该票货物并已装上船的凭证。托运取得了大副签署的收货单后，即可凭其向船公司或其代理人换取正本已装船提单。

在传统的班轮运输中，船公司对货物承运责任是在货物装船时开始的。因此在货物装船时，大副必须认真核对装船货物的实际情况是否与装货单上记载的情况相符合，货物的外表状况是否良好，有无标志不清、水渍、油渍或污渍情况，数量（件数）是否短缺，货物损坏情况与程度，以及应急修理的实施等，如有上述情况发生，大副在签署收货单时应将货物的实际状况明确、具体、如实地记载在收货单上。这种在收货单上标注的货物外表状况不良或缺损情况的说明就是批注，习惯上称为大副批注。有大副批注的收货单称为不清洁收货单，反之称为清洁收货单。

4) 提单。提单是船公司或其代理人签发给托运人，证明货物已经装上船舶并保证在目的港凭其交付货物，可以转让的证券。提单是班轮运输中一种非常重要的单证，它既有规定船公司作为承运人的权利、义务、责任和免责的运输合同的作用，又是表明承运人收到货物的货物收据，也是提单持有人转让货物所有权或凭其提取货物的物权凭证。

提单按照不同的分类方法可以分为很多种：

① 按收货人抬头分，提单可分为记名提单、指票提单和不记名提单。

记名提单是指提单正面收货人一栏内载明特定的人或者公司的提单。记名提单的承运人在目的港应向该特定的人或者公司交付货物，并且该提单一般不能流通转让。

指示提单是指提单收货人一栏内载明"由××指示"或"凭指示"字样的提单。前者称为记名指示，通常载明由托运人指示或者银行指示，承运人应按记名的指示人的指示交付货物。后者称为不记名指示，视为由托运人指示。需要背书（记名、空白背书）才能转让。

不记名提单是指提单正面收货人一栏内不载明具体的收货人或者"由××指示"或"凭指示"，不需要背书就可转让。

② 按货物是否已装船分，提单可分为已装船提单和收货待运提单。

已装船提单是指在货物装船后签发的提单，注有船名、装船日期，正面载有"……上述货物已装于上列船上……"。

收货待运提单是指承运人、船长或者承运人的代理人在接收货物后、装船之前，应托运人的要求而签发的提单。

③ 按提单有无不良批注分，提单可分为清洁提单和不清洁提单。

清洁提单是指没有任何表明货物和包装的外表状态不良批注的提单，表明货物的外表状态良好。

不清洁提单是指具有表明货物或包装的外表不良批注的提单，如内装货物外露、包破、锈蚀、污损等。

④ 按运输方式分，提单可分为直达提单、海上联运提单和多式联运提单。

直达提单是指中途不需要转船，有"自由转船"条款，但无"转船"批注的提单。

海上联运提单是指中途需要转船完成的提单。

多式联运提单是指需要通过多式联运方式完成的提单。

5）装货清单。装货清单是船公司或其代理人根据装货单留底联，将全船待装货物分卸货港按货物性质归类，依挂靠港顺序排列编制装货单的汇总单。装货清单是船舶大副编制船舶积载图的主要依据，又是供现场理货人进行理货、港方安排驳运、进出库以及掌握托运人备货及货物集中情况等的业务单据。

6）载货清单。载货清单又称为舱单，是一份按卸货港顺序逐票列明全船实际载运货物的明细表。它是在货物装船完毕后，由船公司的代理人根据大副收据或提单编制的，编妥后再送交船长签认。载货清单是国际通用的一份十分重要的单证，它是海关对出口或进口船舶所载货物进出国境实施监督管理的单证，也可以作为船舶载运所列货物的证明，是随船单证之一。

7）载货运费清单。载货运费清单简称运费清单或运费舱单，它是由船公司装货港的代理人按卸货港及提单顺序号逐票列明的所载货物应收运费的明细表，是船舶代理人向船公司结算代收运费明细情况的单证，是船公司营运业务的主要资料之一。该单证也可以直接寄往卸货港船公司的代理人处，供收取到付运费或处理有关业务之用。由于载货运费清单上包括了载货清单上所应记载的内容，故也可以代理载货清单作为船舶出口、进口报关及在卸货港安排卸货应急之用，还可以作为查对全船有关航次装载货物情况之用。当前不少国家港口为了简化制单工作，常将"载货清单"和"载货运费清单"两单合并使用。

8）危险货物清单。危险货物清单是专门列出船舶所载运全部危险货物的明细表。该单证是为了确保船舶、货物、港口、装卸、运输的安全而要求制定的，以提醒有关部门及人员在装卸作业和运输保管过程中特别注意。危险货物清单不仅是船舶、货物进出口报关和船舶配积载所必需的单证，而且也是向装货或卸货港的海关部门申报、申请监装或监卸所必需的单证，更是载运危险货物的船舶在指定地点和泊位进行装卸作业前，船港双方据以按照危险货物的性能和要求认真做好准备工作所必需的单证。

9）货物积载图。货物积载图是以图示的形式表示货物在船舱内的装载情况，使每一票货物都能形象、具体地显示其在船舱内的位置。该单可分为计划积载图和实际积载图。实际积载图不仅是船方运送、保管货物的必备资料，也是卸货港安排卸货作业和现场理货的重要依据。

10）剩余船位报告。为了使船舱位得到充分使用，在各挂靠港口装船完毕后，船上看舱人员应实地测量舱位的利用及剩余情况。之后，船长应将计算得出的各货舱的剩余舱位电告船公司在下一挂靠港口设置的分支机构、揽货机构或货船公司的代理人，使其能够做好补充货载的揽货及装船准备。

（2）卸货单证

1）货物残损单。货物残损单是在卸货过程中发现受损货物时使用的，作为卸货交接证明的单证。货物残损单是理货组长汇总全船的现场记录编制而成的，而现场记录则是记载进出口货物原残、混装及货物装卸作业过程中出现的各种现场情况的原始记录。伴随卸货过程中，用现场记录对随时发现的货物残损或可能形成的残损情况的随时记录、随时签认，既可以及时解决对货损情况认识的分歧，避免待卸货完毕，最后一起签认时发生争执，同时也保证了货物残损单的正确无误。

2）货物溢短单。货物溢短单是我国港口在卸货过程中，发现货物多于（溢余）或少于载货清单所记载的数量时使用的，作为卸货交接证明和区分交接责任的单证。货物溢短单是理货组长在全船卸货完毕时，按每单货物汇总该票货物的全部理货计数单，得出该票货物的实际卸货数量，与载货清单逐票核对无误后，以理货计数单位原始记录编制而成。

货物残损单和货物溢短单都是日后收货人向船公司提出损害赔偿要求的证明材料之一，也是船公司处理收货人索赔要求的原始资料和依据之一，但是必须经船方的签认才有效。

（3）交付单证

提货单是收货人及其代理人据以向现场（码头、仓库或船边）提取货物的凭证。提货单的性质与提单完全不同，它只是船公司或其代理人指令码头仓库或装卸公司向收货人交付货物的凭证，不具备流通及其他作用。

2. 班轮货运流程

班轮货物运输流程图如图3-6所示，流程的具体内容如下。

1）托运人根据贸易合同或信用证编制出口货运代理委托书，委托代理公司（货代）办理货物出口事宜。

2）货代向船务代理公司（船代）递交托运单，提出货物装运申请。船代根据托运单的内容，考虑船舶航线、挂靠港、船期和舱位等条件，认为合适后，将装货联单交货代填制。船代审核无误后，在装货联单上注明船名、目的港及顺次编号，签章后将底联留下，其余各联还货代。

3）船代根据装货单留底联，编制装货清单和出口载货清单送交装货船舶。船方根据装货清单和出口载货清单编制货物积载图送交船代。

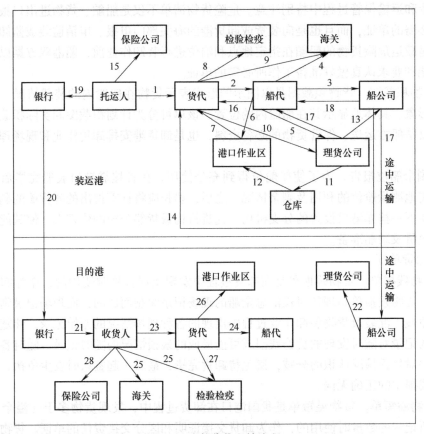

图 3-6　班轮货物运输流程

4）船代将出口载货清单送交海关办理船舶出口报关手续。

5）船代同时将货物积载图、装货清单和出口载货清单送交理货公司。

6）船代同时将货物积载图送交港口作业区。

7）港口作业区根据货物积载图制定货物进仓计划并通知货代。

8）对于法定检验检疫的商品，货代应在规定的时限和地点向检验检疫机构报检，经检验检疫合格后，由检验检疫机构签发出境货物通关单凭以报关。

9）货代根据港方通知安排货物进仓，并从港区得到缴纳出口货物港杂费申请书后，连同装货单、收货单及出口货物报关单、发票、装箱单、出口收汇核销单、出口货物退税单、出境货物通关单等有关单证一并送交海关办理报关手续。海关验收后，在装货单上加盖海关放行章，并将装货单、收货单和缴纳出口货物港杂费申请书退还。

10）货代将装货单、收货单和缴纳出口货物港杂费申请书送交理货公司，便于理货人员在装船现场开展理货工作。

11）理货公司根据货代送交的上述3种单证以及船代送交的货物积载图、装货清单和出口货物清单载货清单编制装船计划，并缴纳出口货物港杂费申请书，向仓库管理员要求发货。

12）仓库管理员根据理货公司提交的缴纳出口货物港杂费申请书发货后，将该申请书交给港口作业区，作为托运人收取出口货物港杂费的依据。

13）理货人员在装船时船边理货，货物装船后，理货人员将装货单和收货单一并送交船方。

14）船方将装货单收存作为随船货运资料，并根据装船时货物的实际情况签发收货单并退还货代。

15）对于以 CIF 贸易条件成交的商品，托运人应及时向保险公司办理货物保险。而对于以 CFR、FOB 贸易条件成交的商品，托运人应及时通知进口方货已装船，以使其尽快办理货物保险。

16）货代凭借船方签发的收货单向船代换取已装船的正本提单。

17）理货公司在装船完毕后，根据货物的实际装载情况制作实际出口载货清单并送交船代。

18）船代将实际出口载货清单和所签发的提单核对无误后，留存出口载货清单，并根据提单副本打印出口载货运费清单送船方作为随船货运资料，送沿途各港及目的港代理凭此收取到付运费或办理船舶进口报关手续。

19）托运人凭借船代签发的已装船正本提单，连同信用证规定的其他有关单证，到议付银行办理结汇。

20）议付银行核对无误后，将贸易贷款垫付给托运人，同时将提单及有关单证寄给付款银行。

21）付款银行收到单证，经核对无误后，付款给议付银行，并通知收货人付款赎单。

22）船舶到港后，理货人员在卸船时船边理货，发现货损货差应编制货物残损单或货物溢短单，并取得船长或大副的签认。

23）收货人从卸货港船代处获得有关船舶到港信息后，编制进口货运代理委托书，并将正本提单及报关单证交货代，委托货代办理货物进口事宜。

24）货代凭正本提单到船代换取提货单。

25）收货人对于法定检验检疫的商品，应在规定的时限和地点向检验检疫机构报检。凭借检验检疫机构签发的入境货物通关单和提货单等报关单证到海关办理货物进口报关手续，经海关检验征税后放行。

26）货代凭借加盖海关放行章的提货单到港口作业区提货交收货人。

27）提货时，若发现货损、货差等情况，可向检验检疫机构申请公证检验，作为日后提起索赔的一项依据。

28）对于货损、货差，收货人既可直接向承运人提出索赔，也可凭借保险单等有关单证向保险人索取保险赔款。

3.3.1.2 租船货物运输业务

1. 租船运输的特点

租船运输又称为不定期船运输。与班轮运输不同的是，租船运输没有固定的航线、港口、船期和运价。租船运输是根据双方协商的条件，船舶所有人——船东将船舶的全部或一部分出租给租船人使用，以完成特定的货物运输任务，租船人按预定的运价或租金支付运费的商业行为。

从最终的形式上讲，班轮运输和租船运输都是为了货物运输而采取的营运方式，但租船

运输区别于班轮运输，租船运输具有以下特点。

1）没有既定的船期表，也没有固定的航线和装卸港口，它是根据租船人的需要和船东的可能，由双方洽商租船运输条件，并以租船合同形式加以肯定，作为双方权利与义务的依据。

2）没有固定运价。租船运输运价受到租船市场的供求关系影响，船多货少时运价低，反之则高。

3）特别适合于大宗散货整船运输。这类货物的特点是批量大，价格低廉，不需要或需要比较简单的包装。

4）船舶营运中相关费用及其风险由谁负责或担负，视租船的合同类别及合同条款而定。

租船运输由于其运输业务的独有特点，其主要作用体现为以下几点。

1）租船运输一般是通过租船市场，由船租双方根据自己的需要选择适当的船舶，以满足不同的需要，为开展国际贸易提供便利。

2）国际的大宗货物主要是租船运输，由于运量大，单位运输成本较低。租船运价是竞争运价，因此租船运输一般比班轮运输运价低，有利于低值大宗货物的运输。

3）只要是船舶能安全出入的港口，租船都可以进行直达运输。

4）当贸易增加、船位不足，而造船、买船又难以应急时，租船运输可起到弥补需要的作用。另外，如一时舱位有余，为避免停船损失，可借租船揽货或转租。

2. 租船运输的种类

租船运输的基本运营方式包括航次租船、定期租船和光船租船。

（1）航次租船

航次租船又称为航程租船、程租船，是出租人负责提供一艘船舶，在约定的港口之间运送约定的货物，进行一个航次或数个航次的租船方式，具有以下特点。

1）出租人负责配备船长、船员，担负船长和船员工资、航行补贴、伙食费等。

2）出租人负责营运安排和调度工作，并担负船舶的燃料费、修理费、港口费用、淡水费、物料费、船舶折旧费、维修费、船舶保险费等营运费用。

3）按照装载货物的数量或船舶吨位的总和以及合同约定的运价计算运费。

4）合同中需明确有关装卸货物的费用由出租人还是承租人负担。

5）需定明可用于装卸的时间、计费方法，并规定速遣费、滞期费的计算标准。

航次租船分为很多形式，主要包括单航次租船、往返航次租船、连续单航次租船和连续往返航次租船4种。

（2）定期租船

定期租船又称为期租船，是出租人把船舶出租给承租人使用一定时期，并由承租人支付租金的租船方式。承租人可以将租来的船舶用于班轮运输，还可以将船舶转租出去，另作其他用途，但应符合合同约定的用途。其特点如下。

1）由船舶出租人负责提供一艘船舶，并负责配备船长、船员，同时担负船长的工资、航行补贴、伙食费用等。

2）承租人负责船舶的调度安排及营运工作，除了船舶修理费、物料费、润滑油费、船舶折旧费、船舶保险费等由船舶出租人负担外，其他有关营运费用，如燃料费、港口费用均由承租人负担。

3) 租金率按船舶装载能力、租期长短以及航运市场价格等多方面因素，由出租人和承租人在合同中明确约定。

4) 合同中需订明淡水费的负担，因为通常锅炉用水的费用由承租人承担，而船长、船员的生活用水由出租人负担。

5) 合同中常订有关于交、还船的规定。

(3) 光船租船

光船租船又称为船壳租船、光租、光船租赁，是指船舶出租人提供一艘不包括船员在内的空船给承租人使用一定时期，并由承租人支付租金的一种租船方式。这种租船运输的方式具有如下特点。

1) 出租人只提供一艘空船。

2) 承租人负责配备船员、任命船长，并负担船长和船员的工资、奖金、补贴及伙食费等。

3) 承租人负责船舶调度和营运安排，并负担船舶保险费以外的一切营运费用。

4) 合同中通常订明光船租赁前存在的船舶担保物权及光船租赁期内产生的船舶担保物权的问题。

5) 合同中需订明超出一定数额的设备或一起变更的费用如何分担。

3. 租船运输合同

租船运输合同又称为租约，是承租人以一定的条件向出租人租用一定的船舶或舱位，以运输货物或旅客，就相互间的权利、义务做出明确规定的合同。一般认为，租船合同包括航次租船合同、定期租船合同和光船租船合同。

1) 航次租船合同是指船舶出租人向承运人提供船舶或者船舶的部分舱位，装运约定的货物，从一港至另一港，由承运人支付约定运费的合同。

2) 定期租船合同是指船舶出租人向承租人提供约定的由出租人配备船员的船舶，由承租人在约定期间按照约定的用途使用，并支付租金的合同。

3) 光船租船合同是指船舶出租人向承租人提供不配备船员的船舶，在约定期间内由承租人占有、使用和营运，并向出租人支付租金的合同。

4. 租船市场

租船市场又称为海运交易市场，是船舶的承租人和提供船舶运力的出租人协商、洽谈租船业务，订立有关租船合同的场所。它通常设在世界范围内货主和船舶所有人汇集、外贸和运输繁荣发达的地方，世界范围内主要的租船市场有伦敦市场、纽约市场、汉堡市场、鹿特丹市场、奥斯陆市场、东京市场和香港市场。租船市场的主要作用有以下4点。

1) 专门为船舶所有人和承租人提供各种租船业务的机会，他们无须亲自谈判，可以通过租船经纪人接触、协商和办理租船事宜，最终签约。

2) 租船市场能使出租人和承租人快速、有效地成交业务。

3) 调节全球航运市场。因为整个世界的货物贸易量要与船舶运力协调，世界上各个地区的船货供求又不平衡，所以通过租船市场的"微调"作用，可使整个市场达到平衡状态。

4) 为船东和承租人提供大量的租船市场的信息资料，如通过航运报纸杂志、市场报告等方式发布行情动态及发展趋势。

3.3.2 水路旅客运输业务

水路旅客运输是以旅客及其行李为运输对象,以船舶为主要运输工具,以港口或港站为运输基地,以水域(海洋、河、湖等)为运输活动范围的一种运输过程。

水路客运根据旅客运输跨及的地域,可分为国内水路旅客运输和国际海上旅客运输。国内水路旅客运输又包括内河旅客运输和沿海旅客运输。

1. 国内水路旅客运输乘船条件

国内水路旅客乘船条件如下。

1)旅客应按所持船票指定的船名、航次、日期和席位乘船。重病人或精神病患者,应有人护送。

2)每名成人旅客可免费携带身高不超过 1.1m 的儿童 1 人。超过 1 人时,应按超过的人数购买半价票。

3)旅客漏船,如能赶到另一中途港乘上原船,而原等级席位又未售出时,可乘坐原等级席位,否则逐级降等乘坐,票价差额款不退。

如违反乘船条件,则处理如下。

1)无船票乘船人在船上主动要求补票,承运人应向其补收自乘船港(不能证实时,自客船始发港)至到达港的全部票价款,并核收补票手续费。

2)在途中,承运人查出无票或持用失效船票或伪造、涂改船票者,除向乘船人补收自乘船港(不能证实时,自客船始发港)至到达港的全部票价款外,应另加收相同区段最低等级票价 100%的票款,并核收补票手续费。

3)在到达港,承运人查出无票或持用失效船票或伪造、涂改船票者,应向乘船人补收自客船始发港至到达港最低等级票价 400%的票款,并核收补票手续费。

4)在乘船港,承运人查出应购买全价票而购买半价票的儿童,应另售给全价票,原半价票给予退票,免收退票费。

5)在途中或到达港,承运人查出儿童未按规定购买船票的,应按下列规定处理。

① 应购半价票而未购票的,补收半价票款,并核收补票手续费。

② 应购全价票而购半价票的,补收全价票与半价票的票价差额款,并核收补票手续费。

③ 应购全价票而未购票的,按无票处理。

6)在途中或到达港,承运人查出持用优待票乘船的旅客不符合优待条件时,应向旅客补收自乘船港至到达港的全部票价款,并核收补票手续费,原船票作废。

7)对超程乘船的旅客(误乘者除外),承运人应向旅客补收超程区段最低等级票价 200%的票款,并核收补票手续费。

2. 海上旅客运输乘船条件

海上旅客也应持有效客票乘船。旅客无票乘船,越级乘船或者超程乘船时,应当按照规定补足票款,承运人可以按照规定加收票款;旅客拒不交付的,船长有权在适当地点令其离船,且承运人有权向其追偿。

3.4 航空运输业务

3.4.1 航空货物运输业务

国内航空货物运输流程如图3-7所示，另外在收货人提取货物时也有相应的规定。

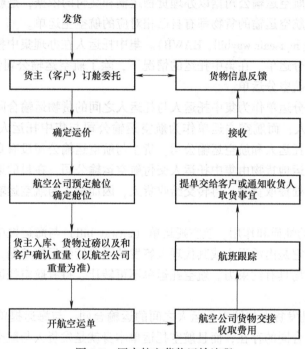

图 3-7 国内航空货物运输流程

1）收货人凭借航空公司的货物提取联或到货通知单携带本人身份证或其他有效身份证件提取货物（若由单位收取，应一并出具加盖单位公章的单位介绍信）。

2）收货人委托他人提取货物时，应凭借航空货物运单上的收货人及被委托人的有效身份证提取货物。

3）收货人应到航空货运公司指定的提货点处理提货手续，并付清所有应付费用。

4）收货人应在航空货运单和货物提取记录上签字后提取货物。

5）收货人提取货物时，应当面清点，发现货物有丢失、短少、污染、损坏或延误到达等情况，应当面向航空货运有关部门提出异议。

6）若收货人提取货物并在航空货物单上签字而未提出异议，则视为按运输合同规定货物已完好交付。

航空货物运输单证是托运人或受托运人委托的承运人填制的，承托双方为在承运人的航线上承运货物所订立的证据，是办理货物运输的依据，也是计收货物运费的财务票证。本书主要介绍航空托运单和航空货运单两种单证。

(1) 航空托运单

托运人托运货物时,应先填写货物托运书一份,且应对所填写事项的真实性与正确性负责,并在托运书上签字或者盖章。承运人在检查货物托运书填写内容符合要求,以及货物符合托运的一般规定后,方可受理。

1) 航空托运单的分类。航空托运单主要分为以下两大类。

① 航空主运单(masterair waybill, MAWB)。凡由航空运输公司签发的航空托运单都称为航空主运单,它是航空运输公司据以办理货物运输和交付的依据,是航空公司和托运人订立的运输合同,每批航空运输的货物都有自己相对应的航空主运单。

② 航空分运单(houseair waybill, HAWB)。集中托运人在办理集中托运业务时签发的航空托运单被称为航空分运单。在集中托运的情况下,除了航空运输公司签发航空主运单外,集中托运人还要签发航空分运单。

在此期间,航空分运单作为集中托运人与托运人之间的货物运输合同,合同双方分别为货A、B和集中托运人;而航空主运单作为航空运输公司与集中托运人之间的货物运输合同,当事人则为集中托运人和航空运输公司。货主与航空运输公司没有直接的契约关系。

不仅如此,在起运地货物由集中托运人交付航空运输公司,在目的地由集中托运人或其代理从航空运输公司处提取货物,再转交给收货人,因而货主与航空运输公司也没有直接的货物交接关系。

2) 航空托运单的性质和作用。航空托运单(airway bill)与海运提单有很大不同,却与国际铁路运单相似。它是由承运人或其代理人签发的重要货物运输单据,是承托双方的运输合同,其内容对双方均具有约束力。航空托运单不可转让,持有航空托运单也并不能说明可以对货物要求所有权。

① 航空托运单是发货人与航空承运人之间的运输合同。与海运提单不同,航空托运单不仅能证明航空运输合同的存在,而且航空托运单本身就是发货人与航空运输承运人之间缔结的货物运输合同,在双方共同签署后产生效力,并在货物到达目的地交付给运单上所记载的收货人后失效。

② 航空托运单是承运人签发的已接收货物的证明。航空托运单也是货物收据,在发货人将货物发运后,承运人或其代理人就会将其中一份(发货人联)交给发货人,作为已经接收货物的证明。除非另外注明,它是承运人收到货物并在良好条件下装运的证明。

③ 航空托运单是承运人据以核收运费的账单。航空托运单分别记载着属于收货人负担的费用、属于应支付给承运人的费用和应支付给代理人的费用,并详细列明费用的种类、金额,因此可作为运费账单和发票。承运人往往也将其中的承运人联作为记账凭证。

④ 航空托运单是报关单证之一。出口时航空托运单是报关单证之一。在货物到达目的地机场进行进口报关时,航空托运单也通常是海关查验放行的基本单证。

⑤ 航空托运单同时可作为保险证书。如果承运人承办保险或发货人要求承运人代办保险,则航空托运单也可用作保险证书。

⑥ 航空托运单是承运人内部业务的依据。航空托运单随货同行,证明了货物的身份。运单上载有关该票货物发送、转运、交付的事项,承运人会据此对货物的运输做出相应安排。

航空托运单的正本一式三份,每份都印有背面条款,其中一份交发货人,是承运人或其代理人接收货物的依据；第二份由承运人留存，作为记账凭证；最后一份随货同行，在货物到达目的地，交付给收货人时作为核收货物的依据。

航空托运单的内容与海运提单类似，也有正面、背面条款之分，不同的航空公司也会有自己独特的航空托运单格式。所不同的是，船公司的海运提单可能千差万别，但各航空公司所使用的航空托运单则大多借鉴 IATA 所推荐的标准格式，差别并不大。

(2) 航空货运单

航空货运单是航空货物运输合同订立和运输条件以及承运人接收货物的初步证据。航空货运单上关于货物的重量、尺寸、包装和包装件数的说明具有初步证据的效力。除经过承运人和托运人当面查对并在航空货运单上注明经过查对或者书写关于货物的外表情况的说明外，航空货运单上关于货物的数量、体积和其他情况的说明不能构成不利于承运人的证据。

《中华人民共和国民用航空法》规定：托运人在履行航空货物运输合同规定义务的条件下，有权在出发地机场或者目的地机场将货物提回，或者在途中经停时中止运输，或者在目的地或途中要求将货物交给非航空货运单上指定的收货人，或者要求将货物运回出发地机场；但托运人不得因行使此种权利而使承运人或者其他托运人遭受损失，并应当偿付由此产生的费用。托运人的指示不能执行的，承运人应当立即通知托运人。承运人按照托运人的指示处理货物，没有要求托运人出示其所收执的航空货运单，给该航空货运单的合法持有人造成损失的，承运人应当承担责任，但是不妨碍承运人向托运人追偿。收货人的权利依法开始时，托运人的权利即告终止；但收货人拒绝接收航空货运单或者货物，或者承运人无法同收货人联系的，托运人恢复其对货物的处置权。收货人于货物到达目的地，并在缴付应付款项和履行航空货运单上所列运输条件后，有权要求承运人移交航空货运单并交付货物。除另有约定外，承运人应当在货物到达后立即通知收货人。承运人承认货物已经遗失，或者货物在应当到达之日起 7 日后仍未到达的，收货人有权向承运人行使航空货物运输合同所赋予的权利。

航空货运单的一些规定如下。

1) 货运单应当由托运人填写，连同货物交给承运人。如承运人依托托运人提供的托运书填写货物单并经托运人签字，则该货运单应当视为代托运人填写。

2) 货运单应按编号顺序使用，不得越号。

3) 货运单必须填写正确、清楚。托运人应当对货运单上所填关于货物的声明或说明的正确性负责。如错误填写涉及收货人名称、运费合计等栏的内容，而又无法在旁边书写清楚时，应当重新填制新的货运单。需要修改的内容，不得在原字上描改，而应将错误处划去，在旁边空白处书写正确的文字或数字，并在修改处加盖戳印。货运单只能修改 1 次，如再发生填写错误，应另填制新的货运单。填错作废的货运单，应加盖"作废"戳印，除出票人联留存外，其余各联随同销售日报送财务部门注销。

4) 每张货运单的声明价值一般不超过人民币 50 万元。

5) 货运单一式八份，其中正本三份、副本五份。正本三份分别为：第一份交承运人，由托运人签字或盖章；第二份交收货人，由托运人和承运人签字或盖章；第三份交托运人，由承运人接收货物后签字盖章。三份正本具有同等效力。承运人可根据需要增加副本。货运单的承运人联应当自填开货运单次日起保存 2 年。

3.4.2 航空旅客运输业务

旅客运输作为航空运输业务的重要组成部分，也是最具潜力、发展最快的部分之一，是世界各国航空公司的主要业务。

1. 航空旅客分类

（1）按照年龄划分

1）婴儿（INF）。婴儿是指在旅行开始日尚未达到2周岁生日的旅客。

2）儿童（CHD）。儿童是指在旅行开始日尚未达到12周岁生日，但已达到或超过2周岁生日的旅客。

3）成人（ADT）。成人是指在旅行开始日已经达到或超过12周岁生日的旅客。

上述年龄限制适用于旅行开始之日，且应用于整个航程，不必考虑婴儿或儿童旅客在旅行中超过了2周岁或12周岁等问题。

（2）按照其他标准划分

按照其他标准划分旅客身份，旅客可分为学生旅客（SD）、青年旅客（ZZ）、军人旅客（MM）等。

2. 航空旅客运输流程

航空旅客运输大体流程如图3-8所示，其具体业务流程见表3-1。

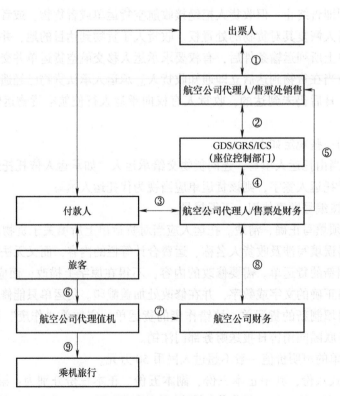

图3-8 航空旅客运输大体流程

表 3-1 航空旅客运输业务流程

序号	业务
①	出票人向航空公司代理人/售票处销售部门查询旅行座位信息。在销售部门完成有关业务操作（包括审查付款人是否已付款）后出票人可从销售部门拿到机票信息（包括有形的纸质机票上的信息或无形的电子机票上的信息）
②	航空公司代理人/售票处销售部门通过 GDS/GRS/ICS 查询座位信息；航空公司座位控制部门通过 GDS/GRS/ICS 控制不同级别的座位开放
③	付款人向航空公司代理人/售票处财务查询有关旅行票价信息。在财务部门完成有关业务操作后支付票款，并得到付款凭证（包括有形凭证或无形凭证的信息）
④	航空公司代理人/售票处财务部门可以通过 GDS/GRS/ICS 查询票价，航空公司票价控制人员可利用收益管理系统确定票价后在以上系统发布
⑤	航空公司代理人/售票处财务部门在得到付款人付款后通知销售部门可以出票
⑥	旅客在航空公司/代理值机部门办理值机手续，包括领取登机牌、交运行李等
⑦	航空公司/代理值机部门办理值机手续后将旅客登机信息（包括有形机票或无形电子客票信息）手工或自动传递给航空公司的财务部门
⑧	航空公司财务部门内部对来自销售部门的财务信息和来自值机部门的财务信息进行检查和配比
⑨	旅客在办理完值机手续后，再经过"三检一关"（边防检查、卫生检疫、动植物检疫、海关）的有关检查后可以登机旅行

3. 航空旅客运输票证

(1) 国内客票概念及作用

客票是指由承运人或代表承运人所填开的被称为客票及行李票的航空旅客运输凭证，包括运输合同条件、声明、通知以及乘机联和旅客联等内容。

客票的作用如下。

1）客票是旅客和航空公司之间签署的运输契约，客票是承运人和旅客订立航空运输合同条件的初步证据，是旅客乘坐飞机、托运行李的凭证。

2）客票是航空公司之间及航空公司与代理人之间进行结算的依据。

3）客票是旅客退票时的凭证。

4）客票是一种有价凭证。

(2) 客票的组成

国内航空公司客票由会计联、出票人联、乘机联（一或二联）、旅客联组成。

1）会计联。会计联用于内部审核和记账。

2）出票人联。出票人联用于业务量统计或完成销售日报。

3）乘机联。乘机联用于旅客换发登机牌或交运行李，根据旅客航程的不同，乘机联数目有所不同。

4）旅客联。旅客联由旅客持有，旅客在使用客票、退票和报销时必须持有旅客联。

(3) 客票的分类

1）客票根据航程的不同可分为单程客票、联程客票和来回程客票。单程客票是指列明一个航班的点到点的客票；联程客票是指列明两个及两个以上航班的客票；来回程客票是指从出发地至目的地，并按原航程返回原出发地的客票。

2）客票根据使用日期的不同分为定期客票和不定期客票。不定期客票上没有指定乘机日期，也称为 OPEN 票。

3）客票根据乘机联数的不同可分为一联客票、两联客票、四联客票 3 种。目前国内客票只印制了一联客票和两联客票。一联客票供只有一个航段运输使用，两联客票供两个或两个以上航段使用。

（4）BSP 电子客票

BSP 电子客票（ET-electronic ticket）是国际航协（IATA）规定的中性电子客票的英文缩写，是一种流程化的电子数据，是普通纸质机票的电子形式。电子客票将票面信息存储在订座系统中，可以像纸票一样执行出票、作废、退票、换票、改转签等操作。目前，它作为世界上最先进的客票形式，依托现代信息技术，实现无纸化、电子化的订票、结账和办理乘机手续等全过程，给旅客带来诸多便利，同时为航空公司降低了成本。

（5）客票号码

客票号码由航空公司票证代号、乘机联数、序号、检验位共计 14 位数字组成。

（6）有效期

1）客票的有效期规定如下。

① 正常票价的客票有效期自旅行开始之日起，一年内运输有效（定期客票自旅客开始旅行之日起计算，不定期客票自填开客票之次日零时起计算）；如果客票全部未使用，则从填开客票之日起，一年内运输有效。

② 特种票价的客票有效期按照承运人规定的该特种票价的有效期计算。

③ 客票有效期的计算，从旅行开始或填开客票之日的次日零时算起，到有效期满之日的次日零时为止。

2）客票有效期的延长。由于下列原因之一造成旅客未能在客票有效期内旅行，客票有效期将延长到承运人能够提供座位的第一个航班为止，但延长期以不超过 7 天为限。

① 承运人未能提供旅客事先订妥的座位。

② 承运人未能合理地按照航班飞行。

③ 承运人原因造成旅客可以订妥座位的航班衔接错失。

④ 承运人取消航班经停地点中的旅客的始发地点、目的地点或中途分程地点。

⑤ 航班延误、取消。

旅客开始航行以后，经医生证明因病不能继续旅行时，其客票有效期可以按照下列规定予以延长。

① 客票可以延长到根据医生证明适宜旅行之日为止，或延长到该日以后承运人能够提供座位的第一个航班为止。

② 如果客票未使用的乘机联包括一个或一个以上的中途分程地点，客票有效期可以延长，但以医生证明适宜旅行之日起 90 天为限。

③ 患病旅客的陪伴人员，其客票有效期可与患病旅客的客票同样予以延长。

④ 旅客在旅途中死亡，陪伴人员的客票有效期可延长到办妥该旅客死亡手续为止，但从旅客死亡之日起最多不得超过 45 天。

（7）客票的相关规定

1）客票为记名式，只限客票上所列姓名的旅客本人使用，不得转让和涂改，否则客票无效,票款不退。

2)旅客未能出示根据承运人规定填开的包括所乘航班的乘机联和所有其他未使用的乘机联及旅客联的有效客票,无权乘机。旅客出示残缺客票或非承运人或其销售代理人更改的客票,也无权乘机。

确定客票乘机联的原则:每个不同的航班应有一张乘机联,每个不同承运人的航段应有一张乘机联,每个中途分程航段应有一张乘机联,每个不同舱位等级的航段应有一张乘机联。

3)客票的乘机联必须按照客票所列明的航程,从始发地点开始顺序使用。如果客票第一张乘机联未被使用,而旅客在中途分程地点或约定的经停地点开始旅行,则该客票无效,航空公司可不予接受。

4)乘机联上必须列明舱位等级,并在航班上订妥座位和日期后方可由承运人接受运输。对未订妥座位的乘机联,承运人应当按旅客的申请,根据使用的票价和所申请的班次座位可利用情况为旅客预订座位。

5)旅客应在客票有效期内完成客票上列明的全部航程。

6)含有国内航段的国际联程客票,其国内航班的乘机联可直接使用,不需要换开成国内客票。

7)旅客在我国境外购买的用国际客票填开的国内航空运输客票,应换开成我国国内客票后才能使用。

8)航空公司及其销售代理人不得在我国境外使用国内航空运输客票进行销售。

9)定期客票只适用于客票上列明乘机日期的航班。

3.5 运输业务案例

2005年7~8月,案外人吴某、何某(均已判刑)经密谋在深圳市某区以虚假的深圳市某公司的名义与化学试剂厂商洽谈银粉的购销事宜,意图骗取银粉。其中吴某冒充公司采购员苏某,负责业务洽谈;何某充当公司业务员,负责接发传真。经吴某与试剂厂法定代表人陈某商谈后,2005年8月8日,吴某将拟订的合同传真给试剂厂,约定以2390元/kg的价格购买银粉120kg,发货的同时汇款。第二天,吴某和何某又将一份伪造的汇票传真给试剂厂,并催促试剂厂发货。试剂厂将一份假的发货单传真给吴某,吴某看出发货单是假的,就打电话给陈某说要取消生意,于是试剂厂表示马上发货。

2005年8月10日16时19分,试剂厂员工王某接受指派,以个人名义到机场公司办理空运银粉事宜。王某按普通货物向机场公司交纳了航空运费370元,燃油附加费26元,合计396元。机场公司开出了机场航空运输服务有限公司货运、快递发票,并将其中的发票联、抵扣联、收货人联交给试剂厂。发票上注明的始发站是长沙,目的站是深圳,托运人是王某,收货人是试剂厂法定代表人陈某,提货方式为机场自提,货物毛重132kg,费率为2.8,货物品名是银粉,并留下了王某和陈某的联系电话。收货人联上有"提货注意事项",其中第一条明确记载"收货人凭本收货人联或其复印件和本人居民身份证或其他有效身份证件提货;委托他人提货时,凭本货运单所指定的收货人及提货人的居民身份证或其他有效身份证件提货。如承运人或其代理人要求出具单位介绍信或其他有效证明时,收货人应予提供"。办理托运手续时王某没有声明货物的价值。16 时 20 分,机场公司将该笔业务以 132 元的价格交给深圳航空公司实际承运。货物运到目的地深圳宝安机场后,深圳航空公司将货物交给深圳某公司代为交货。

在此期间,吴某利用试剂厂传真过来的假发货单,推测出货物运输方式和始发站,打电话给机场公司的机场发货处,冒充试剂厂工作人员说自己忘了货单号,骗得发货处工作人员的信任,取得了涉案银粉的航班号、提货单号,并得知提货单上指定的收货人为陈某。吴某和何某立即找人伪造了陈某的身份证、驾驶证。2005 年 8 月 11 日上午 8 时许,吴某与何某前往深圳某公司提货处以伪造的陈某的身份证提取了 120kg 的银粉。当日晚,由何某将银粉卖至番禺,得赃款 219600 元。事发后,吴某、何某已被深圳市某区人民法院依法分别判处有期徒刑。经鉴定,涉案银粉价值 286800 元,但没有追回任何赃物赃款。后试剂厂向机场公司发函要求该公司全额赔偿未果,于是诉至法院。

分析

1) 本次航空运输中,承运人具体指代的是谁?本案中,你认为原告、被告的身份是否合理?为什么?

2) 你认为本案的责任应如何划分?

复 习 思 考 题

1. 简述我国公路货物运输的类别。
2. 简述我国公路旅客运输的流程。
3. 简述铁路货物运输的流程。
4. 简述铁路旅客运输的业务和流程。
5. 简述海上货物运输的种类。
6. 简述国内水路旅客运输的乘船条件。
7. 简述航空货物运输的流程。
8. 简述航空旅客运输的流程。

第 4 章 Chapter 4
交通运输合同管理

为了明确承运人及旅客、托运人和收货人在运输过程中的权利和义务关系，规范其商务行为，尽量避免和减少运输纠纷，承运人与旅客或托运人必须签订交通运输合同，交通运输合同是运输商务的纽带。

4.1 概述

4.1.1 交通运输合同的概念和特征

1. 合同的概念

合同也称为契约，是在平等主体的自然人、法人、其他组织之间设立、变更、终止民事权利和义务关系的协议。合同的基本特征如下。

1) 合同是双方或多方当事人的法律行为。合同是双方或多方当事人意思表示一致的结果，是当事人确立、变更或终止一定法律关系的行为，它能引起一定的法律后果，是具有法律约束力的行为。

2) 合同关系中，当事人的法律地位是平等的。合同是当事人之间的协议，在合同关系中，只有当事人的法律地位平等，才能各自表达自己的真实意思，进行平等协商。在合同中，一方不得把自己的意志强加给另一方。

3) 合同是当事人的合法行为。合同中所确立的权利和义务，必须是当事人依法可以享有的权利和所承担的义务，这是合同具有法律效力的前提。如果签订的合同中涉及违法行为，当事人不仅达不到预期的目的，还应根据违法情况承担相应的法律责任。

2. 运输合同的概念和特征

《中华人民共和国合同法》（以下简称《合同法》）第 288 条规定，运输合同是指"承运人将旅客或者货物从起运地点运输到约定地点，旅客托运人或者收货人支付票款或者运输费用的合同"。运输合同是当事人为达到一定的运输目的，经当事人意思表示一致而达成的协议。运输合同作为民事合同的一种，除具有民事合同的一般法律特征外，还具有以下特征。

1) 合同主体的复杂性。运输合同的主体包括承运人、旅客、托运人和收货人（图 4-1）。

承运人是指提供运输服务的当事人，包括运输企业和从事运输服务的个人。在我国，承运人既有国有企业运输组织，如

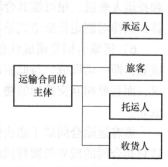

图 4-1 运输合同的主体

铁路局、汽车运输企业、航运公司等，也有集体运输组织及城镇运输个体户和农村运输专业户。承运人的复杂性和我国多种运输形式及多层次的运输经营方式相联系。

旅客是指乘坐交通工具旅行的自然人，是旅客运输合同的主体。未成年人或者不具备完全民事行为能力的人，也可以作为旅客运输合同的主体，但必须与其法定代理人、监护人一起旅行，或者按照规定委托承运人照顾。

托运人是指提供行李、包裹和货物运输的人，可以是自然人、法人或者其他组织。行李运输的托运人就是旅客；包裹运输的托运人，可以是旅客，也可以是其他货主；货物运输的托运人可以是货物的所有人，也可以是货物所有人委托的运输代理人或者货物的保管人。运输合同的订立是托运人向承运人提出，经过承运人确认后成立的。因此，托运人作为合同的主体具有积极主动的地位。

2）合同标的的特殊性。运输合同标的又称为运输合同的客体，它是承运人运送旅客或者货物的劳务行为，而不是旅客或货物。旅客或者托运人与承运人签订运输合同，其目的是要利用承运人的运输工具将货物或旅客实现从一地到另一地的空间位置的转移。承运人的运输劳务行为是双方权利和义务共同指向的目标。因此，只有运输劳务的行为才是运输合同的标的。

3）运输合同当事人权利义务的法定性。运输合同当事人的权利、义务大多数是由法律法规、规章规定的，只要双方当事人意思表示一致，合同即告成立。当事人对合同的内容也可以依法进行修改，但对于法律规定的强制性条款，当事人不能协商。对于选择性条款或者提示性条款，当事人可以协商，凡是当事人协商的补充条款都具有法律效力。

4）运输合同的双务性、有偿性。所谓"双务合同"，是指合同当事人双方都享有权利，又承担义务，且合同中一方的权利为另一方的义务，如买卖合同、租赁合同等。在运输合同中，承运人将旅客或货物从起运地点运输到约定地点，旅客、托运人或者收货人，支付票款或者运输费用，双方之间的权利、义务具有对等给付的关系和有偿关系。

所谓"有偿合同"，是指一方当事人要通过对方履行义务而获取合同利益，为此必须支付相应代价的合同。在运输合同中，旅客或托运人要使承运人运输货物或旅客，就应当支付票款或者运费。

5）运输合同一般为格式条款。运输合同一般采取格式条款订立。所谓格式条款，是指"当事人为了重复使用而预先拟定，并在订立合同时未与对方协商的条款"（《合同法》第39条第2款）。也就是说，合同一方提供具有合同全部内容和条件的格式条款文本，另一方当事人予以确认后合同即告成立。由于格式条款是由当事人一方提供格式条款文本，对旅客和托运人来说，很可能其合法权益会因此而遭受侵害，因此，为保护托运人和旅客的合法权益，法律对制定标准格式条款的一方规定了严格的义务。

6）运输合同是诺成性合同。所谓诺成性合同，是指一旦双方当事人达成协议，合同就成立，即一诺即成。与此相对应的是实践性合同，就是合同的成立不仅要双方当事人达成协议，而且要相互交换标的物，如保管合同，寄存人必须将寄存的物品交给保管人，合同才能成立。

旅客运输合同属于诺成性合同。虽然实际生活中常有旅客先上车后买票的情况存在，但这只是合同的成立与履行同时进行，不能因此认为旅客运输合同为实践性合同。货物运输合同在性质上也属于诺成性合同。《合同法》对此虽然没有明确规定，但我国有关运输合同的法规一般都规定运输合同是诺成性合同。

4.1.2 交通运输合同的内容

1. 运输合同内容的概念

作为法律关系三要素之一的内容，是指合同当事人依据合同约定所享有的权利和所承担的义务，因此，运输合同的内容也就可以描述为运输合同的当事人依据运输合同的约定，所享有的权利和需要承担的义务。

合同当事人的权利是一种债权，债权属于请求权、相对权。请求权是合同当事人权利的性质，如旅客、托运人可要求承运人提供运输劳务，要求承运人于目的地交付行李、货物等，它意味着享有权利的人可以要求合同的义务人为一定行为或不为一定行为。相对权与绝对权相对应，是从义务人是否特定以及权利的实现是否需要义务人的协助出发，而对权利所作的分类。作为相对权，债权人只能要求特定的债务人履行义务，债务人原则上也仅对债权人履行义务。侵犯了相对权，当事人应承担违约责任。

2. 《合同法》总则关于合同内容的规定

合同法第12条规定，合同的内容由当事人约定，一般包括当事人的名称或者姓名和住所，标的，数量，质量，价款或者报酬，履行期限、地点和方式，违约责任，解决争议的方法。

作为"一般包括"的条款，以上条款是否具备并不必然影响合同的成立，实际上，上述条款仅是笼统地针对所有合同提供的示范性合同条款。截断合同条款与合同成立之间的必然联系有助于契约自由、当事人意思自治原则的实现，也有助于司法实践中对合同成立的认定。

运输合同是《合同法》规定的15种有名合同中的一种，因此作为《总则》规定的8项条款对运输合同内容的确定也并非没有示范功效。相反，订立一份完备的运输合同，以上条款的具备是不可或缺的。事实上，有关的运输规程已经按照这些示范性条款制定了有关运输合同的基本内容。例如，1999年11月15日交通运输部发布的《汽车货物运输规则》（以下简称《货规》）第25条和第26条就是根据《合同法》第12条所规定的条款结合汽车货运的特点制定的。根据该《货规》，定期汽车货物运输合同应当包含：托运人、收货人和承运人的名称（姓名）、地址（住所）、电话、邮政编码；货物的种类、名称、性质；货物质量、数量或月、季、年度货物批量；起运地、到达地；运输质量；合同期限；装卸责任；货物价值，是否保价、保险；运输费用的结算方式；违约责任；解决争议的方法等。

从上述规定可以清楚地看出《合同法》第12条的规定对定期汽车货物运输合同的影响，当然，诸如保价、保险、装卸责任的条款也体现了定期汽车货物运输合同对《合同法》第12条的某种超越。

3. 运输合同的默示条款

合同是双方当事人意思表示一致的产物，因此，凡是有关当事人权利、义务的合意都是合同的内容。当事人的合意过程往往通过要约、承诺表示，那些写在合同上的合同条款被称为合同的明示条款，而另外一些未记载在合同书上的合同条款则是合同的默示条款。当然，这并不排除在订立口头合同时，双方口头明示的内容也是合同的明示条款，而双方尽管口头未表明但心照不宣的内容，同样是合同的默示条款。

相当多的运输合同往往依赖诸如客票、运单之类的证券或证据加以证明，基于方便性的考虑，客票的尺寸不可能太大，因此，其所记载的合同内容也不可能详尽，诸多的合同内容并不体现在客票之上。在我国，铁路、汽车运输中所使用的客票往往仅记载始发站、到达站、始发时间、票价之类的合同内容，至于运行的线路、经停地点、到达时间等合同内容，并未记载于客票之上。但这并不能说明除了客票所载明的内容，其余未记载事项不是合同的内容，恰恰相反，那些未记载在客票上的内容构成了客运合同的应有内容，这些不表现在客票上的事项是客运合同的默示条款。于是，诸如到站时间、经停地点一类的内容张贴公示在车站的售票大厅，或印刷在"列车时刻表"上，可以认为这是承运人的意思表示，是要约邀请。旅客正因为信赖该公示内容，才会选择购买相应的客票，购买的行为是要约，承运人发售客票的行为为承诺。依据《合同法》的规定，既然要约、承诺已经做出，则客运合同即应认为成立。相应的，要约、承诺的内容也就成为合同内容。因此，包括运营线路、经停地点、到达时间一类的内容就是客运合同的内容。

4. 运输合同的效力

（1）运输合同生效的条件

1）当事人订约时有订立合同的能力。

2）合同的形式符合法律要求。

3）合同的内容与目的合法。

4）当事人的合意要真实。

（2）导致合同无效的原因

1）一方以欺诈、胁迫的手段订立合同，损害国家利益。

2）双方恶意串通，损害国家、集体或第三人利益。

3）以合法形式掩盖非法目的。

4）损害社会公共利益。

5）违反法律法规的强制性规定。

（3）导致合同可撤销或变更的原因

1）因重大误解订立合同。

2）在订立合同时显失公平。

3）以欺诈、胁迫的手段或乘人之危，使对方在违背真实意思的情况下订立合同。

（4）合同无效或被撤销的后果

1）返还财产。返还财产是指当事人双方将从对方处获得的财产归还对方，回到未订立合同的状态。

2）赔偿损失。合同被确认无效或被撤销后，有过错的一方应当赔偿对方因此受到的损失，双方都有过错的，应当各自承担相应的责任。

3）收缴财产。

4.1.3 交通运输合同的种类

运输合同种类繁多，根据不同的分类标准可以将其作如下划分。

1. 按照运输对象的标准分类

在运输合同中，运输对象有旅客和货物两种，因此运输合同可以分为旅客运输合同和货物运输合同。旅客运输合同是指把旅客作为运送对象的合同。与旅客运输相关的行李、包裹运输可以看作是一个独立的运输合同关系，也可以作为旅客运输合同的一个组成形式。货物运输合同是指以货物为运送对象的合同。

2. 按照运输工具的标准分类

运输合同根据不同的运输工具，可以分为铁路运输合同、公路运输合同、水路运输合同、海上运输合同、航空运输合同和管道运输合同等。

1）铁路运输合同。铁路运输合同是指铁路运输企业利用运输工具将旅客或货主由起运地运送至目的地的过程。在铁路运输中，铁路运输企业与旅客或者托运人应当签订运输合同，明确各自的权利和义务。铁路运输合同是实现旅客或者运输产品位移的法律形式。根据《中华人民共和国铁路法》（以下简称《铁路法》）第11条规定，铁路运输合同是明确铁路运输企业与旅客、托运人之间权利义务关系的协议。从这一规定可以看出，铁路运输合同是以铁路运输企业为合同的一方当事人（承运人），以旅客或托运人为另一方当事人而形成的权利义务关系的协议。铁路运输合同是明确双方权利义务关系的协议，这是铁路运输合同的基本内容。从形式上看，铁路运输合同一般包括旅客车票、行李票、包裹票和货运单据。即铁路运输合同的形式包括旅客运输合同的旅客车票、行李运输合同的行李票、包裹运输合同的包裹票及货物运输合同的货物运单。

2）公路运输合同。公路运输合同是以公路运输企业或者个人作为承运人的运输合同。公路运输的承运人既包括经过批准取得公路运输经营权的企业，又包括依法办理有关批准手续而从事公路运输活动的个体经营者。

从形式上看，公路运输合同可以是当事人通过协商而签订的书面合同，也可以是公路承运人提供的货物运单、货票、客票等。与铁路运输相比，公路运输市场化程度较高，当事人协商的余地较大，双方可以按照《合同法》和有关法律法规的规定，通过协商确定双方的权利和义务。

3）水路运输合同。水路运输合同是指以水路运输经营者作为承运人的运输合同。水路运输的承运人既包括企业，又包括个人。水路运输合同的形式可以是船票，货物运单、托运单等单据，也可以是当事人签订的规范的书面合同，双方可以按照《合同法》和有关法律法规的规定，通过协商确定双方的权利和义务。

4）海上运输合同。海上运输合同是指海上运输经营者作为承运人的运输合同。由于海上运输主要是涉外运输，所以世界各国对海上运输都十分重视，为调整海上运输及贸易关系，世界的经济贸易组织通过协调签订了很多海上货物和旅客运输的国际条约，这些公约是从事海上运输应当遵守的基本依据。

海上运输合同形式一般都是要式合同，提单作为船东签发的提货凭证，具有法律约束力。当事人必须按照提单的有关规则履行各自的义务。

5）航空运输合同。航空运输合同是指航空运输经营者作为承运人的合同。航空运输是利用空中飞行器载运旅客或者货物的，快速方便，但航空运输的技术要求比较高，安全问题特别重要。因此，只有经过国家批准的航空运输企业才能从事航空运输活动。

航空运输合同从形式上来说也是要式合同。在旅客运输方面，以航空运输客票作为合同的基本凭证，但不是唯一凭证。当事人的权利和义务主要由法律规定，也可以约定，但必须符合法律法规的要求。在货物运输方面，以航空货物运单作为合同的初步证据，与运输的其他单据一起构成合同的全部内容。

3. 按照运输方式的标准分类

所谓运输方式,是指采取什么样的运输工具进行运输。以运输方式为标准,运输合同可分为单式运输合同和多式联运运输合同。单式运输合同就是用一种运输方式完成运输行为的合同。多式联合运输合同(简称多式联运合同)是指托运人(或旅客)与多式联运经营人签订的,由多式联运经营人组织多个联运人通过衔接运输的方式将货物或旅客运送至目的地,托运人或旅客支付运输费用的运输合同。这种分类的意义在于,在多式联运方式下,承运人通常为两个或两个以上,所以如何划分各承运人的责任和义务成为法律和合同规定的重点。

我国开展的联运方式有货物联运(以铁路水陆联运为主)、旅客联运和联运服务公司通过代办中转运输业务组织联运,均属于共同或连带运输形式。

4. 按照是否有涉外因素分类

按照是否有涉外因素,运输合同可以划分为国内运输合同和国际运输合同。国内运输合同是指运输合同当事人是国内的企事业单位或公民,起运地和到达地等都在国内的运输行为而签订的合同。国际运输合同是指当事人或者货物的起运地、到达地有一项涉及国外的合同,如国际铁路运输合同、国际航空运输合同等。

4.2 货物运输合同

4.2.1 货物运输合同的概念和种类

1. 货物运输合同的概念

货物运输合同简称货运合同,是承运人和托运人之间达成的明确货物运输权利义务关系的协议。承运人有义务将货物安全、及时、完整地运到托运人指定的目的地,并交付给托运人指定的收货人,托运人或收货人应当支付相应的运输费用。货物运输合同具有以下特征。

1)标的是运输劳务行为。货物运输合同属于提供劳务的合同,其标的是承运人为将托运人托运的货物运送到指定地点所提供的劳务。

2)货运合同往往涉及第三人。在多数情况下,托运人往往是为第三人即收货人办理托运货物,托运人和收货人不是同一当事人,在这种情况下,收货人虽然没有直接参与签订货物运输合同,但作为合同的关系人在合同依法成立后享有合同规定的一定的权利并承担相应的义务。例如,运输合同规定运费由收货人支付,则在提取货物时收货人应履行向承运人支付运费的义务。

3)格式的标准性。货物运输合同绝大多数具有格式条款的性质。

4)运费由国家统一规定。

5)履行的特殊性。货物运输合同履行以承运人交付货物给收货人为终结。在货物运输合同中,承运人将货物运送到目的地,合同并未履行完毕,只有将货物交付给收货人后,其义务的履行才完结。如果承运人不能按时交付货物,则要承担相应的法律责任。

2. 货物运输合同的种类

货物运输合同可按不同标准划分为不同类型,见表4-1。

表 4-1 货物运输合同的种类

序号	分类标准	货运合同种类
1	按所运货物不同	普通货物运输合同、危险货物运输合同、鲜活货物运输合同
2	按运输过程中运输部门是否有协作关系	一般货物运输合同、联运货物运输合同
3	按运输方式不同	铁路货物运输合同、公路货物运输合同、水路货物运输合同、航空货物运输合同、管道货物运输合同

其中,按运输方式的不同划分是最常见的划分货物运输合同的标准。

4.2.2 货物运输合同的形式

1. 货物运单、托运单

货物运单、托运单是由承运人制定的货物运输凭证。托运人在托运货物、行李、包裹时,一般都要向承运人提供货物运单或者托运单。承运人根据托运人填写的内容与托运人提供的货物进行核对,认为一致无误后即办理承运手续。托运单、货物运单都很简单,当事人的权利和义务往往是依据法律、法规和规章来确定的。货物运单、托运单应载明下列内容:托运人、收货人、承运人的名称及其详细地址,发站(港)、到站(港),货物名称,货物包装、标志,件数和质量(包括货物包装质量),承运日期,运到期限,运输费用,双方商定的其他事项。

2. 双方当事人协商签订的书面合同

当事人可以根据法律法规的规定,商定合同的具体内容。运输合同一般应当具备以下主要条款。

1)合同主体条款,包括承运人、托运人、收货人名称(姓名)等基本内容。

2)运输条款,包括货物的品名、种类、数量等,起运地(站、港)、到达地(站、港)名称。

3)价格条款,即运费,价格条款一般不能随便协商,而由承运人根据规定的价格标准进行计算。

4)违约责任条款,该条款要明确违反合同条款应当承担的法律责任,包括支付违约金和赔偿损失等。

5)双方商定的其他条款。

3. 道路货物运输合同的形式和主要条款

不同的运输方式下运输合同的具体表现形式不同,道路货物运输合同可采用书面形式、口头形式和其他形式订立。书面形式的道路货物运输合同包括定期运输合同、一次性运输合同和道路货物运单(简称运单)。

1)定期运输合同。定期运输合同也称为计划运输合同,是指承托双方根据需要按年、季、月订立的货物运输合同,适用于承运人、托运人、货运代办人之间商议一定时期内的批量货物运输。凡是规定或有条件按年、季、月度签订运输合同的,都应签订计划运输合同。合同签订后,托运人应按规定的时间提前向承运人提送履行合同的月、旬、日等运输计划表,该计划表也为合同的组成部分;在已按年、季、月度签订计划运输合同的情况下,在实际办理托运、承运手续时,当事人还应按批填制货物运单,该运单也是计划运输合同的组成部分。定期运输合同应包含以下基本内容:托运人、收货人和承运人的名称(姓名)、地址(住所)、电话、邮政编码,货物的种类、名称、性质,货物质量、数量或月、季、年度货物批量,起运地、到达地,运输质量,合同期限,装卸责任,货物价值,是否保价、保险,运输费用的结算方式,违约责任和解决争议的方法等。

2) 一次性运输合同。一次性运输合同适用于每次货物运输,是一种当事人双方协商签订的运输合同。

3) 道路货物运单。道路货物运单是道路货物运输及运输代理的合同凭证,是运输经营者接收货物并在运输期间负责保管和据以交付的凭证,也是记录车辆运行和行业统计的原始凭证。承运人、托运人和货运代办人签订定期运输合同、一次性运输合同时,将运单视为货物运输合同成立的凭证。在每车次或短途每日多次货物运输中,也将运单视为合同。

道路货物运单分为甲、乙、丙3种,分别适用于不同类型的货物运输业务:甲种运单适用于普通货物运输、大件货物运输、危险货物运输和运输代理业务;乙种运单适用于集装箱货物运输;丙种运单适用于零担货物运输。

甲种和乙种道路货物运单均为一式四联:第一联为存根,作为领购新运单和行业统计的凭据;第二联为托运人存查联,交托运人存查并作为运输合同由当事人一方保存;第三联为承运人存查联,交承运人存查并作为运输合同由当事人另一方保存;第四联为随货同行联,作为载货通行和核算运杂费的凭证,在货物运达,经收货人签收后,作为交付货物的依据。

丙种道路货物运单一式五联:前两联用途与甲种和乙种相同;第三联为提货联,由托运人邮寄给收货人,凭此联提货,也可由托运人委托运输代理人通知收货人或直接送货上门,收货人在提货联收货人签章处签字或盖章,提货后由到达站收回;第四联为运输代理人存查联,交运输代理人存查并作为运输合同由当事人另一方保存;第五联为随货同行联,作为载货通行和核算运杂费的凭证,货物运达并经货运站签收后,作为交付货物的依据。丙种道路货物运单应与汽车零担货物交接清单配套使用。

道路货物运输合同自双方当事人签字或盖章时成立。当事人采用信件、数据电文等形式订立合同的,可以要求签订确认书,签订确认书时合同成立。

道路货物运输期限是指由承托双方共同约定的货物起运、到达目的地的具体时间。若运输合同中未约定运输期限,则从起运日起,以200km为一日运距,用运输里程除以每日运距得到货物运输期限。

4.2.3 货物运输合同主体及其权利、义务

运输合同的主体是指参加运输合同法律关系,并依照运输合同而享有权利和承担义务的人,也称为运输合同的当事人。货物运输合同的主体,包括托运人、承运人和收货人。

1. 托运人的权利和义务

托运人是指请求运送货物的人,可以是任何单位、组织、农村承包经营户、个体工商户及公民个人。托运人对所指定的发货人和收货人在收发货物过程中的行为承担责任。

(1) 托运人的权利

1) 要求承运人按照合同规定的期限,将货物安全、准时地运输到约定的地点。

2) 在承运人将货物交付收货人之前,托运人或者提货凭证持有人可以请求承运人中止

运输、返还货物、变更到达地或者将货物交给其他收货人，但应当赔偿承运人因此受到的损失。

3）在货物发运之前，托运人有权要求解除合同。

4）因承运人的责任造成货物丢失、缺少、污染、变质、损坏时，托运人有权要求承运人赔偿货物损失。

5）因承运人的责任而造成货物运输逾期时，托运人有权要求承运人赔偿货物逾期损失。

(2) 托运人的义务

1）如实申报的义务。托运人应承运人的请求，按照规定如实填写运单，如无运单的填发，托运人也应将所托运货物的品种、数量、性质等情况如实告知承运人。

2）有关文件交付及说明的义务。按照国家有关部门规定，需办理准运、审批、检验等手续的货物，托运人托运时应将准运证或审批文件提交承运人，并随货同行。托运人委托承运人向收货人代递有关文件时，应在运单中注明文件的名称和份数。

3）支付运输费用的义务。这是托运人的基本义务，货物运输费用一般应按货物运价规则计算，托运人一般应于承运当日向发运站（港）交付，另有约定或规定的除外（按照约定或规定支付）。

4）包装的义务。托运的货物应当按照承托双方约定的方式包装。对包装方式没有约定或者约定不明确的，可以协议补充；不能达成补充协议的，按照通用的方式包装；没有通用方式的，应在足以保证运输、搬运、装卸作业安全和货物完好的原则下进行包装。货物包装不符合运输包装要求时，应由托运人改善后承运。

5）装卸的义务。货物装卸既可以由承运人负责，也可由托运人负责。由承运人负责时，托运人应支付装卸费。由托运人装卸时，托运人应准备相应的劳力和装卸机具，按约定时间和质量要求装卸，并由承运人监督装卸。

6）正确制作运输标志和包装储运图示标志的义务。运输标志及包装储运图示标志的作用在于提醒承运人正确运输、保管，托运人应根据货物性质正确制作，以免发生差错。

7）国家规定必须保险的货物，托运人应在托运地投保货物运输险。

8）对需要途中饲养、照料的有生命动植物，以及尖端保密产品、稀有（珍贵）物品和文物、军械弹药、有价证券、重要票证、货币等，托运人有派人随车押运的义务。

2. 承运人的权利和义务

承运人是指提供运输服务的当事人，包括具有运输能力、经营运输业务的经济实体或个人。承运人有时可分为缔约承运人和实际承运人，缔约承运人是指参与签订运输合同的承运人，实际承运人是指接受缔约承运人委托从事运输的人。需要说明的是，在道路货物运输活动中，承运人和驾驶人的关系与道路客运中的关系是相同的，有的是同一的，有的是雇佣关系或民事代理关系。

(1) 承运人的权利

1）向托运人和收货人收取相应运费的权利。

2）对托运人不按规定交付运费的，承运人有收取迟交金或拒绝运输的权利。

3）对托运人不按规定进行包装的，在改善包装之前承运人有拒绝运输的权利。

4）拒绝办理违反规定的运输变更的权利。

(2) 承运人的义务

1) 安全、准时、运送的义务。承运人应按合同约定或规定的期限将货物安全地运送到目的地，这是承运人最基本的义务。《合同法》第290条规定了承运人的此项义务，即"承运人应当在约定期间或者合理期间内将旅客、货物安全地运输到约定地点"。

2) 配备适运车辆的义务。适载性要求有：车辆必须经车管部门审验合格，技术状况良好；车辆必须完整清洁，配备必要的工具；用于特种货物、零担货物、集装箱等货物的运输车辆应符合专项规定。

3) 选择经济、合理的运输路线的义务。

4) 依托运人指示处理货物的义务。承运人在尚未将运送货物运到目的地、通知收货人前，或收货人在货物到达后尚未请求交付货物之前等情况下，托运人有权请求承运人终止运送、返还货物或作其他处理。

5) 运到通知的义务。承运人将货物运达目的地后，应立即通知收货人提货，以便使收货人能及时领取货物。

6) 货物交付的义务。经收货人的请求，承运人负有将所运货物交付收货人的义务，货物交付结束，则合同履行完毕。收货人只有出示提货凭证后，承运人才能向收货人交付货物。

7) 对运输货物全过程负责的义务。该项义务主要是指防潮、防火、防腐、防丢失、妥善保管的义务。对因承运人责任造成货损、货差的，承运人要负赔偿责任。

8) 按约定进行装卸的义务。按照合同约定或者有关规定由承运人负责装卸的，承运人应严格遵守作业规程和装载标准，在保证装卸质量的前提下，对货物进行装卸。

3. 收货人的权利和义务

收货人是货物运输合同中托运人指定的提取货物的公民、法人或其他组织，即在目的地接收货物的人。收货人一般是承运人和托运人以外的第三人，但托运人也可以在运输合同中指定自己为收货人。

(1) 收货人的权利

1) 在承运人将货物运到目的地后，凭借收货凭证提取相应的货物。

2) 对运达货物查验货损、货差的权利。

3) 对货损、货差提出索赔的权利。在领取货物时，收货人发现由于承运人的责任而造成货损、货差或逾期时，有权按规定要求承运人支付赔偿金或逾期违约金。

4) 请求货物运输变更的权利。收货人由于特殊原因，有权请求货物运输变更，还有权向托运人或承运人提出取消货物运输。

(2) 收货人的义务

1) 按时验收提取货物的义务。收货人在收到提货通知后，应在规定的时间提取货物，并与承运人办理交接手续。发生货损、货差的应做好记录并签认，但不得拒绝收货。没有按照规定领取货物的，收货人应承担相应的责任（如支付保管费等）。

2) 支付相应费用的义务。收货人应缴清托运人在起运地未交或少交以及在运送期间发生的运输费用和因托运人责任发生的垫款。如未按时支付应付的费用，则收货人应按规定交付滞纳金。

3) 卸车的义务。运输合同约定由收货人负责卸车的，应在规定的卸车时间内将货物卸完,或在规定停留时间内将货车送到指定的交接地点。卸车完毕后,应将货车清扫干净,需要洗刷消毒的,还应洗刷消毒。

4) 对货物进行检验的义务。《合同法》第 310 条规定,收货人提货时应当按照约定的期限检验货物。对检验货物的期限没有约定或者约定不明确时,依照《合同法》第 61 条规定,合同生效后,当事人就质量、价款或者报酬、履行地点等内容没有约定或者约定不明确的,可以协议补充;不能达成补充协议的,按照合同有关条款或者交易习惯的规定仍不能确定的,应当在合理期限内检验货物。收货人在约定的期限或者合理期限内对货物的数量、毁损等未提出异议的,视为承运人已经按照运输单证的记载交付的初步证据。

4.2.4 货物运输合同的订立、履行、变更和解除

货物运输合同的订立、履行、变更和解除如图 4-2 所示。

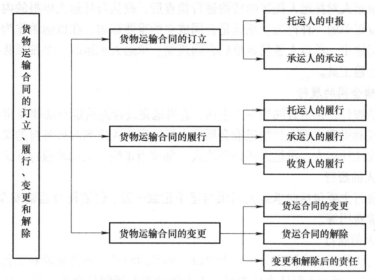

图 4-2 货物运输合同的订立、履行、变更和解除

1. 货物运输合同的订立

托运人与承运人签订货物运输合同,其合同的成立可以是诺成性的,也可以是实践性的。所谓诺成性,是指双方通过书面协议订立合同并不需要交付运输的货物,合同即告成立。例如,长期运输合作合同就是一种诺成性的合同。但大多数零担运输合同都是实践性的,即托运人在与承运人订立合同时,同时要交付运输的货物,合同才成立。但不管是诺成性合同还是实践性合同,托运人向承运人申报货物运输的基本情况并提供运输的货物是签订合同的重要一步。货物运输合同的签订一般要经过以下两个基本程序。

(1) 托运人的申报

在签订货物运输合同时,托运人应当如实向承运人申报与货物运输有关的情况。申报情况主要通过填写有关运输单据体现,可以认为是一种要约行为。托运人的申报应当遵守有关法律的规定。《合同法》第 304 条规定:托运人办理货物运输,应当向承运人准确表明收货人的名称(姓名或凭指示的收货人)、货物的名称、性质、重量、数量、收货地点等有关货物运输的必要情况。因托运人申报不实或者遗漏重要情况造成承运人损失的,托运人应承担

损失责任。根据这一规定，托运人申报的内容主要有以下4项。

1）收货人的基本情况。收货人是提取货物的人，托运人必须准确填写申报收货人的基本情况，承运人才能准确、及时地交付货物。

2）收货地点。托运人必须填写清楚货物交付地点，这对承运人非常重要，如果承运人不知道收货人的收货地点，就无法在确定的地点进行交付货物，也就无法完成承运任务。

3）货物的品名和性质。如实申报货物的品名和性质，对保证货物运输安全是十分重要的，例如，有的货物不能混装，危险货物要按危险货物运输的规定办理运输。不同货物的运输条件可能不同，托运人如实填写才能保证运输安全。

4）货物的数量、重量。托运人对货物的重量和数量负有申报的义务。因为重量和数量不仅是计算运费的依据，还是货物安全运输的保障。

（2）承运人的承运

承运是指承运人对托运人托运的货物进行检查后，确认与托运人申报的内容相符，予以接收货物、签发运单的一种行为。承运是合同成立的重要标志。在以运单作为合同的基本凭证的零星货物运输中，承运人签发运单后合同成立。承运人承运时，要按照货物的性质和重量配备相应的运输工具。

2. 货物运输合同的履行

所谓合同的履行，是指合同当事人全面、适当地完成合同约定及法律规定的义务，以使对方当事人的权利得到实现。货物运输合同成立后，当事人应当履行各自的义务，保证对方权利的实现。无论托运人、承运人还是收货人，都应当正确、全面地履行其义务。

（1）托运人的履行

托运人的履行主要包括向承运人提供与运单记载一致、包装符合运输安全要求的货物，并及时支付运输费用等。

（2）承运人的履行

承运人履行货物运输合同可分为三个阶段，即承运阶段、运送阶段和交付阶段。

1）承运阶段。承运人要认真检查托运人提供运输的货物是否与运单记载一致；检查货物包装是否符合约定或有关规定的要求，对不符合要求的应要求托运人改善包装；在核对无误后及时办理运输手续。

2）运送阶段。承运人要保证将货物从起运地点运输到约定地点，这个阶段主要是承运人的履行。由于许多运输活动是由不同的运输企业完成的，因此始发地的承运人与运送中的若干承运人之间的密切配合是保证货物安全运到目的地的重要条件。《合同法》规定，两个以上承运人以同一运输方式联运的，与托运人订立合同的承运人应对全程运输承担责任。

3）交付阶段。承运人要保证将货物及时交付给收货人，在这一阶段，承运人负有通知收货人领取货物和将货物安全、完好地交付收货人的义务。《合同法》规定，货物运输到达后，承运人知道收货人的，应及时通知收货人，收货人应及时提货；收货人逾期提货的，应当向承运人支付保管费等费用。

（3）收货人的履行

收货人的履行是指收货人要按照承运人的通知，及时到约定地点领取货物，根据《合同法》有关规定，收货人的主要义务有两项：①及时领取货物；②支付托运人未付或少付的运输费用。对于收货人拒付费用的，承运人可以行使货物的留置权。

在运输货物的交接方面，一般是凭现状交接，即货物包装完好就认为是正常交付。对于一些贵重货物，双方当事人可以开包检验。对于发生货运事故造成运输货物损坏的，要凭货运记录交接。收货人与承运人确认的交接记录是最重要的证据。运输合同大多数是格式条款，因此，按照承运人规章规定的交接方式，如果托运人在签订合同时没有提出异议，没有就此签订补充或者修正意见，对收货人来说就具有法律约束力，收货人就要按照规章规定的方式进行交接。如果有修正，则按修正后的条款进行交接。

3. 货物运输合同的变更和解除

合同依法成立后即具有法律约束力，当事人必须全面履行合同规定的义务，任何一方不得擅自变更或解除合同。但在履行合同的过程中，当事人的实际情况或客观条件常常会发生变化，从而影响原订合同的履行，需要对已订立的合同进行必要的修改、补充，甚至解除。因此，法律允许按照法定程序对原订合同进行变更或解除。《合同法》第308条规定：在承运人将货物交付收货人之前，托运人可以要求承运人中止运输、返还货物、变更到达地或者将货物交给其他收货人，但应当赔偿承运人因此受到的损失。变更和解除运输合同时，应当遵守相应的法律规定，符合规定的条件，经承运人确认后，变更和解除才能成立。

（1）货运合同的变更

合同订立之后，由于履行合同条件的变化或其他主客观原因，当事人要求修改、删除或补充合同条款，以使合同条款更有利于自己或有利于合同的履行，这种修改、删除或补充即合同的变更。从实践的角度看，货运合同的变更包括变更运输货物的名称、数量、起讫地点、运输时间、收发货人、车辆种类、运行路线等。变更合同应当提交相应的文件，这些文件主要是货物运输凭证。不同运输方式的要求不同，但基本上请求人应当把货物运单和变更请求书送交承运人，承运人根据货物运输情况，决定是否接受变更请求。凡是能够变更的，承运人应当办理变更手续；不能变更的，应当说明理由。

（2）货运合同的解除

在承运人还没有发运货物以前，托运人可以提出解除合同的要求。如果货物已经发运，则只能变更合同。要求解除合同时，托运人提交的文件应是各种运输单据，包括托运单、货票等。不同的运输方式，其要求也不一样。承运人接受解除请求后，应当将货物退给托运人。法律许可的运输合同的解除方式主要有协议解除（必须是协商一致且不损害国家利益，采用书面形式）、单方解除（必须符合法定条件，原合同不能履行，应及时通知对方）和裁判解除（经仲裁或诉讼裁判解除）3种。

（3）变更和解除后的责任

货物运输合同变更后，对运输费用要进行清算，多退少补。如果承运人有损失，则请求人应赔偿其损失。合同解除时，也要根据实际情况和相关规定对运输费用进行清算，该退的运输费用要退还，该收的相关费用也要收取（如保管费、装卸费、手续费等）。

4.2.5 有关货物运输合同格式

货物运输合同基本格式如下。

订立合同双方：＿＿＿＿＿＿＿＿＿＿＿＿＿＿＿＿＿＿

托运方：＿＿＿＿＿＿＿＿＿＿＿＿＿＿＿＿＿＿

承运方：_____
托运方详细地址：_____
收货方详细地址：_____
根据国家有关运输规定，经过双方充分协商，特订立本合同，以便双方共同遵守。
第一条 货物名称、规格、数量、价款（表4-2）

表4-2 货物名称、规格、数量、价款表

货物编号	品　名	规　格	单　位	单　价	数　量	金额（元）

第二条 包装要求
　　托运方必须按照国家主管机关规定的标准包装；没有统一规定包装标准的，应根据保证货物运输安全的原则进行包装，否则承运方有权拒绝承运。
第三条 货运起运地点_____
　　　　货物到达地点_____
第四条 货物承运日期_____
　　　　货物运到期限_____
第五条 运输质量及安全要求_____
第六条 货物装卸责任和方法_____
第七条 收货人领取货物及验收办法_____
第八条 运输费用、结算方式_____
第九条 各方的权利和义务_____

1. 托运方的权利和义务

1）托运方的权利。托运方有权要求承运方按照合同规定的时间、地点，把货物运输到目的地。货物托运后，托运方需要变更收货地点或收货人，或者取消托运时，托运方有权向承运方提出变更合同的内容或解除合同的要求。但必须在货物未运到目的地之前通知承运方，并应按有关规定付给承运方所需费用。

2）托运方的义务。托运方有义务按约定向承运方交付运杂费。否则承运方有权停止运输，并要求对方支付违约金。托运方对托运的货物应按照规定的标准进行包装，遵守有关危险品运输的规定，按照合同中规定的时间和数量交付托运货物。

2. 承运方的权利和义务

1）承运方的权利。承运方有权向托运方、收货方收取运杂费用。如果收货方不交或不按时交纳规定的各种运杂费用，承运方对其货物有扣压权。查不到收货人或收货人拒绝提取货物时，承运方应及时与托运方联系，在规定期限内负责保管并有权收取保管费用，对于超过规定期限仍无法交付的货物，承运方有权按有关规定予以处理。

2）承运方的义务。在合同规定的期限内，承运方有义务将货物运到指定的地点，按时向收货人发出货物到达通知。并要承担托运货物的安全责任，保证货物无短缺、无损坏、无人为的变质，如有上述问题，则应承担赔偿责任。在货物到达以后，按规定的期限负责保管。

3. 收货人的权利和义务

1) 收货人的权利。在货物运到指定地点后，收货人有以凭证领取货物的权利。必要时，收货人有权向到站或中途货物所在站提出变更到站或变更收货人的要求，签订变更协议。

2) 收货人的义务。在接到提货通知后，收货人应按时提取货物，缴清应付费用。超过规定期限提货时，应向承运人交付保管费。

第十条 违约责任

1. 托运方的责任

1) 未按合同规定的时间和要求提供托运的货物，托运方应按其价值的_____%偿付给承运方违约金。

2) 由于在普通货物中夹带、匿报危险货物，错报笨重货物重量等而招致吊具断裂、货物摔损、吊机倾翻、爆炸、腐蚀等事故，托运方应承担赔偿责任。

3) 货物包装缺陷产生破损致使其他货物或运输工具、机械设备被污染腐蚀、损坏，造成人身伤亡的，托运方应承担赔偿责任。

4) 在托运方专用线或在港站公用线、专用铁道自装的货物，在到站卸货时，发现货物损坏、缺少，在车辆施封完好或无异状的情况下，托运方应赔偿收货人的损失。

5) 罐车发运货物因未随车附带规格质量证明或化验报告，造成收货方无法卸货时，托运方应偿付承运方卸车等费用及违约金。

2. 承运方的责任

1) 不按合同规定的时间和要求配车（船）发运的，承运方应偿付托运方违约金_____元。

2) 承运方如将货物错运到货地点或错交收货方，应无偿运至合同规定的到货地点或收货方。如果货物逾期未到，承运方应偿付逾期交货的违约金。

3) 运输过程中货物灭失、短少、变质、污染、损坏，承运方应按货物的实际损失（包括装费、运杂费）赔偿托运方。

4) 联运的货物发生灭失、短少、变质、污染、损坏，应由承运方承担赔偿责任的，由终点阶段的承运方向负有责任的其他承运方追偿。

5) 符合法律和合同规定条件下的运输，由于下列原因造成货物灭失、短少、变质、污染、损坏的，承运方不承担违约责任。

① 不可抗力。

② 货物本身的自然属性。

③ 货物的合理损耗。

④ 托运方或收货方本身的过错。

本合同正本一式两份，合同双方各执一份；合同副本一式_____份，送_____等单位各留一份。

托运方：_____　　承运方：_____

代表人：_____　　代表人：_____

地址：_____　　　地址：_____
电话：_____　　　电话：_____
开户银行：_____　开户银行：_____
账号：_____　　　账号：_____

_____年_____月_____日订

4.3 旅客运输合同

4.3.1 旅客运输合同的种类和特点

旅客运输合同简称客运合同，是承运人与旅客之间就客运方面的权利义务关系达成的协议。根据协议，承运人有义务将旅客及其行李按约定的时间安全送至目的地，旅客有义务支付规定的票款。旅客运输合同的当事人主要有承运人和旅客两方，其标的为承运人的运输行为。在旅客运输合同中，旅客既是运输合同的主体，也是运输合同的运送对象。

旅客运输合同通常为格式条款。旅客只需向承运人提出相应的旅行条件，承运人出售客票，合同即告成立。旅客运输合同的基本形式是客票，客票是旅客乘车、乘船、乘机旅行的凭证。旅客可以与承运人签订书面旅客运输合同，也可以以客票作为确定双方权利义务关系的基本文件。

1. 旅客运输合同的种类

旅客运输合同根据运输工具的不同，可分为铁路旅客运输合同、道路旅客运输合同、水路旅客运输合同和航空旅客运输合同等。

2. 旅客运输合同的特点

旅客运输属于公共运输，承运人通过公布价目表向社会公众发出要约邀请。购票人支付票价的行为为要约，承运人发给客票的行为为承诺。因此，自购票人取得客票时起，双方意思表示一致，合同即告成立。旅客运输合同具有以下特点。

1）旅客运输合同是标准合同。承运人和旅客不得就合同的条款进行协商，要按国家统一规定的客运规定订立合同，合同的唯一体现就是旅客所持有的客票。

2）旅客运输合同是诺成性合同，双方经过要约、承诺达成合意，合同即告成立。

3）旅客运输属于公共运输，承运人不得拒绝旅客通常的运输要求。对于旅客的要约，承运人承担着强制承诺的法律义务，除正当理由外，不得拒绝。

4）旅客运输合同包括行李的运送。行李运送是指旅客按承运人公告规定的种类、数量，随同旅客免费运送行李，超过公告规定的数量部分应凭票办理托运手续，并支付一定的费用。行李票是托运行李的货物运输合同的书面形式，是另一个运输合同。

5）对于旅客先乘车（船）后补票的情况，旅客运输合同自旅客乘上车（船）时即告成立，因为此时双方的行为表明双方已就承运达成合意，只是双方之间的合同为非书面形式，其后旅客补票则是将合同变为书面形式。

6）旅客运输合同一般有强制保险条款。按照国家法律规定，对每位旅客的运输合同，都收取占票价一定百分比的保险费。

4.3.2 旅客运输合同主体及其权利和义务

旅客运输合同的主体主要包括承运人和旅客。承运人与旅客之间的权利与义务关系是对等的；承运人的权利即旅客的义务，承运人的义务即旅客的权利。需要说明的是，旅客只能是自然人，不能是法人。实践中有的以单位名义租车让职工乘坐，旅客仍然是自然人，单位只能是旅客的代表人。

1. 承运人的权利和义务

承运人的基本权利包括以下几项。

1) 依照规定收取运输费用。
2) 要求旅客遵守国家法令和规章制度，保护自身安全。
3) 对损坏他人利益、运输设施和设备的行为有权制止、消除危险和要求赔偿。
4) 对旅客违反有关法令法规或者违反承运人公布的运输条件的，承运人有权拒绝承运。
5) 承运人有权对旅客进行安全检查或者采取其他保证安全的措施。

承运人的基本义务包括以下几项。

1) 不得拒绝旅客合理的运输要求。对于从事公共运输业的企业来说，应当依法承担运输责任，对于旅客按照其公布的运输条件而要求运输时，不得拒绝。拒绝其要求的，应当承担相应的责任。

2) 为旅客旅行提供良好的服务。服务是承运人履行旅客运输合同的基本内容。承运人要完善服务设施，明确服务项目及其服务标准，使旅客在旅行过程中能有一个舒适的环境和完善的服务。

3) 保证旅客旅行的生命财产安全。《合同法》第 290 条规定了承运人的此项义务，即"承运人应当在约定期间或者合理期间内将旅客、货物安全运输到约定地点"。这是承运人最基本的义务。首先，承运人提供的交通工具要符合适运的要求，这是保证旅客旅行安全的前提；其次，在运输途中，承运人要做好安全服务工作，引导旅客安全上下运输工具。因承运人过错而造成旅客身体损害或物品损失时，应当予以赔偿。

4) 合理运输的义务。承运人应当按照规定的最佳路径将旅客运送至目的地。

5) 及时披露信息的义务。《合同法》第 298 条规定了承运人的此项义务，即"承运人应当向旅客及时告知有关不能正常运输的重要事由和安全运输应当注意的事项"。在旅客运输过程中，旅客一般处于被动状态，因此，承运人有义务向旅客披露与旅客运输有关的各种信息。这些信息包括：运输时刻表，包括各种车次、班次、航次的名称、代号和始发、到达时间；旅客旅行须知；票价；安全注意事项；允许携带物品的重量；不允许携带物品的品名；不正常运输的情况通报以及其他与旅客有关的信息。因承运人信息披露不够而导致纠纷的，承运人应当承担相应的责任。

6) 按照规定的期限、班次将旅客运送至旅行目的地，逾期到达要承担相应的违约责任。《合同法》第 299 条规定了承运人的此项义务，即"承运人应当按照客票载明的时间、班次运输旅客。承运人迟延运输的，应当根据旅客的要求安排改乘其他班次或者退票"。从本条规定来看，承运人按约定运输是履行客运合同的行为。若延迟履行，则是违反客运合同的违约行为，应当承担相应的违约责任。

7) 救助的义务。《合同法》第 301 条规定，承运人在运输过程中，应当尽力救助患有急病、分娩、遇险的旅客。根据这一规定，承运人应当尽力救助有危急情况的旅客。这不仅是法律上的要求，也是道义上的要求。

另外，在航空旅客运输合同中，承运人还要承担遵守法规的义务和提供膳宿服务的义务。

1) 空中飞行过程中，承运人应根据飞行时间向旅客免费提供饮料或餐食。

2) 由于机务维护、航班调配、商务、机组等原因，造成航班在始发地延误或取消，承运人应当向旅客提供餐食或住宿等服务。

3) 由于天气、突发事件、空中交通管制、安检以及旅客等非承运人原因，造成航班在始发地延误或取消，承运人应协助旅客安排餐食和住宿，费用可由旅客自理。

4) 航班在经停地延误或取消，无论何种原因，承运人均应负责向经停旅客提供膳宿服务。

2. 旅客的权利和义务

旅客的基本权利包括以下几项。

1) 依据客票票面记载的内容乘车。
2) 有权要求承运人接受其合理的运输要求。
3) 对因承运人过错而造成的身体损害或物品损失有权要求承运人给予赔偿。
4) 要求承运人提供与客票等级相适应的服务并保障其旅行安全。
5) 在履行旅客运输合同规定义务的前提下，有权对尚未履行的旅客运输合同进行变更和终止。
6) 对在运输过程中发生的损失，旅客有权要求承运人给予赔偿和对承运人提起诉讼。

旅客的基本义务包括以下几项。

1) 及时支付运费。《合同法》第 292 条规定，旅客、托运人或者收货人应当支付票款或者运输费用，这是其基本义务。旅客不支付票款，则不能乘运。

2) 旅客应当持有效客票乘运。

3) 旅客要遵守承运人的规章制度，保证运输安全。旅客要爱护运输设施和设备，遵守乘车秩序，准时乘车，重视保护自身安全，遵守承运人的安全规章制度，妥善保管好自己的物品。

4) 旅客在运输中应当按照约定的限量携带行李。对超出规定限量的行李要支付相应的费用。

5) 不得携带危险物品乘坐交通工具。《合同法》第 297 条规定，旅客不得随身携带或者在行李中夹带易燃、易爆、有毒、有腐蚀性、有放射性以及有可能危及运输工具上人身和财产安全的危险物品或者其他违禁物品。旅客违反前款规定的，承运人可以将违禁物品卸下、销毁或者送交有关部门。旅客坚持携带或者夹带违禁物品的，承运人应当拒绝运输。

6) 爱护运输设备、设施，维护公共秩序和运输安全。

7) 旅客应当重视保护自身的安全，妥善保管自己的物品。

4.3.3 旅客运输合同的订立、履行、变更和解除

1. 旅客运输合同的订立

旅客运输合同作为民事合同的一种，其订立和成立与其他民事合同的订立和成立有相同

之处，也有其特殊之处。客运合同的订立主要是通过旅客购票、承运人售票行为完成的。旅客向承运人提出购票意愿，一般要提出旅行的目的地以及乘坐交通工具的等级、时间、班次等要求，承运人按照旅客的要求出售客票，合同即告成立。旅客可以与承运人签订具体的书面旅客运输合同，也可以以客票作为双方确定权利义务关系的基本文件。

（1）客票的内容

客票作为旅客乘坐车、船和飞机的凭证，一般应包括始发站（港）、经由站（港）、终到站（港）、票价、乘运日期和班次，以及双方当事人约定的其他内容。

（2）客票的法律性质

客票包括车票、船票和机票，它是承运人与旅客之间存在运输合同关系的基本证明，在客运法律关系中具有重要的法律作用，主要表现为以下几项。

1）客票具有有价证券的性质。客票不仅表明旅客乘运的班次、时间，还表明旅客旅行的费用。承运人出售客票实际上是承认了这张客票具有相应的价值。因此，任何伪造客票的行为都是侵害承运人合法权益的行为，都应受到法律的制裁。

2）旅客客票具有旅客运输合同的性质。旅客付款取得客票，在旅客和承运人之间就形成了旅客运输合同关系。因此，一张车（船）票就是一份法律文书，记载着一定的权利和义务，是承运人与旅客关系的证明。

基于客票的上述法律性质，各专门运输法都有相应的管理规定。如我国道路运输法规定，道路客运经营者必须使用交通主管部门统一规定的客票和收费凭证，任何单位和个人不得私自印制和伪造。车票必须由经营者凭经营许可证按规定的程序向所在地道路运输管理部门领取，自行对外结算，并按月向运管部门报送使用情况。车票按不同的营运方式分为班车客票、旅游客票、出租客票和客运包车票。

（3）客运合同成立的时间

《合同法》第293条规定，客运合同自承运人向旅客交付客票时成立，但当事人另有约定或者另有交易习惯的除外。根据这一规定，客运合同成立的时间一般为承运人售出客票的时间。另外，有两种特殊情况需要注意：①在旅客预定客票的情况下，以旅客取到或拿到客票为标志，合同成立；②在先上车后补票的情况下，以旅客登上车（船）为标志，合同成立。

2. 旅客运输合同的履行

客运合同的履行是指当事人各自履行自己的义务，保证对方权利的实现。

1）旅客乘车。旅客应持符合规定的客票，按票面指定的日期和车次检票乘车，并对号入座。旅客无票乘运、超程乘运、越级乘运或者持失效客票乘运的，应当补交票款，承运人可以按照规定加收票款。旅客不交付票款的，承运人可以拒绝运输。客票以票面指定的乘车日期、车次、一次完毕行程为有效期限。旅客中途终止旅行，客票立即失效。旅客因急病、伤患或临产必须中途终止旅行时，凭医院诊断证明和客票退还未乘区段票款，免收退票费。

2）遗失客票的处理。旅客遗失客票时，应另行购票乘车。如事先申报，事后找到原客票，在商定时间内，经验证无误，承运方应退还原票款，免收退票费。途中遗失客票，能取得确实证明者，允许继续乘车至原票到达站。

3）班车运行。班车必须按指定车站和时间进入车位装运行李包、检票上客、正点发车，严禁提前发车。班车必须按规定的线路、班点（包括食宿点）和时间运行、停靠。如途中发生意外情况，无法运行时，应以最快方式通知就近车站派车接运，并及时公告。如需食宿，站方应协助解决，费用自理。班车到站后，按指定车位停放，并及时向车站办理行包和其他事项的交接手续。

3. 旅客运输合同的变更和解除

客运合同的变更是指客运合同订立后，由于履行合同条件的变化或者其他主客观原因，当事人要求变动更改运输时间、地点等内容的行为。例如，旅客提前下车、改乘其他班次、超出票面规定区域，承运人提前、晚点、变更车辆、改道行驶等。客运合同变更后将带来权利与义务的变更。解除客运合同应根据解除原因合法与否确定解除责任。变更和解除运输合同的基本标志是客票的改签或办理退票。

(1) 因旅客的原因而变更和解除运输合同

《合同法》第295条规定，旅客因自己的原因不能按照客票记载的时间乘坐的，应当在约定时间内办理退票或者变更手续。逾期办理的，承运人可以不退票款，并不再承担运输义务。旅客要求变更和解除合同时，应当遵守有关规定。不同的运输方式、不同的承运人对变更和解除的条件规定可能不一样，旅客在购票前应当认真阅读旅客旅行须知，了解自己的权利和义务。一般来说，承运人在旅客乘运站（港）、售票地点都要公布旅行须知。

旅客在规定的时间内退票，承运人应当办理退票手续，核收手续费；逾期的，则承运人可以不办理退票，旅客无权要求承运人退还票款，也无权要求承运人继续履行其运输的义务。

旅客要求变更运输与解除合同，也要在规定的时间内提出。超过规定时间的，承运人则可以不接受变更的要求。而且变更运输还要看承运人是否有能力，如果承运人的运力不满足旅客变更的要求，旅客可以办理退票，即解除合同。例如，铁路运输在春运期间车票特别紧张，旅客要变更乘车日期或者车次，就要看列车有没有座位，如果没有，则不能变更。旅客要么继续按票面规定的车次、日期旅行，要么退票。

(2) 因承运人的原因而变更和解除客运合同

承运人售出客票，在持票旅客与承运人之间就形成旅客运输合同关系。持票旅客有权要求承运人按客票票面载明的日期、班次将其运送至旅行目的地。《合同法》第299条规定，承运人应当按照客票载明的时间和班次运输旅客。承运人迟延运输的，应当根据旅客的要求安排改乘其他班次或者退票。根据这一规定，承运人应保证旅客按时乘坐交通工具。

因承运人的原因而导致不能按时运送的，承运人要承担相应的法律责任。本条规定主要有两层意思：

① 承运人延迟运输的，旅客有权要求换乘其他班次运输工具到达旅行目的地。

② 旅客有权要求退票，承运人不能收取退票手续费。

(3) 道路班车旅客运输合同的变更与解除事项及处理

1) 旅客不能按票面指定日期、车次乘车时，可在该班车开车2h前办理签证改乘，改乘以一次为限。开车前2h内不办理签证改乘，可作退票处理，按规定核收退票费。

2) 旅客要求越站乘车，事先申明并经驾乘人员同意，补收加乘区段票款。如不事先申明，其越乘区段按无票乘车处理。旅客在始发站无票乘车，上车后即向驾乘人员申明的，允许补票乘车，并加收补票手续费。

3) 旅客退票应在当次班车规定开车时间2h前办理，最迟在开车后1h内办理，开车1h

后不办理退票。车上发售的客票和签证改乘的客票不办理退票。属于客运经营者责任造成的退票，不收退票费。

4) 班车在始发站，班车停开、晚点或变更车辆类别，站方应及时公告。旅客要求退票的，应退还全部票款，不收退票费。旅客要求改乘的，由车站负责签证。变更车辆类别的，应退还或补收票价差额。班车中途发生故障时，客运经营者应迅速派相同或相近的车辆接运旅客。接运车辆类别如有变更，票价差额概不退补。因路线阻滞，致使班车必须改道行驶时，票价按改道实际里程计收。

班车行至途中临时需要改线或绕道，票价差额不退不补，如不能继续行驶，旅客自愿在被阻点或返回途中停止旅行的，应退还未乘区段的票款，自愿返回始发站的免费送回，退还全部票款；自愿在被阻点等候乘车的，经办站、乘车人员在客票上签证，可继续乘车。中途退给旅客的票款，经办站可从原始发站或运方处收回。

(4) 旅游客运合同的变更和解除

提供旅游综合服务的旅游客运，退票必须在开车前办理，退还原票款中运费部分，核收退票费，代办食宿和其他服务费用根据具体情况办理，对不予退还的，应在售票时公告。不提供旅游综合服务的旅游客运，退票按班车退票办理。旅客中途终止旅游的，不予退票。

(5) 包车客运合同的变更和解除

用户要求变更使用包车的时间、地点或取消包车时，须在使用前办理变更手续。运输经营者要求变更车辆类型、约定时间或取消包车时，应事先与用户协商，经同意后，方能变更。运输经营者自行变更车辆类型或未按约定时间供车者，按违约或延误供车处理。

4.3.4 行包运输合同的订立、履行、变更和解除

行包运输是指旅客将不能随身携带的物品交给站方或运方按行李包裹托运的活动，包括托运、交付两个过程。行包运输合同的基本形式有铁路行李票、包裹票，汽车旅客运输行包票，水路行李运单，航空行李票等。不同的运输方式对行包运输合同的规定不同。

1. 行包运输合同当事人的权利和义务

1) 旅客或托运人的权利和义务。在行包运输合同中，旅客或托运人的权利和义务包括：有权要求承运人将行李、包裹按期完好地运至目的地；行李、包裹灭失、损坏、变质、污染时，有权要求承运人赔偿；缴纳运输费用，完整、准确地填写行李、包裹托运单；遵守国家有关法令及运输规章制度，维护交通运输安全；因自身过错给承运人或其他旅客、托运人、收货人造成损失时，应负赔偿责任。

2) 承运人的权利和义务。在行包运输合同中，承运人的权利和义务包括：有权按规定收取运输费用；有权要求旅客或托运人托运的行李、包裹符合国家政策法令和运输规章制度；有权对托运的行李、包裹进行安全检查；对不符合运输条件的行李、包裹，有权拒绝承运；因旅客、托运人、收货人的责任给他人或承运人造成损失时，有权向责任人要求赔偿；为旅客、托运人提供方便、快捷的运输条件，将行李、包裹安全、及时、准确地运送至目的地；行李、包裹从承运后至交付前，发生灭失、损坏、变质、污染时，应负赔偿责任。

3) 收货人（或领取行李的旅客）的权利和义务。行李、包裹到达目的地后，有权领取货物；在领取行李、包裹时，发现由于承运人的责任而使行李、包裹发生货损、货差时，有权按规定要求其支付赔偿金；按时领取货物，逾期领取货物时，应按规定交付保管费。

2. 行包运输合同的订立、履行、变更和解除

(1) 行包运输合同的订立

公路旅客或托运人托运行包，缴纳行包运输费用，由站方开具汽车旅客运输行包票后，公路行包运输合同即告成立。汽车旅客运输行包票共四联，第一联为受理站存查，第二联用于上报审核，第三联为提单，第四联为到达通知代报销凭证。

汽车旅客运输行包票的内容主要包括票号、车次、始发站、经由站、终到站、运输里程、起运日期、标签号码、客票号、全价票张数、儿童票张数、托运人的地址及电话、收件人的地址及电话、行包包装名称、品名、件数、计费项目、费率、金额、装卸费、附记、行包实际重量、运输费用总额、受理站、填票人等信息。

旅客托运的行包要符合行包运送的基本条件，如行包要包装严密，捆扎牢固，标志明显，适宜装卸；行包中不得夹入危险品及政府禁运物品；托运限运物品应持有关证明等。旅客自行携带看管的物品超过规定重量和体积的为自理行包，按行包计费，如占用座位，则须按实购买车票。

(2) 行包运输合同的履行

同货物运输一样，旅客托运的行包到站（或目的地）后，随车运送的，承运人应与旅客及时办理行包交接手续；未随车运送的，承运人在到站后应及时通知旅客或收件人领取行包，并与收件人办理交接手续。

旅客托运规定重量内的行包，一般应与旅客同车运达；旅客托运超过规定重量的行包或非旅客的托运物品，最迟运达期限为 7 天。行包运到后，应立即通知收件人提取，无法通知的应予以公告。到达站从通知或公告次日起负责免费保管 2 天，超过 2 天的，按不同的件重核收保管费。托运行包凭行包票提取，如票据遗失，应向到达站说明和登记，经车站确认后，可凭有关证明提取。如行包已被他人持票取走，车站应协助查询，但不负赔偿责任。

行包自到达站发出通知或公告后 10 天内无人提取时，车站应认真查找使其物归原主，超过 90 天仍无人提取的（鲜活易腐物品及时处理），即按无法交付行包处理。无法交付行包报经交通主管部门批准后，向当地有关部门作价移交，所得价款扣除应付的费用，余款立账登记。在 180 天内仍无人领取时，上缴国库。

(3) 行包运输合同的变更和解除

行包在起运前，旅客要求取消或变更托运，承运人可予以办理，并核收手续费；班车停开或改道运行，按班车运输变更的有关规定办理；旅客要求在中途站停运行包时，一般不予受理。但因疾病、伤患或临产必须中途终止旅行时，退还未运区段运费；如要求运回原起运站或运往其他到达站时，应重新办理托运；途中或车上办理托运的行包，如要求停运或改运，不退还运费。

4.4 运输合同案例

【案例 4-1】 2008 年 1 月 21 日，某单位业务员张某为图省事，将一批易燃的进口喷发胶货物按照一般的化妆品到某站进行托运（按普通货物托运），被车站查出。铁路公安机关根据有关规定予以没收，并对直接责任人张某予以拘留 10 天的治安处罚。张某不服，提起行政诉讼。

分析

你认为铁路部门的处理措施是否合适？

【案例 4-2】 2005 年 1 月 16 日，某商贸公司委托福建省平和县某果品食杂公司代办铁路运输，由漳州站往二宫站发送一节车厢柑橘，收货人为商贸公司，车号为 P658936 号，件数 5200 件，货重 45t，保价运输金额 10 万元；漳州站核收运杂费 22690.72 元（含保价费 1000 元）。1 月 26 日下午，商贸公司在货物应到而仍未收到领货凭证的情况下，派人持公司证明前往承运公司查询，如货到便办理提货手续，以防冒领。经查询证实货物已到二宫车站，于是经储运公司业务主任刘某确认商贸公司领货人身份后，同意办理提货手续。但在办理提货手续时，由于装载柑橘的车辆还未进入储运公司专用线，无法卸车，储运公司便通知商贸公司明日来办理。商贸公司提货人走后，储运公司于当日 19 时 20 分收到二宫站电话，称 1 月 25 日漳州站发来电报一封，其主要内容为"原收货单位××商贸公司有误，请更改为××乡市场林某收货"，储运公司做了记录。当日晚，林某持领货凭证将柑橘在储运公司专用线上全部提走。1 月 27 日上午 10 时商贸公司再来办理提货时，被工作人员告知货已被他人提走。商贸公司因向储运公司索赔未果，于是向终点站铁路中级法院提起了诉讼。

分析

1）本案中哪一方该承担责任？
2）责任方应该承担何种赔偿责任？

【案例 4-3】 2011 年 8 月 25 日，吕某乘坐深圳市某出租汽车公司所属的一出租车回家。在途中，吕某突然被车窗外掷入的手机打伤右眼，经医治无效而失明。法医鉴定吕某已构成伤残七级，丧失劳动能力 50%。因当时未能找到这场横祸的制造者，与承运的出租汽车公司协商也无结果，吕某遂向法院起诉，以该出租汽车公司未能履行安全运送义务为由，要求赔偿医疗费用及其他损失 30 万元。出租汽车公司以伤害不是自己造成的，自己没有过错为由拒绝赔偿。

分析

你认为吕某的起诉是否合理？请给出理由。

【案例 4-4】 2006 年 12 月 28 日，李某携夫人乘坐某航空公司航班从贵阳飞往厦门。购票时并未获知航班将绕航飞行。当他们于当日 15 时 20 分通过登机口时，听到广播通知：贵阳到广州的乘客一同乘坐该航班。经询问工作人员，才得知该航班绕道广州再返抵厦门。由于绕航，当该航班抵达厦门时，比原定时刻延误 90min。对此，李某多次与该航空公司交涉未果，遂以该航空公司未告知乘客航班绕航为由，要求被告赔礼道歉并支付违约金 217.5 元。

【案例 4-5】 2010 年 1 月 25 日，上海某公司委托某储运部代办托运仪器 2 件，运至呼和浩特车站。该储运部在康庄车站办理托运，其在包裹托运单上填写品名为仪器，声明价格 1000 元（托运的仪器实为价值 100500 元的计算机及附件），收货人为内蒙古某公司，托运人为某储运部。康庄车站依此制发包裹票。该储运部办理了保价运输，交纳保价费 10 元，铁路运杂费 55 元。1 月 28 日，康庄车站将该批货物正确装上 77 次列车，次日该货物到达呼和浩特车站。一名自称呼和浩特车站装卸工李某的人前来接站，列车行李员让该人在行包装卸交接证上签名，该人签上李某、杜某的名字后将包裹提走。后由于收货人提货不着，到站呼和浩特车站遂向发站、银川客运段查询，得知该货交予李某，但呼和浩特车站行李员、装卸工中没有叫李某、杜某的。因上海某公司提出赔偿 100500 元的要求未能实现，随后某储运部出具证明，由货主上海某公司直接提起诉讼。

分析
1）本案的责任方为哪一方？
2）应如何处理赔偿事宜？

【案例 4-6】 春节前夕，在广州市的许某乘坐在当地从事个体汽车运输的老乡刘某的一辆大客车回家过春节，同时携带了在广州购买的羊毛衫 100 件，准备回家销售。许某买完车票后，将 100 件羊毛衫作为行李交给刘某放于客车顶上随车托运，并交付了托运费。汽车在经过湖北省境内时遇到暴雨，由于路滑，加上刘某过度疲劳，车辆驶出路面，撞上路边一根电线杆，造成许某右臂骨折。由于车顶遮盖行李的油布老化，还有些破洞，致使雨水淋湿部分行李。雨水和泥水浸湿了包装纸箱，羊毛衫全部受到纸箱黄色水渍的污染，无法销售，造成经济损失约 1 万元。

分析
1）本案的责任方是哪一方？
2）责任方应该负有什么责任？

【案例 4-7】 2010 年 9 月 8 日，北京市某水果批发公司与河南省某乡签订了一份水果购销合同，水果批发公司向河南省某乡购买 2000 箱共 10 万 kg 的红富士苹果。河南省某乡于 9 月 10 日从郑州市火车站将红富士苹果如数发出（到站为北京某火车站，收货人为北京市某水果批发公司），9 月 11 日货物抵达北京某火车站。北京某火车站于 9 月 12 日向北京市某水果批发公司发出了到货通知，同日，北京市某超市到北京某火车站提取自陕西某火车站运来的 2000 箱苹果时，北京某火车站没有认真核对货物位置及苹果名称，任由该超市盲目提货，致使相邻的 2000 箱红富士苹果被一并提走。9 月 13 日 16 时，北京市某水果批发公司先后两次到北京某火车站提货未果。9 月 19 日，北京市某超市发现错装了 2000 箱苹果，又返还给北京某火车站，火车站于当天通知北京市某水果批发公司来取货。但北京市某水果批发公司称本公司的货车正在拉长途，因此要过 1 天才能取货。9 月 21 日，北京市某水果批发公司前来提货，发现苹果大部分已烂掉。此时，北京市苹果价格每千克已涨到 6 元。

分析
1）本案中货物风险应由哪一责任方来承担？
2）责任方应承担什么责任？
3）责任方应该如何进行赔偿？

【案例 4-8】 甲公司自外地采购一批货物，为运回公司所在地，与乙公司订立了运输合同，由乙公司将货物运送至甲公司所在地。合同成立后，乙公司又委托丙公司负责运送该批货物，并与丙公司约定，途中货物发生的任何损失，丙公司都无须承担负责。丙公司遂指派公司驾驶人张某开车运送该批货物。在运输途中，张某因醉酒翻车，造成货物部分毁损。甲公司要求乙公司赔偿其损失，乙公司表示不同意，认为责任应当由丙公司承担。丙公司则认为，丙公司是代乙公司履行合同，并且与乙公司有约定，对途中发生的任何损失都不负责任，几方协商不成，甲公司向法院提起诉讼，要求乙公司赔偿损失。在本案审理中，根据乙公司的请求，法院追加丙公司为第三人。

分析

1) 分析各方当事人之间的关系。
2) 各方应承担什么责任?
3) 本案应该如何进行赔偿?

复 习 思 考 题

1. 简述运输合同的概念和特征。
2. 运输合同当事人的基本义务有哪些?
3. 简述货物运输合同的形式和内容。
4. 简述旅客运输当事人的基本权利和义务。
5. 旅客运输合同变更和解除的基本规定有哪些?
6. 简述货物运输当事人的基本权利和义务。
7. 简述货物运输合同变更和解除的概念和责任。

第 5 章 Chapter 5
交通运输费用管理

运输中的有关各方不仅需要进行业务上的往来，同时必须进行财务上的往来，以便结清货主、船公司、海关、港口、外轮代理公司和货运代理等之间各方面的经济财务账，保证各项费用及时到各方账上，使运输生产得以顺利进行。运输费用的计算和核收工作是运输商务工作的一项重要内容，本章将在介绍运价的特点、功能、种类、形式和制定方法的基础上，论述铁路、公路、水路、航空四种运输方式运价的种类和运输费用的具体构成，并重点阐明各种运输费用的计算方法。此外，本章各节引入了一些案例，以便读者结合案例更好地学习本章的内容。

5.1 运价的基本原理

5.1.1 运价的特点

运输业是独立的物质生产部门之一，但它不生产有形产品，其生产活动只是使游客或货物发生空间位移，生产过程与消费过程是同一过程。运输业有自己的产品，也创造价值。运输产品的社会劳动消耗量或社会生产费用构成了运输产品的价值，简称运输价值。

1. 运价与运费的含义

运价就是运输价值的货币体现，表现为运输单位产品的价格。各种运输方式都有其特定的运价。

运费是指支付货运或全部或部分使用船只、火车、飞机或其他类似运输手段的费用。

2. 运价的特点

运输业产品价值的构成和实现与工农业生产相比有以下几个特点。

1) 运输业的产品不具有实物形态，只是货物和人在空间位置上的转移，构成运输产品价值（运输价值）的材料，不是用于制造产品本身，而是用于设备的维修和养护。

2) 运输生产的特点决定了对运输设备的投资比较大，固定资产耗损的价值补偿对运输价值影响较大。

3) 运输产品的生产过程同时也是消费过程，运输价值的创造过程也就是运输价值的实现过程。

相应地，运价也表现出以下几个特点。

1) 按距离计算价格。货物运输产品的计量单位是吨·公里或吨·海里，其价格构成中也包含距离这个因素。运价以每吨·公里（吨·海里）若干元表示，同种货物的每吨·公里或吨·海里的运价因不同的运输距离而有所差别，甚至差别显著。运价的这种特性通常用不同的运价率表示。

运价率是交通运输部门向托运单位计收的每一重量单位运费的单价。它因货物运价等级的高低、货物运输里程的长短而不同。运价具有"递增递减"的性质，即相同的运价等级每吨公里的运价水平，随着运输里程距离的增加而降低的特点。

一般来说，运价率随运距延长而不断降低，在近距离降低得很快，远距离降低得慢，超过一定距离就不再降低，这是由于运输成本递远递减的趋势所决定的。但在差别运价率的制定中，递远递减的程度、递远递减的终止里程，除了根据不同运距的运输成本外，还要考虑国家的运价政策、市场的竞争战略，促进对外贸易的发展和运输生产力的扩大。此外，运价率的变化因运输方式的不同而不同。通常，铁路、水运的运价率变化明显，汽车运输的运价率变化较小。

2）只有销售价格一种形式。这是由运输的生产过程同时又是消费过程这一特点所决定的。工业产品有出厂价格和销售价格之分；农业产品有收购价格和销售价格之分；商品在不同的流通环节有批发价格与零售价格；而运价只有销售价格一种，没有其他价格形势。

虽然运价只有销售价格一种形式，但它是形成商品各种价格形式的重要因素。这是因为产品的运输费用将追加到成本中，所有商品经过运输以后，运费必须在商品销售时收回。可见，运价直接参与商品价格的构成。

3）随所运货物种类及所选择的运输方式的不同而变化。首先，运输对象繁多的种类决定了运价的种类也是繁多的。其次，各种运输方式都有自己特定的运价，即运输方式不同，运价也不同。运输方式是一个广义的概念，既有因采用不同的运输工具而体现的区别，又有因运送周期、批量，甚至运价条款所反映的不同方式。

5.1.2 运价的结构和种类

1. 运价的结构

运价结构是指运价体系各部分构成及其相互关系，主要可以分为以下两种形式。

（1）按距离别的差别运价结构（里程运价结构）

运输费用是随着运输距离的延长而增加的，按距离远近制定运价是最简单也是最基本的运价结构形式。但实际中并不是完全按距离远近成正比例地制定运价的，绝大多数距离运价是按递远递减原则制定的，即运价随着距离增加而增加，但不如距离增加得快。换言之，虽然运价总额长距离比短距离多，但每千米运价则是短距离时较高而长距离时较低，这是因为运输成本的变化是递远递减的，即单位运输成本是随着运输距离的延长而逐渐降低的。运输支出按3项作业过程可分为发到作业支出、与运行作业有关的支出和中转作业支出，运输距离增加，虽然运输总支出会随之增加，但是其中成比例增加的只是与运行作业有关的支出和中转作业支出，而始发和终到作业支出是不变的。因此，运输距离长时，分摊到单位运输成本中的始发和终到作业费用较少，因而运输成本低。相反，如果运输距离短，分摊到单位运输成本中的始发和终到作业费用较多，成本就高。运输成本结构的这种变化是实行递远递减运价的基础。

按运输距离制定的差别运价、衡量单位运价水平的运价率与运输距离的关系主要有以下4种情况。

1）运价率的递远递减变化与运输成本的变化基本一致。

2）运价率在一定距离范围内递远递减，超出该范围后运价率就保持不变。这有时候是为了计算运费的简便，而且运输成本的递远递减在一定距离以上也已经不明显。

3）运价率在一定距离范围内先递远递减，超出该范围后运价率反而递增。这种运价结构可能是为了限制某种过远的运输。

4）运价率始终保持一定水平，不随运输距离的变动而变化，这也被称为纯里程运价。

总运价是根据运价率和运价距离共同确定的，有些运价的计算还要加上另外的发到作业费用。

国外的距离运价结构中还有成组运价结构和基点运价结构。成组运价结构是将某一区域内的所有发送站或到达站集合成组，所有在一个组内的各点都适用同一运价，也称为区域共同运价。基点运价是把某一到达站作为基点，并制定基点运价，运费总额是从发送站到基点的运费加上从基点到终点站的运费。这两种运价结构显然也是以距离运价为基础的。

(2) 按货种别（或客运类别）差别运价结构

按货种别的差别运价结构是指不同的货物适用不同的运价。实行按货种别的差别运价的依据在于各种货物的运输价值或运输成本客观上存在的差距，同时按照运价政策和运输供求的需要，个别货物的运价和运输价值可以有不同程度的背离。

影响各种货物运输成本的主要因素如下。

1）由于各种货物的性质和状态不同，需要使用不同类型的车辆或货舱装载，如散堆装货物需要使用敞车或砂石车，贵重品、怕湿货物和危险品需要使用棚车，石油、液体货物需要使用罐车，易腐货物需要使用冷藏车，某些货物还需要使用专用车。而各种车辆的自重、造价、修理费和折旧费不同，车辆的代用程度也不同，从而对运输成本有不同的影响。

2）各种货物的密度和包装状态不同，对货车载重的利用程度也不同。重质货物在整车运送时可达到货物标记载重量；而轻质货物单位体积的重量低，占有车辆容积大，不能充分利用车辆载重力，而且同种轻质货物对车辆载重力的利用程度不同，还因包装状态和包装方法的不同而有所差别。因此，完成同样周转量的不同货物所占用的运输能力和所花费的支出可能是不同的。

3）由于货物性质和所使用的车辆类型不同，装卸作业的难易程度也不同。车辆停留时间长短不一，货流的集中程度对运输成本也有影响，例如煤炭、矿砂、砂石等大宗货物，发送和到达比较集中，便于组织运输，有些货物则不仅需要使用特殊的车辆，而且需要提供特殊的设施，这些都会使运输成本提高。

4）各种货物的产销地理分布状况决定了其运输距离是不同的，而不同运输距离的货物其运输成本是有差别的。

因此，在制定运价时要根据不同类别的货物制定相应的运价。按货种别的差别运价是通过货物分类和确定级差来体现的。在我国现行运价制度中，铁路采用分号制，水运和公路采用分级制，各种货物根据其运输成本和国家政策的要求，分布纳入合适的运价号或运价级别中。

在旅客运输中，同一种运输方式下不同客运类别所需要的设备、设施、占用的运输能力及消耗的运输成本也是有很大差别的，例如，客船上的一等舱、二等舱与四等舱、五等舱之间，飞机上的头等舱与经济舱之间，火车上的软卧包厢与硬座车厢之间，就有很大差别。客运运价也应该根据客运类别的不同而采用差别运价。

2. 运价的种类

按照不同的标准，运价有以下几种分类方法。

1) 根据运输对象的不同，运价可以分为客运运价（或票价）、货物运价和行李包裹运价。

2) 根据运输方式的不同，运价可以分为铁路运价、公路运价、水运运价（包括长江运价、地方内河运价、沿海海运运价和远洋运价）、航空运价以及当货物或旅客运输是由几种运输方式联合完成时在各种运输方式运价基础上形成的联运运价。

3) 根据运价适用的地区不同，运价可以分为适用于国际运输线路、航线的国际运价，适用于国内旅客和货物运输的国内运价和适用于某一地区的地方运价。

4) 根据运价适用的范围不同，运价可以分为普通运价、特定运价和优待运价。普通运价是运价的基本形式，如铁路有适用于全国正式营业线路的全国统一运价，其他运输方式也有普通运价这种形式。特定运价是普通运价的补充形式，适用于一定的货物、一定的车型、一定的地区、一定的线路和航线等。优待运价属于优待减价性质，例如，客票中有减价的儿童票、学生票，也有季节性的优惠票。货运优待运价适用于某些部门或专门用途的货物以及回空方向运输的货物等。

5) 按货物运载方式和要求的目的不同，运价可以分为整车运价、零担运价和集装箱运价。整车运价适用于一批重量、体积或形状需要以一辆货车装载，按整车托运的货物，通常有两种计费形式，一种是按吨计费，另一种是按车计费，大多数国家采用按吨计费。零担运价适用于每批不够整车运输条件而按零担托运的货物，也是铁路和公路运输中普遍采用的运价形式。一般来说，由于零担货物批量小、到站分散、货物种类繁多，在运输过程中需要比整车货物花费较多的支出，所以同一品名货物的零担运价要比整车运价高很多。集装箱运价适用于适用集装箱运送的货物。目前我国集装箱运输发展很快，各种运输方式对于集装箱运价都有不同的规定。集装箱运价一般有两种形式；一种是单独制定的集装箱运价，另一种是以整车或零担为基础计算的。一般来说，集装箱运价按低于零担运价、高于整车运价的原则制定。

6) 按运输距离远近的不同，运价可以分为长途运价和短途运价。

7) 依据运输特点和条件的不同，运价还可以分为联运运价、专程运价、特种货物运价以及区域运价等。

5.1.3 运价的形式

1. 公路运价的形式

1) 计程运价，又按整车运输和零担运输分别计算。整车运输以吨·公里、零担运输以千克·千米为单位计价。

2) 计时运价，以吨·时为单位计价，适用于大型汽车或挂车以及计时包车运输的货物。

3) 长途运价，适用于长途运输的货物，实行递远递减的运价结构。

4) 短途运价，适用于短途运输的货物，按递近递增原则采取里程分段或基本运价加吨次费的方法计算。

5) 加成运价，对于一些专项物资、非营运线路单程运输的货物、特殊条件下运输的货物、特种货物等可实行加成运价。

2. 铁路运价的形式

1）统一运价，这是铁路运价的主要形式，适用于全国各个地区，实行按距离别、货种别的差别运价。

2）特定运价，除上述统一运价外，根据运价政策按特定运输条件办理，或在特定的地区、线路运输的货物规定特定运价，对于需要提高服务水平和改善服务质量的列车，如客运空调列车、快运货物列车等实行优质优价。特定运价一般按普通运价减成或加成计算，也可另定，它是统一运价的补充，可以因时因地因货制定。

3）浮动运价，对于不同季节忙闲不均的线路，在不同季节可实行不同的运价。

4）地方铁路运价，为了提高地方修建铁路的积极性，允许地方铁路采用单独的运价。

5）新路运价，对于新建的铁路或进行复线或电气化改造的铁路，可实行新路新加，其运价水平一般高于统一运价。

6）合同运价，合同运价也称为协议运价，其运价水平由货主和承运人根据运输市场供求关系及各自的利益协商协定，国外运输企业多采取这种运价形式。

3. 水路运价的形式

1）里程运价，又称为航区运价，是据同一航区各港间不同货种、不同运距而规定的差别运价。

2）航线运价，适用于某两个港口之间的直达货物运价。

3）联运运价，适用于水陆联运、水水联运等的货物运价，一般分别按铁路、公路和水路各区段的运价以统一规定的减免率进行计价。

国际水路运价有以下几种形式。

1）班轮运价。远洋运输的班轮采取级差运价和航线运价相结合的运价。班轮运输按照班轮公司或班轮公会制定并事先公布的运价和计费规则计算费用。

2）航次租船运价。航次租船运输按照船舶所有人和承租人之间在租船合同中约定的运价和装运货物数量计算运费，有时也以一个运费总额包干。航次租船运价取决于租船市场的供求关系，其升降幅度受货物对运费的负担能力和运输成本的限制。

3）国际油船运价。在油船航次合同中，运价通常都是以船舶所有人和承租人同意的，由某一国际航运组织或经纪人组织制定的油船费率表所规定的费率为基准，并按租船市场行情确定增减的比例。

4. 航空运价的形式

航空货物运价分为国内和国际货物运价，国际货物运价又分为普通货物运价、特种货物运价、专门货物运价、集装箱运价等几种形式。

5. 地铁常见的定价形式

作为一种城市公共交通设施，轨道交通本身具有外部性的特点，也就是说，它不能按照赢利性市场的产品进行定价，其产品在定价时必须站在社会的角度，考虑社会效益的最大化。政府对公共产品的价格管制使企业无法以企业利润最大化作为定价方法，只能选择以下几种定价方式。

1）运输成本加平均利润。票价以运输成本为基础，再考虑运输市场平均赢利水平来制定。其出发点是能保证赢利，缺点是当运输成本不合理时，会导致票价背离客运服务的价值。

2) 低票价加政府补贴。票价以较低水平制定，以吸引客流转向有利于节约能源、保护环境、减轻道路拥挤和减少事故的轨道交通系统。政府则对轨道交通运营的亏损进行财政补贴。

3) 福利票价。票价以较低水平来制定，或对退休人员、残疾人员和学生等予以票价减免，一般在比较强调社会福利的情况下使用。轨道交通运营企业的亏损由政府财政补贴。

5.1.4 运价制定方法

运输业是国民经济的基础产业，运输价格的制定一般受国家宏观运价政策的指导和监控。随着我国经济体制改革的不断深化，运输市场竞争机制已经基本形成，运价的形成机制得到了进一步理顺与调整，政府放松了对运价的管制，由对运价的直接管理变为依靠经济和法律手段实现对运价的宏观监控，运价形式正向多元化、多层次化方向发展。例如，道路运输价格分为政府定价、政府指导价和经营者定价3种价格形式，除少数情况外，多数企业已完全拥有定价权，价格变化比较灵活，可随市场变化情况变动。

运价的制定必须是在价格理论的基础上，根据运输市场的供需状况和主客观条件因地制宜，灵活决策。通常采用的定价方法概括起来可分成三大类，即成本定向型定价方法、需求定向型定价方法和竞争定向型定价方法。

1. 成本定向型定价方法

成本定向型定价方法是根据成本定价原理进行定价的，也称为成本加成定价方法，是指按产品单位成本加上一定比例的利润制定产品价格的方法，也就是在产品成本上增加一部分利润的方法。大多数企业是按成本利润率来确定所加利润的大小的。其基本模型是

$$运价 = 单位成本 + 单位成本 \times 成本利润率 = 单位成本 \times (1 + 成本利润率) \quad (5-1)$$

式中，单位成本既包括平均变动成本，也包括分摊的固定成本；单位成本×成本利润率称为加成额，主要是指利润，同时包括税金等。加成部分既可以用绝对数直接加到价格上，也可以按一定的相对数（百分率）计入运价。这种方法首先要计算出运输总成本及总运量，求出单位运输成本后，再加上一定比例的利润和税金，就得出单位运输价格——运价，可以表示为

$$P = AC(1 + i)/(1 - r) \quad (5-2)$$

式中，P 为单位运输价格；AC 为单位运输成本；i 为成本利润率；r 为税率。

这种定价方法是目前最流行的定价方法之一，具有以下优点。

1) 能保证企业补偿全部费用，收回投资，取得合理利润，完全符合企业定价的目标，从而保证了定价的科学性。

2) 计算简便，误差较小。

3) 货主和承运人都认为较公平。

4) 若各个企业都采用这种定价方法，则能保证公平竞争。

由于这种定价方法只按成本定价，可能不符合市场的实际情况，而且计算成本的基本数据只能是过去的统计数据，难以反映出未来的成本状况，从而使成本定向型定价方法的应用有一定的局限性。

2. 需求定向型定价方法

需求定向型定价方法是根据负担能力定价原理和运输价格原理进行定价的，主要是从需求者对运输服务质量（安全、速度等）的要求，考虑货物对运价的承受能力进行定价。这种定价方法的基本模型是

$$运价 = 货物价值 \times 承受能力系数 \qquad (5-3)$$

式中，货物价值是指投入运输的单位货物（通常以重量吨或容积吨计算）的市场价格；承受能力系数通常根据市场调查或经验确定。一般来说，商品价值较高的贵重货物具有较大的承受能力，运价可以定得高一些；商品价值较低的大宗货物对运价承受能力较低，运价不能定得过高。

运输企业在进行货源调查的同时，应注意调查货主对运价水平的反应及各种货物对运价的承受力，注意收集货主对货物销售价格与货物价值之间关系的反应，从而准确把握货主对运价的负担能力和所承认的运输价值。这种定价方法被认为是成本定向型定价的补充。

3. 竞争定向型定价方法

竞争定向型定价方法是以对付竞争对手、确保市场占有率为目的或者为了渗入市场而针对市场的形势进行定价的一种方法。

由于运输市场竞争的激烈性，在定价决策时，不能只从企业利益、货主的承受能力方面考虑，还要考虑市场供求状态和竞争对手的运价水平。在运用竞争定向型定价方法时，可以根据企业的内部条件与外部环境、企业与货主的关系、企业的长期目标与短期目标等具体情况决定选择下列 3 种情况。

1) 运价与竞争对手的运价水平完全一致。
2) 运价比竞争对手的运价水平略高。
3) 运价低于竞争对手的运价水平。

5.2 公路运费计算

随着社会的进步和经济的发展，公路基础设施、车辆等运输条件不断改善，以汽车为代表的公路运输逐渐受到世界各国的重视。在发达国家高速公路建设较早，公路旅客运输在综合客运体系占有绝对的优势，已基本形成了以私人小汽车为代表的自用性旅客运输为主体的公路客运体系。

5.2.1 公路旅客票价的分类及构成

客运车型计费等级分为普通客车、中级客车、高级客车 3 类。每类按其座位总数分为大型、中型、小型 3 种。

普通客车是指无特殊舒适装备或车内设置分隔货仓的客车。中级客车是指比同类普通客车座位减少、舒适性提高、备有宽、软座椅，寒冷地区有供暖设备的客车。高级客车是指舒适性高，密封性好，具有高级软座椅、空调等设备的客车。

小型客车是指横排最多只能装置 3 个座位，座位总数为 15 座及以下的客车（包括轿车）。中型客车是指横排（包括通道的可折式座椅）最多只能装置 4 个座位，座位总数为

16~30 座的客车。大型客车是指横排（不包括通道）可装置 4 个及 4 个以上的座位，且座位总数为 31 座及以上的客车。

公路旅客运价按不同客运种类、不同客车类型、不同营运方式和不同道路条件实行差别运价。

1）普通客车票价。普通客车票价是指普通大型客车的客运班车票价，按旅客运输基本运价计价。普通中型客车的票价是在旅客基本运价的基础上加价 30%~40%。

2）中级客车票价。中级大型客车票价可高于基本运价 20%~40%。中级中型客车票价可高于基本运价 60%~100%。

3）高级客车票价。高级大型客车票价可高于基本运价 80%~100%。高级中型客车票价可高于基本运价 170%~210%。

5.2.2 公路货物运价的分类和构成

根据不同的标准，公路货物运价可以分为以下几类。
1）按车辆类别的不同分为普通车辆运价和特种车辆运价。
2）按货物类别的不同分为普通货物运价和特种货物运价。特种货物运价又分为大型特型笨重货物运价、危险货物运价、贵重货物运价以及鲜活货物运价。
3）按营运类别的不同分为整批货物运价、零担货物运价和集装箱运价。集装箱运价也有标准集装箱运价、非标准箱运价和特种箱运价之分。
4）按公路类别的不同分为等级公路货运运价和非等级公路货运运价。
5）按运输区域的不同分为国内汽车货物运价和出入境汽车货物运价。
6）按货物运输速度的不同分为普通货物运价和快速货运运价。
7）按计价依据的不同分为计程运价和计时运价。
8）按运输距离的不同分为长途运价和短途运价。

整批货物及集装箱的运输费用一般由吨（箱）次费用、运价费用和货物运输其他费用构成。零担货物和计时包车运输货物的公路运输费用一般由运价费用和货物运输其他费用构成。其中，公路货物运输其他费用主要包括调车费、延滞费、装货（箱）落空损失费、排障费、车辆处置费、检验费、装卸费、车辆通行费、保管费、道路阻塞停运费、运输变更手续费等。

5.2.3 公路货物运输费用的计算

1. 公路货物运费的计算公式
1）整批货物运费的计算公式为

$$整批货物运费(元) = 吨次费(元/t) \times 计费重量(t) + 整批货物运价[元/(t \cdot km)] \times$$
$$计费重量(t) \times 计费里程(km) + 货物运输其他费用(元) \quad (5-4)$$

式中，整批货物运价按货物运价价目计算。

2）零担货物运费的计算公式为

$$零担货物运费(元) = 计费重量(kg) \times 计费里程(km) \times 零担货物运价[元/(kg \cdot km)] +$$
$$货物运输其他费用(元) \quad (5-5)$$

式中，零担货物运价按货物运价价目计算。

3) 集装箱运费的计算公式为

重(空)集装箱运费(元) = 重(空)箱运价[元/(箱·km)] × 计费箱数(箱) ×
计费里程(km) + 箱次费(元/箱) × 计费箱数(箱) +
货物运输其他费用(元)　　　　　　　　(5-6)

式中，集装箱运价按计价类别和货物运价费目计算。

4) 计时包车运费的计算公式为

包车运费(元) = 包车运价[元/(t·h)] × 包用车辆吨位(t) × 计费时间(h) +
货物运输其他费用(元)　　　　　　　　(5-7)

式中，包车运价按照包用车辆的不同类别分别制定。

由以上公路货物运费的计算公式可以看出，计算公路货物运费的关键在于明确公路货物运输的运价价目、计费重量（箱数）、计费里程（时间）以及货物运输的其他费用。下面分别介绍上述运费计算因素的确定方法。

2. 公路货物运价价目

(1) 基本运价

整批货物基本运价：一整批普通货物在等级公路上运输的每吨公里运价。

零担货物基本运价：零担普通货物在等级公路上运输的每千克公里运价。

集装箱基本运价：各类标准集装箱重箱在等级公路上运输的每箱公里运价。

(2) 吨（箱）次费

吨次费：对整批货物运输，在计算运价费用的同时按货物重量加收吨次费。

箱次费：对汽车集装箱运输，在计算运价费用的同时按不同箱型加收箱次费。

(3) 普通货物运价

普通货物实行分等计价，以一等货物为基础，二等货物加成15%，三等货物加成30%。

(4) 特种货物运价

1) 大型特型笨重货物运价规定：一级大型特型笨重货物在整批货物基本运价的基础上加成40%~60%；二级大型特型笨重货物在整批货物基本运价的基本上加成60%~80%。

2) 危险货物运价规定：一级危险货物在整批（零担）货物基本运价的基础上加成60%~80%；二级危险货物在整批（零担）货物基本运价的基础上加成40%~60%。

3) 贵重、鲜活货物运价规定：在整批（零担）货物基本运价的基础上加成40%~60%。

(5) 特种车辆运价

按车辆的不同用途，在基本运价的基础上加成计算。特种车辆运价和特种货物运价两个价目不允许同时加成使用。

(6) 非等级公路货运运价

在整批（零担）货物基本运价的基础上加成10%~20%。

(7) 快速货运运价

按计价类别在相应运价的基础上加成计算。

(8) 集装箱运价

1) 标准集装箱运价。重箱运价按照不同规格箱型的基本运价执行，空箱运价在标准集装箱重箱运价的基础上减成计算。

2) 非标准箱运价。重箱运价按照不同规格的箱型，在标准箱基本运价的基础上加成计算，空箱运价在非标准集装箱重箱运价的基础上减成计算。

3）特种箱运价。在箱型基本运价的基础上，按装载不同特种货物的加成幅度进行加成计算。

（9）出入境汽车货物运价

按双边或多边出入境汽车运输协定，由两国或多国政府主管机关协商确定。

3. 公路货物运费的计价标准

（1）计费重量（箱数）

1）计量单位。整批货物运输以吨为单位，零担货物运输以千克为单位，集装箱运输以箱为单位。

2）计费重量（箱数）的确定。

对于一般货物，无论整批还是零担货物，计费重量均按毛重计算。整批货物吨以下计至 100kg，尾数不足 100kg 的，四舍五入。零担货物起码计费重量为 1kg，重量在 1kg 以上，尾数不足 1kg 的，四舍五入。

轻泡货物又称为轻货、泡货、轻浮货物，是指平均每立方米重量不足 333kg 的货物。装运整批轻泡货物的高度、长度、宽度以不超过有关道路交通安全规定为限度，按车辆标记吨位计算重量。零担运输轻泡货物以货物包装最长、最宽、最高部位尺寸计算体积，按每立方米折合 333kg 计算重量。

包车运输按车辆的标记吨位计算。货物重量一般以起运地过磅为准，起运地不能或不便过磅的货物，由承托双方协商确定计费重量。散装货物，如砖、瓦、砂、石、土、矿石、木材等，按体积由各省、自治区、直辖市统一规定重量换算标准计算重量。托运人自理装车的货物，按车辆额定吨位计算其计费重量。统一规格的成包成件货物，根据某一标准件的重量计算全部货物的计费重量。接运其他运输方式的货物，无过磅条件的，按前程运输方式运单上记载的重量计算。拼装分卸的货物，按最重装载量计算。

（2）计费里程

1）计费里程的单位。公路货物运输计费里程以千米为单位，尾数不足 1km 的，进整为 1km。

2）计费里程的确定。货物运输的计费里程按装货地点至卸货地点的实际载货的营运里程计算；营运里程以省、自治区、直辖市交通行政主管部门核定的营运里程为准，未经核定的里程由承托双方商定。同一运输区间的两条（含两条）以上营运路线可供行驶时，应按最短的路线计算计费里程或按承托双方商定的路线计算计费里程。拼装分卸的货物，其计费里程为从第一装货地点起到最后一个卸货地点止的载重里程。出入境汽车货物运输的境内计费里程以交通主管部门核定的里程为准；境外里程按毗邻国（地区）交通主管部门或有权认定部门核定的里程为准。未核定里程的，由承托双方协商或按车辆实际运行里程计算。因自然灾害造成道路中断，车辆需绕道而驶的，按实际行驶里程计算。城市市区里程按当地交通主管部门确定的市区平均运营里程计算，当地交通主管部门未确定的，由承托双方协商确定。

（3）计时包车货运计费时间

计时包车货运计费时间以小时为单位，起码计费时间为 4h；使用时间超过 4h，按实际包用时间计算。整日包车，每日按 8h 计算；使用时间超过 8h 的，按实际使用时间计算。时间尾数不足半小时的舍去,达到半小时的进整为1h。

(4) 运价的单位

各种公路货物运输的运价单位分别为:整批运输单位为元/(t·km),零担运输单位为元/(kg·km),集装箱运输单位为元/(箱·km),包车运输单位为元/吨位·h,出入境运输涉及其他货币时,在无法按统一汇率折算的情况下,可使用其他自由货币为运价单位。

4. 公路货物运输的其他费用

1) 调车费。应托运人要求,车辆调往外省、自治区、直辖市或调离驻地临时外出驻点参加营运,调车往返空驶者,可按全程往返空驶里程、车辆标记吨位和调出省基本运价的50%计收调车费。

2) 延滞费。车辆按约定时间到达约定的装货或卸货地点,因托运人或收货人责任造成车辆和装卸延滞的,应计收延滞费。

① 发生下列情况,应按计时运价的40%核收延滞费。

a. 因托运人或收货人责任引起的超过装卸时间定额。

b. 应托运人要求运输特种或专项货物需要对车辆设备改装、拆卸和清理延误的时间。

c. 因托运人或收货人造成不能及时装箱、卸箱、掏箱、拆箱、冷藏箱预冷等。

② 由托运人或收、发货人责任造成的车辆在国外停留,延滞费按计时包车运价的60%~80%核收。

③ 因承运人责任引起货物运输期限延误,应根据合同规定,按延滞费标准,由承运人向托运人支付违约金。

3) 装货(箱)落空损失费。应托运人要求,车辆开至约定地点装货(箱)落空造成的往返空驶里程,按其运价的50%计收装货(箱)落空损失费。

4) 排障费。运输大型特型笨重物件时,因对运输路线的桥涵、道路及其他设施进行必要的加固或改造所发生的费用称为排障费,排障费由托运人负担。

5) 车辆处置费。应托运人要求,运输特种货物、非标准箱等需要对车辆改装、拆卸和清理所发生的工料费用称为车辆处置费,车辆处置费由托运人负担。

6) 检验费。在运输过程中国家有关检疫部门对车辆的检验费以及因检验造成的车辆停运损失由托运人负担。

7) 装卸费。装卸费由托运人负担。

8) 通行费。货物运输需支付的过渡、过路、过桥、过隧道等通行费由托运人负担,承运人代收代付。

9) 保管费。货物运达后,明确由收货人自取的,从承运人向收货人发出提货通知书的次日(以邮戳或电话记录为准)起计,第4天开始核收货物保管费;应托运人的要求或因托运人的责任造成的需要保管的货物,计收货物保管费,货物保管费由托运人负担。

10) 道路阻塞停车费。汽车货物运输过程中,如发生自然灾害等不可抗力造成的道路阻滞,无法完成全程运输,需要就近卸存、接运时,卸存、接运费用由托运人负担。已完运程收取运费;未完运程不收运费;托运人要求回运,回程运费减半;应托运人要求绕道行驶或改变到达地点时,运费按实际行驶里程核收。

11) 运输变更手续费。托运人要求取消或变更货物托运手续的,应核收变更手续费。因变更运输,承运人已发生的有关费用,应由托运人负担。

5. 公路货物运费的结算

结算公路货物运费时,应遵守如下规定。

1)货物运费在货物托运、起运时一次结清,也可按合同采用预付费用的方式随运随结或运后结清。托运人或者收货人不支付运费、保管费以及其他运输费用的,承运人对相应的运输货物享有留置权,但当事人另有约定的除外。

2)运费尾数以元为单位,不足1元时四舍五入。

3)货物在运输过程中因不可抗力灭失,未收取运费的,承运人不得要求托运人支付运费;已收取运费的,托运人可以要求返还。

5.3 铁路运费计算

5.3.1 铁路旅客票价

旅客票价是以每人每千米的票价率为基础,按照旅客旅行的距离和不同的列车设备条件,采取递远递减的办法确定的。票价中包括旅客意外伤害强制保险费,具体票价以国务院铁路主管部门公布的票价表为准。

1. 铁路旅客票价的分类

铁路旅客票价分为普通票价、加快票价、卧铺票价和市郊票价4种。

普通票价适用于普通旅客列车,分硬座和软座的全价和半价;加快票价是旅客乘坐普通快车、特别快车,在普通票价之外补加的票价;卧铺票价也是一种补加票价,按卧铺车设备条件规定了不同的收费标准,普通硬卧分为上、中、下铺,软卧分为普通和高级软卧的上、下铺;市郊票价是在普通硬座票价基础上的减成票价。

此外,还有为方便旅客乘坐快车、卧铺车和简化售票手续,提高发售速度而使用的各种联合票、变径专用票以及为某些旅客专用的客票,如残疾军人半价票、外籍旅客票和国际联运票等。我国现行铁路客运票价体系见表5-1。

表5-1 我国现行铁路客运票价体系

总 类 别	细 分 类 别
按列车席	硬座
	软座
	硬卧
	软卧
按列车速度等级	普通旅客列车(慢车)
	普通旅客列车(普快车)
	快速旅客列车(K字头)
	特快旅客列车(T字头)
	直通特快旅客列车(Z字头,直达不停)
	局管内快速列车(N字头)
	旅游旅客列车(Y字头)

(续)

总 类 别	细 分 类 别
按列车速度等级	临时旅客列车（L字头）
	城际旅客列车（C字头）
	动车组旅客列车（D字头）
	高速动车组旅客列车（G字头）
按列车车型	普通车型（无空调）
	普通车型（有空调）
按距离	200km 以内
	200km 以上

2. 铁路旅客票价的构成

旅客票价包括3部分：①客票票价，分3种，包括硬座、软座、市郊客票票价，其中硬座票价是基础票价，软座等均以硬座票价为基础，按一定比率换算；②附加票票价，包括加快、卧铺、空调票票价，附加票票价也以硬座票价为基础；③保险费。前两部分构成基本票价，因此也可以说，旅客票价包括基本票价和旅客意外伤害强制保险费两部分，基本票价是以每人每千米的票价率为基础，按照旅客旅行的距离和不同的列车设备条件，采取递远递减的办法确定。保险费按硬座客票基本票价的2%计算，作为旅客旅行中发生意外伤害时支付保险费的基金。

旅客票价构成要素有以下几方面。

1）基础票价率与各种票价率。旅客票价以硬座客票票价率为基础，其他各种票价率均以其为基准制定。当硬座客票基础票价率确定后，其他各种票价率就按其加成或减成比例计算。现行各种票价率的比例关系见表5-2。

表5-2 现行各种票价率的比例关系

票 种			票价率/[元/(人·km)]	比例（%）
硬座客票			0.05861	100
软座客票			0.11722	200
市郊客票			单程 0.04982	85
月票			按市郊单程票价率 18 回计算	
季票			按市郊单程票价率 40 回计算	
加快票	普快		0.01172	20
	快速		按普快票价 2 倍计算	
硬卧票	开放式	上铺	0.06447	110
		中铺	0.07033	120
		下铺	0.07619	130
	包房式	上铺	按开放式硬卧中铺票价另加 30%计算	
		下铺	按开放式硬卧下铺票价另加 30%计算	

(续)

票　种		票价率/[元/(人·km)]	比例（%）
软卧票	上铺	0.10257	175
	下铺	0.11429	195
高级软卧票	上铺	0.12308	210
	下铺	0.13480	230
空调票		0.01465	25

2) 旅客票价里程区段（表5-3）。

表5-3　旅客票价里程区段

里程区段/km	每区段里程/km	区段数
1~200	10	20
201~400	20	10
401~700	30	10
701~1100	40	10
1101~1600	50	10
1601~2200	60	10
2201~2900	70	10
2901~3700	80	10
3701~4600	90	10
4601以上	100	10

3) 递远递减率。旅客票价采取递远递减率的方法进行计算，旅客票价从201km起实行递远递减。现行各里程区段旅客票价递远递减率和递减票价率（以硬座票价为例）见表5-4。

表5-4　现行各里程区段旅客票价递远递减率和递减票价率（以硬座票价为例）

区段/km	递减率（%）	票价率/[元/(人·km)]	各区段全程票价/元	区段累计票价（%）
1~200	0	0.05861	11.722	11.722
201~500	10	0.052749	15.8247	27.5467
501~1000	20	0.046888	23.444	50.9907
1001~1500	30	0.041027	20.5135	71.5042
1501~5500	40	0.035166	35.166	106.6702
5501以上	50	0.029305		

3. 铁路旅客票价的计算

除初始区段不足起码里程按起码里程和最后一个区段按中间里程计算外，其余各区段均分别按其区段里程计算，根据各区段的递减票价率求出该区段的全程票价和最后一个区段按中间里程求出的票价加总，即为基础票价。起码里程规定为，客票20km，加快票100km，卧铺票 400km。

保险费不分软、硬座客票，均按硬座客票基本票价的2%计算（附加票票价由基本票价单一组成，不含保险费），以角为单位，不足1角的尾数均进整。将基本票价和保险费相加即得旅客票价。

联合票价（票面价格）为旅客票价加附加费。附加费的种类有客票发展金、候车室空调费、卧铺票订票费。客票发展金1997年前称为软票费，旅客票价不大于5元时为0.5元，大于5元时为1元；候车室空调费向乘车超过200km的硬席旅客收取，金额为1元，软席旅客不收候车室空调费；卧铺票订票费向购买卧铺票（包括各种等级的软、硬卧）的旅客收取，金额为10元。

旅客列车根据车体的不同分为普通车和新型空调车，以上票价为普通车票价，新型空调车票价在普通车的基础上上浮50%，有些列车根据客流情况和车体折旧等因素会上浮40%和30%的票价，即通常所说的新型空调车一档折扣票价和新型空调车二档折扣票价。当然还有一些特殊浮动的列车，例如，北京—大连T81次执行75%的上浮率，各地方铁路公司也有不同的上浮率。在进行票价浮动时，客票、加快票、空调票和卧铺票根据四舍五入后的普通票价表分别上浮并四舍五入到元，作为新型空调车的分票种票价，然后求和。附加费不上浮。关于新型空调车的高级软卧票价，有关文件规定的指导价为在普通列车软卧票价的基础上上浮180%，各路局可根据情况自行浮动。从目前的执行情况来看，除沈局、哈局的列车高包按208%上浮率执行以外，其他各局的高包都是按180%的上浮率执行。

5.3.2　铁路货物运价的分类

铁路货物运价可分别按使用范围和货物运输种类进行分类。

1. 按使用范围分类

铁路货物运价按其使用范围可以分为普通运价、特殊运价、军运运价等。

（1）普通运价

1）普通运价是货物运价的基本形式，是全国正式营业铁路适用的统一运价。我国现行整车、零担、集装箱各种运价都属于普通运价。无论普通货物还是特殊条件运送的货物，都以此作为计算运费的基本依据。特殊条件运送的货物，在某些情况下做出了一些特殊规定。例如，超限货物的运价是按照超限货物超限等级的不同分别在普通货物运价的运价率上加成50%、100%、150%计算运费。又如，自备集装箱空箱的回送属于特殊条件运送的货物，其运价率按其适用重箱货物运价率的50%计算。

2）优待运价是对某些机关或企业发送或到达的货物规定的低于普通运价的一种运价。例如，托运人自备货车或租用铁路货车装运货物用铁路机车牵引，或铁路货车装运货物用该托运人的自备机车牵引运输时，按所装货物的运价率减成20%计费。

3）国际铁路联运运价是指为国际铁路间联运货物所规定的运价，包括过境运输和国内段运输两部分运价。国际铁路联运货物过境运费、杂费按《国际货协统一过境运价规程》的规定办理；国内段的运费、杂费按现行《铁路货物运价规则》的规定办理。

4）水陆联运运价是指水陆联运货物在铁路区段运输的运价。《铁路和水路货物联运规则》是计算铁水联运货物运杂费的依据。水运段的运费、杂费、包干费按《铁路和水路货物联运规则》办理。

(2) 特殊运价

特殊运价是指地方铁路、临时营业线和特殊线路的运价，如集通线（地方铁路）、宣杭线（临时营业线）、广九线（特殊线路）的运价等。

(3) 军运运价

军运运价是对军用物资运输所规定的运价。按军运办理时必须提供铁路军运运费后付凭证或军运现付计费凭证。《铁路军事运输计费付费办法》是计算军运运费的重要依据，未规定的按《铁路货物运价规则》办理。

2. 按货物运输种类分类

1）整车货物运费。
2）零担货物和集装箱货物运费。
3）托运人自备或租用铁路机车车辆运输货物的运费。
4）货物快运费、冷藏车运费。
5）自备货车装备物品及集装用具的回送费。

5.3.3 铁路货物运输费用的构成

铁路货物运输费用是对铁路运输企业所提供的各项生产服务消耗的补偿，包括运行费用、车站费用、服务费用和额外占用铁路的设备的费用等。

铁路货物运输费用具体由货物运费、杂费以及一些专项和代收费用构成。其中，货物运费由发到运费和运行运费构成；杂费又包括运营杂费，延期使用运输设备、违约及委托服务费用以及租、占用运输设备费用；专项和代收费用包括铁路建设基金、新路新价均摊运费、电气化附加费、印花税等。总体来讲有

$$\text{铁路货物运输费用} = \text{货物运费} + \text{杂费} + \text{专项和代收费用} \tag{5-8}$$

但在2013年货运改革后，铁路货运收费也进行了相应的变革，删除了过秤费这一项标准，并实行一口价策略，包括装卸费，对应环节是上门取货装车和送货到门卸车；取送达费，对应环节是门到站和站到门的汽车短途运输，收取接取送达费，费率为 0.5 元$/t·km$，可上浮 20%，下浮不限，具体由铁路局根据当地市场水平确定；铁路杂费，对应环节是发站、到站；铁路运费、铁路建设基金等，对应环节是铁路线上运输，即有

$$\text{铁路货物运输费用} = \text{货物运费} + \text{杂费} + \text{装卸费} + \text{接取送达费} \tag{5-9}$$

对于上门装卸货物、门到站、站到门的接取送达等服务及收费，托运人可自愿选择。

5.3.4 铁路货物运输费用的计算

1. 铁路货物运费的计算程序及公式

(1) 铁路货物运输费用的计算程序

1）根据货物运单上填写的发到站，按物运价里程表计算出发站至到站的运价里程。
2）根据货物运单上填写的货物名称，查铁路货物运输品名分类与代码表、铁路货物运输品名检查表，确定适用的运价号。
3）整车、零担货物按货物适用的运价号，集装箱货物根据箱型，冷藏车货物根据车种分别在铁路货物运价率表（表5-5）中查出适用的运价率（基价1和基价2）。

表 5-5 铁路货物运价率表

办理类别	运价号	基价1		基价2	
		单位	标准	单位	标准
整车	1	元/t	7.10	元/(t·km)	0.0418
	2	元/t	7.80	元/(t·km)	0.0502
	3	元/t	9.80	元/(t·km)	0.0562
	4	元/t	12.20	元/(t·km)	0.0629
	5	元/t	13.40	元/(t·km)	0.0722
	6	元/t	19.60	元/(t·km)	0.0989
	7			元/(t·km)	0.3275
	机械冷藏车	元/t	14.70	元/(t·km)	0.0996
零担	21	元/10kg	0.15	元/(t·km)	0.00071
	22	元/10kg	0.21	元/(t·km)	0.00103
集装箱	20ft 箱	元/箱	337.50	元/(t·km)	1.4000
	40ft 箱	元/箱	459.00	元/(t·km)	1.9040

4）根据《铁路货物运价规则》确定货物的计费重量（自轮运转货物为轴数，集装箱为箱数）。

5）货物适用的发到基价加上运行基价与货物的运价里程相乘之后，再与货物的计费重量（自轮运转货物为轴数，集装箱为箱数）相乘，即可计算出运费。

6）根据《铁路货物运价规则》及有关规定计算货物的杂费以及专项和代收费用等。

（2）铁路货物运费的计算公式

根据现行《铁路货物运价规则》，不同运输种类的货物运费的计算公式如下。

1）整车货物。一般整车货物按重量计费时，运费计算公式为

$$运费 = [基价1(元/t) + 基价2(元/(t·km)) × 运价里程(km)] × 计费重量(t) \quad (5-10)$$

自轮运转货物按轴数计费时，运费计算公式为

$$运费 = [基价2(元/(轴·km)) × 运价里程(km)] × 轴数 \quad (5-11)$$

2）零担货物。零担货物的运费计算公式为

$$运费 = [基价1(元/箱) + 基价2(元/(10kg·km)) × 运价里程(km)] × 箱数 \quad (5-12)$$

2. 铁路货物运费的计算因素

（1）运价里程

一般根据货物运价里程表按照发站至到站间国铁正式营业线最短径路计算，但货物运价里程表内或铁道部轨道有计费径路的，按规定的计费径路计算运价里程。

（2）运价号

我国现行的铁路货物运价实行分号运价制。运价号是指将不同运输种类的货物划分为不同的号，并根据该号制定相应的运价率。整车货物运价号分为9个（1~9号），冷藏车货物运价按冰保车两类来计算，相当于2个运价号；零担货物运价号分为4个（21~24号）；集

装箱货物按箱型不同进行计算，相当于 5 个运价号。

计算货物运费时，应按照货物运单上填写的货物品名，查铁路货物运输品名分类与代码表和铁路货物运输品名检查表，确定该批货物适用的运价号。

(3) 运价率

铁路货物运价是根据运价号制定的对应于每一运价号的基价 1 和基价 2。基价 1 是货物在发站及到站进行发到作业时单位重量（箱数）的运价，它只与计费重量（箱数）有关，与运价里程无关。基价 2 是指货物在途期间单位重量（箱数）每一运价千米的运价，它既与计费重量（箱数）有关，又与运价里程有关。

1) 整车货物的运价号为 1~7 号，冷藏车货物分为加冰冷藏车和机械冷藏车。基价 1 的单位为元/t，基价 2 的单位为元/(t·km)；整车货物的运价号 7 号，基价 1 无，基价 2 的单位为元/(轴·km)。

2) 零担货物的运价号为 21 号和 22 号。基价 1 的单位为元/10kg，基价 2 的单位为元/(10kg·km)。

3) 集装箱货物分别按 20ft 箱、40ft 箱制定基价 1 和基价 2。基价 1 的单位为元/箱，基价 2 的单位为元/(箱·km)。

(4) 计费重量

用来计算运输费用的货物重量称为计费重量，计费重量是根据货物实际重量、轴数、箱数按有关规定确定的。整车货物计费重量单位为 t（1t 以下四舍五入）、轴；零担货物计费重量单位为 10kg（不足 10kg 的进整为 10kg）；集装箱计费以箱为单位。

(5) 尾数处理

计算出的每项运费、杂费均以元为单位，尾数不足 1 角时，按四舍五入处理。

3. 整车货物运费

(1) 计费重量

整车货物除下列情况外，均按货车标记载重量（简称标重，以下同，标重尾数不足 1t 时四舍五入）计费。货物重量超过标重时，按货物重量计费。

1) 使用矿石车、平车、砂石车，经铁路局批准装运铁路货物运输品名分类与代码表 01、0310、04、06、081 和 14 类货物按 40t 计费，超过时按货物重量计费。

2) 表 5-6 所列货车装运货物时，计费重量按表中规定计算，货物重量超过规定计费重量的，按货物重量计费。

表 5-6　整车货物规定计费重量表

车 种 车 型	计费重量/t
B_6 B_{6N} B_{6A} B_7（加冰冷藏车）	38
BSY（冷板冷藏车）	40
B_{18}（冷板冷藏车）	32
B_{19}（机械冷藏车）	38
B_{20} B_{21}（机械冷藏车）	42
B_{10}（机械冷藏车）	44
B_{22} B_{23}（机械冷藏车）	48

(续)

车 种 车 型	计费重量/t
B_{15}（冷藏车改造车）	56
SQ_1（小汽车专用平车）	80
SQ_4（小汽车专用平车）	60
QD_3（凹底平车）	70
GY_{95S}、GY_{95}、GH_{40}、GY_{40}、$GH_{95/22}$、$GY_{95/22}$（石油液化气罐车）	65
GY_{100S}、GY_{100}、GY_{100-1}、GY_{100-II}（石油液化气罐车）	70

3）使用自备冷板冷藏车装运货物时按 50t 计费；使用自备机械冷藏车装运货物时按 60t 计费；使用标量不足 30t 的家畜车，计费重量按 30t 计算；使用标量低于 50t、车辆换长小于 1.5 的自备罐车装运货物时按 50t 计费（表 5-6 中明定的车种车型按第 2 项办理）。

4）始发、中途均不加冰运输的加冰冷藏车和代替其他货车装运非易腐货物 1 的铁路冷藏车，均按冷藏车标重计费。

5）车辆换长超过 1.5 的货车（D 型长大货物车除外）本条未明定计费重量的，按其超过部分以每米（不足 1m 的部分不计）折合 5t 与 60t 相加之和计费。

6）米、准轨间换装运输的货物，均按发站的原计费重量计费。

承运人提供的 D 型长大货车的车辆标重大于托运人要求的货车吨位时，经铁路局批准可根据实际使用车辆的标重减少计费重量，但减吨量最多不得超过 60t。

（2）几种情况下运费的计算

按一批办理的整车货物，运价率不同时，按其中高的运价率计费。

需要限速运行（不包括仅通过桥梁、隧道、出入站线限速运行）的货物，按运价率加 150% 计费。

站界内搬运的货物，按实际运输里程和该货物适用的运价率计算运费，不另收取送车费（不足 1km 的尾数进整为 1km）。

途中装卸货物，不论托运人、收货人要求在途中装卸地点的前方或后方货运站办理托运或领取手续，途中装车按后方货运站计算运价里程；途中卸车按前方货运站计算运价里程，不另收取送车费。

整车分卸的货物，按照发站至最终到站的运价里程计算全车运费和押运人乘车费；途中每分卸一次，另行核收分卸作业费 80 元（不包括卸车费）。

（3）超长、超限货物运费

1）超长、超限货物运费计算。运输超限货物，发站应将超限货物的等级在货物运单内注明，并按下列规定计费。

① 一级超限货物：按运价率加 50%。

② 二级超限货物：按运价率加 100%。

③ 超级超限货物：按运价率加 150%。

对安装超限货物检查架的车辆不另收运费。

需要限速运行的超限货物，只核收本条规定的加成运费，不另核收超限货物加成运费。

2）使用游车时的运费计算。超长、超限货物使用游车时，游车运费按主车货物的运价率和游车标重计费。利用游车装运货物，所装货物运价率高于主车货物时，按所装货物的运价率核收游车运费。运输超限货物或需要限速运行的货物使用游车时，游车运费不加成。两批货物共同使用游车时，游车运费各按主车货物的运价率及游车标重的1/2计费。

D型长大货物运输需用隔离车时，隔离车不另核收运费。隔离车加装货物时，按所加装货物适用的运价率核收运费。

自轮运转的轨道机械以自备货车或租用铁路货车作为游车时，按整车7号运价率核收游车运费；以铁路货车作为游车时，按整车6号运价率和游车标重核收游车运费。

3）危险货物运费计算。运输危险货物时，根据危险货物的性质、等级按下列规定计费。

① 一级毒害品（剧毒品）按运价率加100%。

② 爆炸品、压缩气体和液化气体、一级易燃液体（代码表02石油类除外）、一级易燃固体、一级自燃物品、一级遇湿易燃物品、一级氧化剂和过氧化物、二级毒害品、感染性物品、放射性物品按运价率加50%。

4. 零担货物和集装箱货物运费

（1）计费重量

零担货物按货物重量或货物体积折合重量择大计算运费，见表5-7，即每立方米重量不足500kg的轻浮货物，按每 $1m^3$ 折合重量500kg计算，但下列货物除外。

表 5-7 零担货物规定计费重量表

序号	货物名称	计费单位	规定计费重量/kg
1	组成的摩托车	每辆	
	双轮		750
	三轮（包括正、侧带斗的，不包括三轮汽车）		1500
2	组成的机动车辆、拖斗车（单轴的拖斗车除外）	每辆	
	车身长度不满3m		4500
	车身长度为3m以上，不满5m		15000
	车身长度为5m以上，不满7m		20000
	车身长度为7m以上		25000
3	组成的自行车	每辆	100
4	轮椅、折叠式疗养车	每（辆）件	60
5	牛、马、骡、驴、骆驼	每头	500
6	未装容器的猪、羊、狗	每头	100
7	灵柩、尸体	每具（个）	1000

1）规定计费重量的货物（指裸装货物）按规定计费重量计费。

2）铁路货物运输品名分类与代码表列的童车、室内健身车、其他鲜活货物209、搬家货物及行李 9914、特定集装化运输用具 9960 等裸装运输时按货物重量计费。

（2）运费计算

集装箱货物运费按照使用的箱数和铁路货物运价率表中规定的集装箱运价率计算。

罐式集装箱船、其他铁路专用集装箱按铁路货物运价率表中规定的运价率分别加 30%、20%计算，按规定对集装箱总重限制在 24t 以下的除外。

装运一级毒害品（剧毒品）的集装箱按铁路货物运价率表中规定的运价率加 100%计算；装运爆炸品、压缩气体和液化气体、一级易燃液体（代码表 02 石油类除外）、一级易燃固体、一级自燃物品、一级遇湿易燃物品、一级氧化剂和过氧化物、二级毒害品、感染性物品、放射性物品的集装箱按铁路货物运价率表中规定的运价率加 50%计算。

装运危险货物的集装箱按上述两款规定适用两种加成率时，只适用其中较大的一种加成率。

自备集装箱空箱运价率按铁路货物运价率表规定重箱运价率的 40%计算。承运人利用自备集装箱回空捎运货物，按集装箱适用的运价率计费，在货物运单铁路记载事项栏内注明，免收回空运费。

运价率不同的货物在一个包装内或按总重量托运时，按该批或该项货物中高的运价率计费。在货物运单内分项填记重量的货物应分项计费，但运价率相同时，应合并计算。

5. 托运人自备或租用铁路机车车辆运输货物的运费

托运人自备货车或租用铁路货车（不论空重）用自备机车或租用铁路机车牵引时，按照全部列车（包括机车、守车）的轴数与整车 7 号运价率计费。托运人自备货车或租用铁路货车装运货物用铁路机车牵引，或铁路货车装运货物用该托运人机车牵引运输时，按所装货物运价率减 20%计费。托运人的自备货车或租用铁路货车空车挂运时，按 7 号运价率计费。自备或租用铁路的客车、餐车、行李车、邮政车、专用工作车挂运于货物列车时，空车按 7 号运价率加 100%计费；装运货物时按其适用的运价率加 100%和标重计费，但换长 1.5 以下的专用工作车不装货物时不加成。随车人员按押运人乘车费收费。

6. 货物快运费、冷藏车运费

货物快运费按铁路货物运价率表规定的该批货物适用运价率的 30%计算核收。使用铁路加冰、机械冷藏车运输的货物按铁路货物运价率表中规定的冷藏车运价率计费。使用铁路冷板冷藏车运输的货物按加冰冷藏车运价率加 20%计费。使用铁路机械冷藏车运输，要求途中保持温度-12℃（不含）以下的货物，按机械冷藏车运价率加 20%计算。加冰冷藏车始发或途中不加冰运输的，仍按冷藏车运价率计费。自备冷藏车、隔热车（无冷源车）和代替其他货车装运非易腐货物的铁路冷藏车，均按所装货物适用的运价率计费。

7. 自备货车装备物品及集装用具的回送费

托运人自备的货车装备物品（禽畜架、篷布支架、饲养用具、防寒棉被、粮谷挡板）、支柱等加固材料和运输长大货物用的货物转向架、活动式滑枕或滑台、货物支架、座架及车钩缓冲停止器，凭收货人提出的特价运输证明书回送时，不核收运费。

托运人自备的可折叠（拆解）专用集装箱、集装笼、托盘、网络、货车篷布、装运卷钢、带钢、钢丝绳的座架、玻璃集装架、爆炸品保险箱及货车围挡用具，凭收货人提出的特价运输证明书回送时，整车按 2 号、零担按 22 号运价率计费。

8. 运输变更及运输阻碍运费

（1）货物运输变更运费

1）货物发送前取消托运时，由发站处理，运输合同即终止，相应运单、货票作废。其费用清算办法为：由发站退还全部运费和按里程计算的杂费，如货物运费低于变更手续费时，收变更手续费，但不退还运费。

2）货物发送后，托运人或收货人要求变更到站（包括同时变更收货人）时，变更处理站在承运人记载事项栏内记载有关变更事宜，并将变更事项记入货票内。其费用清算办法为：运费与押运人乘车费应按发站至处理站，处理站至新到站分别计算，由到站向收货人清算，运输费用多退少补。

3）货物发送后，托运人或收货人要求变更收货人，变更处理站在承运人记载事项栏记载有关变更事宜，并记入货票内。其费用清算办法为：由到站核收变更手续费。

（2）运输阻碍运费

对已承运的货物，因自然灾害发生运输阻碍变更到站时，处理站应在货物运单和货票上记明有关变更事项。新到站按如下原则处理运费。

1）运费按发站至处理站与自处理站至新到站的实际经由里程合并计算。若新到站经由发站至处理站的原径路时，计算时应扣除原径路的回程里程，杂费按实际发生核收。

2）运输阻碍免收变更手续费。

9. 特殊线路运费

根据国家有关政策规定，对临管铁路和部分新线实行特殊运价，按每吨公里计费，如大秦、京秦、京原、丰沙大等铁路的煤炭分流运价，京九、京广等铁路的分流加价等。

10. 铁路货物的其他运输费用

铁路货物运输费用中除了货物运费外，还包括杂费以及一些专项和代收费用。其中，杂费包括货运杂费，延期使用运输设备、违约及委托服务费用以及租占用运输设备费用。专项和代收费用包括铁路建设基金、新路新价均摊运费、电气化附加费、印花税等。

（1）货运杂费

1）铁路货物运输营运杂费，包括过秤费、表格材料费、冷却费、长大货物车使用费、长大货物车空车回送费、取送车费、机车作业费、货车中转技术作业费、押运人乘车费、货车篷布使用费、集装箱使用费、自备集装箱管理费、货物作业装卸费、货物保价费14项。

在2013年货运改革之后，删除了过秤费，变为13项。对于协议运输相关收费项目，则仅设综合物流服务费一项，其收费条件为：应客户要求，按照有利于企业生产和铁路运力配置的原则，双方签订协议，铁路通过提供实质性服务落实协议事项，适用于按协议运输的大宗稳定物资，零散货物不得收取。

2）延期使用运输设备、违约及委托服务费用，包括货物暂存费、专用线及专用铁路货车使用费、长大货物车延期使用费、货车篷布延期使用费、集装箱延期使用费、冷藏车（取消托运时）空车回送费、机械冷藏车制冷费；运输变更手续费、清扫除污费等。

在2013年货运改革之后，货物暂存费更名为仓储费，其具体收费标准由双方依法规协商确定，在协议中明确；对于货物承运前和交付后仍在车站仓储时，按1元/（吨·日）核收仓储费，以满足额外提供的仓储服务。

3）租用或占用铁路运输设备费用，包括地方铁路及在建线货车使用费、地方铁路货车篷布和集装箱使用费、自备车或租用铁路货车停放费、车辆租用费、铁路码头使用费、路产专用线租用费6项杂费。

杂费的计算公式为

$$杂费 = 杂费费率 \times 杂费计费单位 \qquad (5-13)$$

（2）电气化附加费、新路新价均摊运费和铁路建设基金

$$电气化附加费 = 费率 \times 计费重量(箱数或轴数) \times 电化里程$$

$$新路新价均摊运费 = 均摊运价率 \times 计费重量(箱数或轴数) \times 运价里程 \qquad (5-14)$$

$$铁路建设基金 = 费率 \times 计费重量(箱数或轴数) \times 运价里程$$

（3）印花税

印花税属于铁路代收费用，按运费的0.05%核收。

5.3.5 国际铁路联运货物运输费用的计算

国际铁路联运货物运输费用包括货物运费、杂费（押运人乘车费、装卸费、口岸换装费等）及自承运货物至交付收货人期间发生的其他费用。

1. 计算和核收运输费用的依据及规定

国际铁路货物联运的运输费用按运输合同缔结当日有效的下列运价规程计算。

1) 相邻国家铁路间运送时发送国和到达国铁路的运输费用，应按各国铁路国内运价规程计算，如果这些国家铁路间签订有直通运价规程，则可按该运价规程计算。

2) 过境运送时发送国和到达国铁路的运输费用，应按各国铁路现行的国内运价规程计算；而过境路的运输费用，按各有关路采用的用于该种国际运送的过境运价规程计算。

我国在办理国际铁路货物联运时，进出口货物在国内段的运输费用按我国的《铁路货物运价规则》计算，《统一货价》参加国过境我国铁路或我国过境其他《统一货价》参加国铁路的货物运送的运输费用按《统一货价》计算。

参加《国际货协》和《统一货价》的各国铁路间运送货物时运输费用的核收规定如下。

发送路运输费用以发送国货币在发站向发货人核收；到达路运输费用以到达国货币在到站或按到达路国内的规定向收货人核收。我国铁路规定，对于进口货物，国内段运费由进口国境站向收货人核收。

过境路运输费用，按承运当日统一货价计算，以瑞士法郎算出的款额，按支付当日规定的兑换率折成核收运输费用国家的货币，在发站向发货人或在到站向收货人核收。在核收过境路的运输费用时，在参加《统一货价》的各国铁路之间运送货物时，在发站向发货人或在到站向收货人核收；从参加《统一货价》的国家向未参加《统一货价》的国家运送货物时，在发站向发货人核收，相反方向运送时，则在最终到站向收货人核收。

通过几个过境铁路运送时，准许由发货人支付一个或几个过境铁路的运输费用，而其余铁路的运输费用由收货人支付。但我国过境蒙古发往俄罗斯的货物，其过境运输费用一律在发站向发货人核收，不准许在到站向收货人核收。

自20世纪90年代初起，过境货物运输费用的清算正逐渐由《国际货协》和《统一货价》参加国铁路间相互清算，改变为各国指定的国际货物运输代理公司之间清算。目前，过境俄罗斯、蒙古、哈萨克斯坦铁路外贸货物的运送，必须通过与上述国家铁路签有协议的运输代理公司来办理，由这些代理公司向铁路支付过境运费。

我国铁路规定,自 2000 年 7 月 1 日起,过境我国铁路的外贸货物运送一律由经国家主管部门核准、认可具有国际货物运输代理权,并拥有过境货物运输代理业务经营范围的企业(简称代理人)办理。过境运费以《统一货价》规定的费率为基础,提供了相应的减成,在接入国境站或港口站(由港口站接入时)向代理人核收。

2. 我国国内段铁路运输费用的计算

国际铁路联运货物国内段的运输费用除了一些特殊规定外,均适用《铁路货物运价规则》的一般规定。对运输费用的特殊规定如下。

(1) 运价里程

应按国内发(到)站至出(进)口国境站的最短径路确定(但《铁路货物运价规则》的货物运价里程表内有计费径路的,应按规定计费径路计算运价里程),并将出(进)口国境站至我国与邻国国境线的运价里程计算在内。进口货物在国境站应收货人的代理人要求受理货物运输变更时,运费按进口国境线至新到站的里程计算。

(2) 计费重量

进口整车货物时,应按下列规定确定计费重量。

1) 以一辆车或数辆车接运一批货物以及数辆车套装接运数批货物(包括换装剩余的整车补送货物),按接运车辆标重计费。货物重量超过标重时,按货物重量计费。

2) 以一辆车接运数批货物的,每批按 30t 计费,超过 30t 的按货物重量计费。

3) 原车过轨不换装货物,按车辆标重计费,货物重量超过标重时,按货物重量计费。

4) 汽车按接运车辆标重计费。发送路用双层平车装运的小轿车,换轮直达到站时,每车计费重量为 90t。

(3) 杂费

除《铁路货物运价规则》列出的杂费项目外,国际铁路货物联运国内段杂费还包括验关手续费、货物声明价格费、换装费(换装需要加固时,加收装载加固材料费)、变更手续费、货车滞留费用。

3. 过境运输费用的计算

(1) 计算过境运输费用的程序

国际铁路联运货物过境运输费用按照《统一货价》计算,计算程序如下。

1) 在《统一货价》第 8 条过境里程表中分别查找货物所通过各个国家的过境里程。

2) 在《统一货价》附件的国际铁路货物联运通用货物品名表中,确定所运货物适用的运价等级和计费重量标准。

3) 在《统一货价》第 9 条过境统一货价参加路慢运货物运费计算表中,根据运价等级和各过境运送里程找出相应的运价率。

4) 货物计费重量除以 100 后,再乘以其适用的运价率,即得该批货物的基本运费。

5) 根据货物运送的办理种别确定其适用的加成率。《统一货价》对过境货物运费的计算是以整车慢运货物为基础,对其他办理种别的货物,在基本运费的基础上再加上基本运费与其适用的加成率的乘积,即可得该批货物的过境运费。

6) 按规定的项目和标准计算出发生的杂费和其他费用。

(2) 运费的计算

1) 整车货物运费的计算。

慢运整车货物运费的计算规则如下：

① 过境里程的确定。一国的过境里程系指从进口的国境站（国境线）到出口的国境站（国境线）或以港口站为起讫的里程。

② 过境运价等级的确定。根据货物名称及其顺序号或所属类项确定。

③ 计费重量的确定。整车货物按照货物的实际重量计算，但不得低于车辆装载最低计费重量标准。四轴车装载最低计费重量标准为：一等货物20t，二等货物30t。

对于1435mm轨距铁路的货物运费，不应超过该批货物按规定轴重所能装载重量计算出的运费。在个别情况下，所承运货物重量超过其按容许轴重可能装载的重量时，其运费应根据货物实际重量计算。

运送自轮运转的货物时，运费按照计算表中所列的每轴运费乘以按自轮运转货物运送的机车车辆轴数计算。

在办理按一张运单用直达列车或成组车辆运送货物时，将每辆车作为一批整车货物分别计算。

④ 运价率的确定。根据货物的运价等级和过境运送里程在《统一货价》的过境统一货价参加路慢运货物运费计算表中查出。

⑤ 运费的计算公式为

$$运费 = 货物运价率 \times 计费重量 / 100 \qquad (5-15)$$

快运及随旅客列车挂运整车货物运费的计算规则如下

$$快运整车货物运费 = 货物运价率 \times 计费重量 \div 100 \times (1 + 100\%) \qquad (5-16)$$

$$随旅客列车挂运整车货物运费 = 货物运价率 \times 计费重量 \div 100 \times (1 + 200\%) \qquad (5-17)$$

2）零担货物运费的计算。零担货物按照货物的实际重量计费，计算方法是

$$慢运零担货物运费 = 货物运价率 \times 计费重量 \div 100 \times (1 + 50\%) \qquad (5-18)$$

$$快运零担货物运费 = 货物运价事 \times 计费重量 \div 100 \times (1 + 50\%) \times (1 + 100\%) \qquad (5-19)$$

3）集装箱货物运费的计算。按零担和整车办理的小吨位、中吨位集装箱货物和托盘货物的运费，按零担和整车的计费方法计算，但箱盘自重不予计费。运送属于铁路的小吨位、中吨位空集装箱和空托盘时，免收运送费用。大吨位集装箱装运的货物和大吨位空集装箱按大吨位集装箱货物办理运送。发货人应对每个重或空大吨位集装箱填写单独运单，每个大吨位集装箱的运费均应单独计算。

计算集装箱货物运费时应依据以下资料：①集装箱种类为20ft、30ft或40ft；②过境运价里程。

慢运20ft大吨位重集装箱的运费按一等15t核收，而不按箱内货物的实际重量核收。30ft和40ft集装箱的运费按20ft集装箱的费率计算后，再分别加收50%和100%。

20ft、30ft和40ft大吨位空集装箱的运费按相应种类重集装箱运费的50%核收。

快运大吨位集装箱的运费按慢运费率计算后，再加收50%；若随旅客列车运送，则加收100%。

(3) 杂费的计算

1）货物换装费：包括货物和成件货物每100kg按1.2瑞士法郎核收；散装和堆装货物每100kg按1.0瑞士法郎核收；罐装货物（包括冬季加温）每100kg按0.8瑞士法郎核收。

集装箱换装费按以下规定核收。

① 总重 2.5t 及 2.5t 以下的小吨位重集装箱按 8.8 瑞士法郎每箱核收。

② 总重为 2.5~10t（含 10t）的中吨位重集装箱按 17.6 瑞士法郎每箱核收。

③ 大吨位重集装箱按 68.0 瑞士法郎每箱核收。

④ 大吨位空集装箱：34.0 瑞士法郎每箱核收。

2）更换轮对费。每轴核收 70.0 瑞士法郎。

3）验关费。

整车货物：每批 4.0 瑞士法郎。

大吨位集装箱货物：每箱 4.0 瑞士法郎。

零担货物：每批 2.2 瑞士法郎。

4）固定材料费。在国境站换装货物时，由铁路供给的设备、用具和装载用的加固材料，不论车辆载重量如何，每车核收 35.1 瑞士法郎。

5）声明价格费。不论快运或慢运，每一过境路的声明价格费按每 150 瑞士法郎核收 2 瑞士法郎，不满 150 瑞士法郎的按 150 瑞士法郎计算。

5.4 航空运费计算

民航运输业是国民经济基础性、先导性产业，具有资金、技术密集的特点。民航业的持续健康发展，不仅与旅游等相关产业存在直接的互动关系，而且对改善投资环境、促进整个国民经济和社会发展发挥着重要的保障作用。机票价格一直是消费者、经营者所关心的问题，关乎消费者利益，也关系到企业的收益。

5.4.1 航空旅客票价的分类及构成

航空旅客票价是指旅客由出发地机场至目的地机场的航空运输价格，不包括机场与市区之间的地面运输费用。航空旅客票价为旅客开始乘机之日适用的票价。客票出售后，如票价调整，票款不做变动。运价表中公布的票价适用于直达航班运输。如旅客要求经停或转乘其他航班时，应按实际航段相加计算票价。

航空客票按使用范围分为国际客票和国内客票；按旅客的航程要求分为单程客票、来回程客票和回程客票；按客舱等级主要分为一等舱客票和普通舱（也称为经济舱）客票；按客票的票价分全价客票、折扣价客票（如季节性折扣客票等）、儿童客票、婴孩客票等。

航空客票通常同旅客免费交运行李的行李票合在一起，故也称为客票及行李票。航空旅客票价有以下几种。

1）普通票价，是指按距离制定的基本票价。

2）浮动票价，是指根据不同季节而在普通票价的基础上加减成的票价。

3）包机票价，是指按满员计算的票价。

4）其他票价，是指同一航线上，为了鼓励旅客乘坐飞机，规定有各种类别的票价，如头等票价、公务票价、特种经济票价、预购旅游旺季往返票价、预购旅游淡季往返票价、优待折扣票价等。

5.4.2 航空货物运价的分类和构成

航空货物运价应当采用填开航空货运单当日承运人公布的货物运价。货物运价的使用必须按照货物运输的正方向，而不能按反方向使用。使用货物运价时，还必须符合货物运价规则中提出的要求和规定的条件。

按运价的制定方法，航空货物运价可分为协议运价和公布运价。按运价的组成，航空货物运价可分为公布直达运价和非公布直达运价。其中，公布直达运价可按货物的性质进一步分为普通货物运价、指定商品运价、等级货物运价和集装货物运价；非公布直达运价包括比例运价和分段相加运价。

航空货物运价的优先使用顺序为协议运价、公布直达运价、非公布直达运价。使用协议运价时，优先顺序为双边协议运价、多边协议运价。使用公布直达运价时，优先顺序为指定商品运价、等级运价、普通货物运价。使用非公布直达运价时，优先顺序为比例运价、使用分段相加运价。

航空货物运输费用是在货物运输过程中产生的，承运人应当向托运人或者收货人收取的费用一般包括航空运费、货物声明价值附加费、货物地面运输费、退运手续费、航空货运单费、到付运费手续费、特种货物处理费、保管费等。

1）航空运费。航空运费是指根据货物的计费重量和适用的货物运价计算得出的货物始发站机场至目的站机场之间的货物运输费用，不包括机场与市区之间、同一城市两个机场之间的地面运输费以及其他费用。

2）货物声明价值附加费。托运人办理货物声明价值时，应当在航空货运单上注明货物声明价值。如果国际货物每千克价值超过 20 美元或者国内货物每千克价值超过人民币 20 元，托运人应当按照规定向承运人支付货物声明价值附加费。

3）其他费用。其他费用是指承运人可以收取的除航空运费、货物声明价值附加费以外的费用，包括货物地面运输费、退运手续费、航空货运单费、到付运费手续费、特种货物处理费、保管费等。

在使用航空货物运价时，应当按照"从低原则"计算航空运费，即当货物重量（货物毛重或者货物体积重量）接近某一个重量分界点的重量时，需要将根据该货物重量和对应的货物运价计算得出的航空运费与根据该重量分界点的重量和对应的货物运价计算得出的航空运费相比较，然后取其低者。

5.4.3 航空货物运输费用的计算

国内航空货物运输计费规则如下。

1）货物运费计费以元为单位，1 元以下的四舍五入。
2）最低运费，按重量计得的运费与最低费相比取其高者。
3）按实际重量计得的运费与按较高重量分界点运价计得的运费比较取其低者。
4）分段相加组成运价时，不考虑实际运输路线，不同运价组成点组成的运价相比取其低者。

1. 指定商品运价

指定商品运价是指承运人根据在某一航线上经常运输某一类货物的托运人的请求或为促

进某地区间某一种货物的运输，经国际航空运输协会同意所提供的优惠运价，其运价种类代号为 C。

（1）运价计算方法

1）指定商品编号与分组。根据货物种类，按照数字顺序将其分为 10 大组，每大组又分为若干小组。

0001~0999：食用肉类和植物类产品。
1000~1999：活体动物及非食用动物和植物类产品。
2000~2999：纺织品、纤维及其制品。
3000~3999：金属及其制品，但不包括机械、车辆和电器设备。
4000~4999：机械、车辆和电器设备。
5000~5999：非金属矿和产品。
6000~6999：化工产品及其有关制品。
7000~7999：纸张、芦苇、橡胶和木材制品。
8000~8999：科学、专业精密仪器、机械和配件。
9000~9999：其他货物。

2）运价查找方法。

第一步：查找两点间所有的指定商品运价。
第二步：记下指定商品品名编号。
第三步：选择适用的品名编号。
第四步：检查最低计费重量限制。

（2）运价计算有关规定与要求

两地间既有指定商品运价（SCR），又有普通商品运价（GCR）时，优先使用 SCR。如果使用 SCR 计得的运费高于 GCR 计得的运费，可以使用 GCR 计得的运费。两地间既有确指品名运价，又有泛指品名运价，优先使用确指品名运价；如果泛指品名运价高于确指品名运价，而重量分界点较低，两种计费方法可以比较，取低者作为货物的运费。

2. 等级货物运价

等级货物运价是指规定地区范围内，在普通货物运价的基础上附加或附减一定百分比作为某些特定货物的运价。只有当某种货物没有指定商品运价可适用时，方可选择适合的等级货物运价，其起码重量规定为 5kg。

（1）等级货物运价分类

1）附减等级货物运价。该运价主要适用于书报、杂志及无人押运行李等价值不高的货物，其运价种类代号为 R。

2）附加等级货物运价。该运价主要适用于一些较贵重的或对运输条件要求较高的物品，如贵重物品、灵柩、骨灰及活体动物等，其运价种类代号为 S。

（2）等级货物运价计算程序

1）根据货物品名判断其是否适用于等级货物运价。

2）用适用的公布运价乘以附加（或附减）百分比，得到等级货物运价，并将计得的等级货物运价进位。

3）用适用的等级货物运价乘以计费重量，得到货物运费。

3. 普通货物运价

普通货物运价又称为一般货物运价，适用于各种货物，以货物重量计算运费。当一批货物不能使用等级货物运价，也不属于指定商品时，就应该选择普通货物运价。航空公司通常根据不同的货物重量等级采用不同的运输价格，重量越大，运价越优惠。目前最为普遍的重量等级是 45kg、100kg、100kg 以上。普通货物运价分类如下：45kg 以下，运价类别代号为 N；45kg，运价类别代号为 Q；45kg 以上可分为 100kg、300kg、500kg、1000kg、2000kg 等多个计费重量分界点，但运价类别代号仍以 Q 表示。

1）运费的计算方法为

$$运费 = 适用的运价 \times 计费重量$$

2）运费的收取方法是，根据货物重量和适用的运价计得的运费，与其较高重量分界点的重量和适用的运价计得的运费相比较，取低者作为货物的运费。

4. 比例运价

比例运价是指货物的始发站至目的站无公布直达运价时，可采用有关国际运价规则中公布的比例运价与已知的公布运价相加，构成非公布直达运价。

比例运价分为 3 种，即 GCR、SCR 和 ULD（集装器）运价，并且以美元和当地货币两种货币形式公布，托运人应当使用已公布的货币形式支付运费和其他费用。

1）使用要求。比例运价是一种不可单独使用的附加数，只有和公布运价相加后才可使用。两段比例运价不能连续使用。比例运价的种类必须和公布运价的种类一致。只有国际运输时才可使用比例运价。采用不同的运价构成点组成的公布直达运价，应取其较低者作为货物的运价。采用比例运价构成的公布直达运价可作为等级货物运价的基础。

2）区域性最低运价。货物的始发站至目的站无公布最低运费时，可使用区域性最低运费。在国际航协规定的运价手册中公布了各国至某一区域或国家（地区）的最低运费。

5. 分段相加运价

分段相加运价是指货物的始发站至目的站无公布直达运价，同时也不能使用比例运价时，选择适当的运价构成点，按分段相加的方式组成全程最低运价。该运价的使用要求如下。

1）在采用分段相加的方式组成全程运价时，要选择几个不同的运价构成点，将组成的全程运价比较，取其低者作为货物的非公布直达运价。

2）当国内运价与国际运价相加时，国际运价的规定同样适用于相加后的全程运价。

3）如果各段运价适用的计费重量不同，计算运费时应在货运单运价栏内分别填写。

4）采用分段相加的方式组成的非公布直达运价可作为等级货物运价的基础。

6. 集装货物运价

集装货物运价适用于采用集装器运输的货物，低于普通货物运价。

1）集装货物运价的内容。一般情况下，计算集装货物运费时应考虑：集装器运价种类代号、集装器最低计费重量、集装器最低运费。

2）集装货物运价的适用范围。除特别公布的指定商品运价外，国际航协运价手册中公布的 ULD 运价适用于所有货物。

7. 起码运费

起码运费代号为 M，是航空公司办理一批货物所能接受的最低运费。

8. 附加费及运价使用说明

(1) 声明价值附加费

1) 在国际货物运输中，货物声明价值附加费的计算公式为

$$货物声明价值附加费 = [货物声明价值 - (货物毛重 \times 20 \times 美元换算成人民币的汇率)] \times 0.5\% \quad (5\text{-}20)$$

2) 在国内货物运输中，货物声明价值附加费的计算公式为

$$货物声明价值附加费 = [货物声明价值 - (货物毛重 \times 20)] \times 0.5\% \quad (5\text{-}21)$$

(2) 其他附加费

1) 货物地面运输费的计算公式为

$$货物地面运输费 = 货物重量 \times 货物地面运输费率$$

货物重量要在货物毛重、货物体积重量之间取其高者。货物体积重量是指将一份航空货运单的货物总体积，按照每 6000 cm³ 折合 1kg 计算所得的重量。

2) 到付运费手续费的计算公式为

$$到付运费手续费 = (航空运费 + 货物声明价值附加费 \times 计价货币在货物到达目的站当地当日银行卖出价) \times 5\% \quad (5\text{-}22)$$

(3) 运价说明

计算航空运费时，首先适用指定商品运价，其次是等级货物运价，最后是普通货物运价。无论适用何种运价，当最后计算的运费总额低于所规定的起码运费时，按起码运费计收。公布的直达运价是指一个机场到另一个机场的基本运费，不包含其他附加费，而且该运价仅适用于单一方向。除起码运费外，公布的直达运价一般以千克或磅为计算单位。运价的货币单位一般以起运地的货币单位为准，汇率以承运人签发运单的时间为准。

5.5 水运运费计算

在各种运输方式中，水运是重要的运输方式之一。水运因具有容量大、成本低和污染少等独有的特征，适合于大宗商品的远距离运输；而集装箱的出现又使得小件的轻工业产品也可通过水运大批量地远距离集中运输，达到节约成本的目的。随着我国国民经济的快速发展，贸易范围不断扩大，我国水运货物周转量在各种运输方式完成量中占的比例越来越高。矿建材料、金属矿石、煤炭及制品和石油天然气及制品等大宗散货成为我国水运的主要货种。

5.5.1 水运旅客票价的分类及构成

水路旅客运输工作应贯彻"安全第一，正点运行，以客为主，便利旅客"的方针。旅客应照章购买船票，按船票票面指定的船名、航次、日期乘船。

船票是水路旅客运输合同成立的证明，是旅客乘船的凭证。船票分全价票和半价票。

1) 儿童身高超过 1.1m 但不超过 1.4m 者，应购买半价票，超过 1.4m 者，应购买全价票。

2) 革命伤残军人凭中华人民共和国民政部制发的革命伤残军人证，应给予优待购买半价票。

3) 没有工资收入的大中专学生和研究生，家庭居住地和院校不在同一城市，自费回家

或返校时，凭借附有加盖院校公章的减价优待证的学生证每年可购买往返 2 次院校与家庭所在地港口间的学生减价票（以下简称学生票）。学生票只限该航线的最低等级。

4）学生回家或返校，途中有一段乘坐其他交通工具的，经确认后，也可购买学生票。

5）应届毕业生从院校回家，凭借院校的书面证明可购买一次学生票。新生入学凭院校的录取通知书可购买一次从接到录取通知书的地点至院校所在地港口的学生票。

船票应具备的基本内容包括：承运人名称、船名、航次、起运港（站、点）（以下简称起运港）和到达港（站、点）（以下简称到达港），舱室等级、票价、乘船日期、开船时间、点（码头）。

旅客运输的运送期间，自旅客登船时起到旅客离船时止。船票票价含接送费用的，运送期间包括承运人经水路将旅客从岸上接到船上和从船上送到岸上的期间，但是不包括旅客在港站内、码头上或者在港口其他设施内的时间。

5.5.2 水运货物运价的分类

1. 按运价的基本形式分

1）国家定价。这是由国家或水运主管部门制定并统一颁布的，要求有关企业必须严格执行的运价。

2）国家指导价。这种运价是在中准价的基础上可上下浮动一定幅度（目前交通部规定可上下浮动 20%），故又称为浮动运价。

3）市场运价。这种运价是在统一的水路货物运输市场中，由托运人、承运人双方自由商定的船舶货物运价，故又称为自由运价。

2. 按适用范围分

1）国际海运运价。国际海运运输的是国际贸易货物，采用的运价称为国际海运运价。由于国际海运运价受国际航空市场的制约，所以又称为国际航空市场运价。

2）国内水运运价分为沿海运输价格，长江、黑龙江干线运输价格，地方内河运输价格，海、江直达运输价格等。目前国内水运运价受国内水运市场价值规律的调节，绝大部分实行市场运价。

3. 按运输形式分

1）直达运价，是指适用于同一航区（航段）内两港间直接的货物运价。

2）联运运价，是指适用于水陆联运、水水联运等的货物运价。

3）集装箱运价，是指适用于集装箱货物运输的价格。

4. 按运价制定方式分

1）单一运价，是指对同一货种而言，不论其运输距离长短，都采用相同的每货运吨运价。这种运价形式仅适用于短途航线、轮渡或某些海峡间的货物运输。

2）均衡里程运价，是指对同一货种而言，货物的运价率随运输距离的增加而成正比例增加，即吨·千米运价为不变值。

3）递远递减运价，是指对同一货种而言，每吨·千米运价随运输距离的增加而逐步降低。目前，我国沿海、长江等主要航区均采用此种形式的运价。

4）航线运价，是指适用于某两个港口之间直达货物的运价。两港口可以跨越航区，即只要是两港间的直达货物运输，都可以采用这种形式的运价。

5) 季节性运价。此外，在某些内河运输中，还有上水运价、下水运价、枯水期运价、洪水期运价之分。在国际海上运输中，还有不定期船舶运价、定期船舶运价之分。

5.5.3　班轮运价的种类及运输费用的构成

班轮运价是按照班轮运价表的规定计算的，为垄断性价格。不同的班轮公司或不同的轮船公司有不同的运价表，但都是按照各种商品的不同积载系数、不同的性质和不同的价值结合不同的航线加以确定的。

1. 班轮运价的种类

（1）根据运价的制定者分类

1) 班轮公会运价是指由班轮公会制定，供参加该公会的班轮公司使用的运价，运价的调整或修改都由班轮公会决定。这种运价水平较高，是一种具有垄断性质的运价。

2) 班轮公司运价是指由班轮公司自行制定并负责调整的运价。虽然货方可以对班轮公司制定的运价提出意见，但解释权和决定权仍在船公司。

3) 双倍运价是指由船货双方共同商议制定，共同遵守的运价。对运价的调整或修改，须经双方协商，任何一方都无权单方面改变。

4) 货方运价是指由货方制定，船方接受采用的运价。对运价的调整或修改要在与船方协商的基础上进行，但货方有较大的决定权。一般来说，能够制定运价的货方都是掌握有相当大数量货源的货主，能够常年向船公司提供货源。

（2）根据运价的形式分类

1) 单项费率运价是指对不同的货物在不同的航线上分别制定一个基本运价，只需根据货物的名称及所运输的航线，即可直接查出该货物的运价来计收运费的运价。

2) 等级运价是指将全部货物划分为若干等级，按照不同的航线分别为每一个等级制定一个基本运价的运价。

3) 航线运价是指不分距离远近，只按航线、货物等级制定的运价，即只要起运港和目的港属于航线上规定的基本港口，不论距离远近，都按照航线费率表上为各等级货物规定的运价计算运费。这种运价是按照各航线上各挂靠港的平均距离规定平均运价的，只要航线相同，不论远近，都按该航线分货类的平均运价计算运费。

2. 班轮运费的构成

班轮运费是由基本运费和附加费（如果有规定）两部分构成的，因此一些港口只查到基本费率，还不一定是实际计算运费的完整单价。

1) 基本运费，是指每一计费单位（如一运费吨）货物收取的基本运费（freight unit-price），即航线内基本港之间对每种货物规定的必须收取的费率，也是其他一些百分比收取附加费的计算基础。基本费率有等级费率、货种费率、从价费率、特殊费率和均一费率之分。

2) 附加费，为了保持在一定时期内基本费率的稳定，又能正确反映出各港的各种货物的航运成本，班轮公司在基本费率之外，为了弥补损失又规定了各种额外加收的费用，主要有以下几种。

① 燃油附加费（bunker surcharge or bunker adjustment factor，B.A.F.），在燃油价格突然

上涨时加收。

② 货币贬值附加费（devaluation surcharge or currency adjustment factor, C. A. F.），是指在货币贬值时，船方为实际收入不致减少，按基本运价的一定百分比加收的附加费。

③ 转船附加费（transhiprnent surcharge），是指凡运往非基本港的货物，需转船运往目的港，船方收取的附加费，其中包括转船费和二程运费。

④ 直航附加费（direct additional），是指当运往非基本港的货物达到一定的货量，船公司可安排直航该港而不转船时所加收的附加费。

⑤ 超重附加费（heavy lift additional）超长附加费（long length addtional）和超大附加费（surcharge o bulky cargo），是指当一件货物的毛重、长度或体积超过或达到运价本规定的数值时加收的附加费。

⑥ 港口附加费（port additional or port surcharge），是指有些港口由于设备条件差或者装卸效率低，以及其他原因，船公司加收的附加费。

⑦ 港口拥挤附加费（port congestion ssurcharge），是指有些港口由于拥挤，船舶停泊时间增加而加收的附加费。

⑧ 选港附加费（optional surcharge），是指货方托运时尚不能确定具体卸港，要求在预先提出的两个或两个以上港口中选择一港卸货，船方加收的附加费。

⑨ 变更卸货港附加费（alternational of destionation charge），是指货主要求改变货物原来规定的港，在有关当局（如海关）准许，船方又同意的情况下所加收的附加费。

⑩ 绕航附加费（deviation surcharge），是指由于正常航道受阻不能通行，船舶必须绕道才能将货物运至目的港时，船方所加收的附加费。

5.5.4 集装箱海运运费的构成

集装箱海运运费主要由以下几部分构成。

1）海运运费，是指集装箱班轮公司为完成集装箱货运海上运输而从货方取得的报酬。

2）堆场服务费也称为码头搬运费，是指在装船港堆场接收出口的整箱货以及堆存和搬运至船边的费用；在卸船港船边接收进口集装箱以及将集装箱搬运至堆场和堆存的费用。

3）拼箱服务费，是指对出口货装箱、进口货拆箱所收取的费用。

4）集散运输费又称为支线运输费，是指由内河、沿海的集散港至集装箱进出口港之间的集装箱运输。

5）内陆运输费包括以下几项。

① 区域运费。区域运费是指承运人按货方的要求，在货方指定的地点之间进行重箱和空箱运输时所收取的费用。

② 无效拖运费。当承运人将集装箱按货方要求运至指定地点，而货方却没有发货，且要求将集装箱运回时，承运人将收取全部区域费用以及货方宣布运输无效后可能产生的任何延迟费用。

③ 变更装箱地点费。当承运人应货方要求同意改变原定集装箱交付地点时，货方应对承运人因变更装箱地点而引起的全部费用给予补偿。

④ 装箱时间与延迟费。承运人免费允许货方装货的装箱时间长短以及超过允许装箱时间后收取的延迟费的多少，主要视各港口的条件、习惯、费用支出等情况而定。例如，在发

货人工厂、仓库装箱时，免费允许货方装货的装箱时限为20ft箱2h，40ft箱3h。上述时间均从集货驾驶人将空集装箱交货方时起算，即使是雨天或恶劣气候也不能超出规定的时限，否则对超出时间应计收延迟费。

⑤ 清扫费。当货方提取重箱、拆箱、掏出货物后，还应负责清扫集装箱，将清洁无味的集装箱归还承运人。

集装箱运输中不同交换方式下承运人收取运费的结构见表5-8。

表5-8 集装箱运输中不同交换方式下承运人收取运费的结构

交接方式	发货地				海上运输	收货地				运费结构
	A	B	C	D	E	D	C	B	A	
门到门	√		√		√		√		√	A+C+E+C+A
门到站	√		√		√		√	√		A+C+E+C+B
门到场	√		√		√	√	√			A+C+E+D+C
站到门		√	√		√		√		√	B+C+E+C+A
站到站		√	√		√		√	√		B+C+E+C+B
站到场		√	√		√	√	√			B+C+E+D+C
场到门			√	√	√		√		√	C+D+E+C+A
场到站			√	√	√		√	√		C+D+E+C+B
场到场			√	√	√	√	√			C+D+E+D+C

表5-8中，A为内陆运输费；B为装/卸港集装箱货运站装/拆箱费；C为装/卸港集装箱作业区码头搬运费；D为装/卸车费（换装费，即需要使用港区机械将集装箱从货主接运车上卸下或装上时发生的费用）；E为海运运费。

5.5.5 港口使费的分类及构成

1. 港口使费概述

港口使费是指港口为船舶、货主提供各种必要的服务（如航道、泊位、码头、浮筒锚泊地，为船舶安全航行提供灯塔、引航、拖轮、消防船等各种设施，提供货物装卸机械与仓库场地，提供燃油、淡水、物料、物品等补给，为船舶在港的各种业务提供有关的行政服务和劳务），而向船方或货方征收的费用。

港口使费包含港口费目及港口费率两个内容。港口费目是指收取港口费用的项目，港口费率是指收取每项港口费用的费用标准或单价。

2. 港口使费的类型和构成

船舶港口使费是船舶进出港口和在港停留、作业期间所发生的各项费用的总称。按费用分摊的对象主要分为与船舶有关的费用、与货物有关的费用和其他相关费用三大类。

1) 与船舶有关的费用。这类费用是指船舶进出港或在港停泊，按规定缴纳的税金、手续费和补偿港口各种开支而向船方征收的费用，统称港口费。与船舶有关的费用主要包括引航费、拖轮费、系解缆费、船舶港务费、船舶吨税、停泊费、代理费、船舶检疫费、熏舱费、灯塔费和通信费等。

2) 与货物有关的费用。与货物的装卸、保管和管理有关的费用统称货物费,主要有装卸费、理货费、驳运费、开关舱费、堆存费、货物监管费、困难作业费、特殊平舱费、待时费、加班费、货物检疫费、看守费和港口机械设备使用费等。

3) 其他相关费用。其他相关费用主要包括船员交通费、垫舱物料费、清除垃圾费、供油服务费、伙食或医疗服务费等。

5.5.6 水运货物运输费用的计算

1. 国际海上货物运输费用的计算

航运企业在海上运输货物的过程中,要利用船舶载货而发生诸如船员工资、伙食、燃油、润滑油、物料、港口使费、修理、保险、管理费等营运支出,为了维持生产和扩大再生产而提取折旧费和一定的利润以及营业税等。航运企业(承运人)向托运人(货主)收取的运输劳务费叫作运费,而计算运费的单位价格叫作运价,这种运价有叫作远洋运价的,也有叫作国际航运价格的。

(1) 班轮运费的计算

1) 计费标准的概念及表示方法。计费标准也称为计算标准,是指计算运费时使用的单位。最基本的计费标准是以货物的容积和重量作为单位,即将货物分为容积货物和重量货物,并且为货物的容积和重量规定一个比例关系,按照这种比例关系换算,如果某种货物按照其体积计算的容积吨与其实际重量相比,不足一个按重量计算的重量吨时,则这种货物属于容积货物,应按容积计算运费;相反,当超过一个重量吨时,则这种货物属于重量货物,应按重量计算运费。这种按货物容积(体积或尺码)或重量计算运费的单位称为运费吨或计费吨。

在班轮运输中,主要使用的计费标准是容积和重量;对于贵重货物,则按货价的一定百分比计算运费;对于某些特定货物,也会按其实际的个数或件数计算运费。在船公司制定的运价本中,对运价的计算标准一般有以下几种规定。

按货物的毛重计收,在运价本中以 W 表示,一般以每一公吨为计费单位,也有按长吨(1 长吨＝1.02 公吨)或短吨(1 短吨＝0.91 公吨)计算的。

按货物的体积计收,在运价本中以 M 表示,一般以立方米为计费单位,也有以立方英尺计算的。

按货物的毛重或体积计收,在运价本中以 W/M 表示,是指该种货物应按其毛重和体积计算运费,并选择其中运费较高者收取运费。

按货物的价格计收,在运价本中以 AD. VAL 表示,是指该种货物应按其 FOB 价格的一定百分比计算运费,这种运费称为从价运费。

按货物重量、体积或价格三者中最高的一种计收,在运价本中以 W/M or AD. VAL 表示,是指该种货物应分别按其毛重、体积和其 FOB 价格的一定百分比计算运费,并选择其中运费高者收取运费。

接货物的件数计收,在运价本中以 PerUnit, Head, Piece Etc. 表示,是指车辆按"每辆",活牲畜按"每头"计算运费。

按议价费率计收,在运价本中以 OpenRate 表示,是指该种货物应按承运人与托运人双方临时议定的费率计收运费。这种费率适用于大宗低值货物,如粮食、煤炭等,议价费率一般比等级费率低。

起码运费率,是指按每一提单上所列的货物重量或体积所计算出的运费尚不足运价本中规定的最低费率时,则按起码运费率计收,即对每一提单应计收的最低运费不低于起码运费。班轮公司大多以其等级费率的第一级费率作为起码运费率。在集装箱运输中,又有按每一个集装箱计算收取运费的规定。

2) 班轮运费的计算公式。班轮运费是由基本运费和附加运费组成的,其计算公式如下。

如果附加运费为绝对数值,则运费计算公式为

$$\text{运费总额} = \text{货运数量(重量或体积)} \times \text{基本费率} + \text{附加运费} \qquad (5-23)$$

如果附加运费按百分比计算,则运费计算公式为

$$\text{运费总额} = \text{货运数量(重量或体积)} \times \text{基本费率}) \times (1 + \text{附加运费百分比}) \qquad (5-24)$$

3) 运费计算的步骤如下。

① 根据装货单留底联(或托运单证中的运费计算联)查明货物的装货港和目的港所在的航线,注意它们是否属于航线上的基本港口;所有货物是否需要转船或要求直达;对于选港货,还应注意选卸港名及选卸港口数。

② 了解货物品名、特性、包装,以及是否属于超重、超长货物或冷藏货物。如果托运人提供的货物重量、尺码所使用的计量单位与运价表规定的计量单位不相符,还必须首先对计量单位按规定的换算率进行换算。

③ 根据货物品名,从货物分级表中找出该货物的等级和计算标准。如属于未列名货物,则参照性质相近货物的等级和计算标准计算。

④ 查找所属航线等级费率表,找出等级货物的基本费率。

⑤ 查出各项应收附加费的计算方法及费率。

⑥ 列式进行计算。

(2) 集装箱海运运费的计算

国际集装箱海运运费的计算办法与普通班轮运费的计算办法一样,也是根据费率本规定的费率和计费办法计算运费,并同样也有基本运费和附加费之分。但由于集装箱货物既可以交集装箱货运站(CFS)装箱,也可以由货主自行装箱整箱托运,因而在运费计算方式上也有所不同,主要表现在当集装箱货物是整箱托运,并且使用的是承运人的集装箱时,集装箱海运运费计收有"最低计费吨"和"最高计费吨"的规定,此外,对于特种货物运费的计算以及附加费的计算也有其规定。

1) 拼箱货海运运费的计算。目前,各船公司对集装箱运输的拼箱货运费的计算,基本上是依据件杂货运费的计算标准,按所托运货物的实际运费吨计费,即尺码的按尺码吨计费,重量大的按重量吨计费。另外,在拼箱货海运运费中还要加收与集装箱有关的费用,如拼箱服务费等。由于拼箱货涉及不同的收货人,不能接受货主提出的有关选港或变更目的港的要求,所以,在拼箱货海运运费中没有选港附加费和变更目的港附加费。

2) 整箱货海运运费的计算。对于整箱托运的集装箱货物运费的计收,一种方法是同拼箱货一样,按实际运费吨计费;另一种方法,也是目前采用较为普遍的方法,即根据集装箱的类型按箱计收运费。

在整箱托运集装箱货物且所使用的集装箱为船公司所有的情况下,承运人则有按"集

装箱最低利用率"（container minimum utilization）和"集装箱最高利用率"（container maximum utilization）支付海运运费的规定。

一般来说，班轮公会在收取集装箱海运运费时通常只计算箱内所装货物的吨数，而不对集装箱自身的重量或体积进行收费，但是对集装箱的装载利用率有一个最低要求，即最低利用率。但对有些承运人或班轮公会来说，只是当采用专用集装箱船运输集装箱时，才不收取集装箱自身的运费，而当采用常规船运输集装箱时，按集装箱的总重（含箱内货物重量）或总体积收取海运运费。

规定集装箱最低利用率的主要目的是，如果所装货物的吨数（重量或体积）没有达到规定的要求，则仍按该最低利用率时相应的计费吨计算运费，以确保承运人的利益。在确定集装箱的最低利用率时，通常要包括货板的重量或体积。最低利用率的大小主要取决于集装箱的类型、尺寸和集装箱班轮公司所遵循的经营策略。当然，在有些班轮公会的费率表中，集装箱的最低利用率通常仅与箱子的尺寸有关，而不考虑集装箱的类型。目前，按集装箱最低利用率计收运费的形式主要有3种：最低装载吨、最低运费额以及上述两种形式的混合形式。

最低装载吨可以是重量吨或体积吨，也可以是占集装箱装载能力（载重或容积）的一个百分比。以重量吨或体积吨表示的最低装载吨数通常是依集装箱的类型和尺寸的不同而不同，但在有些情况下也可以是相同的。而当以集装箱装载能力的一定比例确定最低装载吨时，该比例对于集装箱的载重能力和容积能力通常都是一样的，当然也有不一样的。

最低运费额则是按每吨或每个集装箱规定一个最低运费数额，其中后者又被称为最低包箱运费。

至于上述两种形式的混合形式，则是根据下列方法确定集装箱最低利用率的。

① 集装箱载重能力或容积能力的一定百分比加上按集装箱单位容积或每集装箱规定的最低运费额。

② 最低重量吨或体积吨加上集装箱容积能力的一定百分比。

当集装箱内所装载的货物总重或体积没能达到规定的最低重量吨或体积吨，而导致集装箱装载能力未被充分利用时，货主将支付亏箱运费。亏箱运费实际上就是对不足计费吨所计收的运费，即所规定的最低计费吨与实际装载货物数量之间的差额。在计算亏箱运费时，通常是以箱内所载货物中费率最高者为计算标准。此外，当集装箱最低利用率是以"最低包箱运费"形式表示时，如果根据箱内所载货物吨数与基本费率相乘所得运费数额，再加上有关附加费之后仍低于最低包箱运费，则按后者计收运费。

集装箱最高利用率的含义是，当集装箱内所载货物的体积吨超过集装箱规定的容积装载能力（集装箱内容积）时，运费按规定的集装箱内容积计收，也就是说超出部分免收运费。至于计收的费率标准，如果箱内货物的费率等级只有一种，则按该费率计收；如果箱内装有不同等级的货物，则计收运费时通常采用下列两种做法：一种做法是箱内所有货物均按箱内最高费率等级货物所适用的费率计算运费；另一种做法是按费率高低，从高费率起往低费率计算，直至货物的总体积吨与规定的集装箱内容积相等为止。

需要指出的是，如果货主没有按照承运人的要求详细申报箱内所装货物的情况，运费则按集装箱内容积计收，而且费率按箱内装货物所适用的最高费率计。如果箱内货物只有部分没有申报数量，那么未申报部分运费按箱内容积与已申报货物运费吨之差计收。

规定集装箱最高利用率的目的主要是鼓励货主使用集装箱装运货物，并能最大限度地利用集装箱的内容积。为此，在集装箱海运运费的计算中，船公司通常都为各种规格和类型的集装箱规定了一个按集装箱内容积计算的最高利用率，例如，20ft 集装箱的最高利用率为 $31m^3$，40ft 集装箱的最高利用率为 $67m^3$，最高利用率之所以以体积吨而不以重量吨为计算单位，是因为每一个集装箱都有其最大载重量，在运输中超重是不允许的。因此，在正常情况下，不应出现超重的集装箱，更谈不上鼓励超重的做法。

3) 特殊货物海运运费的计算。一些特殊货物如成组货物、家具、行李及服装等在使用集装箱进行装运时，在运费的计算上有一些特别的规定。

① 成组货物。班轮公司通常对符合运价本中有关规定与要求，并按拼箱货托运的成组货物，在运费上给予一定的优惠，在计算运费时，应扣除货板本身的重量或体积，但这种扣除不能超过成组货物（货物加货板）重量或体积的 10%，超出部分仍按货板上货物所适用的费率计收运费。但对于整箱托运的成组货物，则不能享受优惠运价，并且整箱货的货板在计算运费时一般不扣除其重量或体积。

② 家具和行李。对装载在集装箱内的家具或行李，除组装成箱再装入集装箱外，应按集装箱内容积 100%计收运费及其他有关费用。该规定一般适用于搬家的物件。

③ 服装。当服装以挂载方式装载在集装箱内进行运输时，承运人通常仅接受整箱货"堆场—堆场"（CY/CY）运输交接方式，并由货主提供必要的服装装箱物料（如衣架等），运费按集装箱内容积的 85%计算。如果箱内除挂载的服装外，还装有其他货物，服装仍按箱容的 85%计收运费，其他货物则按实际体积计收运费。但当两者的总计费体积超过箱容的 100%时，其超出部分免收运费。在这种情况下，货主应提供经承运人同意的公证机构出具的货物计量证书。

④ 回运货物。回运货物是指在卸货港或交货地卸货后的一定时间以后由原承运人运往原装货港或发货地的货物。对于这种回运货物，承运人一般给予一定的运费优惠，例如，当货物在卸货港或交货地卸货后 6 个月由原承运人运回原装货港或发货地，对整箱货（原箱）的回程运费按原运费的 85%计收，拼箱货则按原运费的 90%计收口程运费。但货物在卸货港或交货地滞留期间发生的一切费用均由申请方负担。

⑤ 货物滞期费。在集装箱运输中，货物运抵目的地后，承运人通常给予箱内货物一定的免费堆存期（freetime），但如果货主未在规定的免费期内前往承运人的堆场提取货箱，或去货运站提取货物，承运人则对超出的时间向货主收取滞期费（demurrage）。货物的免费堆存期通常从货箱倒下船时起算，其中不包括星期六、星期日和节假日。但一旦进入滞期时间，便连续计算，即在滞期时间内若有星期六、星期日或节假日，该星期六、星期日及节假日也应计入滞期时间，免费堆存期的长短以及滞期费的计收标准与集装箱箱型、尺寸以及港口的条件等有关，同时也因班轮公司而异，有时对于同一港口，不同的船公司有不同的计算方法。

根据班轮公司的规定，在货物越过免费堆存期后，承运人有权将箱货另行处理。对于使用承运人的集装箱装运的货物，承运人有权将货物从箱内卸出，存放于仓储公司仓库，由此产生的转运费，仓储费以及搬运过程中造成的事故损失费与责任均由货主承担。

⑥ 集装箱超期使用费。如果货主所使用的集装箱和有关设备为承运人所有，而货主未能在免费使用期届满后将集装箱或有关设备归还给承运人，或送交承运人指定地点，承运人

则按规定对超出时间向货主收取集装箱超期使用费。

4) 附加费的计算。与普通班轮一样，国际集装箱海运运费除计收基本运费外，也要加收各种附加费。附加费的标准与项目根据航线和货种的不同而有不同的规定。集装箱海运附加费通常包括以下几种形式。

① 货物附加费（cargo additional）。某些货物，如钢管之类的超长货物、超重货物、需洗舱（箱）的液体货等，由于它们的运输难度较大或运输费用增高，所以对此类货物要增收货物附加费。当然，对于集装箱运输来讲，计收对象、方法和标准有所不同。例如，对超长、超重货物加收的超长、超重、超大件附加费（heavylift and over-length additional）只对由集装箱货运站装箱的拼箱货收取，其费率标准和计收办法与普通班轮相同。如果采用CFS/CY条款，则对超长、超重、超大件附加费减半计收。

② 变更目的港附加费。变更目的港仅适用于整箱货，并按箱计收变更目的港附加费。提出变更目的港的全套正本提单持有人，必须在船舶抵达提单上所指定的卸货港48h前以书面形式提出申请，经船方同意变更。如变更目的港的运费超出原目的港的运费，则申请人应补交运费差额，反之，承运人不予退还。由于变更目的港所引起的翻舱及其他费用也应由申请人负担。

③ 选卸港附加费（optional additional）。选卸港交货地点仅适用于整箱托运整箱交付的货物，而且一张提货单的货物只能选定在一个交货地点交货，并按箱收取选卸港附加费。

选卸港应在订舱时提出，经承运人同意后，托运人可指定承运人经营范围内直航的或经转运的3个交货地点内选择卸货港，其选卸范围必须按照船舶挂靠顺序排列。此外，提单持有人还必须在船舶抵达选卸范围内第一个卸货港96h前向船舶代理人宣布交货地点，否则船长有权在第一个或任何一个选卸港将选卸货卸下，即应认为承运人已终止其责任。

④ 服务附加费（service additional）。当承运人为货主提供了诸如货物仓储或转船运输以及内陆运输等附加服务时，承运人将加收服务附加费。对于集装箱货物的转船运输，包括支线运输转干线运输，都应收取转船附加费（trans-shipment additional）。

除上述各项附加费外，其他有关附加费计收规定与普通班轮运输的附加费计收规定相同。这些附加费包括：因港口情况复杂或出现特殊情况所产生的港口附加费（portadditional）；因国际市场上燃油价格上涨而增收的燃油附加费（bunkel adjustment factor，BAF）；为防止货币贬值造成运费收入上的损失而收取的货币贬值附加费（currency adjustment factor，CAF）；因战争、运河关闭等原因迫使船舶绕道航行而增收的绕航附加费（deviation surcharge）；因港口拥挤致使船舶抵港后不能很快靠卸而需长时间待泊所增收的港口拥挤附加费（port congestion surcharge）等。此外，对于贵重货物，如果托运人要求船方承担超过提单上规定的责任限额时，船方要增收超额责任附加费（adjustment for excess of liability）。

需要指出的是，随着世界集装箱船队运力供给大于运量需求矛盾的逐渐突出，集装箱航运市场上削价竞争的趋势日益激烈，因此，目前各船公司大多减少了附加费的增收种类，将许多附加费并入运价当中，给货主提供了一个较低的包干运价。这不仅起到了吸引货源的作用，同时也简化了运费结算手续。

2. 国内水路货物运输费用的计算

国内水路货物运输实行的是市场运价，因此在确定水路货物运价时，应以运输价值为基础，并考虑运输市场的供求关系、竞争导向因素、不同运输方式之间的比价关系以及货物的运费负担能力。水路货物运价的制定包括货运基本价格的制定、货类分级及级差率的确定、运价里程与计算里程的确定、运价率表的制定等。

(1) 货运基本价格的制定

货运基本价格简称基价，也称为基本价率，是指基准的运价率。基价确定方法有两种，即综合基价和组合基价。

1) 综合基价，是指以综合运输成本为基础进行测算的货运基本价格，其理论公式为

$$综合基价 = (运输成本 + 利润 + 税金)/计划期换算货物周转量[元/(t·km)] \quad (5-25)$$

式中，运输成本表示计划期部门或航区预计货运成本；利润表示按规定利润率计算办法所得的利润额；税金表示计划期按国家规定的工商税率计算出来的税金；计划期换算货物周转量表示以基本货类、基本船型为基础，各货类、船型按运输生产效率的一定比例换算而得的货物周转量。

综合基价确定后，不同货种、不同运距的货物运价率可按下式确定：

$$运价率 = 综合基价 \times 里程 \times 级差系数(元/t) \quad (5-26)$$

以综合基价为基础而确定的货物运价是一种均衡里程运价，它既能反映货物运价的总体水平，也能反映不同运距、不同货种的运价差别，测算也比较方便。但是此法不能较好地体现运输成本随运距变化的情况，也不能反映运距的变化对停泊成本和航行成本的不同影响。

2) 组合基价，是指由航行基价和停泊基价组合而成的货运基本价格，它是递远递减运价的基础，比综合基价（均衡里程运价）合理，其理论计算公式为

$$组合基价 = 航行基价 \times 里程 + 停泊基价(元/t) \quad (5-27)$$

$$航行基价 = (航行成本 + 利润 + 税金)/计划期换算周转量[元/(t·km)] \quad (5-28)$$

$$停泊基价 = (停泊成本 + 利润 + 税金)/计划期换算货运量(元/t) \quad (5-29)$$

式中，航行成本、停泊成本分别指与船舶航行、停泊有关的成本；航行基价、停泊基价中的利润、税金分别指船舶在航行、停泊期间应分摊的利润和税金；计划期换算周转量、计划期换算货运量分别是指以基本货类、基本船型为基础，各货类、船型按运输生产效率进行换算而得的货物周转量、货运量。

组合基价确定后，不同货种、不同运距的货物运价率按下式计算：

$$运价率 = 组合基价 \times 级差系数(元/t) \quad (5-30)$$

以组合基价为基础而确定的货物运价是一种递远递减运价。随着运距的增加，每吨·千米停泊基价在逐步减少，而航行基价为不变值，从而每吨·千米运价随运距的增加也逐渐减少。采用递远递减运价能较好地体现运输成本随运距变化的情况，比均衡里程运价更为合理。

3) 我国北方沿海、长江航区的航行基价与停泊基价。

从理论上说，由于航行成本基本上随运输距离的增加而增加，故每吨·千米（或每吨·海里）的航行成本可视为不变值。但运距的变化与单位航行成本并不绝对相等，一般是运距短的单位航行成本高，运距长的单位航行成本低。自然条件和地理位置不同的某些航区，各航行区段的单位航行成本有显著差别，因此沿海以运距的长短分别规定了不同的航行基价，长江则以上游区段、中游区段、下游区段分别规定了有差别的航行基价。

停泊基价的制定主要依据单位停泊成本。由于行驶在各航区的船舶的结构、装备等有较大差异，分摊到每货运吨的停泊成本也不同，沿海航区的船舶停泊基价一般小于内河航区。

(2) 货类分级及级差率的确定

1) 货物分级和分级数的确定

对货物分级应主要从运输效率和运输成本上来分析确定，通常要考虑货物的积载因数、货物运输及装卸的难易程度、货物的理化性质、货物的运费承担能力及与其他运输方式的比价等。不同级别的货类在运价上是有差别的，贵重货物高于普通货物，危险货物高于一般货物，成品货物高于原材料，轻质货物高于重质货物。

货物分级数的多少要能合理体现各种货类在运价上的差别和便于计算核收。我国沿海（包括北方沿海、华南沿海）、长江、黑龙江及部分地方航区采用10级分类制。

2) 级差率的确定。级差率是指同一航线不同级别货物运价率之间的递增（或递减）率，其计算公式为

$$级差率 = (后级运价率 - 前级运价率)/前级运价率 \times 100\% \quad (5-31)$$

$$后级运价率 = 前级运价率 \times (1 + 级差率)(元/t) \quad (5-32)$$

级差率的数值可以是正数，也可以是负数。若为正数，则说明后一级的运价率高于前一级；反之，后一级的运价率低于前一级。

级差系数是指各级货物的运价率对基级货物运价率（基价）的比例关系，可根据各级级差率推算。如果已知级差系数和基价，则其他级别的运价率可按下式确定：

$$各级运价率 = 基价 \times 相应的级差系数 \quad (5-33)$$

(3) 运价里程与计算里程的确定

运价里程是指由水运主管部门统一颁布的为测定两港间运价率而特设的里程。它不同于实际里程和航行里程，比较稳定，不得任意更改，只有在航道或港区发生永久性变化时，才由水运主管部门统一修订。

在制定运价率表时，为便于运作和简化，往往把运价里程划分为若干区段，每一区段适合从某一里程起到下一里程止的特定范围。若两港间的运价里程落在某一里程区段内，则按统一规定的里程计算，这一里程称为计算里程。我国对沿海航区和长江航区里程区段的划分以及相应采用的计算里程均有不同规定。

1) 沿海航区（包括北方沿海、华南沿海）里程区段的划分见表5-9。

表5-9 我国沿海航区里程区段划分

里程区段/n mile	区段数	每段里程/n mile	里程区段/n mile	区段数	每段里程/n mile
1~50	1	50	201~400	5	40
51~100	5	10	401~1000	10	60
101~200	5	20	1000以上		100

各里程区段又划分为若干小区段，如表5-9中的51~100 n mile 区段中，以每10 n mile 划分为5个小区段，即51~60、61~70……91~100，其计算里程以各区段的中间值为准，并仅保留整数。例如，大连—天津运价里程为247 n mile，属241~280 n mile区段，其计算里程为260 n mile，天津—青岛运价里程为461 n mile，属451~520 n mile区段，其计算里程为490 n mile。

2) 长江航区里程区段的划分是以每10km为一里程区段，即1~10km、11~20km、21~30km……依此类推。

以里程各区段的终值为准,即将运价里程的个位逢十进整。例如,上海—张家港运价里程为170km,计算里程即170km,南京—南通运价里程为264km,计算里程即270km。

(4) 运价率表的制定

确定了基价、级差率及运价里程之后,就可以计算出任意两港间的各级运价率,将所得数据汇列成表即可得到运价率表。货物运价率表有两种形式,即分航区运价率表和主要航线运价率表,前者是按北方沿海、华南沿海、长江和黑龙江四大航区分别制定货物运价,后者制定运价的步骤如下。

1) 列出主要航线起讫港并确定其所在航区。
2) 查运价里程并确定计算里程。
3) 确定航行基价、停泊基价和级差系数。
4) 计算各级货物的运价率。

3. 港口费用的计费

各国港口费收项目、计费方法和费率水平都不尽相同,但基本费收项目较为一致。

(1) 与船舶有关的费用

与船舶有关的费用约占船舶港口使费总额的36%,而引航费、拖轮费、系解缆费、船舶港务费、船舶吨税、停泊费、代理费等费用之和约占这类费用的90%。

引航费:大多数国家都规定外籍船舶进出本国港口实行强制引航费,绝大部分港口按船舶的净吨(或总吨)和次数计费,如安特卫普港按船舶总吨计收;少数港口,如鹿特丹港则按船舶吃水和引航的距离收费。

拖轮费:船舶进、出港口或移泊都需拖轮协助,该费用的计费方法较多,如我国是按拖轮的马力小时计费;汉堡港按船舶吨位计算;鹿特丹港则按船舶长度计算,还要考虑拖轮使用区域。

系解缆费:多数港口按船舶的净吨(或总吨)计收,少数港口如马赛港按船舶长度计收。

船舶港务费:是港口当局向船方征收的费用,通常按船舶的净吨或总吨计费,多数港口,如马来西亚的港口规定进出港各计费一次,少数港口规定进出港只计费一次。

船舶吨税:是船舶出入国境的关税,由海关向船东征收,但各国吨税征收方法有很大差异,例如,波兰港口按船舶的净吨计收,按年缴纳,但对不定期船和班轮规定不同的税率;而温哥华、科伦坡等港口是按船舶在港装卸的货量计收,具体税率也各有规定。

停泊费:绝大多数港口按净吨(或总吨)和停泊时间计费,以24h为一天,超1h按一天计算。

代理费:是船方向委托代理人支付的劳务费用。代理费一般按代理协议每船包干,少数按运费计收。其中,引航费、拖轮费、系解缆费在节假日和夜间要加收附加费。

(2) 与货物有关的费用

与货物有关的费用约占船舶港口使费总额的59%,最主要的是装卸费,约占这类费用的86%,其次是理货费。

装卸费一般是按装卸货物的重量吨计收的,对于体积大的轻泡货则按体积计收。关于货物的装卸费由谁负担,应依据运输合同规定的条款定。FAS条款规定由船方负担装卸费;FIO条款规定船方不负担装卸费;FILO条款规定船方只负担装卸费;LIFO条款规定船方只负担装货费；FIOST 条款则规定船方不负担装卸费、积载费和平舱费。

大多数港口规定节假日和夜间装卸货物要支付加班费，其计费办法一般有两种：一种是按规定加班的费率，如多哈港规定，凡加班时间卸货费由原来的基本费率的 5.1 美元/t 增加到 15 美元/t；另一种是按时间段收费，如日本港口规定上半夜增加 50%，下半夜增加 130%。

理货费一般以装卸货物的吨数计费，节假日、夜间也要加收加班费，一般是按规定的加班费率，如也门的港口节假日、夜间的理货费要加收 130%。

其他相关费用约占船舶港口使费总额的 5%，这类费用主要是日常的服务费，它是根据实际支出结算的。

5.6 运输费用管理案例

【案例 5-1】 春秋航空有限公司（以下简称春秋航空）是首个中国民营资本独资经营的低成本航空公司（廉价航空公司）。春秋航空经中国民用航空总局批准成立于 2004 年 5 月 26 日，由春秋旅行社创办，注册资本 1 亿元人民币，经营国内航空客货运输业务和旅游客运包机运输业务，2005 年 7 月 18 日开航。春秋航空的目标是要做以商务旅客为主的低成本航空公司。春秋航空是国内唯一不参加中国民航联网销售系统（CRS）的航空公司。2006 年，春秋航空的平均票价比市场上平均价格低约 36%，并在安全运行第一周年即实现赢利。春秋航空平均上座率达到 95.4%，成为国内民航最高客座率的航空公司。

春秋航空是我国第一家真正意义上的低成本航空公司，奉行"省之于旅客，让利于旅客"的经营理念，向旅客提供安全、低价、准点、便捷和温馨的服务，春秋航空奉行低成本、高质量的服务理念。

国内传统航空公司飞机的平均飞行时间在 10h 左右，而春秋航空的平均飞行时间保证在 13h，充分提高了飞机的利用率。春秋航空着重发展机票的网上销售和电子客票的机场服务，欧美以及亚洲的低成本航空公司无一不在电子客票方面颇有建树，电子客票可以为航空公司节约成本。

春秋航空的班机不提供机上免费餐食，将机上餐食的费用从旅客支付的票价中剥离出来还给旅客，作为廉价航空公司，不提供食物是省钱的一方面，同时也在飞机内贩售食物和自己公司的飞机模型等特色产品。

春秋航空提出让人人坐得起飞机的口号，通过低成本运行模式降低票价，推出了 1 元、99 元、199 元、299 元等特价机票，让利于消费者。春秋航空的机票可以在门店支付，也可以在网上支付。门店支付机票费用比网上支付高 30 元。春秋航空的特价机票不得退票、不得变更、不得转签，如果旅客迟到而飞机已经起飞，则机票作废。普通航空公司较低价格的打折机票也不能改签和退票。廉价航空公司与普通航空公司的区别在乘客看来只是没有免费食物供应，座椅靠背不能调整（注：普通航空公司的座椅靠背实际上是可以调整的）。

春秋航空的低成本运作不是低于成本运作；春秋航空有价格超低的特价机票，但并不是全部的机票，只是部分舱位。春秋航空在定价过程中既考虑到了乘客需求，又将市场竞争纳入考虑，属于需求定向型和竞争定向型相结合的定价方法。

【案例 5-2】 近年来，我国高铁发展取得了举世瞩目的成就，截至 2019 年年末，全国高速铁路 3.5 万 km，稳居世界第一。并且，高铁在我国也发挥了其独特的优势，速度快，安全系数高，且价格在多数情况下会比航空票价便宜，是长途出行的不错选择。目前，我国的高铁在百万人口以上城市的覆盖率已经超过 95%，极大地便利了人们的出行。高铁的运营可以帮助旅客实现周末的跨省短途旅行。此外，高铁在长途旅行方面的优势更加明显，以北京到昆明出行为例，高铁线路全长 2760km，耗时只需 11h，而普通火车则需要 30h 多。高铁已成为除了飞机之外最快的交通工具之一，在我国得以迅速普及，并且得到多数旅客的高度赞美。不过也有人对高铁的票价提出质疑。虽然从普遍来说，高铁的票价低于机票，但是对于长途旅行而言，高铁的票价往往与机票基本持平，有时甚至比打折的机票还要贵，这究竟是什么原因呢？高铁的票价究竟是根据什么来定的呢？

高铁的价格其实和时速有关，根据规定会按照出行速度进行差异化定价。换句话说，高铁每小时的速度不同，票价也就会不同。对于运行速度在 110km/h 以上的动车组，其软座票价的标准价为一等座每人每千米 0.3366 元，二等座每人每千米 0.2805 元，这一价格会按 10% 的上下波动视情况而定。高铁消耗的动力又决定了其与普通列车票价的差异。从额定电压方面来看，高铁额定电压为 27.5kV，而家用额定电压为 220V。高铁运营一分钟就相当于普通家庭一个月的用电量，根据用电量计算，高铁运营每小时用电量约为 1 万元。除了较高的消耗成本，高铁的维护成本也相对较高。因此，基于成本定价原理，单位运营里程的高铁票价也会相对较高。

【案例 5-3】 北京—丰台，17km，6451 次，普通无空调硬座普客 17km 不足起码里程，按起码里程 20km 计算。

硬座客票：$0.05861 \times 20 = 1.1722$（元）

保险费：$1.1722 \times 2\% = 0.023444$（元），进整得 0.1 元

旅客票价：$1.1722 + 0.1 = 1.2722$（元），四舍五入得 1 元

客票发展金：0.5（元）

联合票价：$1 + 0.5 = 1.5$（元）

【案例 5-4】 北京—天津，137km，4419 次，普通空调软座普快 200km 以内无递远递减，软座客票基价 0.11722 元；137km 位于 131~140km 区段内，按中间里程即 135km 计算。

软座客票：$0.11722 \times 135 = 15.8247$（元）

保险费：$0.05861 \times 135 \times 2\% = 0.158247$（元），进整得 0.2 元

$15.8247 + 0.2 = 16.0247$（元），四舍五入得 16 元

加快票：普快，$0.011722 \times 135 = 1.58247$（元），四舍五入得 2 元

空调票：$0.01465 \times 135 = 1.97775$（元），四舍五入得 2 元

旅客票价：$16 + 2 + 2 = 20$（元）

客票发展金：1（元）

联合票价：$20 + 1 = 21$（元）

【案例 5-5】 鞍山—北京，707km，2550 次，新空调硬座普快卧铺（下铺）707km 普通票价，707km 位于 701~740km 区段内，按 720km 计算票价。

硬座客票：考虑递远递减，查表 5-4 可得

$27.5467 + (720 - 500) \times 0.046888 = 37.86206$（元）

保险费：$37.86206 \times 2\% = 0.7572412$（元），进整得 0.8 元

37.86206+0.8=38.66206（元），四舍五入得 39 元

加快票：硬座客票 20%，即

37.86206×20%=7.572412（元），四舍五入得 8 元

空调票：硬座客票 25%，即

37.86206×25%=9.465515（元），四舍五入得 9 元

卧铺票（下）：硬座客票 130%，即

37.86206×130%=49.220678（元），四舍五入得 49 元

新型空调车票价上浮 50%，则

硬座客票：39×150%=58.5（元），四舍五入得 59 元

加快票：8×150%=12（元）

空调票：9×150%=13.5（元），四舍五入得 14 元

卧铺票：49×150%=73.5（元），四舍五入得 74 元

附加费：客票发展金 1 元，候车室空调费 1 元，卧铺订票费 10 元

【案例 5-6】 沈阳北—北京，732km，K54 次，新空调高级软卧快速（下铺）。732km 和 707km 票价在一个区段，因此普通票价和上例相同，以下直接从新空调上浮票价开始计算。

软座客票：(37.86206×200%+0.8)×308% = 235.6942896（元），四舍五入得 236 元

加快票：8×308%=24.64（元），四舍五入得 25 元，快速=普快×2=50（元）

空调票：9×308%=27.72（元），四舍五入得 28 元

卧铺票：(37.86206×195%)×308%=227.39953236（元），四舍五入得 228 元

附加费：客票发展金 1 元，卧铺订票费 10 元

联合票价：236+50+28+227+1+10=552（元）

上述票价为普通票价，根据规定还有优惠或免费票价。例如，身高不足 1.2m 的一名儿童随成人旅行可免票；身高 1.2~1.5m 的随行儿童可享受半价客票、加快票、空调票；学生可享受家庭至学校（或实习地点）之间的半价硬座客票、加快票、空调票；持有伤残军人证以及公免乘车证的可享受半价优惠等。

这些优惠票的具体执行细则如下。

免票儿童单独使用卧铺时应购买全价卧铺票，有空调时还应购买半价空调票。如例 5-5 中的 2550 次卧铺票，儿童应付的联合票价为

74（全价卧铺票）+7（半价空调票）+1（客票发展金）+1（候车室空调费）+10（卧铺订票费）= 93（元）

29.5（半价卧铺票）+6（半价加快票）+7（半价空调票）+74（全价卧铺票）+1（客票发展金）+1（候车室空调费）+10（卧铺订票费）= 128.5（元）

残票享受所有除附加费外的半价，如 K54 次高包的残票票价为（236+50+28+228）/2+1+10=281.5（元）

【案例 5-7】 蒙古一家公司从日本购买了一批 72t 的铁管，由日本通过海运运到我国天津新港，然后过境我国铁路从二连站运到蒙古。计算该批货物通过我国铁路的过境运输费用。

该批货物为慢运整车货物，且铁管为 37 类一级，按实际重量计费，计费重量为 58t。由我国国境站间运价里程表可知，天津新港至二连的过境运价里程为 993km。查过境统一货价

参加路慢运货物运费计算表得，该批货物的运价率为4.58瑞士法郎/100kg。

该批货物的运费：4.58×72000÷100＝3297.6（瑞士法郎）

杂费：换装费＝1.2×72000÷100＝864（瑞士法郎），验关费每车4.0瑞士法郎

该批货物的过境运输费用：3297.6＋864＋4.0＝4165.6（瑞士法郎）

【案例5-8】 北京—巴黎的运价分类如下：N—21元/kg；Q—14.8元/kg；300kg—13.54元/kg；500kg—11.95元/kg。现有一件普通货物重35kg，要从北京运往巴黎，计算其运费。

N级运费：35×21＝735（元）

Q级运费：45×14.8＝666（元）

二者比较取其低者，故该件货物应按45kg以上运价计得的运费666元收取运费。

【案例5-9】 现有一箱机器零件，毛重180kg，体积1m³，从攀枝花运往达州，试计算其运费。

对3种运费的计算如下：

GCR：1.30×180＝234（元）

CCR：不属等级商品

SCR：4787类（起码重量为250kg）1.00×250＝250（元）

根据以上计算，该箱机器零件的运费应按普通货物运价计算的运费收取。

【案例5-10】 某班轮从上海港装运10t共11m³的蛋制品去英国普利茅斯港，要求直航，求全部运费。

1）该票货物的运输航线属于中国—欧洲地中海航线，目的港普利茅斯港是航线上的非基本港。

2）查货物分级表知，蛋制品为12级，计算标准为W/M。

3）查中国—欧洲地中海航线等级费率表知，12级货物的基本费率为116元/吨。

4）查中国—欧洲地中海航线附加费率表知，普利茅斯港直航附加费为18元/t，燃油附加费为35%。

5）因该批货物容积吨大于重量吨，故运费吨为11t，代入运费计算公式，得

运费总额＝11×[116×（1＋35%）＋18]＝1920.60（元）

【案例5-11】 确定上海—青岛三级货物的运价率。

上海—青岛为北方沿海航线，其运价里程为404n mile，属于401～460 n mile区段，则计算里程为430 n mile。其航行基价在200 n mile区间为0.0075元/(t·n mile)，201～400 n mile区段为0.0070元/(t·n mile)，400 n mile以上为0.0065元/(t·n mile)。三级货物的级差系数为110.25%，停泊基价为2.6元/t，则

运价率＝（0.0075×200＋0.0070×200＋0.0065×30＋2.6）×110.25%＝6.28（元/t）

【案例5-12】 确定九江—宜昌木材的运价率。

九江—宜昌为长江航线，其中九江—武汉为下游区段，运价里程为269km，以270km计算；武汉—宜昌为中游区段，运价里程为626km，以630km计算。木材为四级货物，级差系数为115.76%，停泊基价为1.5元/t，则

运价率＝（0.0070×270＋0.0136×630＋1.5）×115.76%＝13.84（元/t）

复习思考题

1. 简述运价的结构形式。
2. 简述铁路货物运费的计算程序和计算公式。
3. 铁路整车货物和集装箱货物的计费重量分别是如何确定的?
4. 铁路冷藏车货物、快运货物以及超长、超限和限速货物在运费计算上有何特殊性?
5. 公路货物运价有哪些种类?
6. 公路货物的计费重量、计费里程和计费时间分别是如何确定的?
7. 什么是班轮运价? 班轮运费是怎样构成的?
8. 集装箱运输的"站到门"交接方式中承运人应收取哪些费用?
9. 某海轮从大连港装运 150t 共 165m^3 的蛋制品去英国普利茅斯港, 要求直航, 请计算全部运费。
10. 简述航空货物运价的种类及其适用条件。
11. 某轮船公司班轮运价表规定的货物分级见表 5-10。

表 5-10　某轮船公司货物分级

货　　名	计算标准	等　级
农机（包括拖拉机）	W/M	9
钟及零件	M	10
五金及工具	W/M	10
人参	AV/M	20
玩具	M	11

班轮运价表中规定, 由中国口岸至东非主要港口的费率见表 5-11。

表 5-11　中国口岸至东非主要港口的费率

等级	1	2	…	9	10	11	…	AV
运费（HKD）	243	254	…	404	443	477	…	2.9%

现有工具 100 箱, 每箱 0.45m^3, 每箱毛重 580kg, 试计算该批货物运往东非某主要港口的运费（燃料附加费 40%, 港口拥挤费 10%）。

第 6 章 Chapter 6
交通运输保险和保价

在运输过程中，通常会因为不可抗力或承运人的过失而使货主的货物或者旅客的财产受到损失，甚至会威胁到旅客的生命安全。为了在损害发生后得到足够的赔偿，使损失减到最少，旅客或货主可以选择参加运输保险或保价运输。

6.1 运输保险

运输保险是以处于流动状态下的财产作为保险标的的一种保险，包括运输货物保险和运输工具保险，这两种保险的共同特点是，保险标的处于运输状态或经常处于运行状态，与火灾保险的保险标的要求存放在固定场所和处于相对静止状态有所区别，因此不能被火灾保险包容。

运输保险业务的内容包括运输货物保险、机动车辆保险、船舶保险、航空保险、摩托车保险等，在整个财产保险业中占有十分重要的地位。

6.1.1 保险概述

1. 保险的定义

"保险"一词具有稳妥可靠、保证安全等多种含义。但保险作为一个专用术语，迄今还没有统一的定义。一般认为是一种经济补偿手段，是对危险造成的损失进行补偿的制度。下面从广义和狭义两个角度来介绍。

广义的保险是指保险人向投保人收取保险费，建立专门用途的保险基金，并对投保人负有法律或合同规定范围内的赔偿或给付责任的一种经济保障制度；狭义的保险特指商业保险，即通过合同形式，运用商业手段，由专门机构向投保人收取保险费，建立保险基金，用作对被保险人在合同范围内的财产损失、人身伤亡以及年老丧失劳动能力者给付保险金的一种经济保障制度。

可见，保险既是一种经济制度，也是一种法律关系。从经济角度来讲，保险是以概率和大数法则为数理基础的，集合多数单位和个人共同建立保险基金，用来在发生自然灾害和意外事故时，对保险人的财产损失给予经济补偿或人身伤亡给付保险金的一项制度。或者说，它是指人们为了保障日常生产和生活的稳定，对同类危险事故发生所造成的损失或经济需要，运用多数单位的力量建立保险基金并根据合理的数学计算建立的经济补偿制度或金钱给付的安排。

从法律角度来讲，保险的含义是由相关法律给予明确的。我国《保险法》第 2 条对保险的定义是：本法所称保险，是指保险人根据合同约定，向保险人支付保险费，保险人对于合同约定的可能发生的事故因其发生所造成的财产损失承担赔偿保险金责任，或者当被保险人死亡、伤残、疾病或者达到合同约定的年龄、期限时承担给付保险金责任的商业保险行为。

2. 保险的分类

迄今为止，世界各国对保险的分类尚无统一标准，只能从不同的角度进行大体上的分类。比较常见的分类标准有按保险性质、保险标的、实施形式和风险转移层次分类。

（1）按保险性质分类

按保险性质的不同，可分商业保险、社会保险和政策保险三类。

1）商业保险（commercial insurance），是指投保人与被保险人订立保险合同，根据合同约定，投保人向保险人支付保险费，保险人对可能发生的事故因其发生所造成的损失承担赔偿责任，或者当被保险人死亡、疾病、伤残或者达到约定的年龄期限时给付保险金责任的保险。目前，一般保险公司经营的财产保险、人身保险、责任保险、保证保险均属商业保险。

2）社会保险（social insurance），是指国家通过立法对社会劳动者暂时或永久丧失劳动能力或失业时提供一定的物质帮助，以保障其基本生活的一种社会保障制度。当劳动者遇到生育、疾病、死亡、伤残和失业等时，国家以法律的形式由政府指定的专门机构为其提供基本的生活保障，将某些社会危险损失转移给政府或某个社会组织。

3）政策保险（policy insurance），是指政府出于某项特定政策的目的，以商业保险的一般做法而举办的一种保险。例如：为扶助农牧、渔业增产增收的种植业保险与养殖业保险；为促进出口贸易的出口信用保险。政策保险通常由国家设立专门机构或委托官方或半官方的保险公司具体承办。

（2）按保险标的分类

所谓保险标的（或称保险对象），是指保险合同中所载明的投保对象。在商业保险中按不同的标的，广义上可以将保险分为财产保险和人身保险两大类；狭义上可细分为财产保险、责任保险、信用保证保险和人身保险四类。

1）财产保险（property insurance），是指以各种有形财产及其相关利益为保险标的的保险，保险人承担对各种保险财产及相关利益因遭受保险合同承保责任范围内的自然灾害、意外事故等风险所造成的损失负赔偿责任。财产保险的种类繁多，主要有海上保险、运输货物保险、运输工具保险、火灾保险、工程保险、盗窃保险、农业保险等。

2）责任保险（liability insurance），其标的是被保险人依法应对第三者承担的民事损害赔偿责任或经过特别约定的合同责任。在责任保险中，凡根据法律或合同规定，由于被保险人的疏忽或过失造成他人的财产损失或人身伤害所应负的经济赔偿责任，由保险人负责赔偿。常见的责任保险有公众责任保险、雇主责任保险、产品责任保险、事业责任保险等。

3）信用保证保险（credit&surely insurance），其标的是合同的权利人和义务人约定的经济信用。信用保证保险是一种担保性质的保险，按照投保人的不同，信用保证保险又可分为信用保险和保证保险两种类型。信用保险的投保人和被保险人都是权利人，所承保的是契约的一方因另一方不履约而遭受的损失。保证保险的投保人是义务人，被保险人是权利人，保证当投保人不履行合同义务或不法行为使权利人蒙受经济损失时，由保险人承担赔偿责任。目前，信用保证保险的主要险种有雇员忠诚保证保险、履约保证保险、信用保险等。

4) 人身保险（personal insurance），是以人的身体或生命作为标的的一种保险。人身保险以伤残、疾病、死亡等人身风险为保险事故，被保险人在保险期间因保险事故的发生或生存到保险期满，保险人依据合同规定对保险人给付保险金。由于人的价值无法用货币衡量，具体的保险金额是根据被保险人的生活需要和投保人所支付的保险费由投保人与保险人协商确定。人身保险主要包括人寿保险、健康保险、人身意外伤害保险等。

(3) 按保险的实施形式分类

按保险的实施形式，保险可分为强制保险与自愿保险。

1) 强制保险（compulsory insurance）又称为法定保险，是指国家或政府根据法律或行政法规的规定在投保人和保险人之间强制建立起来的保险关系。这种保险依据法律或行政法规的效力，而不是投保人和保险人之间的合同行为而产生。

2) 自愿保险（voluntary insurance）又称为任意保险，是由投保人和保险人双方在平等自愿的基础上，经过协商订立保险合同并建立起保险关系的。在自愿保险中，投保人对于是否参加保险，同哪家保险公司投保，投保何种险别，以及保险金额、保险期限等均有自由选择的权利。在订立保险合同后，投保人还可以中途退保，终止保险合同。至于保险人也有权选择投保人，自由决定是否接受承保和承保金额。在决定接受承保时，对保险合同中的具体条款，如承保的责任范围、保险费率等也均可通过与投保人协商决定。自愿保险是商业保险的基本形式。

(4) 按风险转移层次分类

按风险转移层次分类，保险可分为原保险和再保险。

1) 原保险（original insurance），是指投保人与保险人直接订立保险合同，建立保险关系，投保人将风险损失转嫁给保险人。原保险的投保人不能是保险机构。

在原保险中，一般每笔保险业务只有一个投保人与一个保险人。根据不同需要，还可能出现共同保险与重复保险。共同保险简称共保，是指由两个或两个以上保险人共同承保同一标的的同一风险，而且保险金额不超过标的的保险价值的保险业务。在发生赔偿责任时，其赔偿按保险人各自承保的金额比例分摊。重复保险是指投保人对同一标的、同一保险利益、同一期限内就同一标的的同一保险事故分别向两个或两个以上保险人投保，而保险金额之和不超过保险标的的实际保险价值。我国《保险法》第40条对重复保险的定义作了如下规定：重复保险是指投保人对同一保险标的、同一保险利益、同一保险事故分别向两个以上保险人订立保险合同的保险。我国《保险法》同时又明确规定：重复保险的保险金额总和超过保险价值的，各保险人的赔偿金额的总和不得超过保险价值。除合同另有约定外，各保险人按照其保险金额与保险金额总和的比例承担赔偿责任。投保人在投保时应根据保险价值向保险人申报保险金额。由于保险标的本身损失不可能超过其保险价值，所以保险金额不得超过标的本身的保险价值。我国《海商法》第220条明确规定：保险金额由保险人与被保险人约定。保险金额不得超过保险价值，超过保险价值的，超过部分无效。

2) 再保险（reinsurance）又称为分保，是原保险的保险人为了分散本身承担的风险，在支付事先商定的保险费的条件下，将所承保的风险责任的一部分转让给其他的一个或几个保险人承担。我国《保险法》第28条给再保险作了如下定义：保险人将其承担的保险业务，以承保的形式部分转移给其他保险人的为再保险。凡经再保险的业务，当发生保险责任范围内的损失时，原保险人在向投保人理赔时，可向再保险人取得相应部分的赔款补偿。

再保险的投保人本身就是保险人,即原保险人(original insurer),又称为保险分出公司(ceding company),再保险业务中接受原保险人转让保险责任的人,为再保险人或称保险分入公司(ceded company)。我国《保险法》规定:再保险分出人应当应再保险接受人的要求将其自负责任及原保险的有关情况告知再保险接受人;再保险接受人不得向原保险的投保人要求支付保险费,原保险的被保险人或者受益人不得向再保险接受人提出赔偿或者给付保险金的请求,再保险分出人不得以再保险接受人未履行再保险责任为由,拒绝履行或者迟延履行其原保险责任。

目前,保险业务在我国发展迅速,如中国人寿保险股份有限公司、中国平安保险集团、中国太平洋保险集团、中国人民保险集团公司和中国出口信用保险公司等。保险公司在承保的保险事故发生后,保险单受益人提出索赔申请后,根据保险合同的规定,对事故的原因和损失情况进行调查,并且予以赔偿。

3. 保险单

(1) 保险单概述

保险单简称保单,是保险人与被保险人订立保险合同的正式书面保证。保险单必须完整地表明当事人的权利、义务及责任。保险单记载的内容是合同双方履行的依据,保险单是保险合同成立的证明。但根据我国《保险法》的规定,保险合同成立与否并不取决于保险单的签发,只要投保人和保险人就合同的条款协商一致,保险合同就成立,即使尚未签发保险单,保险人也应负赔偿责任。保险合同双方当事人在合同中约定以出立保险单为合同生效条件的除外。实践中,一般是投保人缴纳保费后,保险公司才签发保险单,但在特殊情况下,保险公司也愿意事先签发保险单,允许投保人在事后一段时间内交纳保险费(如保险公司为了挽留住大客户,允许其在保险单签发之日起多少天内交纳保险费)。

(2) 保险单的内容

保险单必须明确、完整地记载有关保险双方的权利和义务,保单上主要载有保险人和被保险人的名称、保险标的、保险金额、保险费、保险期限、赔偿或给付的责任范围以及其他规定事项。保险单根据投保人的申请,由保险人签署,交由被保险人收执,保险单是被保险人在保险标的遭受意外事故而发生损失时,向保险人索赔的主要凭证,同时也是保险人收取保险费的依据。

(3) 保险单的法律效力

在保险单中对投保人的交费情况与保险单的效力也作了相应的说明。就本书作者了解的情况而言,保险公司在保险单中就上述事项的说明有几种不同的表述,虽然字词相差不大,但对保险单会产生不同的法律效力,继而影响保险公司是否应该承担赔偿责任。

1) 保险费交清之前发生的事故,保险人不承担赔偿责任。该特别约定为免责条款。保险合同已经成立并合法有效,保险费交清之前发生的事故属于保险合同中约定的赔偿范围,但是由于有以上规定,保险公司享有免责事由,保险公司可以此免责事由拒绝赔偿,而且保险公司可以根据已生效保险合同的约定,向投保人继续索要保险费。投保人补交保险费后,对之后还在保险期间内发生的保险事故,保险公司则应该承担赔偿责任。需要注意的是,上述免责条款应该向投保人明确说明,否则不产生法律效力。

2) 保险费交清之前,保险单不生效。该特别约定为附生效条件的条款,保险费交清之前,保险单已经成立,但是并没有生效。也就是说,只有投保人交清了保险费,保险单才生效，保险单生效的条件就是投保人向保险公司交清保险费。对保险费交清之前发生的事故，由于保险单并没有生效，保险公司无须承担赔偿责任。当然，保险公司也不能以没有生效的保险合同向投保人索要保险费。

3）保险费交清之前，保险单无效。该特别约定是当事人意思表示错误的结果，保险单是否无效，只能看保险单约定的内容是否违反了法律、行政法规的强制性规定，如果是，则保险单无效，否则保险单不会产生无效的法律后果。也就是说，保险单的无效不是当事人所能约定的，其只能根据相应的法律、行政法规来判断。实践当中，应根据案件的具体情况来解释当事人的真实意思表示，如当事人的真实意思表示为保险费交清之前，保险单不生效的，则当事人的真实意思表示为保险合同附生效条件的条款。

4）投保人应自起保之日起5日内交清保险费，否则保险单失效。该特别约定为合同终止条款，保险合同自保险公司签发保险单之时生效。投保人在起保之日起（保险单签发之日）5日内没有交清保险费的，保险合同还是生效的，在此期间发生保险事故的，保险公司仍然要承担赔偿责任。但从起保之日第6日起，投保人还没有交纳保险费的，保险合同的效力就终止了，在此期间发生的保险事故，保险公司无须承担赔偿责任，也无权向投保人索要保险费。

6.1.2 运输保险概况

运输保险是指在运输生产过程中，由于意外事故、自然灾害而给承运人的货物、旅客、运输工具、乘务人员、第三人造成的损失给予补偿的各种保险的总称，包括货物运输保险、运输工具保险、旅客人身意外伤害保险等。

运输保险业务的内容包括运输货物保险、机动车辆保险、船舶保险、航空保险、摩托车保险等，在整个财产保险业中占有十分重要的地位。

1. 运输保险的分类

1）运输货物保险分为海上、内河、航空、陆上和多式联运等多种方式。据此，运输货物保险业可以被划分为水路运输货物保险、陆上运输货物保险和航空运输货物保险及联运保险等。在此，联运保险是指运输货物需要经过两种或两种以上的主要运输工具联运，才能将其从起点地运送到目的地的保险。

根据运输货物保险的承保范围，运输保险又可以分为国内运输货物保险和涉外运输货物保险。前者系货物运输在国内进行，后者则是货物运输超越了一国国境。

2）运输工具保险是以各类运输工具，如汽车、飞机、船舶、火车等为保险标的的保险。因此，运输工具保险的适用范围相当广泛，包括客运公司、货运公司、航空公司、航运公司以及拥有上述运输工具和摩托车、拖拉机等机动运输工具的家庭或个人，均可以投保运输工具保险类的不同险种，并通过相应的保险获得保险保障。

2. 运输保险的意义

1）有利于交通运输事业的发展。保险具有积累资金的功能，通过开展保险业务，可把分散的少量资金集中起来，组成雄厚的资金，对难以预料的意外财产损失，用长期积累的保险基金来补偿，这样就可以使遭受灾害的个别投保人的损失变成由全体投保人共担。可见，通过开展运输保险可使受灾的个别单位能够迅速恢复生产，从而保证运输事业的健康发展。

2）保障交通运输事故中受害者的合法权益。交通运输安全管理无论如何周密，仅能减少事故发生。但事故发生必然会带来人民生命财产的损失。如何使受害者的损失得以赔偿，《中华人民共和国民法通则》（简称《民法通则》）对交通运输事故造成他人损害，规定了由侵权人进行赔偿的制度。但上述规定有时并不能使受害者得到足额赔偿。以货物运输为例，当货物在运输过程中发生灭失、毁损时，货主希望能够得到全额赔偿。而根据有关规定，若货物损失是由不可抗力造成的，则承运人可以免责，即货主将得不到赔偿。即使是由承运人的责任造成的损失，承运人一般也仅在一定的限额范围内按实际损失赔偿，即在大多数情况下，货主都不能得到全额赔偿。为了解决上述矛盾，并将运输中的风险向社会转移，各国普遍规定了货物运输保险制度，即货主通过参加货物运输保险，在发生交通运输事故后，由保险公司负责赔偿，从而保证了受害者的合法利益。在道路交通中实行的强制责任保险制度，也是为了切实保护交通事故受害人的合法权益。

3）有利于安定人民的生活。保险被人们称为"精巧的社会稳定器"。建立保险制的目的就在于为人民生活的安定提供经济保障。保险之所以具有安定社会的作用，是因为在社会生活的运转中，自然灾害和意外事故是普遍存在的，这种危险的存在与发生必然会给国家、企业、家庭及个人带来不安定的后果。运输生产是一种高度危险的作业，在运输生产过程中存在大量的危险。交通事故被认为是人类的一大公害，旅客在旅行途中发生的意外伤害会给旅客及其家庭带来灾难，运输工具的损毁会给运输企业带来重大损失，运输中货物的毁损对货主和承运人都将造成损失。通过开展运输保险，此经济损失就可以通过保险公司给予补偿，这就在很大程度上安定了人心，稳定了社会。

6.1.3 货物运输保险概述

货物运输保险是以运输过程中的多种货物作为保险标的的保险。不论国内贸易还是国际贸易，一笔交易从成交到兑现，货物都要经过运输这个环节，在货物运输过程中，遇到自然灾害或意外事故而使货物受到损失是难以避免的，对这种损失给予补偿的经济行为就是货物运输保险。

1. 货物运输保险的种类

根据使用的运输工具不同，货物运输保险可分为海洋货物运输保险、内河货物运输保险、陆地（铁路、公路）货物运输保险、航空货物运输保险、邮包保险等。

根据适用范围的不同，货物运输保险还可以分为以国内运输过程中的货物作为保险标的的国内货物运输保险和以进出口贸易中的运输货物为保险标的的国际（涉外）货物运输保险。

2. 货物运输保险的特征

货物运输保险属于损害保险范畴，是有形财产险的一种，货物运输保险的特征主要体现在其保障对象、承保标的、承保的风险、保险合同变更、保险期限和保险关系6个方面。

1）货物运输保险的保障对象具有多变性。货物运输保险保障对象的多变性主要指的是被保险人的多变性。贸易活动中货物买卖的目的不仅是实现其使用价值，更重要的是实现货物的价值或货物的增值。

2）货物运输保险的承保标的具有流动性。货物运输保险承保的是流动中或运动状态下的货物，它不受固定地点的限制。

3）货物运输保险承保的风险具有综合性。与一般财产保险相比，货物运输保险承保的风险范围远远超过一般财产保险承担的风险范围。从性质上看，既有财产和利益上的风险，又有责任上的风险；从范围上看，既有海上风险，又有陆上和空中风险；从风险种类上看，既有自然灾害和意外事故引起的客观风险，又有外来原因引起的主观风险；从形式上看，既有静止状态中的风险，又有流动状态中的风险。

4）货物运输保险的保险合同变更具有自由性。由于运输中的货物面临的风险大小及出险概率的高低主要取决于承运人而非被保险人，所以货物运输保险的保险合同可以随着货物所有权的转移而自由转移，无须事先征得保险人的同意。因而，在实践中货物运输保险的保险合同往往被视同提货单的附属物，随着提货单的转移而转移。

5）货物运输保险的保险期限具有空间性。由于采取不同运输工具的货物运输途程具有不固定性，所以货物运输保险的保险期限通常不是采取1年期的定期制，而是以约定的运输途程为准，即将从起运地仓库至到达目的地仓库的整个运输过程作为一个保险责任期限。这一特征使得货物运输保险的保险期限具有空间性特征，因此，仓至仓条款是确定货物运输保险的保险责任期限的主要依据。

6）货物运输保险的国际性。货物运输保险的国际性主要表现在其所涉及的地理范围超越了国家和区域界限。国际运输货物保险所涉及的保险关系人不仅是本国的公民，而且包括不同国家和地区的贸易商承运人、金融机构与货主等，因此保险可能产生的纠纷的预防和解决，必须依赖于国际性法规和国际惯例。

6.1.4 国内水路、陆路货物运输保险

国内水陆货物运输保险的有关规定适用于国内的内河货物运输、沿海货物运输、铁路货物运输、公路货物运输和水陆联合货物运输。

1. 国内水路、陆路货物运输保险中被保险人的义务

货物运输保险的被保险人是指在投保时对所承保货物享有保险利益的人，包括托运人、收货人及其货运代理人、承运人等，他们是所运货物的所有人、共有人，或者是对所运货物的安全有利益关系的人，但都对所运货物享有保险利益，是被保险人。

在国内水路、陆路货物运输保险中，被保险人负有下列义务。

1）缴纳保险费的义务。

2）如实告知义务。被保险人应如实回答保险人就保险标的或者投保人、被保险人的有关情况提出的询问。

3）保证货物包装符合国家和主管部门规定的标准。

4）遵守国家及交通运输部门关于安全运输的各种规章制度，接受并协助保险人对保险货物进行的查验防损工作，以消除货物在运输途中的不安全因素。

5）通知和救助义务。货物如果发生保险责任范围内的损失，被保险人获悉后，应立即通知当地保险机构，并应迅速采取施救和保护措施防止或减少货物损失。

被保险人如果不履行上述义务，则保险人有权终止保险责任或拒绝赔偿一部分或全部经济损失。

2. 国内水路、陆路货物运输保险中承运人的义务

在货物运输保险中，承运人经常作为保险人的代理人，接受保险人的委托，代为办理货物运输保险业务。此时，承运人应当承担以下义务。

1）出险通知义务。被保险人遭受保险合同规定责任范围内的损失后，承运人应当通知保险人，使保险人在出险时能够立即开展对于损失的调查。

2）调查协助义务。承运人有义务协助保险人对被保险人所遭受的损失进行调查。

3）限额赔偿义务。对于因承运人责任所造成的被保险人的损失，承运人应当就与保险人约定的限额以内的部分向被保险人赔偿。

3. 国内水路、陆路货物运输保险所承担的责任

（1）保险责任

基本险的责任范围如下。

1）因火灾、爆炸、雷电、冰雹、暴风、暴雨、洪水、地震、海啸、地陷、崖崩、滑坡、泥石流等（不可抗力）所造成的损失。

2）由于运输工具发生碰撞、搁浅、触礁、倾覆、沉没、出轨、隧道或码头坍塌等（意外事故）所造成的损失。

3）在装货、卸货或转载时因遭受不属于包装质量不善或装卸人员违反操作规程所造成的损失。

4）按国家规定或一般惯例应分摊的共同海损的费用。

5）在发生上述灾害、事故时，因纷乱而造成货物的散失及因施救或保护货物所支付的直接合理的费用。

综合险在基本险责任的基础上扩展了以下责任。

1）因受振动、碰撞、挤压而造成货物破碎、弯曲、凹瘪、折断、开裂或包装破裂致使货物散失的损失。

2）液体货物因受振动、碰撞或挤压致使所用容器（包括封口）损坏而渗漏的损失，或用液体保藏的货物因液体渗漏而造成保藏货物腐烂变质的损失。

3）遭受盗窃或整件提货不着的损失。

4）符合安全运输规定而遭受雨淋所致的损失。

（2）除外责任

由于下列原因造成保险货物的损失，保险人不负赔偿责任。

1）战争或军事行动。

2）核事件或核爆炸。

3）保险货物本身的缺陷或自然损耗，以及由于包装不善。

4）被保险人的故意行为或过失。

5）全程是公路货物运输的，盗窃和整件提货不着的损失。

6）其他不属于保险责任范围内的损失。

（3）保险责任起止时间

自签发保险凭证和保险货物运离起运地发货人的最后一个仓库或储运处所时起，到该保险凭证上注明的目的地收货人在当地第一个仓库或储存处所时终止。但保险货物运抵目的地后，如果收货人未及时提货，则保险责任的终止期最多延长至以收货人接到到货通知单后的15天（以邮戳日期为准）为限。

4. 国内水路、陆路货物运输保险的保险金额和保险费率

在货物运输保险中，保险金额是保险人根据运输保单对保险标的所受损失给予补偿的最高金额。国内水路、陆路货物运输保险的保险金额可以按货价确定，也可按货价加运杂费确定。责任免赔 2000 元或者 20%，最低收费 100 元，费用收取保险金额的 1‰ 以上，一般货物按照 1‰ 收取，如果含有易碎物品，则按照 1.5‰ 收取保费。

保险费率是保险人向投保人收取保险费的计算依据，通常用占保险金额的千分比计算。保险金额与保险费率的乘积即保险人应向投保人收取的保险费，其计算公式为

$$保险费 = 保险金额 \times 保险费率$$

5. 国内水路、陆路货物运输保险的赔偿处理

当保险货物发生保险责任范围内的损失时，货物运抵保险凭证载明的目的地收货人在当地的第一个仓库或储存处所时起，收货人应在 10 天内向当地保险机构申请并会同检验受损的货物，否则保险人不予受理。

1）索赔时效。当事人要求索赔的时效为 180 天。

2）申请索赔时应提供的单证。被保险人向保险人申请索赔时，必须提供：保险凭证、运单（货票）、提货单、发货票；承运部门签发的货运记录、普通记录、交接验收记录、鉴定书；收货单位的入库记录、检验报告、损失清单及救护货物所支付的直接费用的单据。

3）赔偿金额的确定。保险方对于因保险责任造成的损失和费用，在保险金额的范围内按实际损失赔偿，对被保险方为避免和减少保险财产的损失而进行的施救、保护、整理和诉讼费用也应负责偿付。计算货物运输保险的赔偿金额时，要区分足额保险和不足额保险两种情况。

足额保险时，保险人按实际损失赔偿，但最高赔偿额以保险金额为限。

① 按货价确定保险金额的，保险人根据实际损失按起运地货价计算赔偿。

② 按货价加运杂费确定保险金额的，保险人根据实际损失按起运地货价加运杂费计算。

保险金额低于货价的，属于不足额保险。对于不足额保险的货物，只能根据实际损失按比例赔偿，所发生的施救费用也按比例赔偿，其计算公式为

$$赔偿金额 = 损失金额 \times 保险金额 / 起运地货物实际价值$$

$$赔偿金额 = 损失金额 \times 损失程度$$

$$应赔偿施救费用 = 施救费用 \times 保险金额 / 起运地货物实际价值$$

货物发生保险责任范围内的损失时，如果根据法律规定或者有关规定应当由承运人或其他第三者负责赔偿一部分或全部损失的，被保险人应首先向承运人或其他第三者索赔。如被保险人提出要求，保险人也可以先予赔偿，但被保险人应签发权益转让书给保险人，并协助保险人向责任方追偿。

保险货物遭受损失后的残值应充分利用；经双方协商，可作价折旧归被保险人，并在赔款时扣除。

4）赔偿时效。保险人在接到索赔单证后，应当根据保险责任范围迅速核定应否赔偿，赔偿金额一经保险人与被保险人达成协议后，应在 10 天内赔付。被保险人与保险人发生争议时，应当实事求是，协商解决，双方不能达成协议时，可以提交仲裁机关或法院处理。

6.1.5　海上货物运输保险

在海上运输中，常会受到不可抗力的作用使货物受到损失，海上保险的标的通常与海上航行有关，如船舶和船上的货物等。海上保险承保的风险除了一般陆上也存在的风险（如

雷电、恶劣气候、火灾、爆炸等）之外，还有大量的海上所特有的风险（如触礁、搁浅、海水进舱等）；海上保险一般用于国际商务活动，因为通常情况下，或者海上保险的当事人属于不同的国家，或者保险事故发生在异国他乡，总之大多会牵涉到国际关系。

1. 海上货物运输保险保障的风险

海上风险一般是指船舶或货物在海上航行中发生的或随附海上运输所发生的风险。在现代海上保险业务中，保险人所承担的海上风险是有特定范围的，一方面它并不包括一切在海上发生的风险，另一方面它又不局限于航海中所发生的风险，也就是说，海上风险是一个广义的概念，它既指海上航行中特有的风险，也包括一些与海上运输货物有关的风险。

根据我国现行的海运货物条款及英国伦敦保险协会货物新条款所承保的海上风险从性质上划分，海上货物运输保险承保的风险主要有3类。

1）自然灾害。自然灾害是指恶劣气候、雷电、海啸、洪水、地震等人力不可抗拒的灾害，是保险人承保的主要风险。

2）意外事故。意外事故是指运输工具遭受搁浅、触礁、沉没、互撞、与流冰或其他物体碰撞、货物起火爆炸等由于偶然原因所造成的事故。

3）外来风险。外来风险是指除上述风险以外的其他风险，包括一般外来风险和特殊外来风险。前者包括偷窃、提货不着、短盘、碰损、雨淋等，后者则主要是指由于军事、政治、国家政策、法令以及行政措施等造成的风险。常见的外来风险有战争、罢工、交货不到、拒收等。

2. 海上货物运输保险保障的损失

在海上货物保险中，保险人承保的货物由于上述风险所造成的损失又称为海损，海损是指货物在海运过程中由于海上风险而造成的损失，也包括与海运相关的陆运和内河运输过程中的货物损失。按照损失程度划分，海损可分为全部损失与部分损失两大类。

（1）全部损失

全部损失简称全损，是指被保险货物由于承保风险造成的全部灭失或可视同全部灭失的损害。在海上保险业务中，全部损失可分为实际全损和推定全损两种。

实际全损也称为绝对全损，是指保险标的发生保险事故后灭失，或者受到严重损坏完全失去原有形体、效用，或者已不能再归保险人所有。保险货物的实际全损有保险标的完全损毁灭失，保险标的失去原有的性质和用途，保险标的不能再归被保险人所有，船舶失踪，到一定时期仍无音信4种情况。

推定全损是指货物发生保险事故后，认为实际全损已经不可避免，或者认为避免发生实际全损所需支付的费用与继续将货物运抵目的地的费用之和将超过保险价值。

实际全损与推定全损的区别如下：

1）实际全损强调的是保险标的遭受保险事故后，确实已经完全毁损或失去原有的性质和用途，并且不能再恢复原样或收回；推定全损则是指保险标的已经受损，但并未完全灭失，可以修复或收回，不过因此需要支出的费用将超过该保险标的复原、获救或收回后的价值。可见，实际全损是一种物质上的灭失，而推定全损是一种经济上的损失。

2）发生实际损失后，被保险人无须办理任何手续即可向保险人要求赔偿全部损失，但在推定全损的条件下，被保险人可以按部分损失向保险人索赔，也可以按全部损失要求保险人赔偿。如果采取后一种方式，即要求按全损赔偿，则被保险人还必须向保险人办理托付手续。

（2）部分损失

部分损失是指保险货物的损失没有达到全部损失的程度。任何损失如果不属于全部损失，即部分损失。按照损失的性质，海上货物运输部分损失可分为单独海损和共同海损。

单独海损是指在海上运输中，由于保单承保风险直接导致的船舶或货物本身的部分损失。构成单独海损必须具备以下两个条件。

1）单独海损必须是故意的、偶然的海上风险直接导致的损失。

2）单独海损由受损货物的货主或船方自行承担，并不影响他人利益。

共同海损是指在同一海上航程中，船舶、货物和其他财产遭遇共同危险，为了共同安全，有意、合理地采取措施所直接造成的特殊牺牲、支出的特殊费用。共同海损必须具备以下条件。

1）必须是确实遭遇危及船舶、货物的共同危险。

2）所做出的特殊牺牲和支出的特殊费用必须具有非常性质。

3）做出特殊牺牲或支出的特殊费用必须是有意的和合理的。

4）牺牲或支出的费用必须是为挽救处在共同危险中的船舶和货物，并必须使船、货取得救助的实际效果。

3. 海运货物运输保险险别及其责任范围

我国海洋运输货物的保险险别按照能否单独投保来划分，有基本险与附加险两类。基本险所承保的主要是自然灾害和意外事故所造成的货物损失或费用，附加险所承保的是其他外来风险所造成的损失或费用。除基本险和附加险外，还有专门险，如图6-1所示。

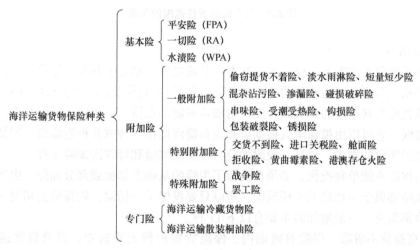

图 6-1 海上运输货物保险种类

（1）基本险

基本险又称为主险，是可以单独投保，不必依附于其他险别项下的险别，是海上货物运输保险的主要险别之一。它是指对于被保险货物在运输中遭受暴风、雷电、流水、海啸、洪水等自然灾害或由于运输工具搁浅、触礁、碰撞、沉没、失火或爆炸，以及装卸过程中整体货物落海意外事故所造成的全部或部分损失，以及因上述事故引起的救助费用、共同海损的牺牲和分摊，由保险人负责赔偿的保险。我国货物保险的基本险分为平安险、水渍险和一切险 3 种。

1）平安险。平安险原意是单独海损不赔，指保险人仅负责赔偿因自然灾害或意外事故造成的货物全损和共同海损。

2）水渍险。水渍险原意是负单独海损责任，是在平安险的基础上，增加了承保货物由于恶劣气候、雷电、海啸、地震、洪水等自然灾害造成的部分损失。相应地，费用的赔偿范围也有所扩大。水渍险承保的风险仍属于列明风险，被保险人向保险人索赔时，负责证明损失的近因是承保风险。

3）一切险。一切险又称为综合险，是 3 个基本险中责任范围最大的险种，除包括平安险和水渍险的各项责任外，本保险还负责保险货物在运输途中由于外来原因所致的全部或部分损失。基本险责任范围的关系如图 6-2 所示。

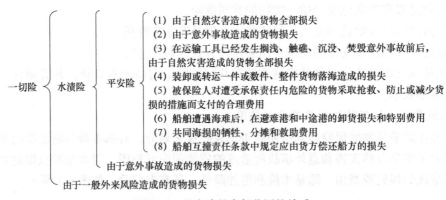

图 6-2　基本险的责任范围的关系

（2）附加险

为了满足投保人的需要，保险人在基本险条款之外又制定了各种附加险条款，附加险是基本险的补充。因为各种运输货物的基本险别所保障的范围都不可能包括所有的意外损失，所以附加险就成为基本险的扩大和补充。附加险不能单独投保，只能在投保其中一种基本险的基础上加保。它可以由被保险人根据需要选择确定加保一种或几种附加险。附加险所承保的是外来原因所致的损失，包括一般附加险、特别附加险和特殊附加险 3 种。

一般附加险不能单独投保，必须在投保了主险的基础上加保或部分加保。由于一般附加险的全部风险都属于一切险的责任范围，所以只要投保了一切险，则保险公司对一般附加险的所有风险都负责。一般附加险主要有以下 11 种。

1）偷窃提货不着险。保险有效期内，保险货物被偷走或窃走，以及货物运抵目的地后，整件未交的损失，由保险公司负责赔偿。偷是指货物整件被偷走，窃是指货物中的一部分被窃取，偷窃不包括使用暴力手段的公开窃夺，提货不着是指货物的全部或整体未能在目的地交付收货人。

2）淡水雨淋险。运输中，由于淡水、雨水以及雪融所造成的损失，保险公司都应负责赔偿。淡水包括船上淡水舱、水管漏水以及舱汗等。淡水是与海水相对而言的。平安险和水渍险仅对咸水所造成的各种损失责任负责赔偿，因此，淡水雨淋险扩展了平安险和水渍险的承保责任。

3）短量短少险。负责保险货物数量短少和重重损失，通常包括货物的短少，保险公司要查清外包装是否有异常现象，如破口、破袋、扯缝等。如属散装货物，往往将装船和卸船重量之间的差额作为计算短量的依据，但不包括正常的途耗。对某些大量不合理的短少现象，被保险人必须提供本保险货物装船前的重量证明。

4）混杂沾污险。本险别承保两类损失：一类是保险货物在运输过程中混进了杂质所造成的损失，另一类是承保货物在运输途中受其他货物沾污所致的损失。

5）渗漏险。本险别承保两类损失：一类是承保流质、半流质的液体物质和油类物质，在运输过程中由于容器损坏而引起的渗漏损失；另一类是承保用液体储存的货物因液体渗漏而引起货物腐烂变质等损失。

6）破损破碎险。破损主要是对金属、木材等货物来说的，如搪瓷、钢精器皿、机器、漆木器等，在运输途中，因为受到振动、颠簸、挤压等造成货物本身的凹瘪、脱瓷、脱漆、划痕等损失。破损则主要是对易碎性物质来说的，如陶器、瓷器、玻璃器皿、大理石等在运输途中由于野蛮装卸、运输工具振颠等造成货物本身的碎裂、断碎等的损失。鉴于平安险和水渍险对自然灾害或运输工具遭遇意外事故所引起保险货物的破损和破碎损失均已负责，所以破损破碎险就扩大到承担一切外来原因所致的破损、破碎损失。

7）串味险。保险货物因为受到其他物品的气味影响所造成的串味损失由保险公司承担，例如，茶叶、香料、药材在运输途中受到一起堆储的皮革、樟脑等异味的影响，使其品质受到损失。这种串味如果与配载不当直接有关，则船方负有责任，保险公司应向轮船公司追偿。

8）受潮受热险。保险货物因受潮受热而引起的损失均属本险别保险责任。例如，船舶在航行途中，由于气温骤变或者船上通风设备失灵等使舱内水汽凝结、发潮、发热引起货物损失；松香靠近机舱壁，由于舱内温度升高受热溶化等。

9）钩损险。保险货物在装卸过程中，因使用手钩、吊钩等工具所造成的损失，例如，捆装棉布使用手钩钩破，包装粮食因吊钩钩坏麻袋而使粮食外漏等均属于其保险责任。

10）包装破裂险。由于包装破裂造成货物短少、沾污等损失属本险别保险责任。此外，保险货物在运输过程中，为运输安全起见，需要修补包装、调换包装所支付的合理费用，也予负责。由于包装破损造成物资的损失从其他附加险的责任可以得到保障，所以该附加险主要解决的问题是修补或调换包装的损失费用。

11）锈损险。锈损险负责保险货物在运输过程中，因为生锈所造成的损失。这种生锈只要不是原装时就已存在，而是在保险期限内所发生的都应负责。因此，这一险别的责任是比较大的。一般来说，对裸装的金属板、块、条、管等（大五金）是不保此险的。原因是这些裸装物资几乎都会生锈，责任范围难以掌握。

特别附加险所承保的风险大多与国家的行政措施、政策法令、航海贸易习惯有关，它并不包括在基本险种中，必须另行加保才能获得保障。特别附加险的险别有以下6种。

1）交货不到险。从保险货物装上船舶开始，在6个月内不能运到保险单载明的目的地交货的，不论何种原因，保险公司应按全部损失赔付。这种情况往往不一定是承运方运输上的原因，而是某些政治上的因素引起的，例如，货物被另一个国家在中途港强迫卸下，造成禁运等。与提货不着险不同，交货不到险是不论任何原因的。

2）进口关税险。本险别负责由于货物受损，却仍需按完好价值完全交纳进口关税所造成的费用支出。进口关税的税率一般是比较高的。当货物进入某国家之前,由于中途遭受损失,其价值会因此而降低,如水损、沾污、发热变质以及内装数量短缺等。对于上述情况,有些国家规定在进口交完关税时,可以申请对损短的部分按其价值减税、免税;但也有些国家规定,进口货物无论有无短少、损残,均需按完好价值交税。进口关税险用于承保上述情况引起的关税损失。

3) 舱面险。海上运输的货物,无论是干货船还是散装船,一般都是将其装在舱内(集装箱除外)。

在制定货物运输的责任范围和费率时,都是以舱内运输作为考虑基础的。如果货物是装在舱面的,保险公司对此不能负责。但是有些货物由于体积大、有毒性或者有污染性,根据航运习惯,必须装载于舱面。为了解决这类货物的损失补偿,就产生了特别附加舱面险。装在舱面的货物暴露于外很容易受损,特别是雨季淋湿、海水溅击更是经常发生。保险公司通常只是在平安险的基础上加保舱面险,一般不愿意在一切险基础上加保,以免责任过大。

4) 拒收险。拒收险承保货物在进口时,不论何种原因而被进口国政府或有关当局拒绝进口或没收所造成的损失。保险人一般按货物的保险价值赔偿,如果货物在发运后尚未抵达进口港,进口国在此期间宣布禁运或禁止,保险人只负责赔偿将货物运回出口国或转口到其他目的地而增加的运费,但所赔金额不能超过这批货物的保险价值。如果在货物发运前,进口国已宣布禁运或禁止,则保险人不承担赔偿责任。

加保拒收险的货物主要是与人体健康有关的食品饮料和药品等。加保时,被保险人必须持有进口所需的特许证和进口限额。由于大多数国家对这类货物的进口基本上都规定有卫生检验标准,一旦违反了进口国规定的标准,就会被拒绝进口乃至被销毁,因此这种风险比较大,一般情况下保险人都不愿意承保。

5) 黄曲霉素险。黄曲霉素是一种致癌霉素,发霉的花生、油菜籽、大米等通常含有此霉素,当其含量超过一定限度时,会对人体造成很大的伤害,因此很多国家都对这种霉素的含量有严格的限制标准,如果超过限制标准,货物就会被拒绝进口、没收或强制改变用途。黄曲霉素险就是承保此种损失的险别。但保险责任开始前已存在的黄曲霉素超标,不在保险人的责任范围之内。

对于被拒绝进口、强制改变用途的货物,被保险人应在保险人需要时尽力协助处理货物或申请仲裁。

6) 出口货物到香港(包括九龙在内)或澳门存仓火险责任扩展条款。我国内地出口到港澳地区的货物,如果进口人向港澳的银行办理进口押汇,在进口人未向银行偿还贷款之前,货物的权益属于银行,在保险单上必须注明货物过户给放款银行,如果货到目的地货主仍未还款,货物往往就存放在过户银行指定的仓库里,此时运输险的责任已经终止,为避免在此期间货物发生损失而损害银行及货主的利益,就需要加保本险别。本险别的责任自运输险责任终止时开始,责任的终止有两种情形,一是银行收回押款解除对货物的权益为止,二是自运输险责任终止时计满30天为止,两者以先发生的为准。

特殊附加险主要包括战争险和罢工险,是当前国际海上货物运输保险中普遍适用的。罢工险与战争险关系密切,按国际海上保险市场的习惯,保了战争险,再加保罢工险时一般不再加收保险费,因此一般被保险人在投保战争险的同时会加保罢工险。

1) 海上货物运输战争险。海上货物运输战争险是保险人承保战争或类似战争行为导致的货物损失的特殊附加险，被保险人必须投保货运基本险之后，才能经特别约定投保战争险。

2）海上货物运输罢工险。海上货物运输罢工险是保险人承保被保险货物因罢工等人为活动造成损失的特殊附加险。我国保险公司对罢工险的保险责任范围包括：罢工者、被迫停工工人或参加工潮暴动、民众斗争的人员的行动所造成的直接损失；任何人的敌意行动所造成的直接损失；因上述行动或行为引起的共同海损的牺牲、分摊和救助费用。

海洋运输货物罢工险以罢工引起的间接损失为除外责任，即在罢工期间由于劳动力短缺或不能运输所致被保险货物的损失，或因罢工引起动力或燃料缺乏使冷藏机停止工作所致冷藏货物的损失。

4. 海洋运输货物专门险条款

海洋运输货物专门险又称为特种货物保险条款，可以单独投保。目前常用的特种货物海运保险条款主要有海洋运输冷藏货物保险条款和海洋运输散装桐油保险条款。

（1）海洋运输冷藏货物保险条款

本险别是根据冷藏货物的特性而专门设立的。对于新鲜的水果、蔬菜、肉类以及水产品等货物，为保持其新鲜程度，运输时均须置于专门的冷藏箱，根据其特点保持一定的冷藏温度。这些冷藏货物在运输途中，除和一般货物一样，可能会遭遇各种海上灾害事故而受损，还可能因冷藏机发生故障，无法正常运转保持必要的温度而致腐烂、变质，因而需要通过投保海运冷藏货物险别，以得到全面保障。

海洋运输冷藏货物保险险别分为冷藏险和冷藏一切险两个险别，两者均可单独投保。冷藏险的责任范围包括由于冷藏机器停止工作达到24h以上所造成的货物腐烂或损失和水渍险的承保责任，即对被保险的冷藏货物在运输途中由于自然灾害或意外事故造成的腐坏和制冷损失予以赔偿。这里所说的冷藏机器包括载运货物的冷藏车、冷藏集装箱及冷藏船上的制冷设备。冷藏一切险的责任范围更广，在承保的各项责任基础上，还负责被保险鲜货在运输途中由于外来原因所致的腐烂或损失。

海洋运输冷藏货物保险的除外责任在海运货物保险条款的基础上稍有改变：①增加了一项除外责任，将"被保险鲜货在运输途中的任何阶段，因未存放在有冷藏设备的仓库或运输工具中，或辅助运输工具没有隔湿设备所造成的鲜货腐烂的损失"列入除外责任；②将海运货物保险条款除外责任中的"在保险责任开始前，被保险货物已经存在的品质不良或数量短差所造成的损失"改为"被保险鲜货在保险责任开始时，因未保持良好状态所引起的货物腐烂、货物损失"。

海洋运输冷藏货物保险的保险期限与海运货物保险的保险期限大致相同，区别仅在于冷藏险关于责任终止期限的规定根据冷藏货物的特点和储藏条件的特定要求有所差异，具体表现为以下几点：

1）货物到达保险单载明的最后目的港后，须在30天内卸离海轮，否则保险责任终止。而在海运保险中没有此种限制。

2）货物全部卸离海轮并存入冷藏仓库，保险人负责货物卸离海轮后10天内的风险。但在上述期限内，货物一经移出冷藏仓库，保险责任即终止。而在海运保险中，自货物卸离海轮后，保险人最多可负责60天，一旦货物存入目的地指定收货人仓库，保险责任即终止。

3）如果货物卸离海轮后不存入冷藏仓库，保险责任到卸离海轮时终止。而在海运货物中货物如果未运往目的地至指定仓库，保险责任自货物分派、分配或转运时才终止。

（2）海运运输散装桐油保险条款

本险别是根据散装桐油的特点而专门设立的，可以单独投保。桐油作为油漆的重要原料，是我国大宗出口商品之一。桐油因自身特性，在运输过程中容易受到污染、变质等损失，为此，它需要不同于一般货物的保险的特殊保障，海运散装桐油保险条款就是为桐油提供全面保障而制定的。

海运散装桐油保险的责任范围：海运散装桐油保险只有一个险别，负责不论任何原因所致的桐油超过保险单规定免赔率的短少、渗漏损失和不论任何原因所致的桐油的污染或变质损失。

海运散装桐油保险的保险期限：海运散装桐油保险的保险期限与海运基本险的保险期限基本一致，具体规定如下。

1）在正常情况下，海运散装桐油保险的责任自桐油远离保险单载明的起运港的岸上油库或盛装容器开始，包括整个运输过程，到保险单载明的目的地岸上油库责任终止，而且最多只负责海轮到达目的港后15天。

2）在非正常情况下，被保险桐油应在运到非保险单载明的港口的15天内卸离海轮，保险责任在桐油卸离海轮后15天终止。如在15天内货物在该地被出售，保险责任在交货时终止。

3）被保险桐油如在上述15天内继续运往保险单所载明的原目的地或其他目的地，保险责任终止按1）条款的规定终止。

（3）特别约定

由于散装桐油非常容易遭受损失，而且保险人承保的责任广泛，对于任何原因造成的桐油变质、污染、短少、渗漏损失均须负责，为控制承保的风险，避免承担桐油散运前的质量缺陷及容器的不洁导致的损失，保险人在保险条款中对桐油的检验规定了一系列严格的要求。

被保险人必须取得相应的检验证书，才能在桐油发生品质上的损失时获得保险赔款。除了为决定赔款额而支付的检验和化验费用由保险人负责之外，散装桐油在运输过程中的其他一切检验和化验费用均由被保险人负担。

（4）海上货物运输保险的除外责任和被保险人责任

海上货物运输保险的除外责任，是指保险人对不属于保险责任范围内的风险事故所造成的保险标的的损失或由此产生的费用不承担责任。海上货物运输保险的3种基本险中，保险人对下列原因所造成的货物损失不负责赔偿。

1）被保险人的故意行为或过失行为所造成的货损。

2）被保险货物的潜在缺陷和货物本身性质所造成的损失，包括货物已存在的品质不良、包装不善、标志不清所造成的损失，以及因发货人责任所造成的损失。

3）被保险货物的自然损耗、自然渗漏和自然磨损所造成的损失。

4）被保险货物因市价跌落或运输延误所引起的损失或费用。

5）属于战争险条款和罢工险条款所规定责任范围和除外责任的货损。

被保险人的责任，是指除按约定缴付保险费外，被保险人还应承担下列责任。

1）当被保险货物运抵保险单所载明的目的港（地）以后，被保险人应及时提货，当发现被保险货物遭受任何损失，应立即向保险单上所载明的检验、理赔代理人申请检验，如发现被保险货物整件短少或有明显残损痕迹，应立即向承运人、受托人或有关当局（海关、港务当局等）索取货损货差证明。如果货损货差是由于承运人、受托人或其他有关方面的责任所造成的，应以书面方式向他们提出索赔，必要时还须取得延长时效的认证。

2）对遭受承保责任内危险的货物，被保险人和保险公司都可迅速采取合理的抢救措施，防止或减少货物的损失，被保险人采取此项措施，不应视为放弃委付的表示，保险公司采取此项措施，也不得视为接受委付的表示。

3）如遇航程变更或发现保险单所载明的货物、船名或航程有遗漏或错误，被保险人应在获悉后立即通知保险人，并在必要时加缴保险费，该保险才继续有效。

4）在向保险人索赔时，必须提供保险单正本、提单、发票、装箱单、磅码单、货损货差证明、检验报告及索赔清单等单证。如涉及第三者责任，还须提供向责任方追偿的有关函电及其他必要单证或文件。

5）在获悉有关运输契约中船舶互撞责任条款的实际责任后，应及时通知保险人。

5. 海上货物运输保险责任期限

保险责任期限是指保险公司承担保险责任时间的起讫规定，又称为保险有效期。不同的保险条款对海上货物运输保险责任期限的规定也不尽相同。

1）"仓至仓"条款。该条款规定，保险人对保险货物所承担的保险责任，是从保险单所载明的起运港发货人的仓库开始，直到货物运抵保险单所载明的目的港收货人的仓库为止。但货物从目的港卸离海轮时起算满60天，不论保险货物有无进入收货人的仓库，保险责任均告终止。

2）扩展责任条款。该条款是指保险货物在运输途中，由于在被保险人无法控制的情况下产生的船只绕道、延迟、被迫卸货以及转运等，保险公司对此仍继续负责。

3）航程终止条款。在被保险人无法控制的情况下，保险货物在运抵保险单载明的目的地之前，运输契约在其他港口或地方终止，或者由于其他原因，航程在运输条款规定的保险责任截止期以前宣告终止，保险继续有效。负责期限直到保险货物在这些卸载的港口或地方卖出去以及送交时为止。但最长期限不能超过货物在卸载港全部卸离海轮后满60天。

4）驳运条款。驳船在驳运过程中也常会发生损失，而驳船又非保险单上写明的海轮。本条款就因此而造成的货物损失予以负责，负责的范围按保险单上所载明的承保险别办理。

6. 海上货物运输保险的索赔时效

索赔是指被保险人在被保险货物因所承保的风险而遭受损失时，向保险人要求赔偿损失。被保险人提出索赔时，必须应保险人的要求提供与确认事故性质和损失程度有关的证明和资料。保险人只有在经过审查确定风险事故与损失之间存在因果关系，风险事故又属于承保范围之内的，才按损失的程度予以赔偿。此外，被保险人提出索赔还必须在索赔时效的期限之内，否则将丧失索赔权利。海商法规定该时效为2年，自保险事故发生之日起计算。

6.1.6 航空货物运输保险

航空货物运输保险是以飞机为运输工具的货物运输保险。近年来，随着航空货运的发展，航空货物运输保险业务也在迅速发展。不过，由于航空货物运输保险业务发展的历史不长，迄今为止，航空货物运输保险未能形成一个完整的体系，还没有独自的保险单格式。下面分别对国内航空货物运输保险、国际航空货物运输保险以及航空货物运输战争险的附加条款作简要介绍。

1. 国内航空货物运输保险

国内航空货物运输保险是指托运人（被保险人）将托运的货物向保险公司（保险人）投保并支付保险费用，由保险公司按约定赔偿因航空运输中发生保险责任范围内事故造成的货物损失的一种保险。

国内航空货物运输保险合同以保险公司向被保险人签发的保险单为凭证。托运人可直接向保险公司投保，也可委托他人代办（保险公司往往委托承运人代办）。航空货物运输保险也实行自愿原则，不得强迫托运人办理保险。

（1）保险标的范围

凡在国内经航空运输的货物均可作为国内航空货物运输保险的标的。但下列货物不在保险标的的范围之内：蔬菜、水果、活牲畜、禽鱼类和其他动物（鲜活货物）。

下列货物非经投保人与保险人特别约定，并在保险单（凭证）上载明，也不在保险标的范围以内，包括金银、珠宝、钻石、玉器、首饰、古币、古玩、古书、古画、邮票、艺术品、稀有金属等珍贵财物。

（2）保险责任

一般情况下，保险货物在保险期内无论在运输还是在存放过程中，由于下列保险事故造成保险货物的损失，保险人负赔偿责任。

1）火灾、爆炸、雷电、冰雹、暴风、暴雨、洪水、海啸、地陷、崩塌。

2）因飞机遭受碰撞、倾覆、坠落、失踪（在3个月以上），在危难中发生卸载以及遭受恶劣气候或其他危难事故发生抛弃行为所造成的损失。

3）因受振动、碰撞或压力而造成破碎、弯曲、凹瘪、折断、开裂的损失。

4）因包装破裂致使货物散失的损失。

5）凡属液体、半流体或者需要用液体保藏的保险货物，在运输途中因受振动、碰撞或压力致使所装容器（包括封口）损坏发生渗漏而造成的损失，或用液体保藏的货物因液体渗漏而致使保藏货物腐烂的损失。

6）遭受盗窃或者提货不着的损失。

7）在装货、卸货时和港内地面运输过程中，因遭受不可抗力的意外事故及雨淋所造成的损失。

另外，在发生责任范围内的灾害事故时，因施救或保护保险货物而支付的直接合理费用也属于保险人的责任范围。

（3）除外责任

由于下列原因造成保险货物的损失，保险人不负责赔偿。

1）战争、军事行动、罢工、哄抢和暴动。

2）核反应、核辐射和放射性污染。

3）保险货物自然损耗，本质缺陷、特性所引起的污染、变质、损坏，以及货物包装不善。

4）在保险责任开始前，保险货物已存在的品质不良或数量短差所造成的损失。

5）市价跌落、运输延迟所引起的损失。

6）属于发货人责任引起的损失。
7）被保险人或投保人的故意行为或违法犯罪行为。
8）由于行政行为或执法行为所致的损失。
9）其他不属于保险责任范围内的损失。
（4）保险责任期间

保险责任是自保险货物经承运人接收并签发保险单（凭证）时起，到该保险单（凭证）上的目的地的收货人在当地的第一个仓库或储存处所时终止。但保险货物运抵目的地后，如果收货人未及时提货，则保险责任的终止期最多延长至以收货人接到到货通知单以后的15天（以邮戳日期为准）为限。

由于被保险人无法控制的运输延迟、绕道、被迫卸货、重新装载、转载或承运人运用运输契约赋予的权限所做的任何航行上的变更或终止运输契约，致使保险货物运输到非保险单所载目的地时，在被保险人及时将获知的情况通知保险人，并在必要时加缴保险费的情况下，保险仍继续有效，保险责任按下述规定终止。

1）保险货物如在非保险单所载目的地出售，保险责任至交货时为止。但不论任何情况，均以保险货物在卸载地卸离飞机后满15天为止。

2）保险货物在上述15天期限内继续运往保险单所载原目的地或其他目的地时，保险责任仍按上述条款的规定终止。

（5）保险价值和保险金额

保险价值按货价或货价加运杂费确定，保险金额按保险价值确定，也可协商确定。

（6）投保人（被保险人）的义务

同国内水路、陆路货物运输保险。

（7）赔偿处理

1）索赔单证。被保险人向保险人申请索赔时，必须提供下列有关单证：保险单（凭证）、运单（货票）、提货单、发票（货价证明）；承运部门签发的事故签证、交接验收记录、鉴定书；收货单位的入库记录、检验报告、损失清单及救护货物所支付的直接合理费用的单据；其他有利于保险理赔的单证。

2）赔偿时效。保险人在接到索赔单证后，应根据保险责任范围迅速核定应否赔偿。赔偿金额一经保险人与被保险人达成协议后，应在10天内赔付。

3）赔偿金额。保险货物发生保险责任范围内的损失时，按保险价值确定保险金额的，保险人应根据实际损失计算赔偿，但最高赔偿金额以保险金额为限；保险金额低于保险价值的，保险人对其损失金额及支付的施救保护费用按保险金额与保险价值的比例计算赔偿。

4）代位赔偿。保险货物发生保险责任范围内的损失，根据法律规定或有关约定，应当由承运人或其他第三者负责赔偿一部分或全部的，被保险人应首先向承运人或其他第三者提出书面索赔。被保险人若放弃对第三者的索赔，保险人不承担赔偿责任；如被保险人要求保险人先予赔偿，被保险人应签发权益转让书和将向承运人或第三者提出索赔的诉讼书及有关材料移交给保险人，并协助保险人向责任方追偿。由于被保险人的过错致使保险人不能行使代位请求赔偿权利的，保险人可以相应扣减保险赔偿金。

5）残值处理。保险货物遭受损失后的残值应充分利用，经双方协商，可作折价归被保险人，并在赔款中扣除。

6) 索赔时效。被保险人从获悉遭受损失的次日起，如果经过 2 年不向保险人申请赔偿，不提供必要的单证，或者不领取应得的赔款，则视为自愿放弃权益。

7) 纠纷处理。被保险人与保险人发生争议时，应协商解决，双方不能达成协议时，可以提交仲裁机构或法院处理。

2. 航空货物运输战争险

航空货物运输战争险是航空货物运输险的一种附加险，只有在投保了航空运输险或航空运输一切险的基础上，经过投保人与保险公司协商才可加保，加保时须另加付保险费。

加保航空货物运输战争险后，保险公司承担赔偿在航空运输途中由于战争、类似战争行为、敌对行为、武装冲突以及各种常规武器和炸弹所造成的货物的损失，但不包括因使用原子或热核制造的武器所造成的损失。

航空货物运输战争险的保险责任期限是自被保险货物装上保险单所载明的起运地的飞机时开始，直到卸离保险单所载明的目的地的飞机时为止。如果被保险货物不卸离飞机，则以飞机到达目的地当日午夜时起计算满 15 天为止。如被保险货物在中途转运，保险责任以飞机到达转运地的当日午夜时起计算满 15 天为止。如装上续运的飞机，保险责任恢复有效。

与海运、陆运险一样，航空运输货物在投保战争险的基础上，可加保罢工险，加保罢工险不另收费。如仅要求加保罢工险，则按战争险费率收费。航空运输罢工险的责任范围与海洋运输罢工险的责任范围相同。

6.1.7 旅客意外伤害保险

1. 旅客意外伤害保险的定义

意外伤害是指外来的、突然的、非本意的、非疾病的使身体受到伤害的客观事件。旅客意外伤害保险是一种以乘坐火车、飞机、轮船、长途汽车等的旅客为被保险人，在指定的旅程内因意外伤害事故致死、致伤、致残，由保险人按约定给付保险金的意外伤害保险。

(1) 投保范围

凡持有效客票乘坐从事合法客运的机动车辆、船舶、轮渡、火车等客运交通工具的旅客，均可作为被保险人参加旅客意外伤害保险。

(2) 保险责任

在保险合同有效期内，被保险人乘坐约定的客运交通工具过程中，因交通工具发生交通事故而遭受意外伤害，保险人应依下列约定给付相应保险金。

1) 被保险人自意外伤害发生之日起 180 天内因该意外伤害导致死亡的，保险人按意外伤害保险金额给付死亡保险金。

2) 被保险人因意外事故下落不明，经人民法院宣告死亡的，保险人按意外伤害保险金额给付死亡保险金。

3) 被保险人自意外伤害发生之日起 180 天内因该意外伤害导致身体残疾的，保险人根据中国人民银行人身保险残疾程度与保险金给付比例表的规定，按意外伤害保险金额及该项残疾所对应的给付比例给付残疾保险金。

4) 被保险人在县级以上（含县级）医院或者保险人认可的医疗机构诊疗所支出的、符合当地社会医疗保险主管部门规定可报销的医疗费用，保险人在意外伤害医疗保险金额范围内，给付医疗保险金。

在保险合同有效期间内,被保险人乘坐约定的客运交通工具的过程中,因该交通工具发生交通事故遭受意外伤害而导致死亡、残疾或者发生医疗费用支出的,保险人也可参照国务院《道路交通事故处理条例》的规定执行,在意外伤害保险金额范围内承担死亡保险金、残疾保险金(含残疾用具费、抚养费);在意外伤害医疗保险金额范围内承担医疗保险金(含伙食补助费、误工补助费、护理费)。当保险人约定的机动车辆乘坐人数超过投保人数时,发生意外伤害事故致使被保险人死亡、残疾或者发生医疗费用支出的,保险人按投保人数与实际乘坐人数的比例给付各项保险金。保险人给付的各项保险金以相应保险金额为限。

(3) 除外责任

因下列情形之一造成被保险人死亡、残疾或者发生医疗费用支出的,保险人不负给付保险金责任。

1) 投保人、受益人对被保险人的故意杀害、伤害。
2) 被保险人故意犯罪或者拒捕。
3) 被保险人殴斗、醉酒、自杀、故意自伤及服用、注射毒品。
4) 被保险人受酒精、毒品、管制药物的影响而导致的意外。
5) 被保险人疾病、流产、分娩。
6) 核爆炸、核辐射或者核污染。
7) 战争、军事行动、暴乱或者武装叛乱。
8) 爬、跳交通工具等违反客运规章的行为。
9) 当地社会医疗保险主管部门规定不可报销的费用。

(4) 保险期间

保险合同的保险期间,自保险人同意承保、收取保险金并签发保险凭证,被保险人购票踏入约定的客运交通工具时起到离开约定的客运交通工具时止。

(5) 保险金额和保险费

意外伤害保险金额和意外伤害医疗保险金额相等,最低各为人民币10000元。保险费依据两项保险金额之和计收,保险费率根据运输工具的不同和运输距离的远近取0.001‰~0.1‰。

(6) 被保险人的义务

旅客意外伤害保险的被保险人负有如实告知和保险事故的通知义务。

1) 被保险人故意隐瞒事实,不履行如实告知义务的,或者因过失未履行如实告知义务,足以影响保险人是否同意承保或者提高保险费率的,保险人有权解除合同。

2) 被保险人故意不履行如实告知义务的,保险人对保险合同解除前发生的保险事故不承担给付保险金的责任,不退还保险费。

3) 被保险人或者受益人应于知道或者应当知道保险事故发生之日起5天内以书面形式通知保险公司,否则被保险人或者受益人应承担由于通知迟延致使保险人增加的勘察、检验等项费用,但不可抗力导致的延迟除外。

(7) 保险金的申请和赔付

被保险人死亡的,由死亡保险金受益人作为申请人,填写保险金给付申请书,并凭下列证明和资料申请给付保险金:保险单,受益人户籍证明或者身份证明,保险费的缴费凭证;被保险人死亡证明书、事故裁决书,宣告死亡证明文件,被保险人户籍注销证明,保险人认可的有关部门出具的证明、裁决，受益人所能提供的与确认保险事故的性质、原因等有关的证明和资料。

被保险人残疾的，由被保险人作为申请人，填写保险金给付申请书，并凭下列证明和资料申请给付保险金：保险单，被保险人户籍证明或者身份证明，保险费的缴费凭证，由保险人指定或者认可的医院出具的被保险人残疾程度鉴定书，保险人认可的有关部门出具的证明、裁决，被保险人所能提供的与确认事故的性质、原因、伤害程度等有关的证明和资料。

被保险人支出医疗费用的，由被保险人作为申请人，填写保险金给付申请书，并凭下列证明和资料申请给付医疗费用保险金：保险单，被保险人户籍证明或者身份证明，保险费的缴费凭证，由保险人指定或者认可的医院出具的被保险人治疗记录和医药费收据，保险人认可的有关部门出具的证明、裁决，保险人要求提供的与确认事故的性质、原因、伤害程度等有关的证明和资料。

保险人收到申请人的保险金给付申请书及有关证明和资料后，对确定属于保险责任的，在与申请人达成有关给付保险金额协议后10天内，履行给付保险金的义务；对不属于保险责任的，向申请人发出拒绝给付保险金通知书。

保险人自收到申请人的保险金给付申请书及有关证明和资料之日起60天内，对属于保险责任而给付保险金的数额不能确定的，根据已有证明和资料，按可以确定的最低数额先予以支付，保险人最终确定给付保险金的数额后，给付相应的差额。

如被保险人在被宣告死亡后生还的，受益人应于知道或者应当知道被保险人生还后30天内退还保险人已支付的保险金。被保险人或者受益人对保险人请求给付保险金的权利，自其知道或者应当知道保险事故发生之日起2年内不行使而消灭。

(8) 争议处理

保险合同争议的解决方式，由当事人在合同中约定从下列两种方式中选择一种。

1) 因履行保险合同发生的争议，由当事人协商解决，协商不成的可提交某仲裁委员会仲裁。

2) 因履行保险合同发生的争议，由当事人协商解决，协商不成的依法向对保险单签发地有管辖权的人民法院提起诉讼。

2. 铁路旅客意外伤害保险

《铁路旅客意外伤害强制保险条例》由政务院财政经济委员会于1951年4月24日颁布，同年6月24日实施，对铁路强制险进行相关规定，至2012年已经实施了61年。在半个多世纪的时间里，关于铁路强制险的去向、合法性和保险额度等争议和讨论不绝。2012年11月9日，国务院第628号令正式废止了《铁路旅客意外伤害强制保险条例》。从2013年1月1日起正式实施，乘客乘坐火车伤亡赔偿不再是15万元封顶，乘客也不再被强制收取票价2%的人身意外伤害强制保险费。

在废止《铁路旅客意外伤害强制保险条例》之前，凡乘火车的旅客均应按规定向中国人民保险公司投保铁路旅客意外伤害保险（旅客的保险费已包括在票价内，保险手续由铁路运输企业办理，不另签发保险凭证），当发生意外事故造成旅客伤害（含死亡）时，保险公司按规定向旅客支付保险金。

(1) 保险期限

铁路旅客运输意外伤害强制保险的有效期间，自旅客持票进站加剪后开始，到到达旅程终点缴销车票出站时为止，如需搭乘铁路免费接送旅客的其他交通工具，则搭乘该项交通工具期间也包括在内。旅客乘坐的火车在中途因故停驶或改乘铁路指定的其他列车者，在中途停留及继续旅程中，保险仍属有效。旅客在旅程中途自行离站不再随同原车旅行者，其保险于离站时起即告失效，但经站长签字证明原票有效者，在重新进站后，保险效力即恢复。

（2）保险金额及保险费

保险金额不论席座等级、全票、半票、免票，一律规定为每人2万元。旅客的保险费包含于票价内，按基本票价的2%收费。

（3）保险责任

旅客在保险有效期间内，由于遭受外来、剧烈及明显的意外事故（包括战争所致在内）受伤必须治疗者，由保险公司按实际情况给付医疗津贴，以不超过保险金额为限。

旅客遭受意外事故受到伤害，以致死亡、残疾或丧失身体机能者，除给付医疗津贴外，另由保险公司依照下列规定给付保险金。

1）死亡者，给付保险金额全数。

2）双目永久完全失明者，两肢永久完全残疾者，或一目永久完全失明与一肢永久完全残疾者，给付保险金额全数。

3）完全丧失身体机能永久不能继续工作者，给付保险金额全数。

4）一目永久完全失明者或一肢永久完全残疾者，给付保险金额半数。

5）一部分身体机能永久不能复原影响工作能力者，视其丧失机能的程度，酌情给付一部分保险金。

旅客在一次旅程中，遭受意外事故，其保险金赔付以不超过保险金额为限。

（4）除外责任

遇有下列情况之一者，保险公司不负给付保险金或医疗津贴的责任。

1）因疾病、自杀、殴斗或犯罪行为而致死亡或伤害者。

2）失踪者（但因车辆失事或意外事故而致失踪者不在此限）。

3）因无票爬跳车而致死亡或伤害者。

4）有诈骗行为意图骗领保险金或医疗津贴者。

（5）医疗津贴及保险金的给付办法

1）旅客遭受意外事故须予治疗者，其医疗津贴由保险公司或其特约代理处根据铁路医院或其他指定医院、医师证明确定后，依照规定给付。

2）旅客遭受意外事故以致残疾或丧失身体机能者，应由其本人或其指定代理人出具铁路医院或其他指定医院、医师及铁路的证明文件，由保险公司或其特约代理处根据此项证明，确定应给付保险金数额。

3）旅客遭受意外事故以致死亡者，应由其配偶、子女、父母或完全依赖该旅客供养者出具铁路的证明文件，必要时须出具居住地政府的户籍证明，向保险公司或其特约代理处申请给付保险金，如遇领款人发生争执，应按照上列顺序决定。

4）申请领取保险金，须自意外事故发生之日起1年内办理。

5）保险金的给付由保险公司或其特约代理处自接到申请之日起在15天内办理。

3. 航空旅客人身意外伤害保险

航空旅客可以自行决定向保险公司投保航空旅客人身意外伤害保险。

（1）投保范围

凡乘坐客运航班班机的旅客均可成为航空人身意外伤害保险的被保险人。

（2）保险责任

在保险责任有效期内，被保险人遭受意外伤害时，保险人依下列约定给付保险金。

1）被保险人自意外伤害发生之日起 180 天内身故的，保险人按保险单所载保险金额给付身故保险金。

2）被保险人自意外伤害发生之日起 180 天内身体残疾的，保险人按保险单所载保险金额及该项身体残疾所对应的给付比例给付保险金。

3）被保险人自意外伤害发生之日起 180 天内未造成身故或残疾的，对被保险人在此期间时实际支付的医疗费，保险人在国家规定的公费医疗报销范围内给付医疗保险金，金额最高不超过 20000 元。

4）保险人所负给付保险金的责任以保险单所载保险金额为限。

（3）除外责任

同旅客意外伤害保险的除外责任。

（4）保险责任期间

保险人所负保险责任从被保险人踏入保险合同指定的航班班机（或等效班机）的舱门开始到飞抵目的港走出舱门为止。等效班机是指由于各种原因由航空公司为指定航班所有旅客调整的班机或被保险人经航空公司同意对指定航班变更并且起始港与原指定航班相同的班机。

（5）保险金额和保险费

保险金额按份计算，每份的保险金额为 20 万元人民币。同一被保险人最高保险金额为 200 万元人民币。每份保险的保险费为 20 元人民币。

（6）保险受益人的指定和变更

投保人或被保险人在订立保险合同时，可指定一人或数人为身故保险金受益人，受益人为数人时，应确定受益顺序和受益份额，未确定份额的，各受益人按照相等份额享有受益权。被保险人为无民事行为能力或者限制行为能力人的，可以由其监护人指定受益人。被保险人或投保人可以变更身故保险金受益人，但需书面通知保险公司，由保险公司在保险单上批注。投保人在指定和变更身故保险金受益人时，须经被保险人书面同意。残疾保险金的受益人为被保险人本人。

（7）保险事故通知

投保人、被保险人或者受益人应于知道或应当知道保险事故发生之日起 5 天内通知保险人，否则投保人、被保险人或受益人应承担由于通知延迟致使保险人增加的勘察、检验等项费用，但因不可抗力导致的迟延除外。不可抗力是指不能预见、不能避免并不能克服的客观情况。

（8）保险金的申请与给付

被保险人身故的，由身故保险金受益人作为申请人填写保险金给付申请书，并凭下列证明和资料申请给付保险金：保险单或其他保险凭证，受益人户籍证明及身份证明，被保险人死亡证明书，承运人出具的意外事故证明，宣告死亡证明文件，被保险人户籍注销证明，受益人所能提供的与确认保险事故的性质、原因等有关的其他证明和资料。

被保险人残疾的，由被保险人作为申请人，于被保险人被确定残疾及其程度后填写保险金给付申请书，并凭下列证明和资料申请给付保险金：保险单或其他保险凭证，被保险人户籍证明及身份证明，被保险人残疾程度鉴定书，承运人出具的意外事故证明，被保险人所能提供的与确认保险事故的性质、原因、伤害程度等有关的其他证明和资料。

被保险人遭受意外伤害未造成身故或残疾，但需接受治疗的，由被保险人作为申请人，于治疗结束后或治疗仍未结束但自意外伤害发生之日起已满 180 天时，填写保险金给付申请书，并凭下列证明和资料申请给付保险金：保险单或其他保险凭证，被保险人户籍证明及身份证明，医疗诊断书及医疗费用原始凭证，承运人出具的意外事故证明，被保险人所能提供的与确认保险事故的性质、原因、伤害程度等有关的其他证明和资料。

保险人收到申请人的保险金给付申请书及有关证明和资料后，如无特别约定，对属于保险责任的，在与申请人达成有关给付保险金数额的协议后 10 天内，履行给付保险金责任。对不属于保险责任的，向申请人发出拒绝给付保险金通知书。

保险人自收到申请人的保险金给付申请书及有关证明和资料之日起 60 天内，对属于保险责任而给付保险金的数额不能确定的，根据已有证明和资料，按可以确定的最低数额先予以支付，保险人最终确定给付保险金的数额后，给付相应的差额。

被保险人在宣告死亡后生还的，保险金领取人应自其知道或应当知道被保险人生还后 30 天内退还保险人支付的保险金。

被保险人或受益人请求给付保险金的权利，自其知道或应当知道保险事故发生之日起 2 年不行使而消灭。

（9）投保人解除合同的处理

投保人在保险合同指定的航班班机起飞前要求解除本合同的，保险人应在扣除手续费 2 元后退还保险费。投保人要求解除本合同时，应提供保险单或其他保险凭证、被保险人身份证明。

（10）争议处理

在保险合同履行过程中，双方发生争议的，应协商解决，经双方协商未达成协议的，可依据达成的合法、有效的仲裁协议通过仲裁解决，无仲裁协议或者仲裁协议无效的，可通过诉讼方式解决。

6.2 保价运输

保价运输是指运输企业与托运人共同确定的以托运人申明货物价值为基础的一种特殊运输方式。保价就是托运人向承运人声明其托运货物的实际价值。凡按保价运输的货物，托运人除缴纳运输费用外，还要按照规定缴纳一定的保价费。保价运输就是实行限额赔偿制度后，一旦发生运输事故，使托运人、收货人在运输中承担的风险降低。

6.2.1 保价运输的概念和特点

1. 限额赔偿制度

对于因承运人过失责任造成的货物损失，各种运输方式一般都通过法律、行政法规规定了最高的赔偿数额，称为赔偿限额。该赔偿限额往往低于货物的实际损失。交通运输业实行限额赔偿制度的原因如下。

1）按实际损失赔偿，交通运输企业负担过重，将制约交通运输业的发展。随着经济的发展，社会商品的品种越来越多，价格越来越高，对运输的要求越来越高，交通运输业承担的风险也越来越大。但我国的运费水平普遍较低，存在"高物价、低运价"的情况。在低运价的条件下，运输业的运输收入主要用于支付运输成本，若按货物的实际损失赔偿，则一些运输企业将难以经营下去。

2）运费未与货物价格直接挂钩。当前，运输企业运输的货物品种繁多，价格差异巨大，我国的运费水平主要是以运输成本为基础并结合国家经济政策而制定的，并未考虑货物本身的价格。货物的运价率虽有区别，但高低相差不过几倍，远不能适应各种货物的实际价格的差异，故运输企业承担的货物损失价值与其所获得的收益是不相称的。

3）国家价格管理体制的变化。随着市场经济的发展，各地区商品价格的差异逐渐扩大，即使同一地区、同一产品的价格也不尽相同。而交通运输业的运价则较为固定，有些运输方式还实行国家定价，即不能随行就市加以变化，从而出现了以"死运价"对"活物价"的状况。这就不可避免地出现了几个托运人运输同一品种的货物，向运输企业交纳相同的运费，发生事故后，索取不同数额的赔偿金的情况。这种权利和义务不对等的状况也是不合理的。

4）运输中的风险不应全部由运输企业承担。另外，实行限额赔偿制度也是国外交通运输业的惯例。

货物运输的产品是货物的位移，完成一个运输过程往往要跨越广大的地区。我国地域辽阔，各地区的自然条件、社会条件存在巨大的差异，在运输过程中，不能确定的外部因素极多，运输企业负担的风险也随之加大。这些危及安全的因素绝不是运输企业本身所能解决的。显然，发生事故都要承运人全部包下来是不公平的，而应寻求承托双方共同分担风险的有效方法。

2. 保价运输的概念

根据限额赔偿制度，当发生因承运人过失责任造成的货物损失时，承运人将在赔偿限额内按实际损失赔偿。一般情况下，该赔偿限额与货物实际损失相差很多，而这时货主希望得到全额赔偿，这就造成了一对矛盾。为了解决这个矛盾，各种运输方式普遍实行了保价运输制度。

保价就是货物的保证价值，也可称为声明价格。所谓货物保价运输，是指托运人在托运货物时声明其价格并向承运人支付保价费用，由承运人在货物损失时按声明价格赔偿的一种货物运输方式。货物保价运输既是运输合同的组成部分，也是实行限额赔偿后，保证承运人、托运人利益对等的一种赔偿形式。

3. 保价运输的特点

1）保价运输是运输企业实行限额赔偿后，为了保证承运人、托运人双方权益对等，在法律上给予托运人的一种权利。在运输企业承运时，法律上保证托运人自愿决定是否行使这个权利。

2）保价运输的货物在起运地和目的地之间流动，并一直处在运输企业职工的劳动和监护下，这有利于货物安全送到目的地并交付给收货人。

3）托运人应以全部货物的实际价格作为保价金额。货物的实际价格除货物自身的价格外,还包括承运前已发生的税款、包装费用和运输费用,不包括将发生的运输费用。

4)保价运输除对托运人的损失起补偿作用外,运输企业可以直接采取特殊的技术和组织措施,保证货物运输安全。

5)货物保价运输的责任是从承运人承运货物时起到将货物交付给收货人为止全程负责。

4. 保价运输的产生过程

保价运输来源于承运人赔偿责任限额制度和商事交易活动的意思自治原则。从航运历史来看,承运人责任制度发生过几次重要的变化。

18世纪80年代,在英国船东的强大压力下,英国法院开始承认提单中的承运人免责条款。利用契约自由原则,当时的英国航运资本家在海运提单条款中几乎任意规定免责条款。到了19世纪末20世纪初,这种免责条款一度多达六七十种,结果导致货主几乎承担了货物在海上运输过程中的一切风险,此为承运人"不负过失责任制度",这引起了当时贸易界的强烈不满。同时,由于提单是一种可转让的物权凭证,而收货人、银行和提单受让人并无审查提单条款的实际机会,而且提单中的许多免责条款也往往影响提单的自由转让。这一方面妨碍了贸易的进一步发展,另一方面也影响了世界航运业的发展。

自19世纪以来,各国民法均视过失责任为经典理论。过失责任是行为人须对自己有过失的致害行为负责。鉴于承运人不负过失责任制度引发的贸易界与航运界矛盾的加深以及与主流经典理论的背道而驰,承运人不负过失责任制便不再适应实践发展的需要。1921年《海牙规则》规定了承运人最低限度的责任,在一定程度上制止了承运人在提单中滥用免责条款的做法。如《海牙规则》第3条第8款规定:运输合同中的任何条款、约定或协议,凡是解除承运人或船舶对由于疏忽、过失或未履行本条规定的责任和义务而引起货物或有关货物的灭失或损害的责任的,或以本规则规定以外的方式减轻这种责任的,一律无效。有利于承运人的保险利益或类似的条款,应视为属于免除承运人责任的条款。

但海上运输毕竟是一种高风险作业的行业,为保护船舶所有人的利益,《海牙规则》同时又规定了承运人赔偿责任的限额制度,其第4条第5款规定:承运人或是船舶,在任何情况下对货物或与货物有关的灭失或损害,每件或每计费单位超过100英镑或与其等值的其他货币的部分,都不负责。但该条同时增加了"但托运人于装货前已就该项货物的性质和价值提出声明,并已在提单中注明的,不在此限"的例外性规定。这种排除适用承运人责任赔偿限额的规定便是保价运输。后来,航运业承运人责任赔偿限额制度又被铁路运输、航空运输、公路运输等借鉴,由此形成了普遍意义上的承运人赔偿责任限额制度。保价运输就是为适应这一制度而产生的,其适用完全依赖于托运人和承运人双方的例外性约定。另外,保价运输还体现了当事人对承运人赔偿责任的自治,展现了合同当事人的自由意志与法律平衡原则相结合的法律理念。

6.2.2 铁路货物保价运输

保价运输是针对铁路实行限额赔偿而规定的,它是铁路运输合同的组成部分,是保证托运人、收货人能得到及时合理赔偿的一种赔偿形式。在发生承运人的责任赔偿时,铁路要按照货物保价运输办法的规定给予赔偿。

保价运输通过加强铁路内部管理和安全防范,促进实现货物的安全位移,帮助实现货物的使用价值；同时，为铁路运输货物的风险进行合理分摊，即一旦发生货运事故，将对受损的托运人、收货人给予赔偿，将托运人、收货人在铁路运输中承担的风险降低。

1. 铁路货物保价运输的特点

保价运输不仅是一种赔偿形式，而且可以促进铁路运输企业加强管理、保证运输安全，同时也是对铁路运输企业的一种经济制约。铁路保价运输有其自身的特点。

1) 在运输目的上，托运人和铁路运输企业都是一致的。这是因为旅客、托运人托运物品都是希望安全、迅速地运到目的地实现其使用价值，而损失后得到赔付不是运输目的。铁路运输企业是合同的当事人，是直接参与运输的，因此，它不是被动地、消极地赔付，而是要在运输组织上、技术设施上采取必要的措施，保证运输安全。这是保价运输最鲜明的特点之一。

2) 铁路内部对保价运输的货物采取一系列强化管理措施，特别是对重点保价货物，将实行运输企业过程监督，以保证货物安全、迅速、准确地运抵到站。

3) 保价运输是合同的一部分，因此，在办理托运手续的同时一次就可以办理，手续非常简便，只要在运单上托运人记事栏内注明"保价运输"的字样，在货物栏内按货物的实际价格注明保价金额就可以了。

4) 保价运输促使铁路运输企业主动、迅速地合理赔付，保护托运人和旅客的合法权益。为此，中国铁路总公司还做出了相应的规定，凡属于铁路责任的，必须先赔付，后划分铁路内部的责任，而且对赔付的时间还作了规定限制，超过规定期限的时间收取的保价费除了作为赔偿基金以外，主要用于改善客、货运的服务设施、安全防范措施，保证货物运输安全，做到取之于民，用之于民，提高社会效益，更好地为旅客和托运人服务。

2. 铁路货物保价运输的范围

根据《铁路货物保价运输办法》的规定及关于保价运输的有关补充规定，下列货物暂不办理保价运输。

1) 按照《国际铁路货物联运协定》运输的国外段国际联运货物。

2) 自轮运转的（包括企业自备或租用铁路的）铁道机车、车辆和轨道机械。

我国目前开办货物保价运输只限国内，包括国际联运国内段的货物，暂不办理国际联运国外段货物的保价运输。从国外进口的货物，在国内的铁路运输可自愿办理保价运输。

3. 铁路货物保价费率

（1）确定保价费率的原则

1) 保价费率的确定要适当。弥补铁路按货物重量计费低收入和按货物实际价值赔偿的差距是铁路开办保价运输的目的之一，若保价费率定得偏低，则达不到这个目的，若保价费率定得偏高，则会增加托运人的负担，不利于保价运输的顺利开展。

2) 根据货物的性质和价值采取不同的费率。铁路运输的货物种类繁多，性质相差甚大，有的货物在运输过程中不易发生货运事故，如煤炭、矿石等，有的很容易发生货物损失，如鲜活货物。如果不考虑货物的性质，对所有货物采取统一的保价费率对托运不同性质货物的托运人是不公平的。

3) 简明，便于操作。货物保价费率列入铁路货物运输品名分类与代码表，使得承办人能够准确、迅速、简便地查出货物适用的保价费率，完成货物的承保工作。

4) 稳定。保价费率在一段时间内应保持稳定，不至于使托运人对铁路开办保价业务产生误解，从而影响保价运输的顺利开展。

（2）铁路货物保价费率

铁路运输的货物种类繁多，为了明确各种货物应核收的保价费，将大量的货物按一定标准划分为若干类，结合货物的性质、价值、运输条件和发生损失的概率等因素，将所有货物的保价费率从低到高排列，其费率见表6-1。

表6-1 铁路货物保价费率等级表

等级	一级	二级	三级	四级	五级	特六级	特七级
保价费率	1‰	2‰	3‰	4‰	6‰	10‰	15‰

集装箱装运的货物及表6-1所列品名以外的货物，均按3‰计算；冷藏车装运的需要制冷的货物，按该货物保价费率的50%计费；超限货物均按该货物的保价费加收50%计费。

4. 铁路货物保价运输的办理

保价运输的办理实行自愿原则。也就是说，对托运的货物是否保价完全取决于托运人的意愿，包括承运人在内的其他任何人不得以任何方式强迫托运人办理保价运输。托运人可以在办理保价运输的同时投保货物运输险。托运人办理保价运输时，必须全批保价，不能只保价一批货物中的一部分。但是从货主的利益出发，对未投保运输险的货物，还是提醒其参加保价运输为好。这是因为根据有关法规，未办理保价运输的货物，因承运人责任造成货物损失时，一般实行限额赔偿制度，而这种赔偿限额经常低于货物的实际价值。

铁路货物保价运输办理程序如下。

1）声明价格和填制运单。托运人要求按保价运输货物时，应在货物运单的托运人记载事项栏内注明"保价运输"字样，并在货物价格栏内以元为单位，填写货物的实际价格。全批货物的实际价格即货物的保价金额。托运人应以全批货物的实际价格保价，货物实际价格包括税款、包装费用和已发生的运输费用。按保价运输办理的货物，应全批保价，不得只保价其中一部分。

以概括名称托运或品名、规格、包装不同，不能在货物运单内逐一填记的保价货物，托运人须提供物品清单。物品清单一式三份，加盖车站承运日期戳后，一份由发站存查，一份随运输票据递交到站，一份交托运人备存。

发站受理保价运输货物时，应按货物运单或物品清单记载，检查托运人填记的货物价格是否清楚、齐全，认为有必要时，可以要求托运人提出确定价格的有关依据，并予以核实。发现保价金额不符或涂改时，需更换货物运单或物品清单。

2）保价费的缴付。按保价运输的货物，托运人应缴付保价费。货物保价费的计算公式为

$$保价费 = 保价金额 \times 货物适用的保价费率$$

保价费率不同的货物作为一批托运时，应分项填记品名及保价金额，保价费用分别计算。保价费率不同的货物合并填记时，适用于其中最高的保价费率。

货物保价费在货票现付栏内记明，与运费同时核收。但根据托运人要求，货物保价费也可以单独核收，在货物运单承运人记载事项栏和货票记事栏内注明"保价费另收"字样或加盖相同内容的戳记。

3) 对高价值保价货物的安全防范措施。车站受理一批保价金额在 50 万元及以上的整车货物、大型集装箱货物，一批保价金额在 30 万元及以上的 1t、5t、10t 集装箱货物和一批保价金额在 20 万元及以上的零担货物时，应建立"保价货物（B）运输台账"并逐级报告，由铁路局保价机构下达命令号批准，另有指示时，按其指示办理。对于按以上条件办理的保价货物，车站应在货物运单、货运封套或货车装载清单上加盖 B 戳记（或用红色书写），并在列车编组顺序表记事栏内注明 B 字样。

对于 B 货物，车站应及时组织装车或挂运，运送途中严格交接检查。装有 B 标记的贵重、易盗的整车货物，各铁路局可根据需要组织武装押运。押运区段由各铁路局决定。

各编组站、区段站对装有 B 标记货物的货车应及时挂运，在站中转停留时间一般不超过 24h（零担、集装箱货物中转时间一般不超过 36h），对保留列车中装有 B 标记货物的货车，车站负责派人重点看护。

标有 B 的货物运抵到站后，车站应采取有效的防范措施，并及时通知收货人领取。对未标有 B 的保价货物，各站均应结合本站情况采取必要的防范措施，并及时通知收货人领取。车站应建立货物保价运输统计、分析制度。按月填报保价货物运输报告，于次月 4 日前报主管分局，铁路局于 10 日前汇总报总公司。

5. 铁路货物保价运输的变更或解除

保价运输货物变更到站后，保价运输继续有效。承运货物后，在发送前取消托运的，货物保价费应全部退还托运人。

6. 铁路货物保价运输的除外责任

1) 不可抗力，如地震、洪水等。

2) 货物本身的自然属性和合理损耗，如货物生锈、自然减量、易腐货物在容许运到期限内腐烂等。

3) 托运人、收货人的过错，如托运人装载不当、押运人过错、包装不符合要求等。

7. 铁路货物保价运输的赔偿处理

对办理保价运输的货物在运输过程中因承运人责任造成的货物灭失、短少、变质、污染或损坏的，承运人应按声明价格赔偿，实际损失低于声明价格的，按实际损失赔偿。如果经核实，货物损失是因承运人的故意行为造成的，当声明价格低于实际损失时，承运人不受声明价格的限制，而应按照规定向货主赔偿货物的实际损失。

（1）索赔时效

托运人、收货人向承运人要求赔偿的有效期限为 180 天，有效期限由下列日期算起：货物灭失、损坏为承运人交给货运记录的次日；货物全部灭失，未编有货运记录的，为运到期限期满后的第 31 日。

（2）赔偿程序

1) 托运人或收货人向承运人要求赔偿时，应按批向到站或发站提出赔偿要求书，并附货物运单、货运记录（或普通记录）和有关证明文件。

2) 到站或发站应根据托运人或收货人的要求受理赔偿。

（3）赔偿额的确定

当货物损失是由铁路的故意行为或重大过失造成时，铁路应按照实际损失向货主赔偿。当货物的损失是由铁路的过失行为造成时，承运人应在保价金额内按货物的实际损失赔偿，实际损失超过保价金额的部分不予赔偿。目前有以下两种赔偿方法。

1) 根据铁路规章的规定赔偿，即

$$铁路向货主赔偿额 = \min\{投保金额 \times 损失比例, 实际损失\}$$

2) 根据最高人民法院的规定赔偿，即

$$铁路向货主赔偿额 = \min\{投保金额, 实际损失\}$$

（4）赔偿期限

对属于承运人承担赔偿责任的货物损失，承运人要主动向托运人或收货人赔偿。承运人办理赔偿的最长期限，自车站接受赔偿要求书的次日起到填发理赔通知时止，款额在5000元及以下的为10天；超过5000元，未满5万元的为20天；5万元及以上的为30天。逾期未能赔付的，每超过1天，处理站应向赔偿要求人支付赔款额1%的违约金，违约金最多不超过赔款总额的20%。

6.2.3 公路货物保价运输

公路货物保价运输是指公路货物托运人在托运货物时声明其价格，并向承运人支付保价费用，由承运人在货物损失时按声明价格及货物损坏程度予以赔偿的一种货物运输方式。货物保价运输同运输保险一样，目的是保护托运人或收货人的正当利益不受损失。

1. 公路货物保价运输的办理

公路货物运输实行自愿保价原则。也就是说，对托运的货物是否保价完全取决于托运人的意愿，托运人可以办理保价运输，也可以在办理保价运输的同时投保货物运输险，还可以不办理保价运输。办理公路货物保价运输时，应遵守以下规定。

1) 一张运单托运的货物只能选择保价或未保价中的一种。也就是说，对一批办理托运的货物，不得只保价其中一部分而不保价另一部分。

2) 托运人选择货物保价运输时，申报的货物价值不得超过货物本身的实际价值，且保价运输为全程保价。

3) 按保价运输的货物，托运人还应缴付保价费。保价费按不超过货物保价金额的7‰收取。

4) 分程运输或多个承运人承担运输的，保价费由第一程承运人（货运代办人）与后程承运人协商，并在运输合同中注明。承运人之间没有协议的按无保价运输办理，各自承担责任。

5) 办理保价运输的货物，承运人应在运输合同上加盖"保价运输"戳记。

2. 公路货物保价运输的变更或解除

保价运输货物变更到站后，保价运输继续有效。承运人承运货物后，在发送前取消托运的，货物保价费应全部退还托运人。

3. 公路货物保价运输的赔偿处理

对办理保价运输的货物在运输过程中因承运人责任造成的货物灭失、短少、变质、污染或损坏的，承运人应按下列规定赔偿：货物全部灭失的，按货物保价声明价格赔偿；货物部分损毁或灭失的，按实际损失赔偿；货物实际损失高于声明价格的，按声明价格赔偿；货物能修复的，按修理费加维修803送费赔偿。如果经核实，损失是因承运人的故意行为造成的，当声明价格低于实际损失时，承运人不受声明价格的限制，而应按照规定赔偿货物的实际损失，并由有关部门追究其责任。

6.2.4 水路货物保价运输

1. 水路货物保价运输的范围

凡执行国家指导价格或市场价格的货物均可办理水路货物保价运输。另外，个人托运生活用品和搬家物品也可办理水路货物保价运输。

2. 水路货物保价运输的办理

1）声明价格和填制货运单。托运人确定采用保价运输的，应在货物运单货物价值栏内准确地填写该批货物的总价值。对不符合"三同"（同品种、同规格、同包装）条件的货物，除按上述规定办理外，还应向承运人提交货物单件价值清单。

2）保价费的缴付。按保价运输的货物，除运杂费外，托运人还应缴付保价费。承运人按有关保价费率的规定核收保价费后，在货物运单上加盖"保价运输"的戳记。

另外，由于个人生活用品和搬家物品比较杂，难以使用统一价格，所以托运时应提出物品清单，并逐项声明价格，将总价格填入运单货物价值栏内。

3）水路货物保价运输的赔偿处理。对办理保价运输的货物，在运输过程中发生货运事故，造成直接损失的，应按下列原则赔偿：货物发生损害、灭失时，承运人应当按照货物的声明价值进行赔偿，但承运人证明货物的实际价值低于声明价值的，按照货物的实际价值赔偿。

6.2.5 航空货物保价运输

1. 国内航空货物保价运输

（1）国内航空货物保价运输的办理

1）托运人托运的货物，毛重每千克价值在人民币 20 元以上的，可办理货物声明价值，按规定交纳声明价值附加费。

2）每张货运单的声明价值一般不超过人民币 50 万元。

3）已办理托运手续的货物要求变更时，声明价值附加费不退。

（2）国内航空货物保价运输的赔偿

对于保价运输的货物，由于承运人的原因造成货物丢失、短缺、变质、污染、损坏的，应按声明的价值赔偿；如承运人证明托运人的声明价值高于货物的实际价值，则按实际损失赔偿。

2. 国际航空货物保价运输

（1）国际航空货物保价运输的办理

1）托运人托运毛重每千克价值超过承运人规定限额的货物，可办理货物声明价值，并支付声明价值附加费。

2）承运人可以规定每张货运单的声明价值限额，承运人对超过其声明价值规定限额的货物可以拒绝运输。

3）货运单上已载明的声明价值不得变更，对办妥声明价值的货物行使处置权的，已付的声明价值附加费不予退还。

（2）国际航空货物保价运输的赔偿

对于保价运输的货物，由于承运人的原因造成货物丢失、短缺、变质、污染、损坏的，应按声明的价值赔偿；如承运人证明托运人的声明价值高于货物的实际价值，则按实际损失赔偿。

6.2.6 保价与保险的异同

货物保价运输与货物运输保险都用于补偿收货人或托运人的经济损失，但两者有区别又有联系，下面就货物保价运输与货物运输保险的异同点进行分析。

1. 货物运输保价与货物运输保险的相同点

1）都遵循自愿原则。

2）目的都相同。即投保人或托运人以支付一定金额为代价获取标的物的保值。

3）都有最高赔偿限额的规定。运输保险的赔付不超过约定的保险金额，保价运输的赔付不超过保价条款约定的保价额。

4）当事人都有诚实守信、如实告知的义务。

5）从形式上看，托运人均在基础运费以外，额外支付了保费。区别在于是否构成实际运费的一部分。

6）从过程上看，托运人的货物均发生了灭失、损坏或交付延迟。

7）从效果上看，托运人均因货损获得了赔偿。

8）从金额上看，托运人声明价值均不得超过货物的实际价值。

2. 货物运输保险与货物运输保价的不同点

（1）从法律方面分析

1）法律依据不同。运输保险属于财产保险之一，由《保险法》调整；保价运输具体规定于有关运输法律法规。

2）法律关系的性质不同。运输保险确立的是托运人或收货人（投保人或被保险人）与保险公司（保险人）之间的保险合同法律关系，其表现形式一般有单独的货运保险合同或运输合同中存在明确的保险条款。

保价运输确立的仍然是托运人与承运人之间的运输合同法律关系，没有单独的保价合同，保价条款的存在不能产生新的法律关系，也不能改变既有的运输合同性质。

3）索赔对象不同。货运运输保险是向保险人索赔，而货物保价运输是向承运人索赔。

4）赔偿范围不同。对于运输保险，保险人承担保险金和因保险事故而支出的合理费用。而对于保价运输，赔付范围排除了保价额以外的托运人或收货人的一切费用支出。

5）责任免除条件不同。对于保价运输，承运人把自然灾害等不可抗力作为其免责条件；而保险合同对此却是恰恰相反的约定。

6）赔偿标准不同。运输保险笼统地对货物按一个标准赔付，保价运输则按照行包和货物两个标准赔付。

7）赔偿的程序不同。运输保险的赔偿程序大致可分为报告事故、勘验与核赔、理赔3个阶段；而保价运输的理赔程序则分为行李包裹保价的理赔和货物保价的理赔。

8）关于代位求偿权的问题。运输保险中保险人可从被保险人那里取得代位求偿权；而保价运输中，现有法律法规并未明确承运人可取得代位请求赔偿的权利。

9) 对标的残值的处理不同。足额保险的,受损标的的残值归属保险人;不足额保险的,受损标的的残值按比例归属保险人。对于保价运输,受损货物都归属托运人或收货人。

10) 合同解除权的规定不同。投保人一般可以解除保险合同,不过保险责任开始后,货物运输保险合同不得解除,而现有法律法规未规定当事人有解除保价合同的权利。

11) 有关赔付款的税收政策不同。保险赔款免征个人所得税,但保价运输中托运人或收货人所支出的保价费用和承运人对损失的赔付款都不在免税之列。

12) 保险费与保价费的性质不同。运输保险费完全属于民商事合同对价;而保价费有行政规费的性质,相当于国家的准财政收入。

综上所述,保价并不是保险价值与保险价格的简称,保价与保险是两个不同范畴的概念。运输保险属于纯粹的民商事法律关系表现形式,而保价运输更偏向于行政规费性质,有较浓厚的行政色彩,体现了具有垄断性经济主体的意志。

(2) 从形式和业务方面分析

1) 制度设计的目的不同。保价是按照私权自治的精神,对承运人赔偿责任限额做出的一种商业安排。而保险则是将风险从某个人转移到社会团体,由社会团体所有成员分担损失的一种风险防范机制。

2) 所保风险的范围不同。保价运输发生作用的前提是承运人负有不可免责的过失责任。而保险可以承保的风险除了承运人责任以外,还可包括第三人侵权行为、不可抗力等。

3) 运作机制不同。在保价运输条件下,承运人一般要及时启动特殊处理流程,保证货物安全、及时地运抵收货地点。而在承运人代理保险的条件下,承运人可及时办理投保手续,并不必然启动特殊处理流程。

4) 风险的最终承担者不同。保价运输通常由承运人承担赔偿责任。运输保险由保险公司承担货损风险;即便是因承运人责任导致货物损失,托运人也可直接向保险人索赔,然后由保险人向承运人追偿。

5) 根据保险惯例,某些不能承保的货物也在办理保价运输之列。对于私人信函、身份证件等不可计量价值的函件类货物而言,一般不属于保险公司的承保范围,但可以办理保价运输,同时对保价一般设置最高限额。

(3) 从其他方面分析

货物保价运输同货物运输保险一样,都有补偿托运人或收货人经济损失的目的,但是两者在以下方面存在明显的区别。

1) 责任依据的法律不同。保价运输责任的法律依据是有关运输法律法规,而运输保险责任的依据是保险法规。

2) 责任基础不同。保价运输责任的基础主要是因承运人责任造成的货物损失。运输保险责任的基础主要是因自然灾害、意外事故等非人为因素造成的损失。根据国内水路、陆路货物运输保险的有关规定,保险货物因承运人责任造成的货物损失,保险人向投保人补偿后,有向承运人追偿的权利。

3) 赔偿方式不同。保价运输赔偿的依据是保价协议,它是运输合同的组成部分,根据此协议,托运人要缴纳一定的保价费,承运人以保价金额承运,发生承运人责任的损失时按保价运输的原则赔偿,即最高不超过保价金额。运输保险的赔偿依据是保险协议,根据该协议,在发生保险责任范围内的损失时,赔偿金额最高不超过保险金额。

4）目的不同。保价运输的目的是解决限额赔偿不足以补偿托运人损失而设立的一种特殊的赔偿制度。运输保险的目的则是解决因自然灾害、意外事故而造成的经济损失的社会补偿方式。

5）对货物的安全管理不同。货物保价运输是货物运输合同的组成部分，承运人作为合同的一方直接参加货物的运输工作，有条件对保价货物采取特殊的安全管理措施。货物运输保险则是为了解决因自然灾害、意外事故而造成经济损失的社会救济问题，保价运输是运输责任的延续，运输保险是一种社会补偿形式。

6）资金适用的范围不同。

保价运输的保价收入除用于赔偿外，主要用于改善运输设施，保证运输安全，提高运输质量，比运输保险更直接地照顾了托运人、收货人的权益。

6.3 运输保险和保价案例

【案例 6-1】某载货船舶在航行过程中突然触礁，致使部分货物遭到损失，船板产生裂缝，急需补漏。为了船货的共同安全，船长决定修船，为此将部分货物卸到岸上并存舱，卸货过程中部分货物受损，事后统计这次事件造成的损失有：①部分货物因船触礁而损坏；②卸货费、存舱费及货物损失。从以上各项损失的性质来看，属于什么类型的海损？

解析

1）以上各项损失属于单独海损的有①，属于共同海损的有②。

2）本案例涉及海上损失中部分损失的问题，部分损失分两种：一种是单独海损，另一种是共同海损。所谓单独海损，是指损失仅属于特定方面特定利益方，并不涉及其他货主和船方。所谓共同海损，是指载货船舶在海上遇到灾害、事故，威胁到船货等各方面的共同安全，为了解除这种威胁，维护船货安全，使航程得以继续完成，船方有意识地、合理地采取措施，造成某些特殊损失或支出特殊额外费用。构成共同海损必须具备以下条件。

① 共同海损的危险必须是实际存在的，或者是不可避免而产生的，而不是主观臆测的。

② 消除船货共同危险而采取的措施必须是有意且合理的。

③ 必须是属于非正常性质的损失。

④ 费用支出是额外的。

3）结合本案例：

① 损失是由于货船触礁导致的，属于意外事故，故其为单独海损；

② 损失是因船长为避免实际的船板裂缝风险而采取有意的、合理的避险措施产生的，属于非正常性质的损失，费用支出也是额外的，故其属于共同海损。

【案例 6-2】我国某外贸公司与荷兰进口商签订了一份皮手套合同，价格条件为 CIF，运送至鹿特丹，向中国人民保险公司投保了一切险，生产厂家在生产的最后一道工序将皮手套的温度降到了最低程度，然后用牛皮纸包好装入双层瓦楞纸箱，再装入 20ft 的集装箱，货物到达鹿特丹后检验结果表明：全部货物湿霉、变色、沾污，损失价值达 80000 美元。根据分析，该批货物的出口地不异常热，进口地鹿特丹不异常冷，运输途中无异常，完全属于正常运输。

分析

1) 保险公司对该项损失是否赔偿？为什么？

2) 进口商对受损货物是否支付货款？为什么？

3) 你认为出口商应如何处理此事？

解析

1) 保险公司对该批货物的损失不予赔偿。原因是，根据中国人民保险公司《海洋货物运输保险条款》基本险的除外责任，在保险责任开始之前，被保险货物已存在品质不良或数量短少所造成的损失；被保险货物的自然损耗、本质缺陷、市价跌落、运输延迟所引起的损失或费用，保险公司不负责赔偿。在本案中，运输途中一切正常，货物发生质变不属于保险公司的责任范围，故保险公司对该批货物的损失不予赔偿。

2) 进口商应支付货款。因为本案中交货条件为 CIF，根据《2000 年国际贸易术语解释通则》中的解释，按 CIF 条件成交，买卖双方交货的风险界点在装运港的船舷，货物越过装运港船舷以前的风险由卖方承担，货物越过装运港船舷以后的风险由买方承担。另 CIF 是象征性交货，卖方凭单交货，买方凭单付款，即使货物在运输途中全部灭失，买方仍需付款，但如出现货物品质问题，可凭商检机构的检验证书向卖方索赔。

3) 出口商应对该批货物负赔偿责任，因为该批货物在运输途中并无任务风险导致损失，发生质变完全是因为生产工序问题，这属于货物的品质问题，故其应向买方负赔偿损失的责任。

【案例 6-3】 某县客运公司的一辆大客车满载旅客向某市驶去，当车行至盘山道的一个转弯处时，由于驾驶人与乘务员闲谈，精力分散，加上超速转弯，结果客车翻下山坡，车内旅客死伤严重。这些旅客全部投保了公路旅客意外伤害保险，每人保险金额为 3 万元。事故发生后，交通监理部门裁决：由客运公司向每位死难者家属支付 2 万元抚恤金，7000 元丧葬费。事故发生后，保险公司也及时到现场进行了勘察工作。

分析

1) 该事故是否为意外事故？

2) 死难旅客的家属应如何申请赔偿？

3) 每位死难旅客的家属最终将获得多少赔偿？

解析

1) 是。

2) 本案旅客获得两种赔偿请求权：可以根据民法中关于侵权的民事责任的规定向承运方请求赔偿；可根据旅客意外伤害保险的规定向保险公司请求给付保险金，因为此案事故属于保险合同约定内的责任事故。

3) 每位死亡旅客的家属可获赔偿 57000 元。

【案例 6-4】 某站承运一车药材，货物共 2000 件，全车保价 400 万元。货物运至中转站进行站车交接时，两侧施封良好、有效。到达收货站进行站车交接时，发现车辆左侧施封良好，右侧无封，且车门开启 150mm，经会同公安人员清点件数，车内货物短少 150 件，经调查，该车货物实际总价值为 500 万元。

分析

1) 此案例中货主是否应该得到铁路的赔偿？

2）若货主应该得到赔偿，铁路向货主的赔偿额为多少？

解析

1）该货运事故是由于铁路的过失责任造成的，因货主参加了保价运输，铁路应根据保价运输的有关规定向货主赔偿。

2）铁路向货主的赔偿额 = min ｛投保金额×损失比例，实际损失｝= min ｛400×150/2000，500×150/2000｝= 30（万元）。

【案例 6-5】 某托运人在××站托运一车白糖，货物共 1200 件，重 60t，货主投运输保险 20 万元。货物运至××站时，发现车辆一侧施封良好，另一侧无封，且上、下门扣损坏，经清点件数，车内货物仅剩 900 件，经调查，该车货物实际总价值为 30 万元，设铁路每吨白糖赔偿金额为 2000 元。

分析

该货运事故应如何赔偿？

解析

该货运事故是由于铁路的过失责任造成的，应该赔偿。该货运事故的赔偿方法为：保险公司先根据保险合同向货主进行赔偿，然后保险公司向铁路追偿；铁路根据限额赔偿的规定向货主和保险公司赔偿，具体赔偿金额为

铁路向货主的赔偿额 = min ｛赔偿限额，实际损失｝= min ｛300/1200×60×2000，30×300/1200｝= 3（万元）。

保险公司向铁路追偿额 = 铁路应向货主赔偿额×min ｛保险金额/全批货物实际价值，1｝= 3×min ｛20/30，1｝= 2（万元）。

【案例 6-6】 国内水路运输一批货物，保险金额是 30 万元，保险事故发生时保险标的的价值是 50 万元，保险事故导致保险标的损失 20 万元。

分析

保险公司应向被保险人支付多少赔款？

解析

保险金额低于货价的，属不足额保险。不足额保险的货物只能根据实际损失按比例赔偿，所发生的施救费用也按比例赔偿，其计算公式为

赔偿金额 = 损失金额×保险金额/起运地货物实际价值

因此

保险人应得到的赔款 = 20×（30/50）= 12（万元）。

【案例 6-7】 2008 年 7 月 6 日，船舶 A 在港外锚地躲避台风时发生进水事故，货舱进水，船载货物严重受损。受损货物分属 42 个货主、由 14 份保单承保，共计保险金额为 900 多万元人民币。事故发生后，船东立即发布海事声明并宣布共同海损。货物保险人在接到报案后也立即赶赴现场并委请保险公司查看货物损失情况，核定损失金额。在共同查看现场后，经货物保险人与托运人协商，托运人联名向中国船级社某分社递交了船舶公正检验申请书。随后，验船师上船对 A 轮进行了公正检验。8 月 7 日，船载货物由承运人转运到目的港，承运人在收取共同海损担保后向当地海事法院 B 提起诉讼，要求货方赔偿共同海损费用 60 万元人民币。8 月 10 日，托运人向海事法院 C 提起诉讼，要求承运人赔偿货物损失 137 万元人民币并扣押了 A 轮。本案最后由海事法院 C 并案审理，货物保险人在实际赔偿后

按照代位追偿程序申请参加诉讼。

分析

1）本案例中，共同海损是否成立？

2）如果是共同海损，费用是否应当由货方分摊？

解析

根据我国《海商法》第193条规定，共同海损是指在同一海上航程中，船舶、货物和其他财产遭遇共同危险，为了共同安全，有意地、合理地采取措施所直接造成的特殊牺牲、支付的特殊费用。共同海损成立必须具备4个要求：①船、货、财产面临共同的且为真实的海上危险；②所采取的措施是为共同安全，是有意的、合理的；③牺牲和费用是特殊的；④采取的措施产生了积极和有效益的结果。

本案例中，A轮在躲避台风期间发生货舱大量进水事故，为防止船舶沉没，积极施救所产生的租用大马力水泵费用、拖轮费用、港口费用以及人工施救费用等符合上述4个要求，可以构成共同海损费用。值得注意的是，共同海损费用并不当然应由受益方分摊。理由是共同海损的成立并不考虑危险是由何种原因造成的，也不考虑承运人是否有过错，过错是否可以免责，只要海上危险真实存在并威胁到船、货及其他财产的共同安全，共同海损即成立。共同海损是否应当由受益方分摊则必须考虑承运人是否有过错，过错是否可以免责。本案例中的运输形式为国内沿海货物运输，由于我国对沿海运输实行完全过失责任制，承运人不存在过失免责的情况，因此，只要证明承运人有过失，承运人即无权要求货方分摊共同海损。

本案例中，由于货方及时申请对承运船舶进行了公正检验，得知船舶结构状况不良，缺乏必要的保养，在船舶重载、遭遇坏天气的情况下，第三货舱左船舷外板开裂，货舱大量进水，再加上货舱舱底排水系统不能正常工作，导致进水蔓延至其他两个货舱，最终发生严重货损。因此，在船舶不适航、承运人存在严重过失的事实情况下，承运人不得不撤销了对货方的起诉，并同意将共同海损担保退还货物保险人。

复习思考题

1. 简述保险标的的概念和保险合同的基本原则。
2. 简述运输保险的概念及分类。
3. 货物运输保险的特征有哪些？
4. 什么是实际全损与推定全损？简述两者的区别。
5. 简述单独海损与共同海损的构成条件。
6. 简述海上货物运输保险的主要险别。
7. 简述航空旅客意外伤害保险的有关规定。
8. 简述保价运输的特点。
9. 货物保价运输与货物运输保险有哪些区别？

交通运输商务事故处理

以深化"平安交通"建设为统领,以防范和遏制交通事故为目标,加强安全生产法规制度建立,强化安全生产基础建设,大力推进安全生产风险管理、隐患治理和信用管理,不断提升安全生产管理水平。在运输过程中,由于存在各种风险和危险,不可避免地会发生运输事故,根据运输的对象不同,可分为客运事故和货运事故。本章按照不同的运输方式,详细介绍了运输事故、运输事故责任划分、运输事故的索赔程序、理赔程序、赔偿金额的确定、赔偿期限及各种运输方式的运输事故案例分析等。

7.1 运输事故概述

运输事故是指运输工具在运输道路上因过错或者意外造成人身伤亡或者财产损失的事件。交通事故不仅是由不特定的人员违反交通管理法规造成的,也可以是由于地震、台风、山洪、雷击等不可抗拒的自然灾害造成的,包括铁路机车、船舶、飞机和公路运输及城市交通造成的事故。在运输过程中,运输事故是难以避免的,根据事故的性质和损害程度不同,运输事故可划分为不同的种类和等级,例如,根据所造成货物的损失或者旅客人身伤害程度,可分为客运事故和货运事故;根据事故造成的后果,可分为轻微事故、一般事故、重大事故和特大事故。下面对不同运输方式所产生的货运事故或客运事故进行详细分析。

7.1.1 铁路运输事故

铁路运输事故是指火车(包括所有机车、车厢或车皮一类的车辆)在运行过程中发生碰撞、脱轨、火灾、爆炸、断电等影响正常行车安全的事故,也包括铁路运输系统在相关作业过程中发生的事故,火车在运行过程中与行人、机动车、非机动车、牲畜及其他障碍物相撞的事故,还包括因管理操作不当而导致的严重晚点情况等。

1. 铁路货物损失

货物在铁路运输过程中(自铁路运输企业接受货物时起,到将货物交付收货人时止)发生灭失、短少或者损坏属于货物损失。

(1)铁路货物损失的种类

为了便于统计分析,按照事故发生的情况,《铁路货物损失处理规则(试行)》(铁总运〔2014〕343号)中将货物损失分为以下5类。

1)火灾。

2)被盗(有被盗痕迹)。

3）丢失（全批未到或部分短少、漏失，没有被盗痕迹的）。

4）损坏（破裂、变形、磨伤、掉损、部件破损、湿损、漏湿、腐烂、植物枯死、活动物中毒死亡、污损、染毒等）。

5）其他（办理差错及其他原因造成的货物损失）。

（2）铁路货物损失的等级

《铁路货物损失处理规则（试行）》将铁路货物损失程度分为4级：

1）一级损失：货物损失款额（以下简称损失款额）10万元以上的。

2）二级损失：损失款额1万元以上，未满10万元的。

3）三级损失：损失款额1000元以上，未满1万元的。

4）轻微损失：损失款额未满1000元的。

（3）货物损失报告与勘察

当车站发现货物损失后，发现人员要立即保护现场，并向车站负责人和货运安全员报告。接到报告后，车站负责人应组织有关货运人员立即赶赴现场进行货物损失勘查、清理、资料收集并编制货物损失报告，必要时通知托运人或收货人。物流企业在接取送达过程中发现货损失时，应由物流企业相关人员对发生损失货物情况拍照留存，并编制货物损失报告交车站。

铁路货物损失按下列情况重点勘查。

1）火灾。货车火灾：查明火灾列车车次、到达时间、编挂位置；查看车内货物装载现状、起火部位、四周货物烧损情况；检查车辆状态、货物装载高度；了解机车类型及状态。货场火灾：查明损失货物所处位置；查看着火点货位及周边自然现状；查明货物入库（区）时间和货物交接检查情况；检查仓库电线、灯具情况；检查装卸作业机具防火情况；检查人员出入情况。

2）被盗。车、集装箱（以下简称箱）内货物被盗：查明列车车次、到达时间、编挂位置；查看车（箱）体状态、施封状态、货物装载现状。货场内货物被盗：查明货物入库（区）时间、作业班组、作业货运员及在库区的交接情况。

3）丢失。车（箱）内货物丢失：查明列车车次、到达时间、开始作业和卸车完了时间，检查车辆、施封状态、货物装载现状。货场内货物丢失：查明货物入库（区）、卸车时间、卸车班组、货运员、库区货运员的交接情况、货物码放位置及相邻货物进出库情况等。

4）损坏。查明破损货物的损坏程度、部位、数量、包装、衬垫、破口尺寸、堆码以及车（箱）状态、篷布状态等现状。查明变质货物位置及损失程度、数量；机械冷藏车乘务员出具的普通记录和机械冷藏车作业单；运单上货物的容许运输期限、记事栏相关内容及标记，货物包装堆码方式。查明污染货物损失程度、数量，车内污染物（源）名称、位置、面积、包装情况，污染物（源）与被污染货物的距离，被污染货物的数量和程度。

5）上述情形以外的其他货物损失视具体情况进行勘查。

（4）铁路货运记录

货运记录作为货物发生损失时的证明，是反映事故真实情况的文件，是分析事故的基本材料和货主向铁路提出赔偿要求的依据。记录分为货运记录和普通记录两种。

货运记录是指货物在运输过程中，发生货损、货差、有货无票、有票无货或其他情况，需要证明承运人同托运人或收货人之间的责任和铁路内部之间的责任时，发现车站当日按批

（车）所编制的记录。货运记录是判定铁路和托运人、收货人在事故中的经济责任的基本证明材料，是赔偿依据的基本文件。

货运记录分为带号码的和不带号码的两种。带号码的货运记录每组一式三页，第一页为编制站存查页，第二页为调查页，第三页为货主页。不带号码的货运记录只限作抄件或货运员发现事故时报告用。货运记录由车站货运安全员编制。凡是货物在铁路运输过程中发生货物损失的，车站均应在发现次日内按批（车）编制货运记录。但列车有货运车长时，如装车时间紧张，可在物品清单（或交接凭证）中记明货物损失情况，由卸车站编制货运记录。遇有下列情况时，也应编制货运记录。

1）发生《铁路货物运输规程》《铁路货物运输管理规则》及其引申规则办法中所规定需要编制的情况时。

2）自备篷布、自备集装箱运输发生损失时。

3）一批货物中的部分货物补送或损失货物及误运送货物回送时。

4）发现无票据、无标记、无法交付货物和公安机关查获铁路运输中被盗、被诈骗的货物以及公安机关缴回的赃款移交车站时，沿途拾得的铁路运输货物交给车站处理时。

5）托运人组织装车，收货人组织卸车，货车施封良好，篷布苫盖和敞车、平车、砂石车货物装载外观无异状，收货人提出货物有损失经承运人确认时。

6）集装箱运输的货物，箱体完整、施封良好，收货人提出货物有损失经承运人确认时。

普通记录是指货物在运输过程中，发生换装、整理或在交接中需要划分责任以及依照其他规定需要编制时，当日按批（车）所编制的一种凭证。普通记录仅能作为铁路内部交接或铁路与托运人、收货人交付货物时的有关说明，是一般性证明文件，不起解决经济责任的证明作用，不能作为请求赔偿的依据。

普通记录也分为带号码的和不带号码的两种。带号码的普通记录每组一式两页：第一页为编制单位存查页；第二页为证明页，交给接方（包括收货人）。不带号码的普通记录也只限作抄件或货运员发现事故时报告用。

（5）国际铁路联运商务记录的编制

当国际铁路联运货物在运送途中发生货运损失或其他异常情况时，为使其能得到正确及时的处理，发现损失的车站应在发现损失当日编制商务记录。商务记录是分析货损原因、划清责任和请求赔偿的基本文件。国际铁路联运在货物运送中或交付时，如承运人对货物进行了检查并确认下述情况，则应编制商务记录。

1）货物名称、重量或件数与运单中记载的事项不符。

2）货件上的标记与运单中记载的货件记号（标记）、到站和到达路、收货人、件数等事项不符。

3）货物毁损（腐坏）。

4）有货无票、运单缺页或有票无货（灭失）。

商务记录一式三份：带附件的一份由编制商务记录的承运人留存；两份附在运单上，其中一份由交付货物的承运人留存，另一份在交付货物时，根据国内法律规定的办法交给收货人。如在国境站由双方进行货物检查，则编制商务记录一式五份，两份附在运单上（一份由交付货物的承运人留存，另一份交收货人），两份交给接收承运人，一份交给交付承运人。

(6) 铁路货损处理程序

铁路车站发现货物损失或办理差错时，除按规定编制记录外，还应自发现之日起3日内以查复书形式，通过系统对货物损失的原因和责任进行调查，必要时可派人外出调查。如果是交接责任明确的货物损失，可不进行调查。

发现火灾以及液化气体泄漏、剧毒、易燃、放射性物品被盗等事故，应在24h内向有关站、直属站段、铁路局拍发"货运损失速报"，并抄报中国铁路总公司、主管铁路局。

货运损失速报内容如下。

1) 货物损失等级、种类。
2) 发现损失的时间、地点。
3) 货物发站、到站、品名、承运日期。
4) 车种、车型、车号、货票号码、办理种别、保价金额或保险金额。
5) 损失概要。
6) 对有关单位的要求。

车站接到调查记录（包括自编制的记录）、货运损失速报和查询电文后，核对记录和附件是否齐全、正确，加盖收文日期戳记，编号登记于"货运损失（记录、调查、赔偿）登记簿"内，并按规定办理。

发现一级货损，发现铁路局应立即深入现场组织处理。涉及他局责任时，应自拍发货物损失速报之日起，10日内邀请有关局参加处理，召开分析会，做出会议纪要。有关局接到货物损失速报后，应组织调查，并按发生局通知的开会日期参加事故分析会，并签署会议纪要。

局间对损失责任划分意见一致时，由发现铁路局将会议纪要连同有关材料送到达局。局间对损失责任划分意见有分歧时，应在会议纪要内阐明各自意见。

2. 铁路客运事故

(1) 铁路客运事故的种类

1) 按旅客人身伤害程度划分。

① 轻伤：伤害程度不及重伤者。
② 重伤：肢体残疾、容貌毁损、视觉/听觉丧失及其器官功能丧失。
③ 死亡。

2) 按旅客人身伤害事故划分。

① 轻伤事故：只有轻伤没有重伤和死亡事故。
② 重伤事故：有重伤没有死亡的事故。
③ 一般伤亡事故：一次造成死亡1~2人的事故，或造成5人以上10人以下重伤。
④ 重大伤亡事故：一次死亡3~9人的事故，或造成10人以上50人以下重伤。
⑤ 特大伤亡事故：一次死亡10~29人的事故，或造成50人以上100人以下重伤。
⑥ 特别重大伤亡事故：一次死亡30人以上的事故，或造成100人以上重伤。

(2) 铁路客运事故处理程序

发生旅客人身伤害事故时，列车长、车站客运主任应当会同铁路公安部门及时勘验事故现场，检查旅客所持车票的票种、票号、发站、到站、车次、有效期及加减情况等；收集不少于两份同行人或见证人的证言和有关证据并保护好有关证据材料。

收集证人证言时，应当记录证人姓名、性别、年龄、地址、联系方式、身份证号码等内容，证言、证据应当准确、真实，并能够证明事故发生的过程和原因。

列车上发生旅客人身伤害事故，应当将受伤旅客移交三等以上车站（在区间停车处理时为就近车站）处理，车站不得拒绝受理。列车向车站办理移交手续时，编制客运记录一式两份（一份存查，一份办理站、车交接），连同车票、旅客随身携带物品清单、证据材料一起移交，旅客人身伤害事故系斗殴等治安或刑事案件所致的，列车乘警应在客运记录上签字。

因特殊情况来不及编写记录的，列车长必须指派专人下车与车站办理交接，并必须在3日以内向事故处理站补交有关材料。当次列车因故未能将受伤旅客及有关材料及时移交时，旅客在法定时限内向铁路运输企业索赔且能够证明伤害是在运输过程中发生的，事故发生列车应本着方便旅客的原则，移交旅客就医所在地车站或旅客发、到站处理，被移交站应当受理。

车站对本站发生、发现或列车移交的受伤旅客应当及时送附近或有救治条件的医院抢救。送铁路医院时可凭加盖有车站或客运室公章的客运记录与医院办理就医手续。送地方医院须先缴纳押金时，可用站进款垫付。动用站进款时，填写或补填"运输进款动支凭证"，5日内由核算站或车务段财务拨款归还。

受伤旅客在现场抢救无效死亡或在站内、区间发现的旅客尸体，经公安机关或医疗部门确认死亡后，车站应当暂时派人看守并尽快转送殡仪馆存放。对死者的车票、衣物等应当妥善保管并通知其家属来站处理。如死者身份、地址不清或家属不来时，或死亡原因系伤害致死需立案侦查时，可根据公安机关的意见处理死者尸体，必要时应对尸体做法医鉴定。尸体存放原则上不超过7天。

7.1.2 公路运输事故

公路运输事故是指车辆在道路上因过错或者意外造成人身伤亡或者财产损失的事件，既包括由不特定的人员违反交通管理法规造成的事故，也包括由地震、台风、山洪、雷击等不可抗拒的自然灾害造成的运输事故。根据事故造成的后果，公路运输事故有物损事故和人身事故两种。

1. 公路货运事故

（1）公路货运事故种类

货运事故是指货物运输过程中发生货物毁损或灭失。货运事故和违约行为发生后，承运、托运双方及有关方应编制货运事故记录。

按照货运事故发生的实际情况，公路运输事故的种类同铁路运输事故。

（2）公路货运事故的等级。

1）重大事故：①货损金额3000元以上；②经省级有关部门鉴定为珍贵、尖端、保密物品的运输灭失、损坏。

2）大事故：货损金额为500~3000元。

3）一般事故：货损金额为50~500元。

4）小事故：货损金额为20~50元；20元以下的不作事故统计上报，但企业要作处理和内部记录。

(3) 公路货损、货差商务记录的编制。

公路货损、货差商务记录的编制过程，一般根据下列要求进行。

1) 事故发生后，由发现事故的运送站或就近站前往现场编制商务记录；如系重大事故，在有条件时还应通知货主，一起前往现场调查，分析责任原因。

2) 如发现货物被盗，应尽可能保持现场，并由负责记录的业务人员或驾驶人根据发现的情况，会同有关人员做好现场记录。

3) 对于在运输途中发生的货运事故，驾驶人或押运人应将事故发生的实际情况如实报告中转站，并会同当地有关人员提供足够的证明，由中转站编制一式三份的商务记录。

4) 如货损事故发生于货物到达站，则应根据当时情况，会同驾驶人、业务人员、装卸人员编制商务记录。

(4) 公路货运事故的处理程序

货运事故发生后，承运人应及时通知收货人或托运人，收货人、托运人知道发生货运事故后，应在约定的时间内，与承运人签注货运事故记录。收货人、托运人在约定的时间内不与承运人签注货运事故记录的，或者无法找到收货人、托运人的，承运人可邀请2名以上无利害关系的人签注货运事故记录。

由托运人直接委托站场经营人装卸货物造成货物损坏的，由站场经营人负责赔偿；由承运人委托站场经营人组织装卸的，承运人应先向托运人赔偿，再向站场经营人追偿。

承运人、托运人、收货人及有关方在履行运输合同或处理货运事故时，发生纠纷、争议，应及时协调解决或向县级以上人民政府交通主管部门申请调解；当事人不愿和解、调解或者和解、调解不成的，可依仲裁协议向仲裁机构申请仲裁；当事人没有订立仲裁协议或仲裁协议无效的，可依法向人民法院起诉。

2. 公路客运事故

(1) 公路客运事故的种类

根据公路交通事故造成的后果，道路旅客运输事故可以划分为轻微事故、一般事故、重大事故和特大事故4类。

1) 轻微事故：轻伤1~2人，财产损失机动车事故<1000元，非机动车事故<200元。

2) 一般事故：重伤1~2人或轻伤≥3人，财产损失数额<30000元。

3) 重大事故：死亡1~2人或3人≤重伤≤10人，30000元≤财产损失数额≤60000元。

4) 特大事故：死亡≥3人或重伤≥11人，或死亡1人且重伤≥8人，或死亡2人且重伤≥5人，财产损失数额>60000元。

(2) 公路客运事故处理程序

1) 现场勘查。相关部门接到客运事故报案后，须做好报案记录。属于重大、特大事故的，应当立即向上级公安交通管理部门或者有关部门报告。不属于自己管辖的，移送主管部门，并通知当事人。

2) 调查取证。询（讯）问当事人、证人和有关人员，按照《中华人民共和国治安管理处罚法》的规定进行，有责任的当事人无故不到的，可以依法传唤、采集、提取事故现场的痕迹、物证，按照处理事故的有关规定、标准进行。事故现场和当事人体内如有可能因时间、地点、气象原因灭失的痕迹或者证据，应及时提取。饮酒或者使用毒品的当事人如拒绝提取血液，并有反抗行为的，可以使用约束带或者警绳等约束性器械强制提取，提取完毕后必须立即解除。

3）检验、鉴定和重新评定。检验事故死者尸体不得在公众场合进行。剖验事故死者尸体，应当征得其亲属或者代理人的同意。但是公安管理部门认为必要时，经事故处理部门负责人批准，可以直接解剖尸体。境外来华人员的尸体经法医检验的，由法医出具"死亡鉴定书"，需解剖尸体的，应当取得死者家属或者所属国驻华使、领馆同意解剖的书面证明。

事故受伤人员伤残评定工作应当由法医进行，无法医则由处理事故的办案人员进行；伤情复杂的，可以聘请有专门知识的人员或者委托其他专业伤残鉴定机构进行。在有条件的地方，应当设立事故伤残评定委员会。

事故当事人对伤残评定不服的，按照《道路交通安全法实施条例》（2017）规定可以向上一级管理部门申请重新评定，重新评定的结论为最终结论。上一级管理部门认为必要时，可以委托其他专业伤残鉴定机构或者聘请有专门知识的人员进行重新评定。

7.1.3 水路运输事故

1. 水路货运事故

（1）水路货运事故的种类及原因

水路货运事故有不同的分类方法，如按照损失的程度划分，可分为全部损失的事故和部分损失的事故；按事故的性质划分，可分为货差和货损。前一种分类方法主要适用于保险业务，而海运业务则多采用后一种分类方法。按照事故性质划分的水路货运事故及造成这些事故的主要原因如下。

1）货差：主要原因是标志不清、误装、误卸和理货错误等。

2）货损：可分为全部损失和部分损失。

在采用集装箱运输的全程中，除了海上运输外，在集装箱装卸区范围内不适当的保管和堆存；路桥运输中铁路车辆的振动；拖车和货车运输中车辆的摇晃，途经山岳地带的颠簸以及经过寒冷地区时的温度、湿度、气压变化等，都是造成箱内货物受损的重要原因。

（2）海上货运事故记录

当货物在承运期间发现货运事故时，船长或大副除应及时采取切实有效的措施防止事故进一步扩大外，还应将货物的损坏情况、原因及所采取的措施和处理经过详细地记录在航海日志上。

在我国港口，开始卸货前如发现货物装舱混乱、隔票不清、货物有残损等情况，理货长应立即通知船方验看，并编制"现场记录"。经船方签认后方开始起卸货物。现场记录也是理货长最后编制货物残损单的依据。

船舶在航行中遇到恶劣天气，在船舶抵达第一到达港开舱卸货之前，船长应制作书面的海事声明，并附上航海日志的有关部分送港口主管当局或公证机关签证，以保留进一步申诉事故情况的权利。

（3）水路货运事故处理程序

托运人、作业委托人向承运人和港口经营人要求货运事故赔偿时，应在规定时间内提出索赔。提出货运事故索赔书的同时，应随附货运记录、货运单证、货物损失清单、价格证明等文件。

承运人、港口经营人收到货运事故索赔书后，应在收到的次日起 60 天内将处理意见通知托运人、收货人或作业委托人；托运人、收货人或作业委托人收到承运人、港口经营人处理意见通知的次日起 10 天内没有提出异议的，承运人、港口经营人应立即赔付结案。但货物被盗并已向公安部门报告立案的赔偿期限，可以顺延半年。同一承运人对同一托运人和同一收货人连续运输的整批大宗货物发生件数溢短时，按航次分别编制货运记录，承运人与托运人或收货人，港口经营人与作业委托人，可按照约定对货物作价相抵，1 年结算 1 次。

2. 水路客运事故

水路客运事故按照人员伤亡和直接经济损失情况可以分为以下 4 个等级：小事故、一般事故、大事故、重大事故。

根据不同的船舶类型，水路客运事故分级标准如下。

(1) 3000 总吨以上，或主机功率 3000kW 以上的船舶

1）小事故：没有达到一般事故等级以上的事故。

2）一般事故：人员有重伤，或直接经济损失 300 万元以下，50 万元以上。

3）大事故：死亡 1~2 人，或直接经济损失 500 万元以下，300 万元以上。

4）重大事故：死亡 3 人以上，或直接经济损失 500 万元以上。

(2) 500 总吨以上，3000 总吨以下，或主机功率 1500kW 以上，3000kW 以下的船舶

1）小事故：没有达到一般事故等级以上的事故。

2）一般事故：人员有重伤，或直接经济损失 50 万元以下，20 万元以上。

3）大事故：死亡 1~2 人，或直接经济损失 300 万元以下，50 万元以上。

4）重大事故：死亡 3 人以上，或直接经济损失 300 万元以上。

(3) 500 总吨以下，或主机功率 1500kW 以下的船舶

1）小事故：没有达到一般事故等级以上的事故。

2）一般事故：人员有重伤，或直接经济损失 20 万元以下，10 万元以上。

3）大事故：死亡 1~2 人，或直接经济损失 50 万元以下，20 万元以上。

4）重大事故：死亡 3 人以上；或直接经济损失 50 万元以上。

事故分级标准凡符合标准之一的即达到相应的事故等级，并且"以上"包含本级，"以下"不包含本级。

7.1.4　航空运输事故

在航空运输中，由于运输服务工作中的过失，造成旅客伤亡、不良政治影响或经济损失价值在 5000 元以上者，均为运输事故。

1. 一等事故

1）旅客死亡。

2）由于运输服务工作的过失，延误专机飞行造成不良后果。

3）国家科学技术尖端保密产品、国防保密物资、机要文件，发生灭失造成严重政治后果。

4）党中央布置的重要政治性运输任务，发生灭失、损坏或造成严重政治影响。

5）货物、邮件、行李灭失或损坏，其损失价值或赔偿在 3 万元以上。

6）由于运输服务工作的过失，严重损坏飞机、设备或损失价值在 3 万元以上。

2. 二等事故

1）旅客重伤致残或严重中毒而丧失劳动能力。

2）由于运输服务工作的过失造成包机返航，延误起飞时间而不能完成当日的航程或取消当日的飞行。

3）重要货物，如抢险救灾物资、国家珍贵文物、重要的出国展品、礼品和涉外货物，发生灭失、损坏，造成不良政治后果。

4）由于工作过失而发生涉外事件、泄密事件，造成不良政治影响。

5）货物、邮件、行李灭失或损坏，其损失价值或赔偿额在 1 万元以上 3 万元以下。

6）由于运输服务工作的过失，损坏飞机、设备或损失运费价值在 1 万元以上 3 万元以下。

7）由于超载或载重平衡安排错误使飞行安全受到严重影响，或超载重量达到该飞机当次飞行起飞重量的 2%以上（大型飞机）或 3%以上（中小型飞机）。

3. 三等事故

1）旅客受伤或中毒，短期内不能恢复健康。

2）由于运输服务工作的过失，造成飞机返航，延误起飞时间而不能完成当日的航程或取消当日的飞行。

3）中央发行的报刊文件，紧急政治书刊和宣传品，急救物资以及有高度时间性的货物、邮件或行李发生延误，造成不良政治后果。

4）货物、邮件、行李灭失或损坏，其损失价值或赔偿额在 5000 元以上 1 万元以下。

5）由于运输服务工作的过失，损坏飞机、设备或损失运费价值在 5000 元以上 1 万元以下。

6）超载重量达到该型飞机当次飞行最大起飞重量的 1%以上 2%以下（大型飞机），或 2%以上 3%以下（中小型飞机）。

7）因工作过失，使飞机少载 300kg 以上，造成吨位浪费，影响待运客货及时运出。

8）因工作过失而发生旅客漏乘、错乘、误机或因超售客票不能按期乘机，造成不良政治影响，或经济损失在 5000 元以上 1 万元以下。

4. 运输差错

在运输服务工作中，由于未认真执行规章制度、工作疏忽或其他原因，使运输安全、航班正常性、运输服务质量受到影响，给旅客、收发货人或有关单位带来不便，或者造成一定的经济损失但没有构成等级事故的，都属于运输差错。例如以下几种情况。

1）飞机延误起飞在 15min 以上。

2）货物、邮件、行李发生错装、错卸、漏装、错运或错交。

3）超载重量在 10kg 以上，在该型飞机该次飞行最大起飞重量的 1%以下（大型飞机）或 2%以下（中小型飞机）。

4）飞机少载，浪费吨位在 100kg 以上，影响待运客货及时运出。

5）误收危险品，或未按照规定的包装、重量条件收运具有危险性质的货物。

6）货物、邮件或行李灭失、损坏，飞机设备损坏或运费损失，其价值或赔偿额在 500 元以下。

7.2 运输事故责任划分

托运人把货物交给承运人后,承运人会根据双方之间的合同和行业的惯例履行运输的义务,把货物安全、及时地交给收货人。但是由于存在各种危险,如货物在长途运输中存在多环节作业的情况,运输事故难以避免,并且运输事故的性质和原因多种多样,所以划分事故责任时,必须根据调查的情况,依据发生事故的原因,按照国家有关规定实事求是地确定。

7.2.1 铁路运输事故责任划分

1. 铁路货物损失责任划分

(1) 铁路货物运输托运人的责任

托运人在向铁路承运人托运货物时,应相应地承担如下责任。

1) 对在货物运单和物品清单内所填事项的真实性完全负责,如托运零担货物时,应在每件货物上标注清晰明显的标记。

2) 对托运的货物,托运人应根据货物的性质、质量、运输要求以及装载等条件,使用便于运输、装卸,并能保证货物质量的包装。对有国家标准或专业包装标准的,应按其规定进行包装。对没有统一规定包装标准的,托运人应会同车站研究制定货物运输包装暂行标准。

3) 凡在铁路车站装车的货物,托运人应在铁路指定的日期将货物运至车站,车站在接收货物时,应对货名、件数、运输包装、标记等进行检查。

4) 及时支付运费。

(2) 铁路货物运输承运人的责任

从货物承运时起到货物交付交货人或者依照有关规定处理完毕时止,货物如发生灭失、短少、变质、污染、损坏,铁路应按货物的实际损失负赔偿责任。但由于下列原因之一所造成的货物灭失、短少、变质、污染、损坏,承运人不负责赔偿。

1) 由于不可抗力造成的。

2) 由于货物本身性质引起的碎裂、生锈、减量、变质或自燃等。

3) 由于托运人、收货人或所派押运人的过错造成的,主要包括:货物包装的缺陷,承运人在验收货物时无法从外部发现或未按国家规定在货物上标明包装储运图示标志;托运人自装车的货物,加固材料不符合规定的条件或者违反装载规定,交付货物时承运人无法发现的;押运人应当采取而未采取保证货物安全措施的;收货人负责卸货造成的损失等。

4) 由于货物本身的合理损耗造成的。

5) 其他经查证非承运人责任造成的。

但是,由第三人的过错造成的货损、货差,不能免除铁路运输企业的赔偿责任,铁路运输企业赔偿后可向第三人追偿。

(3) 铁路货物损失责任裁定与处理期限

货物损失调查定责工作由到站(中途终止运输的,为货物终止运输站)、到达铁路局负责,但发站承运后装车前、货物承运前在车站仓储或货物仅在车站仓储的,定责工作由发站或仓储办理站负责。发生货物损失后,记录编制站应初步判定是否为承运人责任,难以判定的应由到站进一步调查确定。涉及物流外包业务的，定责意见须经签约铁路局确认。对货物损失定责意见有争议的，经一次往返查复不能取得一致时，按下列规定办理。

1）轻微损失责任由到站裁定。

2）三级损失责任，到站应将定责意见上报主管铁路局，由到达铁路局裁定。

3）二级损失责任，到站应将定责意见上报主管铁路局，由到达铁路局与相关铁路局协商，到达铁路局裁定。

4）一级损失责任，到达铁路局应将定责意见连同会议纪要等材料上报总公司裁定。

二级、三级损失责任，到达铁路局的裁定为最终裁定；轻微损失责任，到站的裁定为最终裁定。对承运人责任明确的货物损失处理要坚持快速调查、快速定责。自货物损失发现之日起，对轻微、三级损失处理期限最长不得超过 10 日；对二级、一级损失处理期限最长不得超过 30 日。

（4）国际铁路联运货物损失的赔偿责任

按《国际货协》运单承运货物的铁路负责完成货物的全程运送，直到在到站交付货物时为止。如将货物转发送到未参加《国际货协》的国家，则负责完成直到按另一种货物联运协定的运单办完运送手续时为止。如果货物转发送自未参加《国际货协》的国家，则自按《国际货协》运单办完运送手续后开始。因铁路原因造成货物运到逾期、全部或部分灭失、重量不足、毁损、腐坏或质量下降的损失，铁路应按货物的实际损失赔偿发货人或收货人，但赔偿额最高不超过货物全部灭失时的款额。如承运的货物，由于下列原因发生灭失、短少、毁损（腐坏），则承运人不予负责。

1）由于铁路不能预防和不能消除的情况。

2）由于货物、容器、包装质量不符合要求或由于货物、容器、包装的特殊自然和物理特性，以致引起其毁损（腐坏）。

3）由于发货人或收货人的过失或由于其要求，而不能归咎于承运人。

4）由于发货人或收货人装车或卸车的原因所造成。

5）由于货物没有运送该货物所需的容器或包装。

6）由于发货人在托运货物时，使用不正确、不确切或不完全的名称，或未遵守《国际货协》的条件。

7）由于发货人将货物装入不适于运送该货物的车辆或集装箱。

8）由于发货人错误地选择了易腐货物运送方法或车辆、集装箱种类。

9）由于发货人或收货人未执行或未适当执行海关或其他行政手续。

10）由于与承运人无关的原因国家机关检查、扣留、没收货物。

2. 铁路客运事故责任划分

铁路旅客人身伤害事故责任分为旅客自身责任、第三人责任、铁路运输企业责任及其他。

旅客自身责任：旅客违反铁路安全规定，不听从铁路工作人员引导、劝阻等违法违章行为或其他自身原因造成的伤害。

铁路运输企业责任：由于铁路运输企业人员的职务行为和设施设备的原因，给旅客造成的伤害。

第三人责任：由于旅客和铁路运输企业合同双方以外的人给旅客造成的损伤。

非上述三种责任造成的伤害，属于其他。

铁路运输企业责任分为客运部门责任和行车等其他部门责任，客运部门责任又分为车站责任和列车责任。

（1）有下列情形之一的，属于车站责任

1）旅客持票进站或下车后在检票口以内因组织不当造成伤害的。

2）缺乏引导标志或有关引导标志不准确而误导旅客发生伤害的。

3）车站设备、设施不良造成旅客伤害的。

4）车站销售的食物造成旅客食物中毒的。

5）因误售、误剪不停车站车票造成旅客跳车的。

6）在规定停止检票后继续检票放行或检票放行时间不足，致使旅客抢上列车造成伤害的。

7）因违章操作、管理不善造成火灾、爆炸，发生旅客伤害的。

8）事故处理工作组有理由认为属于车站责任的。

（2）有下列情形之一的，属于列车责任

1）由于车门未锁造成旅客跳车、坠车或站内背门下车造成旅客伤害的。

2）因列车工作人员的过失，致使旅客在不办理乘降的车站（包括区间停车）下车造成人身伤害的。

3）由于组织不力，旅客下车挤摔而造成伤害的。

4）车站误售、误剪车票，列车未能妥善处理造成旅客跳车伤害的。

5）因列车报错站名致使旅客误下车造成伤害的。

6）因列车工作人员的过失造成旅客挤伤、烫伤的。

7）因餐车、售货员销售的食物造成旅客食物中毒的。

8）因违章操作、管理不善造成火灾、爆炸，发生旅客伤害的。

9）因列车设备不良造成旅客人身伤害的。

10）事故处理工作组有理由认为属于列车责任的。

事故处理工作组认为两个以上单位都负有责任时，可列两个以上的责任单位。

（3）其他部门责任

铁路运输企业的其他部门责任所造成的旅客伤害。

7.2.2 公路运输事故责任划分

1. 公路货物承运人的责任

公路运输承运人只有在其责任期间发生的运输事故，才负相应责任。承运人的责任期间，是指承运人自接受货物起到将货物交付收货人（包括按照国家有关规定移交给有关部门）止，货物处于承运人掌管之下的全部时间。但承运人与托运人还可以就货物在装车前和卸车后对承担的责任达成其他协议。

公路运输承运人的责任如下。

1）承运人未遵守承托双方商定的运输条件或特约事项，由此造成托运人的损失，应负赔偿责任。

2）货物在承运责任期间发生毁损或灭失，承运人应负赔偿责任。但有下列情况之一者，承运人举证后可不负赔偿责任。

① 不可抗力。
② 货物本身的自然性质变化或者合理损耗。
③ 包装内在缺陷，造成货物受损。
④ 包装体外表面完好而内装货物毁损或灭失。
⑤ 托运人违反国家有关法令，致使货物被有关部门查扣、弃置或作其他处理。
⑥ 押运人员责任造成的货物毁损或灭失。
⑦ 托运人或收货人过错造成的货物毁损或灭失。

集装箱货物运输中，整箱货物在承运责任期间内，保持箱体完好，封志完整，箱内货物发生货损货差，承运人不负赔偿责任。但承运人负责装、拆箱的除外。

3）货物在起运前交给承运人保管，以及运到后在承运人保管期间，因承运人责任造成损失的，承运人应负赔偿责任。

4）承运人委托第三者组织装卸，因装卸原因造成货物损失，承运人也应向托运人负赔偿责任。承运人赔偿后，可向有责任的第三者追偿。

5）如果经证实货物损失是由于承运人的故意行为造成的，承运人除应按实际损失向货主赔偿外，还应由合同管理机关对其处以损失部分10%～50%的罚款；构成犯罪的，还将依法追究肇事者的刑事责任。

6）如果货物损失或托运人其他经济损失是因承运人和托运人共同所致，则双方应按过错程度大小分别承担自己相应的责任。

7）由于承运人责任造成货物未在约定的期限内运抵约定地点，承运人应负违约责任，即按约定或规定向收货人偿付违约金。

8）因承运人责任将货物错送或错交收货人的，承运人应将货物无偿运到合同约定的地点，交给指定的收货人；如果货物因此逾期运到，应偿付逾期交付货物的违约金。

9）承运人不按合同规定的时间和要求配车发运的，应负违约责任。

因不可抗力或非承运人责任造成承运人未能按合同约定履行的，可免除承运人支付违约金的全部或部分责任。

2. 公路运输托运人的责任

公路运输托运人应负的责任主要包括：按时提供规定数量的货载；提供准确的货物详细说明；货物储运图示标志清楚；包装完整，适于运输；按规定支付运费。

一般规定有：如因托运人的责任造成的车辆滞留、空载，托运人须负责延滞费和空载费等损失。托运人责任具体规定如下。

1）托运人未按合同规定的时间和要求，备好货物和提供装卸条件，以及货物运达后无人收货或拒绝收货，而造成承运人车辆放空、延滞及其他损失，托运人应负赔偿责任。

2）因托运人下列过错，造成承运人、站场经营人、搬运装卸经营人的车辆、机具、设备等损坏、污染或人身伤亡以及因此而引起的第三方的损失，由托运人负责赔偿。

① 在托运的货物中有故意夹带危险货物和其他易腐蚀、易污染货物以及禁、限运货物等行为。
② 错报、匿报货物的重量、规格、性质。
③ 货物包装不符合标准，包装、容器不良，而从外部无法发现。

④ 错用包装、储运图示标志。

3）托运人如不如实填写运单，错报、误填货物名称或装卸地点，造成承运人错送、装货落空以及由此引起的其他损失，托运人应负赔偿责任。

4）由托运人负责装卸的货物，超过合同规定装卸时间所造成的损失，由托运人负责赔偿。

3. 货运代办人的责任

货运代办人以承运人身份签署运单时，应承担承运人责任；以托运人身份托运货物时，应承担托运人的责任。

4. 站场经营人或搬运装卸经营者的责任

1）货物在搬运装卸作业中，因搬运装卸人员过错造成货物毁损或灭失的，站场经营人或搬运装卸经营者应负赔偿责任。

2）货物在站场存放期间，因站场经营人责任发生毁损或灭失的，站场经营人应负赔偿责任。

7.2.3 水路货运事故责任划分

1. 托运人的责任

在班轮运输的情况下，货主将货物送交船公司指定的集中地点以前，或者在集装箱运输的情况下，拼箱货交至集装箱货运站以前，整箱货交至集装箱堆场以前，因为货物在托运人掌管之下，所以此时发生的货物灭失或损坏属于托运人的责任。

在航次租船的情况下，如果租船合同中约定由承租人（通常是托运人或货主）负责装船，而且明确约定船舶所有人对承租人自行安排装卸工人进行装货所造成的货物灭失或损坏可以免责时，货物装入舱内以前发生的货物灭失或损坏应由货主负责。

另外，造成货物灭失或损坏的原因是由于货物的包装不坚固，或由于托运人假报货名，以及货物本身的性质或潜在缺陷等，也属于托运人的责任。

2. 船公司的责任

货物在船公司掌管下所发生的事故，原则上都应由船公司负责。船公司除了应负保证船舶适航的义务外，还应负对货物给予充分注意的义务，即承运人或其雇佣人员对在货物的接受、装船、积载、运送、保管、卸船、交付中因疏忽而造成的货物灭失、损坏或延迟，应负损害赔偿责任。

3. 第三者的责任

第三者的责任主要是指货物在装卸作业过程中由于装卸工人操作不当或不注意而发生货物的撞击、坠落、落水等情况所造成的损害和不合理地使用手钩，以及驳船遭遇海难，在仓库中的失窃、理货失误等所造成的损害。

7.2.4 航空运输事故责任划分

1. 航空货运事故责任划分

因发生在航空运输期间的事件造成货物毁灭、遗失或者损坏的，承运人应当承担责任；但是，承运人证明货物的毁灭、遗失或者损坏完全是由于下列原因之一造成的，不承担责任。

1) 货物本身的自然属性、质量或者缺陷。
2) 承运人或者其受雇人、代理人以外的人包装货物的，货物包装不良。
3) 战争或者武装冲突。
4) 政府有关部门实施的与货物入境、出境或者过境有关的行为。

货物在航空运输中因延误造成的损失，承运人应当承担责任；但是，承运人证明本人或者其受雇人、代理人为了避免损失的发生，已经采取一切必要措施或者不可能采取此种措施的，不承担责任。

在货物运输中，经承运人证明，损失是由索赔人或者代行权利人的过错造成或者促成的，应当根据造成或者促成此种损失的过错的程度，相应免除或者减轻承运人的责任。

2. 航空客运事故责任划分

旅客在航空器内或上下航空器过程中死亡或受伤，承运人应当承担赔偿责任。

承运人如能证明旅客死亡或受伤是不可抗力或旅客本人健康状况造成的，不承担赔偿责任。

承运人如能证明旅客死亡或受伤是由旅客本人的过失或故意行为造成的，可以减轻或免除其赔偿责任。

承运人应当承担赔偿责任的，对每名旅客的最高赔偿金金额为人民币7万元。

旅客可以自行决定向保险公司投保航空运输人身意外伤害险。此项保险金额的给付，不得免除或减少承运人应当承担的赔偿金额。

向外国人、港澳台同胞和海外侨胞给付的赔偿金，可以兑换成该国或该地区的货币，其汇率按赔偿金给付之日中华人民共和国国家外汇管理部门公布的外汇牌价确定。

旅客或其继承人与承运人对其损害赔偿发生争议，可以向人民法院提起诉讼。

7.3 运输事故索赔

运输事故索赔是指发生运输事故后托运人或收货人对损失要求事故责任人履行赔偿或给付保险金的行为。运输事故索赔主要包含3个方面：索赔程序、索赔所需文件、索赔时效。

7.3.1 铁路运输事故索赔

1. 铁路货损索赔

（1）一般铁路货物损失索赔程序

托运人或收货人向承运人要求赔偿时，应按批向到站或发站提出"赔偿要求书"，并附货物运单、货运记录（或普通记录）和有关证明文件。

（2）一般铁路货物损失索赔单证

托运人或收货人向铁路要求赔偿损失时，应持加盖了公章的赔偿要求书按批向到站（货物发送前发生的事故向发站）提出赔偿要求，并附货物运单、货运记录、货物价格证明等资料。

（3）一般铁路货物损失索赔时效

根据《铁路货物运输规程》的规定，托运人或收货人要求铁路运输企业赔偿或退补运输费用的时效期限为 180 天，有效期限由下列日期起算：货物灭失、损坏为承运人交给货运记录的次日；货物全部灭失，未编有货运记录的，为运到期限期满后的第 31 天。承运人在运到期限期满后，经过 30 天仍不能交付的货物，托运人、收货人可按货物灭失向到站要求赔偿。

对于保险货物，被保险人从获悉保险货物遭受损失的次日起，如果经过 180 天不向保险人申请赔偿，不提供必要的单证，或者不领取应得的赔款，则视为自愿放弃权益。

2. 铁路客运事故索赔

旅客受伤需治疗时，医疗费用按实际需要，凭治疗医院单据由铁路运输企业承担，但其标准一般最高不超过赔偿金限额。如旅客人身伤害系法律法规规定铁路运输企业免责的，其医疗费用由旅客承担。

旅客自身责任或第三人责任造成的人身伤害，医疗费用由责任人承担。第三人不明确或无力承担时，由铁路运输企业先行赔付后，向第三人追偿。

旅客受伤治疗后身体部分机能丧失，应当按照机能丧失程度给付部分赔偿金和保险金。旅客身体两处以上受伤且部分机能丧失的，应当累加给付，但不能超过赔偿金、保险金最高限额。旅客受伤治愈后无机能影响，在赔偿金、保险金最高限额的 5% 以内酌情给付。旅客死亡按最高限额给付。

如铁路运输企业能够证明旅客人身伤害是由铁路运输企业和旅客的共同过错造成的，应当相应减轻铁路运输企业的赔偿责任。

因处理事故需要发生的其他费用（如看尸、验尸、现场勘验、寻人启事等与事故处理直接有关的支出）应在事故处理费中列支并在事故处理报告上列明。

因事故产生的保险金、赔偿金、医疗费用、其他费用，有责任单位（铁路运输企业其他部门责任时，转责任单位所属铁路分局）的，由处理事故分局将以上费用转账给责任单位。无责任单位的，转事故发生单位。

事故责任涉及两个以上单位时，其事故处理费用由责任单位共同分担，分担比例按责任轻重由事故处理工作组确定。

对伤亡旅客的赔偿一般应当于治疗结束或尸体处理完毕后进行。由旅客或其继承人、代理人（代理人应当出具被代理人的书面授权书）提出"铁路旅客人身伤害事故赔偿要求书"，并出具治疗医院的证明，作为事故处理站办理赔偿、确定给付赔偿数额的依据。

事故处理工作组接到"铁路旅客人身伤害事故赔偿要求书"后，应当尽快与旅客或其继承人、代理人协商办理赔偿。办理赔偿应当编制"铁路旅客人身伤害事故最终处理协议书"，事故处理各方对协议书所载内容无异议后签字并加盖"事故处理专用章"生效。同时，开具"铁路旅客人身伤害事故赔付通知书"及时将赔偿金、保险金支付给旅客或其继承人、代理人。

需向事故责任或发生单位转账时，由铁路局财务部门开具转账"通知书"，连同"铁路旅客人身伤害事故最终处理协议书"转送事故责任或发生单位。事故责任或发生单位接到转账"通知书"等资料后，应当于 10 天内将费用转拨事故处理分局；超过 10 天时每超过 1 天，按应付费用的 0.5% 支付滞纳金。

7.3.2 公路货运事故索赔

1. 索赔程序

公路货运事故发生后，承运人应及时通知收货人或托运人。收货人、托运人知道发生货运事故后，应在约定的时间内，与承运人签注货运事故记录。收货人、托运人在约定的时间内不与承运人签注货运事故记录的，或者无法找到收货人、托运人的，承运人可邀请2名以上无利害关系的人签注货运事故记录。

在公路货运事故记录过程中，收货人不得扣留车辆，承运人不得扣留货物。由于扣留车货而造成的损失，由扣留方负责赔偿。

2. 索赔单证

公路货物运输合同当事人要求另一方当事人赔偿时，须提出赔偿要求书，并附运单、发票、保单、货物清单、货运事故记录和货物价格证明等文件。属于保价运输的，还应附声明价格的证明文件。要求退还运费的，还应附运杂费收据。

3. 索赔时效

承托双方彼此之间要求进行损失赔偿的时效，从收货人、托运人得知货运事故信息或签注货运事故记录的次日起计算（灭失的货物自运输期限届满后的第31天起计算），不超过180天。逾期提出的赔偿要求无效。

7.3.3 水路货运事故索赔

1. 索赔程序

发生货运事故时，索赔人应尽快查明货损原因，准备各种索赔单证，然后向承运人或其代理人提交索赔事情申请书或索赔清单正式提出索赔要求。索赔人对索赔权利采取的保全措施主要有两种：一种是要求承运人提供担保（现金担保和保函担保）；另一种是扣船。

2. 索赔单证

发生水路货运事故后，索赔人应向承运人或承运人的代理人提交索赔事情申请书或索赔清单正式提出索赔要求。索赔单证主要有：提单，过驳清单、卸货报告或货物溢短单、残损单等卸货单证，重理单，货物残损检验证书，商业发票，装箱单，修理单。索赔事情申请书或索赔清单的内容应包括：索赔人的名称和地址；船名；装货港名称，抵达卸货港日期；货名及提单号，接货地名；残损或短卸情况，数量；索赔日期，索赔金额及索赔理由。

3. 索赔时效

《海牙规则》和各国船公司对普通货运提单的索赔，规定为收货人应在收到货物3天之内，将有关货物的灭失、损害情况以书面的形式通知被索赔人，如果货物的状况在交货时已由双方证明，则不需要书面的索赔通知。

货物运抵保险凭证所载明的目的地的储存处所或收货人在当地的第一个仓库后，收货人应在10天内向当地保险机构申请索赔，并会同检验受损的货物，否则保险人不予受理。

被保险人从获悉或应当获悉货物遭受损失的次日起，如果经过1年时间不向保险人提出必要的单证，或者不领取赔款，则视为自愿放弃权益。

7.3.4 航空运输事故索赔

1. 航空货运事故索赔

当托运人、收货人或其代理人发现货物有遗失、短缺、变质、污染、损坏或延误到达等情况后,可以直接向承运人索赔。

(1) 索赔程序

1) 托运人、收货人或其代理人发现货物有丢失、短缺、变质、污染、损坏或延误到达情况,应当当场向承运人提出,承运人应当按规定填写运输事故记录并由双方签字或盖章。如有索赔要求,收货人或托运人应当于签发事故记录的次日起,按法定时限向承运人或其代理人提出索赔要求。向承运人提出赔偿要求时应当填写货物索赔单,并随附货运单、运输事故记录和能证明货物内容、价格的凭证或其他有效证明。

2) 如有索赔要求,托运人、收货人或其代理人应当在法定异议时限内,以书面形式向航空公司各地货运部门、机场货运部门,或其代理人提出货物损失的赔偿要求。

3) 填写"货物索赔单",并须详细说明货物损坏、短缺或遗失、延误的情况。随附货运单、货物商业发票、装箱清单、运输事故记录,以及能够证明货物内容、价格的凭证或其他有效证明。

4) 索赔要求一般在货物到达站处理,承运人对索赔人提出的赔偿要求,应当在 2 个月内答复。不属于受理索赔的承运人接到索赔要求时,应当及时将索赔要求转交有关的承运人,并通知索赔人。

(2) 索赔单证

索赔人向承运人提出索赔要求时,应出具的文件主要有:索赔函;货运单正本或副本;货物商业发票、装箱清单和其他必要材料;货物运输事故记录以及商检报告或其他有效损失证明。

(3) 索赔时效

因货物损失发生索赔的,索赔人应在下列期限内以书面形式向承运人提出。

1) 明显损失或部分丢失:自收到货物之日起 14 天内提出。

2) 延误:自货物处置权交给指定收货人之日起 21 天内提出。

3) 丢失:自航空货运单填开之日起 110 天内提出。

4) 诉讼:自飞机到达目的地或运输终止之日起 2 年内提出。

超过法定索赔期限收货人或托运人未提出赔偿要求,则视为自动放弃索赔权利。

2. 航空客运事故索赔

(1) 索赔条件

1) 保险标的遭受保险事故发生,若没有保险事故发生,就不存在索赔。

2) 保险标的遭受损失的原因必须是保险责任范围内的保险事故造成。否则即使造成损失,也不能提出索赔,由保险人承担赔偿义务。如某航空公司投保了航空器机身险而未投保附加机身战争险,若该公司航空器遭劫持造成损失就无权向保险公司提出索赔。

(2) 索赔程序

1) 在保险事故发生后,被保险人和受益人应在积极抢救的同时,以最快、最有效的方式通知保险人,提出索赔要求。

2）被保险人和受益人有义务采取一切合理的抢救、整理措施，以免损伤继续扩大，力求将损失减少到最低程度。若不履行此义务，保险人有权终止保险合同或拒绝赔偿。

3）被保险人应保护出险现场，提供检验方便，接受保险人检验。在航空器保险事故中，被保险人（承运人）应尽量保持航空器事故现场完整。如遇特殊情况无法保留现场时，应及时拍下原始现场照片，进行所需要的详细记录，并妥善保管相关的文件和材料。

4）被保险人必须提供必要的索赔单证，包括保险单、账册、收据、发票、出险证明书、出险调查报告、损失鉴定证明以及损失清单、抢救整理的原始单据等。

5）被保险人有权领取保险金。除对某些特殊标的或事先约定外，保险人一般均应以现金支付保险金。

6）涉及第三人责任时，被保险人需开具权益转让书，使保险人享有代位求偿权。

7.4 运输事故理赔

交通事故赔偿是交通事故责任者依法对受害者进行的相应赔偿。交通事故赔偿包括财产损失赔偿和人身损害赔偿两大类，而具体的赔偿内容需要依照相应的法律规定来履行。当事人可以就事故赔偿先行协商，协商不成的可以由公安交通管理部门进行调解。若是经公安交通管理部门的调解，当事人未达成协议或者调解书生效后不履行的，当事人可以向法院提起民事诉讼。

理赔是指保险事故发生后，保险人对被保险人所提出的索赔案件的处理。被保险人遭受灾害事故后，应立即或通过理赔代理人对保险人提出索赔申请，根据保险单的规定审核提交的各项单证，查明损失原因是否属于保险范围，估算损失程度，确定赔偿金额，最后给付结案。如损失系第三者的责任所致，则要被保险人移交向第三者追偿损失的权利。

7.4.1 铁路运输事故理赔

1. 铁路货物损失理赔程序

托运人或收货人向铁路运输企业要求赔偿货物损失时，由到站按批受理；货物发送前发生的事故和发站责任造成的事故，可由发站按批受理；运输途中发生的火灾、整车货物变质、活动物死亡需要就地处理的，经与托运人、收货人协商同意，可由发现站（发生站）按批受理。发站、发现站（发生站）受理赔偿后，应立即通知到站。

托运人或收货人向铁路要求赔偿货物损失时应按批提出"赔偿要求书"，并附下列证明文件。

1）货物运单（货物全部灭失时，为领货凭证）。
2）货运记录的货主页或经赔偿受理站确认的抄件。
3）物品清单（发站没有填制的除外）。
4）其他必要证明材料。

受理赔偿时，车站须审核赔偿要求人的权利、有效期限、"赔偿要求书"的内容，以及规定的证明文件是否正确、有效和完整。审核无误后，在"赔偿要求书"收据上加盖车站公章或货物损失处理专用章，交给赔偿要求人。通过铁路货运电子商务系统网上受理客户提出的赔偿要求时，经受理站审核后，需将受理情况以"客户通知书"通过铁路货运电子商务系统告知客户。

轻微损失的赔偿由受理站审核办理。赔偿要求人要求以现金支付赔款的,由车站按财务规定当日完成现金赔付;赔偿要求人要求通过银行转账的,由受理站在下达"货物损失赔(补)偿通知书"(以下简称赔通),当日将赔偿材料报主管直属站段,由直属站段转账。轻微损失赔款备用金由车站主管直属站段财务部门按照备用金管理制度办理和监督。

三级损失的赔偿由受理站在受理当日,以查复书写明调查过程、损失款额、赔偿金额等上报主管直属站段,抄送发、到站及相关站,由主管直属站段审核办理。

一级、二级损失的赔偿及保价货物损失补偿,由受理站在受理当日,以查复书写明调查过程、损失款额、赔(补)偿金额等上报主管铁路局,抄送发、到站及相关站,由主管铁路局审核办理。

涉及物流外包业务的(包括客户以铁路方保证金冲抵违约金或向保函开立银行索赔违约金的),由签约单位按合同约定指定车站办理赔偿;不属于车站办理权限的,由车站在受理当日,以查复书写明调查过程、损失款额、赔(补)偿金额等上报主管直属站段或铁路局,抄送发、到站及相关站,由主管直属站段或铁路局按合同约定审核办理。

办理赔(补)偿单位应填发赔通,并加盖货物损失处理专用章或单位公章。赔通分为正、副本,正本为领、付款凭证(由银行转账时,交本单位财务部门;领取现金时,交赔偿要求人领款用),副本为赔款通知。通过铁路货运电子商务系统网上办理赔偿的,应将赔通加载至铁路货运电子商务系统上告知客户。铁路货运理赔流程如图7-1所示。

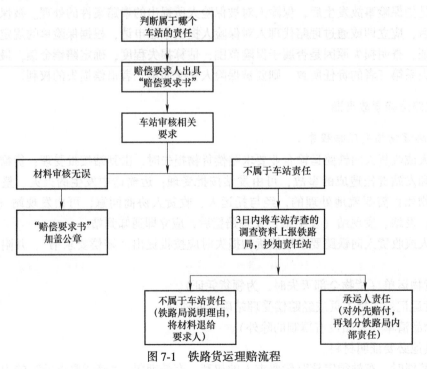

图7-1 铁路货运理赔流程

2. 铁路货物损失赔偿金额

(1) 非保价保险货物损失的赔偿

当货物损失是由承运人的故意行为或重大过失造成时,铁路应按照实际损失向货主赔偿。

当货物的损失是由承运人过失行为造成时，赔偿额可用下式计算。

$$赔偿额 = \min\{赔偿限额, 实际损失\}$$

目前规定的赔偿限额标准如下。

1）不按件数只按重量承运的货物，每吨最高赔偿 100 元。

2）按件数和重量承运的货物，每吨最高赔偿 2000 元。

3）个人托运的搬家货物、行李每 10kg 最高赔偿 30 元。

赔偿价格的标准：

1）执行国家定价的货物，应按照各级物价管理部门规定的价格计算。

2）执行国家指导价格或市场调节价格的货物，比照前项国家定价货物中相同规格或类似商品价格计算。

3）个人托运的搬家货物、行李按货物交付当日（全部灭失时，为运到期限满了的当日）当地国有企业或供销部门的零售价格计算。

（2）保价货物损失的赔偿

关于铁路保价货物事故损失的赔偿具体如下。

1）当货物损失是由承运人的故意行为或重大过失造成时，应按照实际损失向货主赔偿。

2）当货物的损失是由铁路运输企业的过失行为造成时，承运人应在保价金额内按货物的实际损失赔偿，实际损失超过保价额的部分不予赔偿。对于保价货物损失，目前有两种赔偿方法：一是根据铁路规章的规定赔偿，二是根据最高人民法院的规定赔偿。

（3）保险货物事故损失的赔偿

参加运输保险的货物发生损失时，还应在进一步判断是否属于铁路运输企业的责任的基础上，根据货物是否又参加了保价运输，按下列规定确定赔偿额。

当货物损失是由铁路的故意行为或重大过失造成时，铁路应按实际损失向货主赔偿。对保险公司先行赔付的，保险公司可按支付的保险金额向铁路运输企业追偿，因不足额保险产生的实际损失与保险金的差额部分，由铁路运输企业赔偿。

当货物的损失是由铁路的过失行为造成时，应分以下情况进行赔偿。

1）货物未按保价运输承运的，铁路运输企业应按限额赔偿的有关规定向货主进行赔偿。对保险公司先行赔付的，在足额保险的情况下，保险公司向铁路运输企业的追偿额为铁路运输企业的赔偿限额；在不足额保险的情况下，保险公司向铁路运输企业的追偿额在铁路运输企业的赔偿限额内按照投保金额与货物实际价值的比例计算，因不足额保险产生的铁路运输企业的赔偿限额与保险公司在限额内追偿额的差额部分，由铁路运输企业赔偿。

2）货物按保价运输承运的，由铁路运输企业按保价运输的有关规定进行赔偿。对保险公司按照保险合同的约定向托运人或收货人先行赔付的，可分为以下两种情况。

在足额保险的情况下，保险人按实际损失赔偿，但最高赔偿额以保险金额为限。保险公司向铁路运输企业的追偿额为铁路运输企业按保价运输有关规定计算出的赔偿额。

在不足额保险的情况下，保险公司向铁路运输企业的追偿额在铁路运输企业按保价运输有关规定计算出的赔偿额按照投保金额与货物实际价值的比例计算，因不足额保险产生的铁路运输企业按保价运输有关规定计算出的赔偿额与保险公司在按保价运输有关规定计算出的赔偿额的追偿额的差额部分，由铁路运输企业赔偿。

如果货物损失属于保险责任范围，而不属于承运人责任范围的，由保险公司按保险合同的约定单独进行赔偿。

如果损失不属于保险责任范围，又属于承运人免责范围的，则由被保险人自负。

（4）铁路货物逾期运到的赔偿

由于铁路运输企业的过错未按货物运输合同履行的，应按合同规定或有关规定向对方支付违约金。未按货物运输合同履行，主要是指货物逾期运到和交付。《中华人民共和国铁路法》规定，铁路运输企业应当按照合同约定的期限或者国务院铁路主管部门规定的期限，将货物运到目的站；逾期运到的，铁路运输企业应当支付违约金。铁路运输企业逾期30天仍未将货物交付收货人的，托运人或收货人有权按货物灭失向铁路运输企业要求赔偿。

普通货物逾期运到时，按逾期总日数与运到期限计算违约金。违约金占运费的比例为5%~20%。

快运货物逾期运到时，按运价里程和逾期天数退还货物快运费，退还比例为30%~100%。此外，若按普通货物计算运到期限仍为逾期运到时，则再计算违约金。

"五定"班列运输货物逾期运到，除因不可抗力外，到站在运到期限满日前因承运人责任不能交付货物的，由到站在交付的同时使用车站退款证明书向收货人支付违约金，每逾期1天为快运费的50%；自第3天起按以上运到期限的规定计算。

特殊规定：超限货物、限速运行的货物、免费运输的货物以及货物全部灭失，承运人都不支付违约金；从承运人发出领货通知的次日起（不能实行领货通知或会同收货人卸车的货物为卸车的次日起），如收货人在2天内未将货物领出，即失去要求承运人支付违约金的权利。

货物在运输过程中，由于下列原因之一造成的滞留时间，应从实际运到日数中扣除。

1）因不可抗力的原因引起的。

2）由于托运人责任致使货物在途中发生换装、整理所产生的。

3）因托运人或收货人要求运输变更所产生的。

4）运输活动物，由于途中上水所产生的。

5）其他非承运人责任发生的。

托运人或收货人要求铁路运输企业支付违约金的有效期间为60天，自交付货物的次日起计算。

（5）国际铁路联运货物损失和违约赔偿金额的确定

货物灭失、短少的赔偿：

《国际货协》中规定了承运人应向发货人或收货人赔偿货物灭失、短少的损失，损失赔偿额根据货物价格确定。

当运送的货物有声明价格时，铁路应按声明价格或相当于货物灭失部分的声明价格的款额向发货人或收货人赔偿。

灭失货物的运输费用、海关费用以及与运输有关的其他费用，如未纳入货物价格内，则应予以偿还。不是由运输合同产生的发货人或收货人的费用和损失，不应由铁路赔偿。

货物毁损、腐坏或因其他原因降低质量的赔偿：

因铁路责任造成的货物毁损、腐坏或因其他原因降低质量时，铁路应赔偿相当于货物价值降低部分的款额。

当运送的货物有声明价格时,铁路应按照相当于货物由于毁损、腐坏或因其他原因降低质量而降低价格的百分比,支付应为声明价格部分的款额。

货物运到逾期的赔偿:

货物运到逾期时,铁路应根据造成逾期的铁路的运费和逾期的长短,即逾期天数占总运到期限的比例,向收货人支付罚款。货物运到逾期的违约金额度,根据造成运到逾期承运人的运费和逾期(期限)的长短,即逾期(天数)占总运到期限的比例确定,即:

逾期不超过总运到期限 1/10 时,为运费的 6%。

逾期超过总运到期限 1/10 时,但不超过 3/10 时,为运费的 18%。

逾期超过总运到期限 3/10 时,为运费的 30%。

(6)铁路货物损失赔偿期限

办理赔偿的期限,自受理赔偿要求的次日起到填发赔通之日止,为 2 个工作日。特殊情况下办理赔偿的最长期限:直属站段不超过 5 个工作日,铁路局不超过 10 个工作日。赔通下达后应及时送交财务部门,财务部门接到赔通后,应在 5 个工作日内支付赔款。保价运输货物的损失赔款由保价成本承担,非保价运输货物的损失赔款由运营成本承担。涉及物流外包业务的(包括客户以铁路方保证金冲抵违约金或向保函开立银行索赔违约金的),由签约单位按规定支付或冲减违约金。

7.4.2　公路货运事故理赔

1. 公路货运事故理赔程序

承运人或场站作业人在接到托运人或收货人的赔偿要求书后,首先审核索赔时效,逾期则不受理,然后检查索赔文件是否齐全。

承运人或场站作业人应在收到受损方赔偿要求书的次日起 60 天内,将处理意见通知受损方,特殊情况经受损方和责任方协商可适当延长。受损方收到处理意见的次日起,10 天内没有提出异议,责任方可即付结案。

2. 公路货运事故和违约赔偿金额

(1)公路货运事故损失赔偿金额的确定

1)货运事故赔偿分为限额赔偿和实际损失赔偿两种。对于因承运人责任造成的货物损失,当货物运输合同中未约定赔偿责任时,法律、行政法规对赔偿责任限额有规定的,依照其规定,但经核实确属承运人的故意行为造成货物损失的,不适用有关赔偿限额的规定,承运人应当按照实际损失赔偿;尚未规定赔偿责任限额的,按货物的实际损失赔偿。

2)对于因承运人责任造成的货物损失,当货主参加保价运输时,货物全部灭失的,按货物保价声明价格赔偿;货物部分毁损或灭失的,按实际损失赔偿;货物实际损失高于声明价格的,按声明价格赔偿;货物能修复的,按修理费加维修取送费赔偿。

3)货主参加运输保险时,按投保人与保险公司商定的保险协议办理赔偿。

4)货物损失赔偿费包括货物价格、运费和其他杂费。货物价格中未包括运杂费、包装费以及已付的税费时,应按承运货物的全部或短少部分的比例加算各项费用。

5)货物毁损或灭失的赔偿额,当事人有约定的按照其约定,没有约定或约定不明确的可以补充协议,不能达成补充协议的,按照交付或应当交付时货物到达地的市场价格计算。

(2) 关于公路货运事故和违约赔偿的其他规定

1) 由于承运人责任造成货物灭失或损失，以实物赔偿的，运费和杂费照收；按价赔偿的，退还已收的运费和杂费；被损货物尚能使用的，运费照收。

2) 丢失货物赔偿后又被查回的，应送还原主，收回赔偿金或实物；原主不愿接受失物或无法找到原主的，由承运人自行处理。

3) 承托双方对货物逾期到达、车辆延滞、装货落空都负有责任时，按各自责任所造成的损失相互赔偿。

4) 对于货物运输途中发生交通肇事造成货物损坏或灭失的，承运人应先行向托运人赔偿，再由其向肇事的责任方追偿。

5) 货物赔偿费一律以人民币支付。

6) 由托运人直接委托站场经营人装卸货物造成货物损坏的，由站场经营人负责赔偿；由承运人委托站场经营人组织装卸的，承运人应先向托运人赔偿，再向站场经营人追偿。

7) 当事人不得自行用扣发货物或扣付运费来充抵违约金和赔偿金。

根据《公路货物运输合同实施细则》及《汽车货物运输规则》的有关规定，就违约金数额，双方事先有约定的，承运人按合同约定支付；如果合同没有约定，应按承运人违约部分运量应计运费的一定比例偿付（一般不超过运费的10%，最多不得超过运费的100%）。

3. 公路货运事故赔偿时效

公路货运合同当事人应在收到对方赔偿要求书的次日起，60天内做出答复。违约金、赔偿金应在明确责任后10天内偿付，否则按逾期付款处理。

7.4.3 水路货运事故理赔

1. 水路货运事故理赔程序

(1) 索赔单证的审核

当船公司或船公司的代理人接到索赔人提出的索赔案后，应立即进行索赔单证是否完备的审核和对单证内容的审核。

对索赔单证的完备性的审核，包括：

1) 证明索赔人是合法的索赔人。收货人用提单或提单的影印本表明，代位求偿的保险人或其他受托人还须随附"权益转让证书"或委托书。

2) 证明承运人负赔偿责任。普通船舶运输时用过驳清单、卸货报告或货物残损单和货物溢短单等表明卸货数量和质量的单证或由具有公证资格的检验人出具的检验报告；集装箱运输时，用集装箱货物的交付记录和检验报告等。

3) 证明索赔人提出的索赔金额是合理的。提交证明货物受损程度的单证，核定索赔金额的单证。

对索赔单证内容的审核，包括以下几项内容。

1) 索赔人提出索赔的时间是否已超过提单条款或有关国内法和在本国生效的国际公约所规定的诉讼时效。

2) 各种索赔单证上记载的日期、船名、航次、提单号、货物名称、标志等内容是否一致。

3) 货物损失是不是在承运人掌管期间内发生的。

4）证明货物残损或短缺的货物单证上有没有大副或船长的签字。

5）核对理货计数单据，查明货物在装卸时的理货数字是否正确。

6）在确认船公司应承担责任时，还要审核索赔清单中所列 CIF 货价与发票所列价格是否相符。

（2）事故调查与赔偿

船公司接到索赔案件，应及时对损害事实进行调查，查明事故原因。如果确认货物的损害不是自己的责任所引起的，就应将自己对于货物的损害不承担责任及其理由及时通知索赔人，即"拒赔"。为了举证，承运人必须提出一系列能证明他和他的代理人和雇佣人员没有过失或不应承担责任的单证或证明。这些单证除收货单、理货计数单、货物溢短单和货物残损单，或过驳清单、卸货报告等货运单证，以及货物残损检验证书等公证机关出具的证明外，有时还要提出如下单证及证明。

1）积载检验报告，是具有公证资格的检验人出具的，可作为在积载方面承运人已做到"谨慎处理"的证明。

2）舱口检验报告，是指船舶在航行中遭遇风暴或恶劣天气，估计舱内货物可能受到其他损坏时，在船舶到达目的港后，申请具有公证资格的检验人对舱口的密封情况、货物的积载情况等进行检验所出具的证明。

3）卸货事故报告，是有些船公司要求载运货物的船舶编制的一种说明货运事故实际情况的书面报告。

4）海事声明和海事报告，船舶在航行中遭遇异常气候或其他意外事故，造成或估计会造成船货损害，承运人或船方为谋求摆脱他们对此项损害的责任和保留向有关方索赔的权利，在船舶进入第一靠港后的一定时间内（通常为 24h），或到达目的港开舱卸货前向有关机构，如本国驻外大使馆或领事馆，或港口主管当局，或公证机关递交海事声明，以求得公证。海事报告是在船舶发生海事后，船货的损害已经形成，在对损害已存在的情况和损害的程度已大致了解的情况下，船长向有关当局递交的书面报告。

2. 水路货运事故赔偿金额

（1）确定赔偿金额的标准

在实际业务中，多数以 CIF 发票价格作为确定赔偿金额的标准。但是，在货物价格变动激烈的情况下，有时也以下述方法确定赔偿金额。

1）以 CIF 发票价格作为卸货地价格，但在以 FOB 价格条件成交的情况下，则以发票价格加上保险费、运费和卸货费的总额作为卸货地价格。在以外币计价的情况下，则按照船舶到达目的港之日的汇率换算成卸货地价格。

2）以货物保险的保险金额假定为卸货地价格。

3）以托运人托运时所申报的价格假定为卸货地价格。

在计算上述三种价格后，参照卸货地同种、同品质的货物的实际价格，以其中与实际价格最接近的一种价格作为标准价格，并以此为基础与货主磋商，求得谅解，然后进一步落实赔偿的支付问题。

附加资料：

CIF 术语的中译名为成本加保险费加运费（Cost, Insurance and Freight）。按 CIF 术语成交，虽然由卖方安排货物运输和办理货运保险，但卖方并不承担保证把货送到约定目的港的义务，因为 CIF 是属于装运交货的术语，而不是目的港交货的术语，也就是说 CIF 不是"到岸价"。

FOB（Free On Board）也称为"离岸价"，是国际贸易中常用的贸易术语之一。按离岸价进行的交易，买方负责派船接运货物，卖方应在合同规定的装运港和规定的期限内将货物装上买方指定的船只，并及时通知买方。货物在装船时越过船舷，风险即由卖方转移至买方。

（2）承运人的赔偿责任限制

承运人的赔偿责任限制是指在已明确承运人负有赔偿责任，应支付赔偿金额的情况下，承运人对每件或每一单位货物支付赔偿金的最高限额（即赔偿限额）。规定赔偿责任限制是免责条款之外对承运人的利益给予保护的又一措施。例如，中远提单条款第 11 条第二段规定"承运人对货物的灭失或损坏的赔偿责任应限制在每件或每一计费单位不超过人民币 700 元"。

（3）水路货物运输保险的有关规定

货物发生保险责任范围内的损失时，按货价确定保险金额的，保险人根据实际损失按起运地货价计算赔偿；按货价加运杂费确定金额的，保险人根据实际损失按起运地货价加运杂费计算，但最高赔偿金额以保险金额为限。

如果被保险人投保不足，保险金额低于货价时，保险人对其损失金额及支付的施救保护费用按保险金额与货价的比例计算赔偿。保险人对货物损失的赔偿金额以及因施救或保护货物所支付的直接合理的费用，应分别计算，并各以不超过保险金额为限。

货物发生保险责任范围内的损失，如果根据法规的规定，应当由承运人或其他第三者负责赔偿部分或全部损失的，被保险人应首先向承运人或其他第三者提出索赔。如果被保险人提出要求，保险人也可以先予赔偿，但被保险人应签发权益转让书给保险人，并协助保险人向责任方追偿。

保险货物遭受残损后的残值，应充分利用。经双方协商，可作价折归被保险人，并在赔款中扣除。

（4）水路货运事故赔偿时效

保险人在接到索赔单据后，应当根据保险责任范围，迅速判定是否赔偿。如确定赔偿，赔偿金额一经保险人与被保险人达成协议后，应在 10 天内赔付。

7.4.4 航空货运事故理赔

1. 航空货运事故理赔程序

在航空运输中，托运货物发生损失的，收货人在发现损失后应当在规定的期间内填写在运输凭证上或者另以书面形式向承运人提出异议。

托运人或收货人发现货物有丢失、短缺、变质、污染、损坏或延误到达情况，收货人应当场向承运人提出，承运人应当按规定填写运输事故记录并由双方签字或盖章。如有索赔要求，收货人或托运人应当于签发事故记录的次日起，按法定时限向承运人或其代理人提出索赔要求。向承运人提出赔偿要求时应当填写货物索赔单，并随附货运单、运输事故记录和能证明货物内容、价格的凭证或其他有效证明。

超过法定索赔期限收货人或托运人未提出赔偿要求，则视为自动放弃索赔权利。

索赔要求一般在到达站处理。承运人对托运人或收货人提出的赔偿要求,应当在 2 个月内处理答复。

不属于受理索赔的承运人接到索赔要求时,应当及时将索赔要求转交有关的承运人,并通知索赔人。

2. 航空运输事故理赔金额

由于承运人的原因造成货物丢失、短缺、变质、污染、损坏,应按照下列规定赔偿。

1) 货物没有办理声明价值的,承运人按照实际损失的价值进行赔偿,但赔偿最高限额为毛重每千克赔偿 20 元。

2) 已向承运人办理货物声明价值的货物,按声明的价值赔偿;如承运人证明托运人的声明价值高于货物的实际价值时,按实际损失赔偿。

超过货物运输合同约定期限运达的货物,承运人应当按照运输合同的约定进行赔偿。

3. 航空客运事故理赔

(1) 理赔原则

1) 按保险合同办事原则。严格遵守保险条款,不折不扣地承担经济补偿义务。赔偿金额确定后,保险人必须在 10 日内支付,否则视为违反合同,应承担违约金。

2) 主动、迅速、准确、合理的原则。这是理赔的一贯要求,即主动开展理赔工作;按法定时间及时赔偿;明确保险责任,不错赔、不滥赔;具体情况具体分析,符合法律标准和道德标准。主动、迅速、准确、合理是互相制约、互相联系的统一体。

3) 坚持实事求是原则。保险事故的原因错综复杂,有时难以判断某一损失是否属于保险责任范围。只有深入实际调查研究,才能在不违背保险赔偿精神的前提下实事求是地处理保险赔偿。

(2) 理赔程序

1) 登记立案。保险人得到被保险人的损失通知后,应在赔款案件登记簿上将有关内容登记立案。

2) 勘查案情。保险人的理赔人员必须对出险案件的保险单是否有效、保险利益是否存在、投保条件和特约事项情况如何、是否有重复保险等进行审查。勘查现场时要按顺序和要求做好记录,必要时写好查勘报告。

3) 责任审定。凡在核赔权以内的各类案件,理赔部门要认真研究联系记录或查勘报告,通过专人审定对案件责任做出初步结论,然后报上级审批。凡涉及追偿第三人责任的案件,应先由被保险人填写"权益转让书",再履行赔付义务。

4) 损余物资处理。在适当照顾被保险人利益的同时,应使受损财产得到充分利用。必须由保险人收回的损余物资,可经过规定手续冲减赔款支出。

5) 赔款计算。属于保险责任范围内的损失,应先审查被保险人提供的损失清单,然后按标的损失、施救费用、查勘费用、损余收回、免赔额等各项公式计算,填制赔款计算书。凡以外汇投保的,保险人以外汇赔付;凡以人民币投保的,保险人以人民币赔付。

6) 结案。保险人的财会部门接到赔款计算书后,必须在 10 日内将赔偿款支付给保险人。理赔人员将全案文件和单证归档结案。

7.5 运输事故案例

7.5.1 铁路运输事故案例

铁路运输业是人身伤亡事故和货物损失发生率较高的行业，如何对铁路交通事故人身损害和货物损失进行赔偿是铁路运输业经常需要面对的问题，也是目前铁路法院在审判实务中存有较多争议的问题。危险货物运输是铁路运输的重要组成部分，由于危险货物所固有的危险特性，在铁路运输工作中，如果违背科学规律，违反规章操作和疏于管理，就会发生事故。这不仅给托运人和承运人造成直接损失，而且会带来恶劣的社会影响。

铁路交通事故案例1

2008年2月1日18时08分，11183次列车计划进宣杭线十字铺站3道待避，因大雪影响，进路上的9/11号道岔无表示，该站副站长即带领3名车站人员到现场除雪。18时35分，在返回途中，该站副站长临时决定对17号道岔进行清扫。18时59分，一名作业人员由于下道不及，被通过的1582次列车当场撞死。

责任分析：

1) 现场违章作业。在已知1582次列车邻站通过的情况下，工作人员仍上道除雪，不顾规章制度，违章蛮干，是事故的主要原因。

2) 安全关键失控。在1582次邻站报开情况下，车站值班员仍同意现场扫雪请求，并且在列车接近、经2次呼叫现场无应答的情况下，未采取果断应急措施，是造成事故的重要原因。

3) 应急组织不当。该车站对当日强降雪的恶劣天气，未按规定启动一级扫雪预案，站长组织指挥不当，是事故发生的重要原因。

4) 安全管理薄弱。该车务段行车应急管理不善，卡控措施不实、不细，现场劳动安全控制存在严重疏漏，也是事故发生的重要原因。

事故定性定责：根据《铁路交通事故调查处理规则》第十三条规定，本起事故构成职工责任死亡一般B1铁路交通事故。判定该车务段责任事故。

铁路交通事故案例2

2008年4月28日4时41分，北京开往青岛的T195次旅客列车运行至山东境内胶济铁路周村至王村间脱线，第9节至17节车厢在铁路弯道处脱轨，冲向上行线路基外侧。此时，正常运行的烟台至徐州的5034次旅客列车制动不及，最终以每小时70km的速度与脱轨车辆发生撞击，机车（内燃机车编号DF11-0400）和第1至第5节车厢脱轨。胶济铁路列车相撞事故已造成72人死亡，416人受伤，被认定是一起人为责任列车事故。

胶济铁路列车相撞事故发生后，包括平安、中国人寿、阳光在内的多家保险公司，第一时间启动应急机制，确保事故中的伤亡者获得快速理赔。

铁路交通事故案例3

"3.28"湖南永州湘桂线毛荔山道口铁路交通较大事故调查处理情况公告：

2020年3月28日，湖南省永州市祁阳县境内，中国铁路广州局集团有限公司管内湘桂线毛荔山道口发生一起铁路交通较大事故，造成肇事机动车辆驾驶人死亡、随乘人员1人受伤，13辆铁路货车车辆脱轨。依据《铁路交通事故应急救援和调查处理条例》（国务院令第501号）等有关法律法规，广州铁路监督管理局、永州市人民政府、永州市监察委员会、广州铁路公安局等有关单位组成事故调查组，开展事故调查处理。

事故调查组通过现场勘验、调查取证、模拟实验、技术鉴定、综合分析，查明了事故经过、原因、人员伤亡和设备损失，认定了事故性质，提出了责任追究和防范措施建议。现将有关情况公告如下：

1. 事故概况

3月28日3时45分，由大村甸站开往祁阳北站的41024次货物列车运行至湘桂线毛荔山有人看守道口处，被一辆冲进铁路建筑限界的红色神鹰牌货车撞上，造成肇事机动车辆驾驶人死亡、随乘人员1人受伤，13辆铁路货车车辆脱轨，中断行车20小时26分钟。

2. 应急处置情况

事故发生后，湖南省、永州市、祁阳县三级人民政府，广州铁路监督管理局、中国铁路广州局集团有限公司、广州铁路公安局等单位立即行动，共同做好事故应急救援、伤员救治、现场处置、维稳善后等工作。经救援，3月29日0时05分恢复湘桂线行车。

3. 铁路作业相关情况

41024次货物列车机车乘务员操纵正常，按规定瞭望、鸣笛、控制速度，机车、车载行车安全装备符合技术要求。毛荔山道口设备性能良好，看守人员作业符合规定。

4. 肇事机动车辆相关情况

1）肇事机动车辆行驶证登记系重型平板货车，总质量31t，整备质量15.1t，核定载质量15.77t，核定载人数2人。事故发生时，该车装有货厢。经鉴定，事发时装载碎石净重50.557t，超载34.787t，车载GPS监控记录显示事发时车辆行驶速度约为24km/h。

2）事故发生时，重型平板货车当班驾驶人为杜某，随乘人员为邹某。

3）重型平板货车机动车登记所有人为江西省××物流有限公司，实际使用人为邹某。

5. 事故造成的人员伤亡和直接经济损失

1）人员伤亡情况：事故造成肇事机动车辆驾驶人死亡、随乘人员1人受伤。

2）事故造成汽车破损，铁路机车、车辆、线路、信号等设备设施破损，铁路运输货物损毁，直接经济损失555.7643万元。

6. 事故发生的原因和事故性质、责任判定

杜某驾驶重型平板货车超载货物通过铁路道口路段时，违反《中华人民共和国道路交通安全法》第四十六条规定，未按照交通信号、管理人员指挥通行，在铁路道口栏杆关闭，道口信号设备已发出停止通行的音响、灯光报警信号情况下，未采取制动措施停车，导致重型平板货车撞开铁路道口移动栏杆围墙，撞上正在通过道口的41024次货物列车，是造成该铁路交通事故的直接原因。

江西省××物流有限公司违法使用改装改型车辆，违规采取租赁方式经营；车辆实际使用人邹某使用非法改装改型车辆从事道路货物运输；采石场违反超限超载运输治理相关规定，违法配载货物，允许超载车辆出场，是造成事故的间接原因。

根据《铁路交通事故应急救援和调查处理条例》第十一条和《铁路交通事故调查处理规则》第十条、第四十九条之规定，该事故为责任铁路交通较大事故。定肇事机动车辆驾

驶人杜某主要责任；江西省××物流有限公司、肇事机动车辆实际使用人邹某重要责任；采石场次要责任。

7. 对事故责任者的处理

1）重型平板货车驾驶人杜某，涉嫌交通肇事罪，应依法追究刑事责任，鉴于其在事故中已经死亡，建议不再追究刑事责任。

2）对江西省××物流有限公司涉嫌违法开展生产经营活动等问题，移送当地人民政府有关部门，建议依法追究相关责任。

3）肇事机动车辆实际使用人邹某涉嫌重大责任事故罪，移送事故发生地司法机关，建议依法追究刑事责任。

4）采石场存在的违反超限超载运输治理相关规定问题，移送事故发生地道路运输安全生产监督管理部门，建议依法实施行政处罚。

8. 事故防范和整改措施建议

1）要深刻吸取教训，堵塞漏洞，加强对机动车辆超限超载运输的治理工作。

2）要加强协调联系，共同开展铁路道口交通安全整治工作，加大执法检查力度，严厉打击道路交通违法行为，确保铁路运输安全。

3）要加强铁路道口交通安全法制宣传教育，提高机动车驾驶人遵纪守法意识。

7.5.2 公路运输事故案例

公路交通事故案例 1

2018年12月31日23时，马某与朋友在××城区某KTV唱歌、喝酒。23时许，又到夜宵店吃夜宵并喝酒。随后，马某驾驶小型汽车往西外街方向行驶，23时50分许，当车辆行驶至××镇中环路与西大街交叉路口时，从后面撞上道路右侧同向行走的黄某、杨某、陈某后逃逸。事故发生后，三名被害人被送医救治。

警方立即开展侦查，查获肇事车辆和嫌疑人，经过警方的多次劝投，2019年1月2日10时，马某在家属的规劝、陪同下到公安机关投案自首，并供述了酒后驾车肇事逃逸的事实。同月23日，被害人黄某因抢救无效死亡。

法院审理认为：马某违反交通运输管理法规，驾驶车辆发生重大事故，致1人死亡，2人受伤，并负事故全部责任，应当以交通肇事罪追究其刑事责任。马某酒后驾驶机动车并在肇事后逃逸，依法应处3年以上7年以下有期徒刑。虽然马某具有自首情节，但鉴于其肇事后逃逸，未履行保护现场、抢救伤者的法定义务，1月2日才到侦查机关投案，致使侦查机关不能检测其肇事时的乙醇含量，到案后对有关细节的供述与客观事实不符，悔罪态度较差，应从严把握从轻尺度；事故发生后，其未积极赔偿受害人经济损失，具有犯罪前科，应酌情从重处罚。遂依法做出以下判决。

马某犯交通肇事罪被判处有期徒刑6年；赔偿附带民事诉讼原告人谭某（黄某家属）各项损失共计人民币920048.88元；赔偿附带民事诉讼原告人杨某各项损失共计人民币247907.15元；赔偿附带民事诉讼原告人陈某各项损失共计人民币185619.41元。

公路交通事故案例 2

2019年1月10日04时15分，王某无证驾驶的重型半挂牵引车，沿省道243线（阳休线）由西向东行驶至10km+300m处时，与由北向南过公路的赵某骑的幸福牌电动三轮车发生碰撞，造成赵某当场死亡，双方车辆受损的交通事故。

事故原因及责任：王某违反了《中华人民共和国道路交通安全法》第十九条第一款"驾驶机动车，应依法取得机动车驾驶证"的规定以及第二十二条第一款"机动车驾驶人应当遵守道路交通安全法律、法规的规定，按照操作规范安全驾驶、文明驾驶"的规定，承担事故主要责任。

赵某违反了《中华人民共和国道路交通安全法实施条例》第七十条第一款："驾驶自行车、电动自行车、三轮车在路段上横过机动车道，应当下车推行，有人行横道或者行人过街设施的，应当从人行横道或者行人过街设施通过；没有人行横道、没有行人过街设施或者不便使用行人过街设施的，在确认安全后直行通过"的规定，承担次要责任。

公路交通事故案例3

2019年5月9日20时25分，在310国道小浪底专线红山路口，白某驾驶轿车沿小浪底专线由北向东左转弯行驶入红山路时，遇刘某驾驶小型客车沿小浪底专线由南向北行驶相撞，造成车辆受损的交通事故。

事故原因和责任：白某驾驶机动车转弯未让直行车辆先行，其行为违反《中华人民共和国道路交通安全法实施条例》第五十二条第三项之规定，负事故主要责任；刘某驾驶机动车通过路口未减速慢行，其行为违反《中华人民共和国道路交通安全法》第四十四条之规定，负事故次要责任。

公路交通事故案例4

2017年6月5日凌晨1时左右，位于山东省临沂市的××石化有限公司装卸区的一辆运输石油液化气（闪点-80~-60℃，爆炸下限1.5%左右，以下简称液化气）罐车，在卸车作业过程中发生液化气泄漏爆炸着火事故，造成10人死亡、9人受伤，厂区内15辆危险货物运输罐车、1个液化气球罐和2个拱顶罐毁坏，6个球罐过火，部分管廊坍塌，生产装置、化验室、控制室、过磅房、办公楼以及周边企业、建筑物和社会车辆不同程度损坏。

事故原因：

1）安全风险意识差。风险辨识评估管控缺失，没有对装卸区进行风险评估造成风险严重叠加。

2）隐患排查治理流于形式。卸车区附近的化验室和控制室均未按防爆区域进行设计和管理电器、化验设备均不防爆。

3）应急初期处置能力低下。应急管理缺失，未能第一时间进行有效处置，也未及时组织人员撤离。

4）企业主要负责人危险化学品安全知识匮乏。安全管理水平低下，管理人员专业素质不能满足安全生产要求，装卸区操作人员岗位技能严重不足。

5）重大危险源管理失控，重大危险源旁设置装卸区。装卸管理人员、驾驶人员、押运人员不具备从业资格，装卸人员未经培训合格上岗作业，运输车辆不符合国家标准要求等。

公路交通事故案例5

2014年3月1日14时45分许，山西省晋济高速公路山西晋城段岩后隧道内，两辆运输甲醇的铰接列车追尾相撞，造成前车甲醇泄漏，后车正面损坏，发生电气短路，引燃地面泄漏的甲醇，形成流淌火迅速引燃了两辆事故车辆及隧道内的其他车辆。造成特别重大道路交通危化品燃爆事故。

经现场清理、走访排查和 DNA 鉴定等技术手段核查，事故共造成 40 人死亡、12 人受伤，42 辆车烧毁，直接经济损失 8197 万元。

起火原因：追尾造成前车罐体下方主卸料管与罐体焊缝处撕裂，该罐体未按标准规定安装紧急切断阀，造成甲醇泄漏。追尾造成后车高压油泵向后位移，起动机正极多股铜芯线绝缘层破损，导线与输油泵输油管管头空心螺栓发生电气短路，引燃前车泄漏的甲醇。

危险品车辆运输事故应急处置：

1）迅速停车，观察情况。查看车辆和罐体损坏及现场周边情况。如果发生危险品泄漏，条件允许时，迅速将车驶离水源、城镇、村庄和人员密集场所等区域，或直接就近将车停于空旷、低洼地点，实施关闭紧急切断阀，紧急封堵，容器或吸油海绵收集等措施。

2）立即报警、报告，建立警戒区域。隔离事故现场，把现场人员疏散或转移至安全区域，应选择安全的撤离路线，一般是从上风侧离开，并在现场周边设置安全警示标志，提示过往行人和车辆注意避让。

3）进行自救和互救。发生人员伤亡时要积极抢救伤员，并标明标记保护现场，抓紧取出备用的应急装备包，穿戴好防护装备，如无法取出装备，采取简易、有效的防护措施保护自己。

4）采取应急措施。根据车上运载的危险品货物性质、危害特性、包装容器的使用特性，采取相应的应急措施，如油罐运输车、液化气运输车、腐蚀品运输车采取相应的应急器材和防护用品。

5）发生火灾等事故。火灾初期，可迅速取出灭火器灭火，或用路边沙土扑救；火势失控应放弃个人扑救，采取应急疏散、撤离和逃生措施，待消防救援力量到场后，配合开展救援行为。

6）重点提示事项：

① 在高速公路上，驾驶人、押运人员要注意自身安全防护，必须停留在安全区域。

② 在高架桥上，要提示引导相关人员沿桥面疏散、撤离和逃生。

③ 在涵洞内或夜间时，要摆放应急警告灯，提示过往车辆注意避让。

④ 在人员密集区域时，要告诫围观群众远离，且现场周边严禁烟火。

⑤ 遇突发自然灾害时，驾驶人应立即将危险品车辆停放于安全地带，进行紧急应急避险。

7.5.3 水路运输事故案例

水路运输事故案例 1

2005 年 1 月 2 日，××轮在黄大岙锚地换轻油备车进港，该轮艏触碰××码头 2 号泊位。

1. 事故后果

××轮上首柱两锚链孔之间局部凹陷，右舷锚链孔罩脱落；球鼻首尖峰内凹破裂。集装箱码头第Ⅲ结构第 9 排架严重受损；第 10、11 排架的横梁及其他构件均有不同程度的损坏现象。

2. 原因分析

1）船长操作不当导致主机熄火，船舶失控是事故发生的重要原因。该轮停车淌航时余速过快，尾轴仍在高速运转，驾驶台在主机急速运转的情况下直接操纵倒车，负荷过大，导致主机自动熄火，船舶失控而触碰码头，违反了《中华人民共和国海船船员值班规则》第三十四条规定。

2) 轮机长不熟悉主机的操作程序，错失抢险时间是事故发生的另一重要原因。当主机第 1 次自动熄火后，在机舱值班的轮机长对该轮主机的电气遥控装置设备不了解，没有掌握操作技能，以致无法及时起动主机。待正在舵机房巡查的大管轮赶回重新起动主机，已错失宝贵的 3min，此时船舶距离码头只有 50m 许，触碰已不可避免，违反了《中华人民共和国海船船员值班规则》第四十九条规定。

3) 船长没有运用良好的船艺，对当时的环境及意外情况做出充分的估计是事故发生的原因之一。在靠泊码头过程中，该轮船长没有对当时的风、流做出充分的估计，又未控制好船舶余速、姿态以及与码头的靠泊角度，并且只备好右锚，匆忙掉头靠码头，导致该轮在主机熄火，船舶失控后，仍然以较快的速度和较大的冲力触碰码头，违反了《中华人民共和国海船船员值班规则》第二十九条规定。

4) 船长在紧急情况时采取措施不力也是事故发生的又一原因。在掉头靠码头的过程中，当主机熄火，船舶失控时，该轮船长只采取了下右锚 2 节入水的措施，未要求继续松链并及时抛下左锚，以降低船舶冲力，减少事故损失。

3. 事故结论

本次事故完全由人为过失行为引起，属责任事故，××轮负事故的全部责任，事故等级为一般事故，事故种类属触损。

船长操作不当、在紧急情况时采取措施不力和轮机长不熟悉主机操作程序，不能及时起动主机都是事故发生的重要原因。在本次事故中，船长和轮机长的过失相当，责任对等。

水路运输事故案例 2

2018 年 7 月 15 日凌晨 1 点 38 分，××轮与××轮在上海吴淞口 64 号灯浮附近水域发生两船碰撞。××轮上共有 13 人，载卷钢 3000t，由南京至广州。碰撞事故导致××轮沉没，船上 13 人全部落水，其中 3 人获救，10 人暂时失踪。

有关部门接警后立即组织搜救，并派救助直升机前往现场搜救。

事故发生后，平安人寿第一时间启动重大事故处理应急预案，并成立应急处理小组，积极开展本次事故的应急处理。通过多方渠道排查客户出险情况，第一时间启动绿色通道，为客户及家属提供便捷服务。

7.5.4 航空运输事故案例

2010 年 8 月 24 日 21 时 38 分，××航空有限公司飞机执行哈尔滨至伊春的定期客运航班任务时，在黑龙江省伊春市林都机场进近着陆过程中失事，造成机上 44 人死亡、52 人受伤，直接经济损失 30891 万元。

1. 直接原因

1) 机长违反××航空《飞行运行总手册》的有关规定，在低于公司最低运行标准（根据××航空有关规定，机长首次执行伊春机场飞行任务时能见度最低标准为 3600m，事发前伊春机场管制员向飞行机组通报的能见度为 2 800m）的情况下，仍然实施进近。

2) 飞行机组违反民航局《大型飞机公共航空运输承运人运行合格审定规则》的有关规

定，在飞机进入辐射雾，未看见机场跑道、没有建立着陆所必需的目视参考的情况下，仍然穿越最低下降高度实施着陆。

3）飞行机组在飞机撞地前出现无线电高度语音提示，且未看见机场跑道的情况下，仍未采取复飞措施，继续盲目实施着陆，导致飞机撞地。

2. 间接原因

1）航空安全管理薄弱。

2）××航空投入不足、管理不力。

3）有关民航管理机构监管不到位。

3. 事故性质

经调查认定，××航空有限公司黑龙江伊春"8.24"特别重大飞机坠毁事故是一起责任事故。

4. 对有关责任人员的处理建议

1）事故当班机长，未履行《民用航空法》关于机长法定职责的有关规定，违规操纵飞机低于最低运行标准实施进近，在飞机进入辐射雾，未看见机场跑道、没有建立着陆所必需的目视参考的情况下，穿越最低下降高度实施着陆，在撞地前出现无线电高度语音提示，且未看见机场跑道的情况下，仍未采取复飞措施，继续实施着陆，导致飞机撞地，对事故的发生负有直接责任；飞机撞地后，没有组织指挥旅客撤离，没有救助受伤人员，而是擅自撤离飞机。建议依法吊销其飞行驾驶员执照，给予开除公职、开除党籍的处分，依法追究其刑事责任。

2）事故航班副驾驶，在最后进近阶段报错飞机高度/位置信息，在不能看见跑道的情况下飞机穿越最低下降高度并继续下降时，没有提醒机长保持最低下降高度平飞或复飞，对事故的发生负有直接责任。鉴于其已在事故中死亡，建议不再进行责任追究。

5. 对有关责任单位的处理建议

依据《安全生产法》《生产安全事故报告和调查处理条例》等法律法规规定，建议对××航空有限公司处以500万元罚款。

复习思考题

1. 铁路货运损失的种类和等级分别包括哪些？
2. 公路货运事故的等级如何划分？
3. 公路客运事故的等级如何划分？
4. 水路客运事故的等级如何划分？
5. 航空运输事故分为哪些等级？
6. 公路货物承运人的责任有哪些？
7. 公路货运事故的索赔程序是什么？
8. 铁路货物损失的理赔程序是什么？

第 8 章 交通运输安全管理

交通运输行业的永恒主题是安全生产,安全和生产是人类生存和发展的两大基本需求,"生产必须安全,安全促进生产"已成为人们在生产过程中的共同准则。安全生产是社会主义企业管理的一项基本原则,也是交通运输行业可持续发展的重要保障。交通运输安全管理工作已经成为行业管理的重中之重。

8.1 概述

随着科技进步、国民经济的飞速发展,人们的生活水平显著提高,我国交通运输业迅速发展。作为国民经济的重要基础产业,交通运输已经成为现代交通运输体系的重要组成部分,是国民经济持续发展的生命线。交通运输是指人和物借助运输工具的载运,产生有目的的空间位移,运输安全成为交通运输最基本的要求。交通运输是经济发展的基本需要和先决条件,是现代社会的生存基础和文明标志,是社会经济的基础设施,对促进社会分工、工农业发展、加强国防建设、扩大国际经贸合作和人员往来发挥着重要的作用。

道路运输安全生产管理,是各级交通主管部门及其道路运输管理机构,依照国家的相关安全法律法规,为预防和减少安全事故的发生、降低事故造成的损失,结合行业的特点和要求,对道路运输企业和客运站生产经营场所、从业人员和设施设备等的安全状况,预测可能发生事故的各种不安全因素,从而确保道路运输安全、有序地开展。道路运输安全生产管理,必然涉及安全检查,从很大程度上来讲,做好了安全检查工作,就是做好道路运输安全生产管理。安全是交通运输的生命线,安全管理工作必须运用经济、行政、法律等多种手段,逐步建立起适应市场经济运行机制的安全管理体系。建立和完善法规体系,规范道路运输行业行为,真正做到有法可依、有法必依、执法必严、违法必究。交通运输安全是运输生产系统运行秩序正常、旅客生命财产平安无险、货物和运输设备完好无损的综合表现,也是在运输生产全过程中为达到上述目的而进行的全部生产活动协调运作的结果。交通运输生产的根本任务就是把旅客和货物安全、及时地运送到目的地,安全管理是基本保障,而交通运输生产的作用、性质和特点,决定了交通运输必须把安全生产摆在各项工作的首要位置。

交通运输安全管理主要包括以下几个方面。

8.1.1 驾驶人的安全管理

1. 驾驶人的安全管理内容

驾驶人的安全管理是一项十分重要的工作,是整个交通安全管理工作的重点。按照国家

有关交通的法规、条例、标准和规范，以及公安交通管理机关和交通运输管理部门的要求，结合企业自身的特点，交通运输企业驾驶人安全管理工作的主要内容有：

1）认真做好驾驶人的聘用工作，要热爱驾驶工作，热爱运输事业。

2）研究驾驶人的心理、生理特性，定期进行职业适应性检查，保证新上岗驾驶人和在职驾驶人都具有健康的心理、生理素质，运用现代科技知识指导行车安全。

3）负责对驾驶人进行交通法规、职业道德、安全技术和相关知识的宣传和教育工作。

4）组织对驾驶人的定期培训、考核和上岗证管理等工作。

5）组织对驾驶人进行日常安全检查，并协助公安交通管理机关做好驾驶人的审验工作。

6）配合公安交通管理机关做好驾驶人的违章、肇事的处理工作，在事故处理过程中，注意维护企业和当事人的合法权益，落实整改措施。

7）做好驾驶人的安全技术档案管理，以及违章、肇事的统计工作。

8）负责办理驾驶证的领、换、补发业务和考证、增驾等工作。

9）组织开展"安全活动日"和"安全活动月"活动，制定完善的安全操作规程，总结推广安全驾驶技术，积极搞好安全竞赛活动。

10）研究驾驶人的作息时间、膳食结构、劳动保健等问题，做好驾驶人的生活管理；做好驾驶人的家属工作，积极开展"贤内助"活动，支持驾驶人的工作。

11）推行安全目标管理，建立以安全生产责任制为中心内容的驾驶人安全管理的各项规章制度，把驾驶人安全管理纳入企业标准化工作中去。

2. 营运驾驶人的安全教育

驾驶人是直接从事运输生产的主要力量，他们的思想素质和技术水平，在车辆安全运输中起到重要作用。据统计，我国的道路交通事故中，属于驾驶人的责任事故占70%左右，事故的主要原因多与驾驶人的技术水平、组织纪律性和责任心等因素有关。因此，加强对驾驶人的技术教育、法制教育和职业道德教育，对确保行车安全具有重要意义。

（1）技术教育

随着汽车工业的发展，汽车的结构和性能都有较大的改进和提高，特别是电子技术在汽车上的应用，使汽车本身成为多种学科科技知识的综合载体。驾驶人的技术水平是车辆安全驾驶的基础，因此，加强驾驶人的技术培训非常重要。驾驶人的技术培训包括技术理论和操作技能两方面内容。

技术理论培训着重提高驾驶人对车辆结构、性能及其改进和发展技术的掌握和应用；了解道路交通安全体系的基本理论和管理方法，掌握交通法规的基本内容和要求；学习汽车运输生产的基本业务知识和安全评价指标、标准等内容。

操作技能培训是提高车辆驾驶操作技术，掌握汽车安全驾驶技巧，熟练车辆保养、维修和故障排除的实际操作技能。

（2）职业道德教育

汽车驾驶人的职业道德标准是优质文明服务，安全礼貌行车。在整个旅客和货物运输过程中全方位地向旅客和货主提供优质文明的服务，达到安全、及时、方便、经济、舒适的目标和要求，使旅客和货主满意。在行车中要严格遵守交通法规和安全操作规程，确保行车安全。严格遵守《中华人民共和国道路交通管理条例》中有关行车的"安全规定"和"路权规定"。"安全规定"指的是在交通活动中，必须严格遵守保障行车安全的有关标志、速度、超车、跟车、会车、让行、停车、装载及对车辆的安全技术条件要求等一系列的规定。"路权规定"指的是通行权和先行权的规定，即空间路权和时间路权的规定。

（3）法制教育

交通法规是为维护交通秩序，便利交通运输，保障人民生命财产安全而在交通管理方面制定的基本法律和规章制度。每个驾驶人都要遵守交通法规，确保旅客和货物的安全。驾驶人的法制教育除了掌握交通法规，还要学习刑法、民法和经济法等有关知识。另外，法制教育应和职业道德教育紧密结合起来，才能收到事半功倍的效果。

3. 驾驶人素质与安全驾驶的关系

驾驶人素质和复杂的道路交通环境是影响安全驾驶的主要因素，而驾驶人素质是影响道路交通安全的重要因素。驾驶人的素质主要包括身体素质、心理素质、驾驶技能素质、职业道德素质和文化素质。

（1）驾驶人的身体素质对行车安全的影响

随着交通条件的改变，在行车速度提高的同时对驾驶人的身体素质要求越来越高。驾驶人身体检验时（特别是对职业驾驶人），除了检查他们的静视力、辨色力外，还很有必要用先进的设备检查动视力、视野、反应和立体视觉等，以提高驾驶人的身体素质，减少发生事故的隐患。另外，年龄和性别也是影响行车安全的主要因素。

（2）驾驶人的心理素质对安全驾驶的影响

机动车驾驶人的心理素质与驾驶安全是息息相关的，心理素质主要包括反应、性格、情绪和注意力四个方面，这些都随着人的生理素质、社会经历和实践活动的不同而有所差异。在交通事故中，因为心理素质方面原因造成的交通事故占驾驶人原因的60%左右。

4. 驾驶人的行车安全规定

1）汽车在添加燃料时，发动机必须熄火，要及时组织旅客下车。

2）汽油车严禁直接供油来维持发动机运转，当发生回火现象或电路着火时，必须立即停车，迅速切断蓄电池供电，及时调整，排除故障。

3）运输危险品时，必须选择政治思想好、技术水平高、熟悉路况的驾驶人担任运输任务；货物包装和运输车辆上都要附有规定的标志；运输途中，要降低车速，平稳行车，适当加大行车间距，不准在车内和靠近车辆的地方吸烟，不准驶入火源地，临时停车时，要远离居民点，并有专人看管。

4）坚持"四严"。严禁酒后或无证开车；严禁盲目开快车、超速行驶、强行超车；严禁人货混装、驾驶室超员；严禁翼子板上坐人、脚踏板上站人。

5）驾驶人要坚决做到：

① 牢固树立"安全第一"的思想。

② 严格遵守交通法规和安全操作规程。

③ 对车辆勤检查、勤调整、勤保养。

④ 情况不明、视线不清、起步、会车、停车、通过交叉路口、狭路、窄桥、弯道、险坡、车站和繁华路段时，要降低车速。

⑤ 及时、准确地掌握车辆技术状况、道路及交通环境情况、气候变化、货物装卸地点、道路上车辆和行人的动态。

⑥ 遇有下列情况之一时，不行车：客货装载不符合规定或货物装载不均；制动、转向等安全系统有故障；操纵件、指示器、灯光、信号装置有故障；车辆技术状况不符合运行条件；轮胎气压不符合标准；大雾、大雨天气 5m 以内视线不清，或道路泥泞打滑，安全无保障；车辆装载超过桥梁或渡船规定承载质量标准；通过铁路道口未看清火车动向，或通过漫水路、桥未判明水情、深浅，或遇有新路、险桥、便道未查明情况；开车前身体有病、不适或情绪不正常，精神不振作，精力不充沛，不宜驾驶车辆等其他情况。

⑦ 遇有下列情况之一时，不拖带挂车：主、挂车连接不牢，挂车保险链不齐全，无挂车标志、制动、制动灯和指示灯；挂车超过主车宽度、装载超过主车牵引力，或主车是空车而挂车是重车；挂车在行驶中运行不稳，左右摆动或制动跑偏。

6）驾驶人应随时注意的情况：

① 出车前注意了解装卸地点、运距和装载等情况，做好准备。

② 注意了解车辆技术状况，检查主要安全部件。

③ 注意检查货物装载质量、长度、宽度、高度是否符合规定，货物的包装、捆扎是否牢固，前后左右是否均匀，危险品装卸是否符合要求。

④ 注意检查车门和拦板是否关好、扣牢，雨布是否盖好，车辆周围、主车和挂车之间有无人畜或其他障碍物。

⑤ 注意保持车辆整洁和号牌字迹明显，携带驾驶证、行车证和随车工具等。

⑥ 注意对旅客进行交通安全常识的宣传教育。

⑦ 停车时，注意选好地形，拉好驻车制动，挂好档位，关好车门，并保管好未卸货物。

随着交通运输事业的不断发展，驾驶人行车安全规定还应不断地充实、完善。

8.1.2 交通运输企业的安全管理

1. 交通运输企业安全管理机构和人员

道路运输企业首先要有健全的安全管理机构，其次是配备合格的管理人员，并明确岗位责任制，使安全管理工作落到实处。管理人员的工作态度和工作作风也是一个不可忽视的因素。

道路运输企业的安全管理主要是以行车安全管理为中心任务的道路运输生产安全工作，运输企业要设置安全管理组织机构，成立安全管理委员会或者领导小组机构，逐级设立安全管理职能机构，下属各车队、班组、站（点）和维修厂，成立相应的安全管理领导小组，并设安全监督员。企业安全管理委员会主任由企业法人或总经理担任，下设安全技术职能部门，由企业主管技术的副经理或总工程师负责，是企业安全管理委员会的日常办事机构，主管企业的安全管理工作。安全管理委员会成员由各站（点）、车队、班组、维修厂、机务科、调度室、人保科、工会等部门领导组成。配备的安全管理人员必须具备较高的职业道德素质和专业技术水平，才能更好地完成自己职责范围内的安全管理工作。

2. 交通运输企业安全管理

道路运输企业安全管理工作涵盖的内容十分广泛，其主要内容如下。

1）全面贯彻执行国家颁发制定的法律、法规以及有关交通安全管理方面的方针政策。

2）认真执行道路运输和交通安全法规、规范和标准，服从道路运输安全管理，做好道路运输安全的宣传教育工作。

3）健全各级安全管理机构，结合企业实际，制定安全管理岗位责任制，建立各项安全管理制度，设立企业的安全技术标准和操作规程。

4）开展安全检查，纠正违章行为，推广安全技术，组织安全竞赛，交流安全经验，奖励安全标兵。

5）做好驾驶人的技术培训工作，申领驾驶人的有关证件，做好年度审验，组织驾驶人安全月和安全日活动。

6）组织车辆安全检查，配合技术部门申领车辆号牌和证件，负责车辆年度检验并办理有关手续，及时办理车辆保险。

7）配合公安交通车辆管理部门处理与本企业有关的交通事故，分析事故原因，执行司法或行业管理部门做出的整改或处罚决定（意见），落实防范措施。

8）负责本企业交通事故的统计和上报工作，建立健全安全管理档案。

9）开展交通安全科学技术研究，提高安全管理技术水平。

8.1.3 车辆运行的安全管理

车辆运行安全管理的宗旨是认真贯彻"安全第一、预防为主"的方针，坚持"企业负责、行业管理、国家监察、群众监督"的管理体制，实行企业法人负责制。

车辆运行安全管理的任务是认真贯彻执行国家有关行车安全的方针、政策和法规，结合企业经营机制的实际，建立健全有效的安全管理机构和制度，落实行车安全管理目标和责任，组织安全教育和业务培训，实施行车安全监督、检查及考核、奖惩，以达到降低事故频率，减少人员伤亡和财产损失，杜绝特大事故发生，提高企业信誉和经济效益的目的。

1. 车辆运行安全规定

在车辆运行全过程中，参与汽车运输的所有车辆和人员，必须认真执行和遵守车辆运行安全规定。安全行车规定是人们长期实践经验的总结，加强安全教育，完善安全行车的规章制度，严格贯彻安全行车的有关规定，是安全行车的重要保证。

在行车安全管理系统中，对参加运输工作的车辆和人员，在出车前、行车中和收车后，要有明确的安全规章制度。例如，驾驶人出车前的会议制度、行车中的安全检查制度、收车后的安全生产情况汇报制度等。

企业为了贯彻落实安全生产方针，及时发现和纠正各种事故苗头和违章行为，控制事故的发生，还应制定一整套的检查与监督制度，例如，定期的车辆检查制度、定期或不定期深入站点、上车、上路检查制度；组织驾驶人开展安全周日活动制度和对每个驾驶人的定期安全考核制度等。

2. 车辆运行安全管理的内容

1）建立安全管理机构。

2）行车安全管理制度。

3）行车安全档案管理制度。

4）行车安全管理基础资料。

5）行车安全管理目标和岗位责任制。

6）行车安全监督、检查制度。

7）行车安全奖惩制度。

8) 车辆运行安全管理制度。

3. 汽车技术状况标准。

1) 汽车安全运行要求。

2) 客、货运站场对车辆的安全管理职责。

3) 行车安全考核。

8.1.4 交通运输安全管理体制

安全管理体制是在社会主义经济建设下不断总结经验的基础上发展起来的。国务院办公厅首先提出了"三结合"管理体制，其形成、确立经历了10年时间；然后将该体制发展为四结合体制，这一管理体制是在计划经济向市场经济过渡过程中产生的。随着经济体制改革的深入、社会主义市场经济的建立，安全管理体制不断补充和完善。有专家认为把"安全生产管理体制"改为"安全生产工作体制"，这也是一种改革的思路。随后在全国的安全生产电视电话会议确立了企业负责、行业管理、国家监察、群众监督的"安全生产工作体制"，并充实内在含义，加强了企业的安全管理体制，加重了企业的安全生产责任，对行业从业人员遵章守纪提出了具体要求。目前，我国正处在经济体制改革时期，道路运输行业安全管理工作作为经济建设和社会发展的一个组成部分，将随着经济的发展、社会的进步，不断地推陈出新，最终建立适应社会主义市场经济发展的道路运输安全管理体制。

安全管理体制问题涉及社会主义市场经济的建立和经济体制改革方向。以前的安全管理体制是"三结合"管理体制，即"国家监察，行政管理，群众监督"。这在社会主义计划经济体制下发挥了很大的作用，促进了我国安全生产工作的开展。在国务院《关于加强安全生产工作的通知》中，规定了安全管理实行"企业负责、行业管理、国家监察、群众监督"的"四结合"安全管理体制。在这四句话中，"行业管理"是一种新的提法。在计划经济体制下，所谓"行业管理"，在我国一般是指国务院各级政府的产业部门或者主管部门对企业实行的直接或间接的行政管理，是一种政府的行政行为。与国外发达的市场经济国家中所谓的"行业管理"有所不同。国外的行业管理是指同种行业为实现某种经济利益而成立的一种处于国家与企业之间的非政府组织，行使非政府职能。这样的一种"行业管理"，对其行业内的生产、经营活动起协调、指导和引导作用，既可以代表企业利益与政府进行沟通，又能协助政府行政机构在行业内推动国家法令和政策的实施，起到政府与企业之间的桥梁作用。随着我国经济体制改革的深入，行业主管部门对企业的管理职能正在向这个方向转变，由于条件不同，有些部门的改革比较深入，已基本形成了类似于国外发达国家"行业管理"式的行业总会，而有些部门仍然代表国家政府行使职能，还有一些部门则处于两者之间。

鉴于目前我国道路运输行业的现状，道路运输行业主管部门的安全管理在安全生产工作中仍有政府行政管理的职能，行业安全管理对道路运输行业安全生产还会起到一定的促进作用。

道路运输安全生产工作实行"企业负责，行业管理，国家监察，群众监督"的安全管理体制，既适应我国市场经济体制的客观要求，也是市场经济国家的普遍做法，是符合国际惯例的。这一管理体制还将随着我国市场经济的发展，在实践中不断完善。

（1）企业负责

在政府转变职能和企业转换经营机制的过程中，要继续强调"管生产必须管安全"这个原则，企业要负起做好安全生产的重任。道路运输企业在经营自主权扩大的同时，安全生产的主体地位也相应地确立，责任也就相应地加重了。企业负责就是道路运输企业在其经营活动中必须对本企业安全生产负全面责任，企业法定代表人是安全生产的第一责任人。各企业应建立安全生产责任制，在管生产的同时，必须做好安全工作。这样才能达到责、权、利的相互统一。安全生产作为道路运输企业经营管理的重要组成部分，对生产发挥着极大的保障作用，不能将安全生产与企业效益对立起来，片面理解扩大企业经营自主权。具体地说，企业应自觉贯彻"安全第一，预防为主"的方针，必须遵守道路运输行业安全生产的法律、法规和标准，根据国家和交通部等有关部门的规定，制定本企业安全生产规章制度，必须设置安全管理机构，配备安全管理人员，对企业实现全员、全过程、全方位的安全生产管理。企业还应负责提供符合国家安全生产要求的工作场所、生产设施，特别是加强对有毒有害、易燃易爆等危险物品的仓储、装卸和特种运输设备的管理。对从事危险物品运输和操作的人员都要严格培训。

（2）行业管理

行业管理在经济建设中是宏观经济与微观经济的连接点，在安全生产工作中，它是"国家监察"的延伸和补充，其职能作用由其在市场经济结构中的地位所决定。我国的安全管理体制确立了行业管理在安全生产工作中的位置和作用。行业安全管理的基本职能主要是通过计划、组织、协调、检查等方式对本行业进行安全管理，同时，也通过各种方式为企业提供安全服务。运输行业就是这样一种状况，交通部和公安部及其下属机构通过计划、组织、协调、检查等方式对本行业进行安全管理，而企业则必须按照相应的规定做好安全工作。道路运输行业主管部门对某些特殊经营方式，例如危险品运输在某种程度上还实行安全生产工作先例监督职权，因此，道路运输行业安全管理的任务既不同于过去计划经济体制下的管理模式，也不同于完全市场经济体制下的管理模式，道路运输行业主管部门应按市场经济的要求，不断探索搞好管理工作的方法。

（3）国家监察

国家监察是根据国家的法律法规对安全生产工作进行监察和督查，具有相对的独立性、公正性和权威性。安全生产监察部门对道路运输企业履行安全生产职责和执行安全生产法律法规、政策情况依法进行监督检查，对不遵守国家安全生产法律法规、标准的企业，要下达《监察通知书》或《督查通知书》，做出限期整改或停产整顿的决定，必要时，可提请当地人民政府或行业主管部门关闭企业。负有安全生产综合管理职能的主管部门要建立健全安全生产监察机构或督查机构，设置专职安全监察员或督查员。安全监察员或督查员要经常深入企业查隐患，查安全生产法律法规、标准的落实情况，把事故消灭在萌芽之中。目前，国家对道路运输安全监察（督查）尚未形成完善的体系，人员配备、设备手段也不健全，这是道路运输安全生产中亟须强化解决的突出问题，安全监察工作的任务十分繁重，必须开拓思路，很好地研究。要加强监察队伍的自身建设，首先是把这支监察队伍成立起来，并使之真正发挥作用，全国的企业和职工人数正在逐步增多，而监察队伍和监察人员没有相应地发展是很难适应这种要求的；其次是监察手段不强，发挥不了国家监察的效力，还应加强法治建设和提高监察人员的技术业务素质。这是监察工作的法律依据和技术保障。

（4）群众监督

群众监督是道路运输安全生产管理工作不可缺少的重要环节。随着新的经济体制的建立，群众监督的内涵也随之扩大。不仅是各级工会，社会团体、民主党派、新闻单位等也应共同对道路运输安全生产起监督作用，这是保障道路运输承托双方合法权益，做好道路运输安全生产的重要保证。

工会监督是群众监督的主要方面，是依据《工会法》和国家有关法律法规对安全生产工作进行的监督。在社会主义市场经济体制建立过程中，要加大群众对道路运输安全监督检查的力度，全心全意依靠职工群众做好安全生产。支持工会依法维护职工的安全与健康，维护职工的合法权益。工会应充分发挥自身优势和群众监督检查网络作用，履行群众监督检查职责，发动职工群众查隐患、堵漏洞、保安全，教育职工遵章守纪，使党和国家的安全生产方针、政策、法律法规落实到道路运输的每个环节中去。

此外，劳动者自律也是道路运输安全生产管理工作不可缺少的重要部分。驾驶人是道路运输安全的第一责任人，道路运输点多、面广、线长，一辆车就是一个独立的生产单元。每位道路运输生产的从业者，必须按照国家、行业及企业的规章制度进行作业和生产经营，如因违规导致运输安全事故，违规者要承担相应的责任。劳动者自律主要是提高安全文化素质，形成浓厚的安全氛围，推动安全生产发展，这是落实"安全第一，预防为主"的关键之一。

道路运输安全生产管理体制的"企业负责、行业管理、国家监察、群众监督"四个部分是一个互相作用、互为补充的有机整体。企业负责是道路运输安全管理体制的基础，也是安全管理工作的出发点和落脚点。企业负责实际上是对其本身的安全负责，既是自我约束，也是自我保护。道路运输企业内部这种自我管理机制，主要由企业法定代表人，企业安全管理机构，企业生产、经营机构，企业职工代表大会或工会以及职工组成，在企业内部形成一个自我约束的闭环反馈系统。在这个闭环反馈系统中，企业法定代表人起着决定性的作用，与企业法定代表人对安全生产的重视程度有直接的关系。建立完善的企业内部安全管理机制，这是内因；同时建立健全外部安全制约机制，这是外因。从目前安全管理体制来看，有三个外因（即行业管理、国家监察、群众监督）对道路运输企业安全生产产生作用。而且三个外因之间也是后一个对前两个依次产生作用，从而形成一个互相作用、互为补充的有机链式整体。

具体来讲，道路运输企业除了建立内部安全生产管理规章制度并定期进行检查之外，还要接受交通主管部门的行业管理，接受安全生产监察部门的国家监察，接受工会及其他组织的群众监督。道路运输行业安全管理部门除对本部门所属企业进行安全管理，对安全生产承担一定责任外，也要接受安全生产监察部门的国家监察、接受工会及其他组织的群众监督。国家安全监察机构在对企业和行业管理部门的安全管理工作实行监察的同时，也要接受群众监督。而其中行业管理和国家监察都是政府行为，是相辅相成的。

8.2 货运安全及检查

货运安全管理工作是一项十分重要的工作，作为国民经济大动脉的交通运输，更是安全管理工作的关键。货物运输应当为经营者提供停车、组货、发车等经营条件和公平、公正的经营环境，其中安全是重中之重。预防事故发生，减少货物财产损失要贯穿于一切工作之中。因此，做好交通运输安全管理工作对于确保货物安全、完好位移，提高运输企业的经济效益和社会效益，维护运输企业的良好信誉和形象，保障社会稳定，具有十分重要的意义。

8.2.1　货运运输安全管理

1. 零担货物运输安全管理

零担货物运输是指当一批货物的重量或容积不够装满一车时（不够整车运输条件），与其他几批甚至上百批货物共享一辆货车的运输方式。货物运输当然是以整车运输经济合理，但现实中往往存在运量零星、批数较多、到站分散、品种繁多、性质复杂、包装条件不一的零担货物。托运一批次货物数量较少时，装不满或占用整节货车车皮（或一辆运输汽车）进行运输，增加了运输成本，而由运输企业安排与其他托运货物拼装后进行运输，运输企业可以按托运货物的吨公里数和运价率计费，这样就减少了经济上的浪费。因此，零担货运灵活机动、方便简捷，适合数量少、品种杂、批量多的货物运输，适应商品经济发展的需要。

（1）零担货物运输业户开业的安全条件

1）普通货物运输业户开业的安全条件。申请从事营业性道路普通货物运输的业户，必须具备以下基本条件。

① 申请单位是独立核算、自负盈亏的经济实体，申请个人是国家政策允许的人员。

② 申请经营道路货物运输应有明确的经营范围和服务对象。

③ 有相对稳定的驾驶人员和与经营项目相适应的安全、机务、业务等岗位人员。道路货物运输企业在经营管理、车辆技术等岗位上，应至少分别有 1 名具有初级或初级以上职称的管理人员。车辆驾驶人应具有有效的驾驶执照和从业资格证，聘用的驾驶人应签署具有法律效力的聘用合同或协议。

④ 有证照齐全的、达到二级及以上车辆技术状况等级的货运车辆。

⑤ 有与其经营项目相适应的流动资金，其金额不得低于车辆原值的 5%，并出具相应的资信证明。

⑥ 单车经营的业户必须具有不低于 5 万元资金或资产作为事故赔偿保证，并出具有效的资信证明或担保。

⑦ 有与其车辆数相适应的坚实、平整的固定停车场地，租赁、借用的应签订一年以上合法、有效的协议合同，每辆车停车面积不少于车辆投影面积的 1.5 倍。

⑧ 申请人为企业的，应有企业章程，有企业的法人代表，有健全的生产经营和安全管理机构。

2）零担货物运输业户开业的安全条件。从事零担货物运输的业户，除必须具备普通货物运输的开业安全条件外，按交通部发布的《道路零担货物运输管理办法》的规定，还应具备下列安全条件。

① 使用封闭式专用货车或封闭式专用设备，车身喷涂"零担货运"标志，车辆技术状况达到二级以上。

② 经营省内零担货运需有 5 辆（25 个吨位）以上零担货运车辆；跨省经营需有 10 辆（50 个吨位）以上零担货运车辆；国际零担货运按双边运输协定办理。

③ 业户、驾驶人、企业人员均须持有运政管理部门核发的《从业资格证》。驾驶人必须具备安全行驶 2 年以上或安全行驶 5 万 km 以上的驾驶经历。

大多数零担货物运输属于普通货物运输，对货物的运输、装卸、保管没有特殊的要求。

(2) 零担货物运输安全管理

1) 严格按安全资质要求承运。零担货物运输必须按有关规定承运。对以下三种性质的货物，不具备专业条件的零担货运经营业户不得受理。

① 易燃、易爆、剧毒及放射性等危险物品。

② 易破损、易污染、易腐烂及鲜活物品。

③ 湿损、尖角、利口及货物包装不符合国家规定，标志识别不明显的货物。

2) 零担贵重货物运输的安全管理。贵重货物，本身价值昂贵，在运输过程中承运人须承担较大责任，如贵重金属、精密仪器、高档电器、珍贵艺术品等。近些年来，随着社会的发展和人们生活水平的提高，零担货物的品质普遍升值，因此，在零担贵重货物运输过程中，必须加强对仓储、理货和运输的安全管理。

3) 零担危险货物运输的安全管理。在有资格受理零担危险货物运输时，其受理、仓储、搬运、装卸、运输等全过程各个环节应严格遵守交通部颁发的《汽车危险货物运输规则》，严禁与普通零担货物混存、混装。

4) 禁运、限运零担货物运输的安全管理。凡属法规禁运或限运的零担货物，受理时应检验有效证明，而且担负经营与运输作业的有关业户在具备料理能力和经营特种货物运输资格的条件下，方可受理与承运。

5) 安全装卸设施。零担货运站应设置方便车辆装卸货物的高站台和相应的安全装卸器具。

6) 其他特种零担货物运输的安全管理。开展集装箱等特种运输的零担货运站应配备专门作业区域和专用装卸机械。

7) 长距离零担货物运输驾驶人的安全管理。零担货物运输运距超过300km的，必须配2个驾驶人。超长运距的零担货物运输，还要求保证驾驶人能离车休息。

2. 整批货物运输安全管理

整批货物运输是指托运人1次托运货物计费重量3t以上或不足3t，但其性质、体积、形状需要一辆汽车运输的。在进行整批货物运输时需签订相关运输合同，并明确违约处理办法。

(1) 整批货物运输的合同内容

签订整批货物运输合同要阐述以下内容。

1) 托运人、收货人和承运人的名称（姓名）、地址、电话、邮政编码。

2) 货物名称、性质、重量、数量、体积。

3) 装货地点、卸货地点、运距。

4) 货物的包装方式。

5) 承运日期和运到期限。

6) 运输质量。

7) 装卸责任。

8) 货物价值，是否保价、保险。

9) 运输费用的结算方式。

10) 违约责任。

11) 解决争议的方法。

（2）货厢的安全管理

货车车厢是运送货物的容器，货厢安全直接影响货运的质量与安全。货厢必须坚固无破损。对装运过有毒、易污染以及危险货物、流质货物的，应对车辆进行清洗和消毒。如货物性质特殊，还需对车辆进行特殊清洗和消毒。

（3）装载安全管理

货物要堆码整齐，捆扎牢固，关好车门，不超宽、超高、超重，保证运输全过程安全。装载时防止货物混杂、撒漏、破损，严禁有毒、易污染物品与食品混装，危险货物与普通货物混装。

整批货物装载完毕后，敞篷车辆如需遮篷布，必须遮盖严密，绑扎牢固，关好车门，严防车辆行驶途中松动和甩物伤人。

3. 集装箱货物运输安全管理

集装箱运输是指以集装箱这种大型容器为载体，将货物集合组装成集装单元，以便在现代流通领域内运用大型装卸机械和大型载运车辆进行装卸、搬运作业完成运输任务，是一种新型、高效、先进和安全的运输方式。在运输过程中，箱内货物不必中途卸下重装，具有运输单元化、直达化、标准化、专业化及机械化等特点，是公路与铁路、水运和航空开展多式联运的最佳形式，为货主提供更加方便、快捷、安全、优质的服务。

开展公路集装箱直达运输，可简化运输程序，减少货物流通环节，提高运输效率，节约包装费用，降低货运成本，减少货损货差，改善运输质量，是现代化运输发展的必然趋势。

（1）集装箱货物运输业户开业的安全条件

从事集装箱货物运输的业户，除必须具备普通货物运输开业安全条件外，还应具备下列安全条件。

1）具有货运四级企业以上的经营资质。

2）企业注册资金不得少于800万元。

3）具有固定的营运场所，停车场地应与企业拥有车辆数相匹配，停车场地不得少于标准 $2000m^2$。

4）具有与经营规模和服务对象相匹配的运输设备、装卸机械及通信设备、箱体检查设备等。

5）具有集装箱专用车辆，其中核定载质量不足15t的车辆比例不得超过集装箱车辆总数的30%。挂车吨位在20t（含20t）以上的，主车的牵引力应大于或等于206kW；挂车吨位在15t（含15t）以上的，主车牵引力应大于或等于162kW。

（2）集装箱货物运输过程中的安全管理

1）集装箱货物运输车辆的安全要求。集装箱货物运输车辆的技术状况良好，带有转锁装置，与所载集装箱要求相匹配，能够满足所运载集装箱总质量的要求。集装箱货物运输车辆通常采用单车形式或牵引车加半挂车的列车组合形式。半挂车分为框架式、板式和自装自卸式等。

2）装卸机械的要求。集装箱货物运输应配备集装箱专用装卸机械和装拆箱作业机械，装卸机械应有装箱专用吊具，装卸机械的额定起重量要满足集装箱总质量的要求，装拆箱作业机械要能适应进箱作业，保证集装箱装卸的安全。

3）集装箱运输驾驶人安全操作规程。

① 集装箱运输要用专用车辆运输，车辆必须保证完好，扭锁装置必须安全可靠，装箱后检查锁销是否牢固、是否锁紧。

② 装运重箱时，驾驶人要了解货物的性能，防止损坏、撞击而发生意外事故。

③ 装运集装箱时注意箱门是否关紧、关牢，特别是装运空箱，要防止在行驶中箱门敞开。

④ 非集装箱专用车辆在运输集装箱时，无论空箱还是重箱、距离远近，都要做到以下3点：配备运输集装箱的专用紧固工具（葫芦、钢丝绳和紧线机）；有车辆拦板但不足1m高的必须加固；无车辆拦板的车辆，未经紧固，不得运输集装箱。

⑤ 集装箱车辆在行驶途中要严格遵守交通规则，在狭窄路面会车时，要注意上方的通信线路、树木和其他障碍物。

⑥ 行驶时，要根据不同的道路情况控制车速，严禁紧急制动车辆，特别是在车辆转弯时要降低速度，防止翻车而发生事故。

⑦ 铲、吊集装箱时，要配备专用工具（梯子、安全带），严禁铲吊装卸操作人员，防止违章上下集装箱时发生事故。

4. 大型特型笨重物件运输安全管理

（1）大型物件运输业户开业的安全条件

从事大型物件运输的业户，除必须具备普通货物运输开业的安全条件外，按交通部《道路大型物件管理办法》的规定，还应具备下列安全条件。

1）至少拥有1辆能运载三级以上大型物件的专用车。

2）大型物件运输车辆驾驶人，必须具备5万km以上安全行车的驾驶经历。

3）营业性道路大型物件运输业户，按其设备、人员等分为四类。

4）经营范围：

一类道路大型物件运输业户，允许承运一级大型物件。

二类道路大型物件运输业户，允许承运一、二级大型物件。

三类道路大型物件运输业户，允许承运一、二、三级大型物件。

四类道路大型物件运输业户，允许承运一、二、三、四级大型物件。

（2）大型特型笨重物件运输受理和运输过程中的安全管理

1）受理大型特型笨重物件运输时的安全管理。承运和装卸大型特型笨重物件，承运人提供的车辆和装卸机械，必须能保证货物在长度、高度和单件重量方面的安全作业要求。承运大型特型笨重物件的级别必须与批准经营的运输类别相符。不准受理经营类别范围以外的大型特型笨重物件。

受理大型特型笨重物件托运时，承运人除了按照特种货物办理承运手续外，还应指派对大型特型笨重物件装卸、运载操作有相当经验的人员，会同托运人到货物现场，对货物与装车场地及装卸方式、方法等进行实地勘察，核对落实，决定能否受理或采取一定的安全加固措施后方可受理。若遇畸形的大型特型笨重物件，应向托运方索取货物说明书，同时应随附货物外形尺寸的三面视图（侧视、正视、俯视），以"+"表示重心位置，要事先拟订周密的装运方案和运行路线，必要时应让托运方报请公安机关或其他有关部门审查后再予受理。

2）勘察现场时的安全要求。承运单位对大型特型笨重物件的装卸场地进行现场勘察核实时，要坚持安全第一、防范为主的原则。一般应注意以下几点。

① 全面了解货物情况，认真核实货物长度、宽度、高度、实际毛重、体形、重心、包装、标志及装运中有何特殊要求，应用皮尺度量货物最高、最长、最宽部位，细致察看货物包装或底座的牢固程度是否符合机械吊装要求。

② 仔细勘察装卸现场及周围环境，附近周边有无装卸障碍物与其他设置，如电缆、水管、电话线及地下管道等。车辆能否靠近货物、能否适应装卸机械操作，机械设施是否良好，装车场地土质是否松软或地面是否平坦，是否需要铺垫木板、钢板或方木等。

③ 综合考虑运输路线情况，对承运路线的道路和桥梁的宽度、弯道半径、承载能力以及其他车辆的流通情况，必须充分调查。车辆通过的路面、桥涵、港口、码头等的载重负荷能力及弯道、坡道等能否适应。

3）装卸大型特型笨重物件时的安全操作。装卸大型特型笨重物件时，不论采用机械装卸还是人工装卸，都要严格按照装卸安全操作规程，还应特别注意检查装卸工具，装卸工人要明确分工，密切配合，专人发号，统一步调进行操作。如需机械操作，应先确认起吊跨度，检查机械负荷能力是否适应，并应留有一定的安全保险系数，严禁超跨度、超重作业和违章操作。配备司索、发号人员，司索人员要做到索套绑吊稳固、慢起稳落，不得将手脚伸入已吊起的货物下方，直接去取垫衬物；发号人员负责作业现场监督指挥，确保装卸货物安全。

装载不可解体的成组笨重货物时，应使货物全部支重面均衡、平衡地放置在车厢底板或平板上，使其重心尽量位于车辆纵横中心线的交叉点。如不能达到此要求，则应对货物重心的横向移动加以严格控制。

大型特型笨重物件装车后，必须用垫木、"蚂蝗攀"、铁丝或钢丝绳固定牢固，以防滑动。对于圆柱体及易滚动的货物，如卷筒、轧辊等，必须使用座架或凹木加固；货物长度超过车身时（钢材、钢板等），应在后栏板用坚固木方垫高，呈前低后高状，严禁用砖头、石块、朽木作垫隔；一些特殊或畸形偏重的货物，下面应垫以一定厚度的木板，使其在运行中保持稳定。

4）运输大型特型笨重物件时的安全操作。承运人运输大型特型笨重物件时，应携带大型特型笨重物件运输标志牌和核准证，以备路检。装载大型特型笨重物件的大型专用车辆，需由托运方配备随车电工、勤杂工人，携带所需材料和工具，协助车辆行驶途中的障碍排除。特殊超高、超大的货物，必要时，承运方需配备专门车辆在前引导护送，以便排除障碍，顺利通行。

5）运输大型特型笨重物件时驾驶人的注意事项。

① 运输大型特型笨重物件时，须经公安、公路管理等部门审查批准，发给准行证，并按规定的路线和时间行驶。

② 运输中悬挂明显的标志，以引起来往车辆和行人注意，标志要悬挂在货物超限的末端，白天悬挂红旗，夜晚悬挂红灯。

③ 驾驶人要集中精力，谨慎驾驶，密切注意运行情况，利用灯光、喇叭、广播等配合运输。

5. 超限运输车辆的安全管理

（1）超限运输车辆的概念

根据《超限运输车辆行驶公路管理规定》（交通运输部令 2016 年第 62 号），超载超限运输是公路第一杀手,严重破坏了公路路面及其桥梁设施,造成国家交通规费的大量流失,容易引发道路交通事故,危及人民群众的生命财产安全,导致汽车工业的畸形发展;整治违章超载必须加强教育,提高公民的交通意识和法治观念,提高执法人员的整体素质,加大执法力度,并实行宏观调控和综合治理。

(2) 超限运输对社会的危害性

由于普遍的严重超限(超高、超宽、超长、超重)运输,给道路运输带来极大的危害。主要表现在:偷漏应缴纳的养路费和路桥通行费,造成税费收入的流失,影响公路的维护和发展;严重破坏路面,极大地缩短了道路使用年限,加大了道路维修维护费用;造成车辆各项性能的下降甚至失效,缩短车辆使用寿命;引发交通事故,甚至是恶性交通事故;扰乱了公路运输市场秩序。

1) 超限运输严重损害公路和桥梁。

2) 超限运输车辆行驶严重影响交通安全。

3) 超限运输严重扰乱运输市场秩序,引起恶性竞争。

4) 超限运输扰乱了国家养路费和路桥收费政策,制造新的不公平。

5) 超限运输降低了公路的使用效率,污染环境。

(3) 超限运输的安全管理

1) 承运人应向公路管理机构申请公路超限运输许可,主要内容包括货物名称、外廓尺寸和质量,车辆的厂牌型号、整备质量、轴数、轴距和轮胎数,载货时车货总体的外廓尺寸、总质量、各车轴轴荷、拟运输的起讫点、通行路线和行驶时间。

2) 公路管理机构、道路运输管理机构应建立执法联动工作机制,将违法超限运输行为纳入道路运输企业质量信誉考核和驾驶人诚信考核,实行违法超限运输"黑名单"管理制度,依法追究违法超限运输的货运车辆、车辆驾驶人、道路运输企业、货运源头单位的责任。

3) 公路管理机构应当采取固定检测、流动检测、技术监控等方式,对货运车辆进行超限检测。在省政府批准的治超站进行固定检测。

4) 公路管理机构可以利用移动检测设备,开展流动检测。经流动检测认定的违法超限运输车辆,应就近引导至公路超限检测站进行处理;流动检测点远离公路超限检测站的,应就近引导至地方交通运输部门指定并公示的路政执法站所、停车场、卸载场等具有停放车辆及卸载条件的地点或者场所进行处理。

5) 公路管理机构应根据保护公路的需要,在货物运输主通道、重要桥梁入口处等普通公路以及开放式高速公路的重要路段和节点,设置车辆检测等技术监控设备,依法查处违法超限运输行为。

6) 公路管理机构应使用经依法定期检定合格的称重检测设备,未定期检定或者检定不合格的,其检测数据不得作为卸载或者处罚的依据。

6. 危险货物运输安全管理

(1) 危险货物运输法规的基本概念

危险货物运输储存要实行立法管理,我国对危险货物运输有比较严格的管理体系,颁布实施了一系列有关危险货物运输的法律法规、条例和标准,构成了危险货物运输法规。

危险货物运输法规是交通运输法规的一个组成部分,既是各级交通主管部门对危险货物运输活动进行管理、监督、仲裁的依据，也是明确危险货物运输合同双方责任的法律依据。违反危险货物运输法规，发生重大事故，要承担刑事责任。

关于危险货物管理的法规，具有刑法、行政法、合同法和标准化法的法律性质和法律效力。为了加强危险货物道路运输安全管理，预防危险货物道路运输事故，保障人民群众生命、财产安全，保护环境，依据《中华人民共和国安全生产法》《中华人民共和国道路运输条例》《危险化学品安全管理条例》《公路安全保护条例》等有关法律、行政法规，制定了《危险货物道路运输安全管理办法》（中华人民共和国交通运输部令2019年第29号），自2020年1月1日起施行。该管理办法的制定，更加明确了危险货物托运、承运、装卸、车辆运行以及监督检查的法律责任和管理方法。

(2) 有关危险货物运输的各种法规

1)《危险货物道路运输规则》(JT/T 617—2018)。
2)《道路运输危险货物车辆标志》(GB 13392—2005)。
3)《道路运输爆炸品和剧毒化学品车辆安全技术条件》(GB 20300—2018)。
4)《危险货物运输车辆结构要求》(GB 21668—2008)。
5)《道路运输液体危险货物罐式车辆 第1部分：金属常压罐体技术要求》(GB 18564.1—2019)。
6)《道路运输液体危险货物罐式车辆 第2部分：非金属常压罐体技术要求》(GB 18564.2—2008)。
7)《危险货物分类与品名编号》(GB 6944—2012)。
8)《危险货物品名表》(GB 12268—2012)。
9)《危险货物运输包装通用技术条件》(GB 12463—2009)。
10)《放射性物品安全运输规程》(GB 11806—2019)。
11)《运输包装收发货标志》(GB 6388—1986)。
12)《包装储运图示标志》(GB/T 191—2008)。
13)《危险货物包装标志》(GB 190—2009)。
14)《化学品安全标签编写规定》(GB 15258—2009)。

(3) 危险货物车辆运行安全管理

1) 在危险货物道路运输过程中，除驾驶人外，还应当在专用车辆上配备必要的押运人员，确保危险货物处于押运人员监管之下，禁止搭乘无关人员。

2) 危险货物运输车辆严禁超经营范围运输，严禁超载、超限、超速。危险货物运输车辆在高速公路上行驶速度不得超过每小时80km，在其他道路上行驶速度不得超过每小时60km，严格遵守国家有关危险货物运输管理的规定。

3) 运输车辆应当安装、悬挂符合《道路运输危险货物车辆标志》(GB 13392—2005)要求的警示标志，随车携带防护用品、应急救援器材和危险货物道路运输安全卡，严格遵守道路交通安全法律法规规定，保障道路运输安全。例如，运输爆炸品和剧毒化学品车辆应当安装、粘贴符合《道路运输爆炸品和剧毒化学品车辆安全技术条件》(GB 20300—2018)要求的安全标示牌。运输剧毒化学品、民用爆炸物品、烟花爆竹、放射性物品或者危险废物时，还应当随车携带公安机关核发的剧毒化学品道路运输通行证、民用爆炸物品运输许可证、烟花爆竹道路运输许可证、放射性物品道路运输许可证明或者文件。并事先报经当地公安部门批准，按指定路线、时间、速度行驶。

4）运输危险货物应根据货物性质，采取相应的遮阳、控温、防爆、防静电、防火、防振、防水、防冻、防粉尘飞扬、防撒漏等措施。

5）运输危险货物的车厢应保持清洁干燥，不得任意丢弃车上残留物；运输结束后被危险货物污染过的车辆及工具，应按《车辆清洗消毒方法》到具备条件的地点进行车辆清洗消毒处理。

6）运输危险废物时，应采取措施防止污染环境。运输医疗废物时，使用有医疗废物标志的专用车辆，达到防渗漏、防遗撒，用后彻底消毒和清洁，医疗废物专用车辆不得运送其他物品。

7）在车辆运行期间通过定位系统对车辆和驾驶人进行监控管理。

8）运输危险货物有下列情形之一的，公安机关可以依法采取措施，限制危险货物运输车辆通行。

① 城市重点地区、重点单位、人流密集地段、居民生活区。
② 饮用水水源保护区、重点景区、自然保护区。
③ 特大桥梁、特长隧道、隧道群、桥隧相连路段及水下公路隧道。
④ 坡长坡陡、临水临崖等通行条件差的山区公路。
⑤ 法律、行政法规规定的其他可以限制通行的情形。

(4) 事故应急处理

运输危险货物的企业（单位），应建立事故应急预案和安全防护措施。

8.2.2　货运检查

安全检查是一项综合性的安全管理措施，通过检查，可以了解情况，发现问题，排查隐患，增加方法措施，增强防范能力，总结经验，吸取教训，强化管理，促进安全生产，促进发展。道路运输安全管理工作首要任务就是做好安全检查，预测可能发生事故的各种不安全因素。结合行业的特点和要求，为预防和减少安全事故的发生，开展查制度、查现场、查管理、查措施、查隐患等多项内容，对道路运输企业和货运站生产经营场所进行周期性、季节性和临时性安全检查，确定从业人员和设施设备等的安全状况。依照国家的相关安全法律法规，可采用自检自查和交叉检查的方法。

1. 运输企业安全检查

(1) 监督许可条件维持情况

1）安全生产管理制度上墙并有纸质材料。具体包括：安全生产岗位责任制；安全例会制度；文件和档案管理制度；安全生产费用提取和使用管理制度；车辆、设备、设施、货物安全管理制度；安全生产培训和教育学习制度；安全生产监督检查制度；事故统计报告制度；安全生产奖惩制度。

2）安全生产台账（安全例会记录、从业人员安全教育学习记录、安全事故台账）。

(2) 健全安全生产管理制度（制定相应的应急预案）

1）建立重大事故处理预案和突发事件应急预案的演练，有演练照片及预案演练小结。

2）安全生产管理制度落实情况（有制度、有记录）。

3）配备持有安全负责人和安全管理员的证件。

（3）企业落实安全隐患排查制度

1）有开展安全隐患排查的记录（每月至少1次）。

2）有安全隐患，要有整改和验收记录。

（4）企业落实车辆主体责任

检查车辆档案（抽查5辆车）内容有车辆技术档案、行驶证、车辆产权证、营运证、维护记录、综合性能检测报告单、保险等。

（5）企业落实从业人员管理责任

1）抽查5人档案，档案内容有个人身份证、从业资格证、安全生产责任状、劳动合同、个人有效专业证书、驾驶证。

2）抽查5人安全学习记录（有签到、有学习内容）。

（6）企业落实车辆动态监控主体责任

1）是否有车辆动态监控管理制度。

2）专职监控人员是否在岗在职。

3）是否有监控记录的台账和处置排查的记录。

2. 运输车辆安全检查

车辆运行安全管理的宗旨是认真贯彻"安全第一、预防为主"的方针，坚持"企业负责、行业管理、国家监察、群众监督"的管理体制，实行企业法人负责制。车辆运行安全管理的任务是认真贯彻执行国家有关行车安全的方针、政策和法规，结合企业经营机制的实际，建立健全有效的安全管理机构和制度，落实行车安全管理目标和责任，组织安全教育和业务培训，实施行车安全监督、检查及考核、奖惩，以达到降低事故频率，减少人员伤亡和财产损失，杜绝特大事故发生，提高企业信誉和经济效益的目的。主要检查内容如下。

1）行车安全检查机构负责对营运车辆出车前或收车后的安全技术状况检查，检查内容主要包括制动系统、转向系统、传动系统、前桥及轮胎气压、灯光、信号装置、牵引装置及侧面防护装置。

2）经检查合格的车辆，应签发"运行安全合格证"；对检查不合格的车辆，应签发"报修施工通知单"，通知单必须有检查责任人和驾驶人同时签名才生效。

3）驾驶人应按规定对所驾车辆的安全技术状况做好出车前、途中及收车后的自检、自查工作。

4）组织对本单位营运车辆安全技术状况的抽查，每月不得少于1次，抽查比例不小于营运车辆数的20%。

5）组织对营运车辆安全技术状况普查，每年不得少于2次。

6）企业行车安全管理工作综合检查每年不得少于2次，检查内容为：

① 行车安全管理制度贯彻情况及目标执行情况。

② 行车安全岗位经济责任制落实情况。

③ 行车安全管理基础资料及各类档案的建立、健全和保管情况。

7）各类监督、检查应详细记录，对检查中发现的问题和事故隐患应制定措施，及时整改。

3. 危货运输安全检查

（1）危货运输车辆违规挂靠问题

1）运输企业与车主是否存在《挂靠协议》（多放在企业车辆档案内）。

2）车辆行驶所有证件冠名与车辆产权是否为运输企业所有。

3）挂靠车辆采取何种方式进行清理。

4）挂靠车辆清理进展情况如何。

5）是否对挂靠车辆作停运处理并召回协商解决挂靠问题情况。

（2）危货运输企业未落实安全生产主体责任的问题

1）是否设立安全管理机构及专职安全管理人员。

2）运输管理人员是否了解车辆运输何种危险物品，掌握车辆运行情况，是否了解车辆实际驾驶人、押运员。

3）是否安装北斗卫星监控平台，是否明确专人24小时值守，是否对违法违规行为进行处理，有无监控记录。

4）是否有日常培训教育档案（培训时间、内容、会议记录、参加人员签字、试卷、影像记录等）。

5）是否存在伪造公章逃避日常安全监管等非法行为。

（3）危货运输企业不具备安全生产的基础条件

1）运输企业是否有自有停车场地（若为租赁，则需提供租赁协议），停车场地是否符合条件（$40m^2×$车辆总数$≤$停车场面积）。

2）停车场是否用于企业所属车辆统一停放管理。

3）运输企业安全生产岗位责任制度、安全生产监督检查制度、安全教育培训制度、车辆动态监督制度、安全生产责任规程等是否健全，文件落款与企业名称是否相符。

4）企业负责人及安全管理人员是否掌握危险化学品道路运输基本常识，是否熟悉运输企业经营管理业务。

（4）液体危货罐车紧急切断装置加装工作滞后问题

1）驾驶人、押运员是否掌握所运输危险货物的特性及应急处理方法。

2）液体危险货物罐车有否加装紧急切断装置。

3）从业人员能否正确使用紧急切断装置。

4）是否对未安装紧急切断装置的车辆收回《道路运输证》。

（5）其他方面的检查内容

1）停业整顿企业所属车辆是否一律停运，车辆是否停放在停车场。

2）运输企业是否将所属车辆的《道路运输证》全部收回。

3）清退的危货运输车辆是否收回《道路运输证》并上交当地运管部门。

4）运输企业是否存在超范围经营等违法行为。

8.3 客运安全及检查

旅客运输应当为旅客提供安全、方便、舒适、文明的环境，为经营者提供停车、组客、发车等经营条件和公平、公正的经营环境，其中安全是重中之重。预防事故发生，减少旅客人身伤亡和财产损失贯穿于一切工作之中。正确的检查工作和检查技术规范对促进汽车客运站安全管理工作的标准化、规范化具有十分重要的现实意义。

8.3.1 旅客运输安全管理

根据中华人民共和国交通行业标准《道路旅客运输企业等级》（JT/T 630—2005）规定，客运企业等级分为一、二、三、四、五级，各级客运企业安全状况的基本要求为：

1）一级企业安全状况。上一年度行车责任安全事故率不高于 0.1 次/车，责任安全事故死亡率不高于 0.02 人/车，责任安全事故伤人率不高于 0.05 人/车。

2）二级企业安全状况。上一年度行车责任安全事故率不高于 0.1 次/车，责任安全事故死亡率不高于 0.02 人/车，责任安全事故伤人率不高于 0.05 人/车。

3）三级企业安全状况。上一年度行车责任安全事故率不高于 0.12 次/车，责任安全事故死亡率不高于 0.03 人/车，责任安全事故伤人率不高于 0.08 人/车。

4）四级企业安全状况。上一年度行车责任安全事故率不高于 0.15 次/车，责任安全事故死亡率不高于 0.1 人/车，责任安全事故伤人率不高于 0.12 人/车。

5）未达到四级企业条件的客运企业为五级企业条件。

各级客运企业应根据《中华人民共和国安全生产法》和交通运输部有关《道路旅客运输企业安全管理规范》[交运发（2018）55号]的规定，努力做好安全生产管理工作。

1. 客运企业的职责及对客运的安全管理

客运企业是道路旅客运输安全生产的责任主体，应当坚持以人为本，安全发展，坚持安全第一、预防为主、综合治理的方针，严格遵守安全生产、道路交通安全和运输管理等有关法律法规、规章和标准，建立健全安全生产责任制和安全生产管理制度，完善安全生产条件，严格执行安全生产操作规程，加强客运车辆技术管理和客运驾驶人等从业人员管理，保障道路旅客运输安全。为了维护客运市场秩序，预防和减少交通事故，客运企业应切实加强对道路旅客运输的安全管理。

（1）客运企业安全生产职责

1）客运企业依法建立健全安全生产责任制，并分解到各部门、各岗位，明确责任人员、责任内容和考核标准。安全生产责任制内容应当包括：

① 主要负责人的安全生产责任、目标及考核标准。

② 分管安全生产和运输经营的负责人的安全生产责任、目标及考核标准。

③ 管理科室、分支机构及其负责人的安全生产责任、目标及考核标准。

④ 车队和车队队长的安全生产责任、目标及考核标准。

⑤ 岗位从业人员的安全生产责任、目标及考核标准。

2）客运企业与各分支机构层层签订安全生产目标责任书，制定明确的考核指标，定期考核并公布考核结果及奖惩情况。

3）客运企业的法定代表人和实际控制人为安全生产的第一责任人，负有安全生产的全面责任；分管安全生产的负责人协助主要负责人履行安全生产职责，对安全生产工作负组织实施和综合管理及监督的责任；其他负责人对各自职责范围内的安全生产工作负直接管理责任。企业党委、工会、各职能部门、各岗位人员在职责范围内承担相应的安全生产职责。

4）客运企业的主要负责人对安全生产应负职责：

① 严格执行安全生产法律法规、规章、规范和标准，组织落实相关管理部门的工作部署和要求。

② 建立健全安全生产责任制，组织制定安全生产规章制度、客运驾驶人和车辆安全生产管理办法以及安全生产操作规程。

③ 建立安全生产管理机构，确定分管安全生产的负责人，配备专职安全管理员。

④ 督促、检查安全生产工作，及时消除生产安全隐患。

⑤ 组织开展安全生产教育培训工作。

⑥ 组织开展安全生产标准化建设。

⑦ 组织制定并实施生产安全应急预案，开展应急救援演练。

⑧ 定期组织分析安全生产形势，研究解决重大安全生产问题。

⑨ 按相关规定报告道路客运生产安全事故，落实生产安全事故处理的有关工作。

⑩ 实行安全生产绩效管理，听取和采纳工会、职工关于安全生产的合理化建议和要求。

5）客运企业的安全生产管理机构对安全生产应负职责：

① 严格执行安全生产法律法规、规章、规范和标准，参与企业安全生产决策，提出改进和加强安全生产管理的建议。

② 制定安全生产规章制度、客运驾驶人和车辆安全生产管理制度、动态监控管理制度、操作规程和相关技术规范，明确各部门、各岗位的安全生产职责，督促贯彻执行。

③ 制定安全生产年度管理绩效目标和安全生产管理工作计划，组织实施考核工作。

④ 制定安全技术措施计划，组织实施或监督相关部门实施。

⑤ 组织开展安全生产检查，对检查出的安全隐患及其他安全问题及时督促处理。情况严重的要依法停止生产活动。对相关管理部门抄告、通报的车辆和客运驾驶人交通违法行为，要及时处理，制止和纠正违章指挥、冒险作业、违反操作规程的行为。

⑥ 督促落实安全隐患排查和安全风险管理措施，组织生产安全应急预案的制定和应急演练，督促落实安全生产整改措施。

⑦ 组织安全生产宣传、教育和培训，加强事故案例警示教育，总结和推广安全生产工作的先进经验，如实记录安全生产教育和培训情况。

⑧ 发生生产安全事故时，按照有关规定，及时报告相关管理部门；组织生产安全事故的调查处理，承担生产安全事故统计和分析工作。

(2) 客运企业对客运驾驶人的安全管理

驾驶人的安全管理是一项十分重要的工作，是整个交通安全管理工作的重点。按照国家有关交通的法规、条例、标准和规范，以及公安交通管理机关和交通运输管理部门的要求，结合企业自身的特点，交通运输企业驾驶人安全管理工作的主要内容有：

1）客运企业要建立客运驾驶人聘用制度，严格审核客运驾驶人从业资格条件、安全行车经历及职业健康检查结果，对实际驾驶技能进行测试。有下列情况之一的，不得聘用其驾驶客运车辆。

① 无有效的、适用的机动车驾驶证和从业资格证件，以及诚信考核不合格或被列入黑名单的。

② 36 个月内发生道路交通事故致人死亡且负同等以上责任的。

③ 最近 3 个完整记分周期内有 1 个记分周期交通违法记满 12 分的。

④ 36个月内有酒后驾驶、超员20%以上、超速50%（高速公路超速20%）以上或12个月内有3次以上超速违法记录的。

⑤ 有吸食、注射毒品行为记录，或者长期服用依赖性精神药品成瘾尚未戒除的，以及发现其他职业禁忌的。

2）客运企业要建立客运驾驶人岗前培训制度，培训合格方可上岗。

岗前培训的主要内容：道路交通安全和安全生产相关法律法规、安全行车知识和技能、交通事故案例警示教育、职业道德、安全告知知识、交通事故法律责任规定、防御性驾驶技术、伤员急救常识等安全与应急处置知识、企业有关安全运营管理的规定等。

3）客运企业要建立客运驾驶人安全教育培训及考核制度。

安全教育培训的内容：法律法规、典型交通事故案例、技能训练、安全驾驶经验交流、突发事件应急处置训练等。安全教育培训应当每月不少于1次，每次不少于2学时。

客运驾驶人的教育培训要进行统一考核，考核资料纳入客运驾驶人教育培训档案，档案内容包括：培训内容、培训时间、培训地点、授课人、参加培训人员签名、考核人员和安全管理人员签名、培训考试情况等。档案保存期限不少于36个月。

4）客运企业要建立客运驾驶人从业行为定期考核制度。

考核内容包括：客运驾驶人违法违规情况、交通事故情况、道路运输车辆动态监控平台和视频监控系统发现的违规驾驶情况、服务质量、安全运营情况、安全操作规程执行情况以及参加教育培训情况等。每年不少于4次，并与企业安全生产奖惩制度挂钩。

5）客运企业要建立客运驾驶人信息档案管理制度。

客运驾驶人的信息档案实行一人一档，其主要内容：客运驾驶人基本信息、体检表、安全驾驶信息、交通事故信息、交通违法信息、内部奖惩、诚信考核信息等。

6）客运企业要建立客运驾驶人调离和辞退制度。对不具备聘任条件的客运驾驶人要严格处理并及时调离驾驶岗位，情节严重的要依法予以辞退。

7）客运企业要建立客运驾驶人安全告诫制度。对客运驾驶人出车前要进行问询、告知，预防客运驾驶人酒后、带病、疲劳、带不良情绪上岗驾驶车辆或者上岗前服用影响安全驾驶的药物，督促客运驾驶人做好车辆的日常维护和检查。

8）客运企业要关心客运驾驶人的身心健康，每年组织客运驾驶人进行体检，对发现客运驾驶人身体条件不适宜继续从事驾驶工作的，应及时调离驾驶岗位。

客运企业要建立防止客运驾驶人疲劳驾驶制度，为客运驾驶人创造良好的工作环境，合理安排运输任务，保障客运驾驶人落地休息，防止客运驾驶人疲劳驾驶。

（3）客运企业对客运车辆的安全管理

1）客运企业应当建立客运车辆选用管理制度。选择符合道路旅客运输技术要求的车辆从事运营。选用安全、节能、环保型客车。严禁使用已达报废标准、检测不合格、非法改装等不符合运行安全技术条件的客车以及其他不符合国家规定的车辆从事道路旅客运输经营。

2）配备专业车辆技术管理人员。拥有20辆（含）以上客运车辆的客运企业应当设置车辆技术管理机构，并配备专业技术管理人员。拥有20辆以下客运车辆的客运企业应当配备专业车辆技术管理人员，提供必要的工作条件。

3）客运企业要建立客运车辆技术档案管理制度。客运车辆技术档案主要包括车辆基本信息、车辆技术等级评定、客车类型等级评定或者年度类型等级评定复核、车辆维护和修理

（含《机动车维修竣工出厂合格证》）、车辆主要零部件更换、车辆变更、行驶里程、对车辆造成损伤的交通事故等。实行一车一档，实现车辆从购置到退出运输市场的整个过程的管理。

  4）客运企业要建立客运车辆维护制度。依据国家有关标准和车辆维修手册、使用说明书等，结合车辆运行状况、行驶里程、道路条件、使用年限等因素，制定合理的客运车辆维护计划，保证客运车辆按照有关规定、技术规范以及企业的相关规定进行维护。客运车辆日常维护由客运驾驶人实施，一级维护和二级维护由客运企业按照相关规定组织实施，并做好记录。

  5）客运企业要建立客运车辆技术状况检查制度。客运企业要配合客运站做好车辆安全例检，对未按规定进行安全例检或安全例检不合格的车辆不得安排运输任务。对于不在客运站进行安全例检的客运车辆，客运企业安排专业技术人员在每日出车前或收车后按照相关规定对客运车辆的技术状况进行检查。

  客运企业要主动排查并及时消除车辆安全隐患，每月检查车内安全带、应急锤、灭火器、三角警告牌以及应急门、应急窗、安全顶窗的开启装置等是否齐全、有效，安全出口通道是否畅通，确保客运车辆应急装置和安全设施处于良好的技术状况。

  客运企业不得要求客运驾驶人驾驶技术状况不良的客运车辆从事运输作业。发现客运驾驶人驾驶技术状况不良的客运车辆时，应及时采取措施纠正。

  6）客运企业要建立车辆安全技术状况检测和年度审验、检验制度。严格执行道路运输车辆安全技术状况检验、综合性能检测和技术等级评定制度，确保车辆符合安全技术条件。逾期未年审、年检或年审、年检不合格的车辆禁止从事道路旅客运输经营。

  7）客运企业要建立客运车辆改型和报废管理制度。客运车辆改型与报废应当严格执行国家有关规定。对达到国家报废标准或者检测不符合国家强制性要求的客运车辆，不得继续从事客运经营。客运企业应当按规定将报废车辆交售给机动车回收企业，并及时办理车辆注销登记。车辆报废相关材料应至少保存24个月。

  (4) 车辆营运过程中的安全管理

  1）客运企业应根据申请的经营线路进行实际线路考察，按照许可投放客运车辆。建立每条客运线路的交通状况、限速情况、气候条件、沿线安全隐患路段情况等信息台账，对信息台账进行定期更新，并提供给客运驾驶人。

  2）客运企业应严格按照通行道路的要求制定运输计划，不得要求客运驾驶人超速驾驶客运车辆；不得要求客运驾驶人违反驾驶时间和休息时间等规定驾驶客运车辆；发现客运驾驶人超速驾驶或者违反驾驶时间和休息时间等规定驾驶客运车辆时，应及时采取措施纠正。

  3）客运企业应当严格遵守长途客运驾驶人配备要求：单程运行里程超过400km（高速公路直达客运超过600km）的客运车辆要配备2名及以上客运驾驶人。

  4）客运企业要规范运输经营行为。班线客车应严格按照许可或备案的线路、班次、站点运行，在规定的停靠站点上、下旅客，不得随意站外上客或揽客；客运车辆不得超过核定的载客人数，载客人数已满的情况下，免票儿童不得超过核定载客人数的10%。客运车辆行李堆放区和乘客区要隔离，客运班车行李舱载货要执行《客运班车行李舱载货运输规范》（JT/T 1135）的规定。

  5）实行接驳运输的客运企业要按照接驳运输线路运行组织方案，并向交通运输主管部门报备，为接驳运输车辆安装视频监控装置后，方可实行接驳运输。客运企业可通过动态监控、视频监控、接驳信息记录检查、现场抽查等方式，加强接驳运输管理和安全隐患排查治理，严格执行接驳运输流程和旅客引导等服务。发现违规操作的，应当立即纠正。

6）从事包车客运的客运企业经审核后，方可开展相关包车客运业务。要指定专人签发包车客运标志牌，领用人签字登记，结束运输任务后及时交回客运标志牌。客运包车要按照约定的时间、起始地、目的地和线路，持包车票或包车合同运行，不得承运包车合同约定之外的旅客。客运驾驶人应当提前了解和熟悉客运包车路线和路况，谨慎驾驶。

7）从事省际、市际班线客运和包车客运的客运企业，要建立客运驾驶人行车日志制度，督促客运驾驶人如实填写行车日志，日志信息包括：驾驶人姓名、车辆牌照号、起讫地点及中途站点，车辆技术状况检查情况（车辆故障等），客运驾驶人停车休息情况，以及行车安全事故等。

8）客运企业开通农村客运班线，应当符合《道路旅客运输及站场管理规定》规定的条件，并通过相关部门联合开展的农村客运班线通行条件审核，确保农村客运班线途经公路的技术条件、安全设施，车辆技术要求、运行限速等相匹配。

9）客运企业应当建立并有效实施安全告知制度，由驾乘人员在发车前按照相关要求向旅客告知，或者在发车前向旅客播放安全告知、安全宣传等音像资料。驾乘人员应当在发车前提醒乘客系好安全带。

10）客运企业应当与汽车客运站经营者签订进站协议，明确双方的安全责任，严格遵守汽车客运站的安全生产规定。

11）协助维护客运治安秩序。客运企业及其从业人员应当协助公安机关维护客运治安秩序，在客运过程中发现违法犯罪行为的，应当予以制止或者控制，并及时向公安机关报告。在必要情况下，驾乘人员应见义勇为，保护旅客的人身安全，绝不能放任不法行为的发生。

（5）安全生产操作规程

1）根据岗位特点分类制定安全生产操作规程，推行安全生产标准化作业。

2）制定客运驾驶人行车操作规程。内容包括出车前、行车中、收车后的车辆技术状况检查，开车前向旅客的安全告知，高速公路及特殊路段行车注意事项，恶劣天气下的行车注意事项，夜间行车注意事项，应急驾驶操作程序，进出客运站注意事项等。

3）制定客运车辆日常检查和日常维护操作规程。内容包括轮胎、制动装置、转向装置、悬架、灯光与信号装置、卫星定位装置、视频监控装置、应急设施及装置等安全部件检查要求和检查程序，不合格车辆返修及复检等程序。

4）制定车辆动态监控操作规程。内容包括卫星定位装置、视频监控装置、动态监控平台设备的检修和维护要求，动态监控信息采集、分析、处理规范和流程，违法违规信息统计、报送及处理要求及程序，动态监控信息保存要求和程序等。

5）配备乘务员的应当建立乘务员安全操作规程。内容包括乘务员值乘工作规范，值乘途中安全检查要求，车辆行驶中相关信息报送等。

2. 客运合同中旅客与承运人的安全义务

运输合同是承运人将旅客或者货物从起运地点运输到约定地点，旅客、托运人或者收货人支付票款或者运输费用的合同。客运合同自承运人向旅客交付客票时成立，车票即客运合

同。客运合同是双方义务合同，即一方的权利正是另一方的义务。

（1）旅客的安全义务

按照《合同法》第297条规定：旅客不得随身携带或者在行李中夹带易燃、易爆、有毒、有腐蚀性、有放射性及有可能危及运输工具上人身和财产安全的危险物品或其他违禁物品。同时还规定：旅客违反前款规定的，承运人可以将违禁物品卸下、销毁或者送交有关部门。旅客坚持携带或者夹带违禁品的，承运人应当拒绝运输。

（2）承运人的安全义务

1）安全运输义务。《合同法》第290条规定：承运人应当在约定期间或者合理期间内将旅客、货物安全运输到约定地点。因此，承运人应采取各种措施保障运输过程中旅客的人身安全，避免其受到损害，这是承运人的基本义务。

客运合同是双方义务合同，体现在旅客支付运费（票款）购买的就是承运人提供安全、及时、舒适的运送服务，因此，承运人收取了运费就应当提供约定的运送劳务。合同还规定，承运人应当对运输过程中旅客的伤亡承担损失赔偿责任，除非承运人能证明该伤亡是旅客故意、重大过失造成的或者是旅客自身健康原因造成的。这一点与《道路交通安全法》的有关规定是一致的。

2）安全告知的义务。根据《合同法》第298条规定：承运人应当向旅客及时告知有关不能正常运输的重要事由和安全运输应当注意的事项。包括两方面内容：

① 不能正常运输的事项和重要理由，例如不能按运输合同约定的内容（如发车时间）正常运送的事项及理由（如大雾、道路塌陷、大雪、恐怖事件等），以及相应的处理措施（如推迟、取消等）。

② 保证安全运输应注意的事项，如不能带违禁品、手和头不能伸出车外、车未停稳不准上下、不准随意开车门、不准妨碍驾驶人操作、不准向外扔物等。

3）对旅客救助义务。《合同法》第301条规定：承运人在运输过程中，应当尽力救助患有急病、分娩、遇险的旅客。这里要强调的是，承运人的救助义务是法定义务，而不是约定义务。因此，如果承运人未尽力救助而给旅客造成损害的，当然应当承担赔偿责任。

承运人履行救助义务所支出的费用的承担问题有以下几种情况。

① 因旅客患急病、分娩，承运人支付的救助费用由旅客承担。

② 因第三人的过错而造成旅客遇险的，承运人支付的救助费用，应先由承运人承担，然后由承运人向第三人进行追偿。

③ 由承运人过错造成旅客遇险的，承运人实施救助所支付的费用，由承运人承担。

承运人未尽救助义务与未履行安全运送义务是有区别的。例如旅客患急病死亡，从安全运送来说，承运人不应当承担赔偿责任；但如果旅客患急病，承运人未尽力救助，则应对其未履行救助义务向旅客承担责任。

（3）客运站的注意义务

合理限度范围内的注意义务是指作为一个普通正常的经营者，一个诚实善良的经营者，对旅客的安全应当能达到的注意程度。基于客运站与旅客之间形成的客运合同关系和经营者与消费者的关系，客运站应当对旅客的安全承担合理限度范围内的注意义务。

例如候车室瓜皮果壳遍地，而客运站却视而不见，那么造成旅客滑倒摔伤，客运站就要承担相应的责任；如果客运站已尽到了注意义务，旅客摔倒受伤是自己乱扔瓜皮所致，客运站就可免负责任。又如,两名旅客在候车室发生纠纷厮打,如果客运站长时间无人出来调解劝阻,则可以认定客运站对旅客的安全未尽到"合理限度范围内的注意义务",因此在致害人下落不明或无赔偿能力时,客运站就要对受害旅客承担相应的赔偿责任。当然,如果事发突然,一方将另一方打伤后随即逃离现场,客运站不可能立即注意,则客运站不应当承担责任。

这里所规定的注意义务,必须是一个正常的诚实善良的经营者应该能够做到的,不能超越经营者的能力和极限要求其履行义务。

3. 客运站安全生产管理

汽车客运站经营者必须坚持安全第一、预防为主、综合治理的安全生产方针,认真执行国家有关安全生产的法律、行政法规、规章、政策和标准,建立健全安全生产责任制、安全生产管理制度、业务操作规程和应急预案,并组织实施。汽车客运站安全生产管理的总体目标就是把住汽车客运站安全生产源头关,有效预防和减少因汽车客运站源头管理不到位引发的生产安全事故。

(1) 客运站安全生产管理职责

1) 客运站必须实行安全生产责任制度,落实"一岗双责"。汽车客运站的主要负责人(包括法定代表人、实际控制人)为安全生产的第一责任人,全面负责汽车客运站的安全生产工作;分管安全生产的负责人协助主要负责人履行安全生产职责,对安全生产工作负组织实施和综合管理及监督的责任;其他负责人对各自职责范围内的安全生产工作负直接管理责任。

2) 汽车客运站要健全安全生产管理机构,完善安全生产管理体系,保障安全生产投入,落实各部门的安全生产管理职责,规范各岗位的工作程序。

3) 汽车客运站应对进出汽车客运站的人员和行李物品、车辆进行严格检查,确保"三不进站"和"六不出站"。

"三不进站"是指危险品不进站、无关人员不进站(发车区)、无关车辆不进站。

"六不出站"是指超载营运客车不出站、安全例行检查不合格营运客车不出站、旅客未系安全带不出站、驾驶人资格不符合要求不出站、营运客车证件不齐全不出站、"出站登记表"未经审核签字不出站。

4) 汽车客运站应与进入该站的客车企业、在站内从事其他经营活动的经营者签订安全责任协议,明确双方的安全责任。

5) 发生生产安全事故后,汽车客运站经营者应当按照《生产安全事故报告和调查处理条例》等有关规定,及时报告相关部门;及时对汽车客运站运营和安全生产管理等情况进行倒查,并对有关责任人进行处理。

6) 汽车客运站要配合相关部门组织开展安全宣传、安全检查、事故处理、责任追究等工作,对相关部门提出的防范和整改措施,应当严格落实。

(2) 安全生产管理制度

1) 汽车客运站应当建立危险品查堵制度,采取以下措施防止易燃、易爆和易腐蚀等危险品进站上车。

① 制定危险品检查工作程序,规范危险品查堵工作。

② 设立专门的危险品查堵岗位。在进站口等关键环节对进站旅客携带的行李物品和托

运行包进行安全检查，对查获的危险品应当进行登记并妥善保管或者按规定处理。

③ 配备必要的检查设备。一级、二级汽车客运站应当配置行包安全检查设备；三级及以下汽车客运站应当积极创造条件配置行包安全检查设备，提高危险品查堵效率和质量。

危险品查堵岗位工作人员上岗前，应当参加常见危险品识别与处置、安全检查设备使用等相关知识和技能的培训，并经汽车客运站经营者考核合格；在岗期间，应当严格遵守岗位工作要求，不得开展与工作无关的活动。

汽车客运站受理客运班车行李舱载货运输业务时，托运物品登记和安全检查要求按照《客运班车行李舱载货运输规范》（JT/T 1135）有关规定执行。

2）汽车客运站应当建立营运客车安全例行检查制度，按照《营运客车安全例行检查技术规范》的要求，对本站始发的营运客车进行安全例行检查，并采取以下措施防止未检的营运客车（因车辆结构原因需拆卸检查的除外）出站运行。

① 指定专门的安全例行检查人员（以下简称安全例检人员）。安全例检人员应当熟悉营运客车结构、检查方法和相关技术标准，并经汽车客运站考核合格。

② 设置专门的检查场地，配备必要的设施设备（详见营运客车安全例行检查技术规范）。

③ 严格填写《营运客车安全例行检查报告单》。安全例检人员应当在完成安全例行检查后，填写《营运客车安全例行检查报告单》，对经检查合格的营运客车签发《营运客车安全例行检查合格通知单》，加盖汽车客运站安全例行检查印章。

《营运客车安全例行检查合格通知单》24 小时内有效。单程运营里程在 800km（含）以上的客运班车和往返运营时间在 24 小时（含）以上的客运班车，实行每个单程检查 1 次。

汽车客运站要建立健全安全例行检查台账并妥善保存，保存期限不少于 3 个月。

3）汽车客运站在调度营运客车发班时，应当对营运客车机动车行驶证、道路运输证、客运标志牌、《营运客车安全例行检查合格通知单》和驾驶人机动车驾驶证、从业资格证等单证进行检查，确认完备有效后方可准予报班。

汽车客运站要建立健全营运客车报班记录并妥善保存，保存期限不少于 3 个月。

(3) 安全生产的基本措施

1）汽车客运站应设置安全生产管理机构或者配备专职安全生产管理人员，并保持专职安全生产管理人员的相对稳定。

2）汽车客运站主要负责人和安全生产管理人员应当具备与所从事的生产经营活动相应的安全生产知识和管理能力，按照《道路运输企业主要负责人和安全生产管理人员安全考核管理办法》，必须经交通运输主管部门对其考核合格。

3）汽车客运站应制定安全生产业务操作规程，对从业人员的安全生产活动予以规范。

4）组织安全生产管理人员进行继续教育培训。制订培训计划，明确培训内容和年度培训时间，确保相关人员具备必要的安全生产知识和管理能力。管理人员初次安全生产教育培训时间不少于 24 学时，每年再培训时间不少于 12 学时。汽车客运站要积极采用新技术、新设备，推行现代化科学管理方法，不断改善安全生产条件，并对从业人员进行专门的安全生产教育培训。培训要有记录并建档保存，保存期限不少于 36 个月。

5）组织安全生产工作会议与安全生产例会。每季度至少召开 1 次安全生产工作会议，研究解决安全生产中的重大问题，安排部署阶段性安全生产工作；每月至少召开 1 次安全生产例会，通报和布置落实各项安全生产工作，分析查找安全生产管理制度的缺陷和安全生产管理的薄弱环节。发生重、特大道路客运生产安全事故、发生站内人员伤亡事故或者发出的营运客车发生生产安全事故后，汽车客运站要及时召开安全生产工作会议或者安全生产例会进行分析通报，并提出针对性的事故预防措施。要有会议记录并建档保存，保存期限不少于 36 个月。

6）汽车客运站应将安全生产管理指标进行细化和分解，制定阶段性的安全生产控制指标，并根据安全生产责任进行考核和奖惩，定期公布考核和奖惩情况。

7）汽车客运站应建立和完善安全生产管理登记台账和档案，妥善保管备查。

8）汽车客运站应为客运驾驶人和乘务员提供必要的服务设施和临时休息场所。

9）汽车客运站应配备消防设施、器材，并确保齐全、有效。

10）汽车客运站要制定有关自然灾害、客运量、公共卫生、生产安全事故应急救援以及其他突发事件的应急预案，包括报告程序、应急指挥、通信联络、应急设备的储备以及处置措施等内容，每年至少开展一次综合或者专项应急演练。

4. 出租汽车旅客运输安全管理

出租汽车旅客运输是指依照国家或当地交通行政主管部门的相关规定取得出租汽车客运经营权的客运轿车，根据乘客要求的时间和地点行驶、上下车及等待，并按里程或时间计费的一种客运方式。

（1）出租汽车旅客运输业户的开业安全条件

出租汽车客运业户开业，须具备下列开业安全条件。

1）有与经营范围、规模相适应的安全、机务、业务等岗位人员和相对稳定的驾驶人员。驾驶人应具有正式驾驶执照，具有规定的实际驾驶资历，并取得运政机构颁发的出租汽车从业资格证和岗位服务证。

2）出租汽车客运经营企业的主要负责人，必须持有市级交通主管部门统一培训和核发的岗位证书。

3）拥有符合规定数量的证照齐全并达到二级车况等级以上的客运车辆。

4）有不低于车辆原值 5% 的流动资金，并提供会计事务所或审计事务所出具的有效资信证明。

5）有符合规定并与其车辆数相适应的固定停车场地。属于租赁、借用停车场地的，应提供 1 年以上合法有效的租赁、借用场地合同或协议，每辆车停车面积不得小于车辆投影面积的 2 倍。

6）申请人为企业的，还必须有企业章程、合法的法定代表人和健全的经营管理机构。

7）法律法规或规章规定的其他安全条件。

（2）出租汽车旅客运输的安全管理

出租汽车客运经营者必须严格遵守以下有关安全的规定和要求。

1）严格遵守国家法律法规、规章，接受道路运政机构和有关部门的管理、监督、检查和业务指导。

2）必须有一位领导人负责安全管理工作，并根据车辆数量设置相应的保卫和行车安全管理机构，配备专（兼）职保卫和行车安全管理人员，建立治安保卫和交通安全组织，做好本单位出租汽车的治安保卫和交通安全工作。

3) 建立健全安全责任制度和治安防范措施。

4) 加强内部管理，经常对从业人员进行遵纪守法、职业道德和安全教育，搞好专业培训，不断提高从业人员素质和服务质量。

5) 坚决执行政府下达的战备、抢险救灾和外事等各项应急任务。

6) 保持车辆良好的安全技术状态和车容整洁，保证安全防护设施和消防设备齐全有效，并安装必要的安全技术防范装置。

7) 优先采用安全性能高的环保节能车辆，逐步建立和完善先进的指挥调度和监督管理系统。

8) 出租汽车投入使用后达到国家规定的车辆使用年限或行驶里程的，经营者必须更新车辆。提前更新的，原车辆符合安全技术有关标准的，允许转为非营运车辆。

9) 出租汽车经营者违反营运、安全管理规定的，依法承担相应的责任。

10) 出租汽车驾驶人在营运服务时，必须做到：

① 遵守交通、治安管理法规及有关规章制度。

② 不得承运携带物品超过车内及行李舱容积和负荷的乘客。

③ 车辆受租期间，未经租用人同意，不得招揽他人同乘。

④ 有权拒载携带管制刀具，易燃、易爆等危险物品的人员；无人照顾的精神病人、酗酒者以及其他危险人员乘车须有人陪同监护。

⑤ 有权抵制非法检查。

⑥ 乘客租车前往外地、郊县（市、区）或偏僻地区的，可以要求乘客随同前往就近的出租汽车出城登记点办理登记手续，乘客应予以配合。乘客不配合办理手续的，可以拒载。

⑦ 发现有违法犯罪嫌疑的人，应及时报告公安部门和本单位的保卫部门。

⑧ 对老弱病残和婴幼儿、孕妇优先服务，对急需抢救的人员应当予以救助。

8.3.2 旅客运输安全检查

良好的客运环境离不开汽车客运站和营运客车的安全检查工作，规范的检查制度才能保证出站营运客车安全技术状况良好。

1. 汽车客运站的安全检查

(1) 客运站安全制度检查

1) 客运站取得的《道路运输经营许可证》《企业法人营业执照》是否合法有效，经营范围是否符合要求。

2) 客运站是否设置安全生产管理机构，配备安全管理人员，落实安全管理制度。

3) 客运站是否建立健全安全生产管理制度，实行"一岗双责"，是否有健全的业务操作规程和安全管理制度，包括服务规范、安全生产操作规程、车辆发车前例检制度、安全生产责任制、危险品查堵、安全生产监督检查等制度。

4) 客运站是否定期召开安全生产会议和安全例会情况。

5) 客运站组织安全教育培训情况。

6) 客运站是否建立和完善各类台账和档案，并按要求及时报送有关运输管理机构。

7) 客运站是否严格执行"三不进站、六不出站"的规定。

8）客运站安全设施、设备是否齐全、有效。
9）客运站开展安全隐患排查情况。
（2）客运站出口安全检查
1）汽车客运站经营者应当建立出站检查制度，配备出站检查工作人员，对出站营运客车和驾驶人的相关情况进行检查，严禁不符合条件的营运客车和驾驶人出站运营。出站检查主要包括以下内容。

① 检查出站营运客车报班手续是否完备，确保营运客车出站前机动车行驶证、道路运输证、客运标志牌、《营运客车安全例行检查合格通知单》等单证经客运站查验合格。

② 核验每一名当班驾驶人持有的从业资格证、机动车驾驶证，确保受检驾驶人与报班的驾驶人一致。

③ 清点营运客车载客人数，确保营运客车不超载出站。如发现营运客车有超载行为，应当立即制止，并采取相应的措施安排旅客改乘。

④ 检查旅客安全带系扣情况，确保营运客车出站时所有旅客系好安全带。

经出站检查符合要求的营运客车和驾驶人，汽车客运站出站检查人员应当在《出站登记表》上进行记录，并经受检营运客车驾驶人签字确认。

2）营运客车不配合出站检查的，汽车客运站有权拒绝营运客车出站。经劝阻无效，仍滞留现场扰乱秩序的，汽车客运站应当采取相应措施安排旅客改乘并报当地交通运输主管部门；对强行出站的，汽车客运站应立即报告当地交通运输主管部门处理。对相应的营运客车，汽车客运站可在一定期限内禁止其进站发班。

（3）汽车客运站营运客车安全例行检查

根据《汽车客运站营运客车安全例行检查技术规范》要求，汽车客运站营运客车安全例行检查项目、方法及要求如下。

1）制动系统。

① 气压表工作状况：起动发动机，空压机向储气筒充气，观察气压表指示情况。气压表应能正确指示系统压力。

② 制动管路密封状况：在储气筒保持一定压力条件下，关闭发动机，踏下制动踏板，检查各车轮制动器及制动管路是否密封。各车轮制动器及制动管路应无漏气声。

③ 制动系统自检：接通点火开关，察看制动系统各指示灯指示状况。ABS 指示灯应在点火开关接通时点亮，经一定时间应自动熄灭；制动液位指示灯、制动摩擦片磨损状况指示灯应无报警。

④ 轮速传感器有无油污：目视检查轮速传感器齿圈和传感头，应无油污。

⑤ 驻车制动装置状况：目视检查驻车制动装置机件应齐全、完好。

⑥ 空气压缩机传动带状况：目视检查并用指压空气压缩机传动带，传动带应无裂痕和异常磨损，松紧度应适当。

⑦ 储气筒及支架固定状况：以用手晃动的方式检查储气筒及支架固定状况，储气筒应安装牢固，支架无裂纹、无松动。

2）转向系统。

① 转向机构连接状况：以用手晃动的方式检查转向机构连接状况，各连接部位应连接可靠、无松动。

②转向机构部件技术状况：目视检查转向节、转向节臂、横直拉杆、转向器摇臂、球销总成，应无变形。

③球销总成技术状况：左右转动转向盘，同时检视球销总成，应无松旷。

④助力转向机构密封状况：目视检查助力转向机构，应无油液滴漏现象。

3）传动系统。

①传动机构及连接状况：目视检查传动轴支架，应无破损和变形；通过左右转动传动轴的方式检查传动机构连接状况，万向节、中间轴承应无松旷。

②自动变速器密封状况：对于装备液力缓速器和自动变速器的车辆，目视检查自动变速器密封状况，自动变速器油应无泄漏。

4）照明、信号指示灯。

①前照灯技术状况：目视检查前照灯，前照灯应齐全、完好、表面清洁；开启前照灯，前照灯应正常工作；进行远近光变换操作，远近光变换应正常。

②信号指示灯技术状况：巡视检查转向灯（前、后、侧）、制动灯、示廓灯、危险报警闪光灯、后雾灯，应齐全、完好；进行对应操作分别目视检查上述各信号指示灯，均应工作正常。

5）轮胎。

①轮胎外观：目视检查胎冠、胎壁等部位，应无破裂、凸起、变形、异物刺入及异常磨损，同时目视检查并装轮胎间，应无异物嵌入。

②轮胎花纹深度：目视检查轮胎磨损状况，必要时用轮胎花纹深度尺检测轮胎花纹深度。乘用车的胎冠花纹深度应不小于1.6mm，其他车型转向轮的胎冠花纹深度不小于3.2mm，其余轮胎胎纹深度不小于1.6mm。

③同轴轮胎规格和花纹：目视并同轴对比检查轮胎规格和花纹，同轴两侧轮胎规格、花纹应一致。

④轮胎气压：巡视检查各轮胎充气状况，必要时用气压表测量轮胎气压，轮胎气压应符合车辆技术要求。

⑤检查车轮及半轴螺栓、螺母：巡视检查各车轮及半轴的螺栓、螺母，螺栓、螺母应齐全、完好，紧固可靠。

6）悬架系统。

①悬架弹性元件技术状况：目视检查悬架的钢板弹簧、螺旋弹簧、扭杆弹簧、橡胶减振垫等弹性元件，各弹性元件均应安装牢固，无断裂、塑性变形等异常情况；检查空气弹簧的气密性，空气弹簧应无泄漏。

②悬架的导向杆、U形螺栓/螺母、吊耳销（套）、锁销等的技术状况：目视检查悬架的导向杆（若装配）、U形螺栓/螺母、吊耳销（套）、锁销等部件，各部件应连接可靠，U形螺栓/螺母应齐全、紧固，吊耳销（套）应齐全、无断裂和松旷。

③减振器安装状况：目视检查或用手晃动检查减振器的安装状况，减振器应连接可靠，稳固有效。

④车桥与悬架之间的拉杆和导杆：目视检查车桥与悬架之间的拉杆和导杆，拉杆和导杆应连接可靠，无松旷、移位和变形等异常情况。

7）车辆安全设施。

①车门应急开关：开启动力启闭车门的应急开关，车门应能有效开启。

② 应急门和安全顶窗：目视检查应急门和安全顶窗，应急门和安全顶窗应完好、有效。

③ 专用手锤（消防锤）和三角木：目视检查采用安全玻璃的应急窗，应配备专用手锤（消防锤）和三角木，并在规定的位置放置。

④ 后视镜、内后视镜和下视镜：目视检查左/右后视镜、内后视镜、下视镜等，均应完好、无损毁，并能有效保持其位置。

⑤ 刮水器技术状况：打开前风窗玻璃刮水器开关，刮水器各档位应工作正常，关闭刮水器时刮片应能自动返回到初始位置。

⑥ 语音播报装置：开启语音播报装置，传声器、扩声器、蜂鸣器应工作正常。

⑦ 灭火器：目视检查灭火器，应随车配备有效灭火器。

⑧ 在冰雪道路上运行必须配备有效防滑链。

8）卫星定位系统车载终端。

① 终端自检。插入 IC 卡或以按键方式启动卫星定位系统车载终端进行自检，通过信号灯或显示屏观察卫星定位及通信模块工作状态、主电源状态、卫星天线状态、与终端主机相连的摄像头等，确认卫星定位系统车载终端自检通过。

② 摄像头。目视检查车内摄像头，摄像头的拍摄方向应符合规定且无遮挡。

9）车容车貌。目视检查车身，应外观整洁，车体周正，无锈蚀和破损，车窗玻璃齐全、完好。

(4) 客运站安全事故隐患检查与安全监督

1）汽车客运站应建立生产安全事故隐患排查治理制度，采用综合检查、专业检查等方式，组织开展生产安全事故隐患排查工作。重点检查所属工作人员的安全生产业务操作规程和各项安全生产管理制度的贯彻执行情况。

2）汽车客运站应对排查出的生产安全事故隐患进行登记和治理，落实整改措施、责任人、完成时限和整改预案，及时消除生产安全事故隐患。分析事故隐患形成原因、特点及规律，建立事故隐患排查治理长效机制。

3）汽车客运站应积极配合交通运输等相关部门依法进行的生产安全事故隐患监督检查，不得拒绝和阻挠，对安全问题应当及时落实整改。

4）汽车客运站要加强安全生产风险管理，开展安全生产风险辨识和评估，做好风险管控。组织有关专家或者第三方机构对客运站的安全生产管理体系进行评价，对生产安全事故隐患和存在的问题及时进行整改和处理，并完善安全生产管理措施。

5）汽车客运站应建立安全生产社会监督机制，公开举报电话号码、通信地址、电子邮件信箱等，鼓励通过微信、微博、二维码、智能手机应用程序等多种方式畅通举报途径，鼓励建立有奖举报机制，充分发挥本单位从业人员、旅客、新闻媒体及社会各界对汽车客运站安全生产管理的监督作用。汽车客运站对接到的举报和投诉应当及时予以调查和处理。

2. 客运车辆安全运行检查

1）客运车辆要按照规定的路线、班次、站点和时间运行、停靠，运输过程中做到安全、及时、经济、方便、舒适、文明。

2）客运车辆驾驶人应当遵守道路运输法律法规和道路运输驾驶人安全操作规程，安全驾驶，文明服务。不断提高业务知识、职业技能，自觉遵守职业道德行为。

3）严禁随车携带、运载、使用易燃、易爆、剧毒、放射性等国家规定的禁运物品或危险品，严禁在客运车辆上从事播放淫秽录像等不健康的活动；严禁进行赌博、诈骗、敲诈勒索等违法活动；严禁疲劳、超速、饮酒或服用国家管制的精神药品或麻醉药品驾驶客车。

　　4) 客运车辆不得伪造、变造或者使用伪造、变造的机动车驾驶证、道路运输证和从业资格证。

　　5) 不得采用不正当的手段招揽旅客或强迫旅客乘车；不得擅自更换客运车辆或者敲诈旅客，不得中途将旅客交给他人运输或甩客。

　　6) 客运车辆严禁超载运行或者违反规定载货，在载客人数已满的情况下，不得搭乘超过核定载客人数10%的免票儿童。

　　7) 客运车辆运行时驾驶人不得有与他人交谈、吸烟、拨打或者接听手持电话等分散注意力的行为。

　　8) 客运车辆行驶中，不得擅自开门或者跳车，严禁向车窗外抛掷物品。

　　9) 禁止使用货车、摩托车、拖拉机、残疾人专用车、农用车、未经主管部门批准的拼装客车、未经主管部门批准擅自改装或者改型的客车和已达到报废标准的客车从事道路客运经营业务。

复习思考题

1. 交通运输安全管理的主要内容有哪些？
2. 货运输安全管理的主要内容有哪些？
3. 货运检查的主要内容有哪些？
4. 各级客运企业安全状况的基本要求分别是什么？
5. 旅客运输安全检查的主要内容有哪些？

第 9 章 Chapter 9
交通运输电子商务

9.1 电子商务概述

信息技术的迅猛发展，已经逐步渗透到社会生活的各个方面。特别是计算机网络技术的成功应用，极大地推动了信息的传递速度，打破了传统商务的活动模式。信息技术在商务领域的推广应用引起了流通领域的一场革命，改变了贸易形态，改善了物流、资金流以及信息流的环境，加快了整个社会的商品流通速度，有效地降低了企业的生产成本，提高了企业的竞争力。在全球各地广泛开展的商业贸易活动中，在因特网开放的网络环境下，基于客户端/服务端应用方式，买卖双方不谋面地进行各种商贸活动，实现消费者的网上购物、商户之间的网上交易和在线电子支付以及各种商务活动、交易活动、金融活动和相关的综合服务活动，这种在当代迅速发展的商务活动模式就是电子商务，其影响已经远远超出了商务活动本身，也使与之相关的生产经营活动发生了巨大变化。

9.1.1 电子商务的概念及特点

1. 电子商务的概念

电子商务在各国或不同的领域有不同的定义，但其关键依然是依靠电子设备和网络技术进行的商业模式，随着电子商务的高速发展，它已不仅包括其购物的主要内涵，还应包括物流配送等附带的服务等。电子商务包括电子货币交换、供应链管理、电子交易市场、网络营销、在线事务处理、电子数据交换（EDI）、存货管理和自动数据收集系统。在此过程中，利用到的信息技术包括互联网、外联网、电子邮件、数据库、电子目录和移动电话。

首先将电子商务划分为广义和狭义的电子商务。广义的电子商务定义为，使用各种电子工具从事商务活动；狭义的电子商务定义为，主要利用 Internet 从事商务或活动。无论是广义的还是狭义的电子商务的概念，电子商务都涵盖了两个方面：一是离不开互联网这个平台，没有网络，就称不上为电子商务；二是通过互联网完成的是一种商务活动。

狭义上讲，电子商务（Electronic Commerce，EC）是指通过使用互联网等电子工具（这些工具包括电报、电话、广播、电视、传真、计算机、计算机网络、移动通信等）在全球范围内进行的商务贸易活动，也即以计算机网络为基础所进行的各种商务活动，包括商品和服务的提供者、广告商、消费者、中介商等有关各方行为的总和。人们一般理解的电子商务是指狭义上的电子商务。

广义上讲，电子商务一词源自 Electronic Business，就是通过电子手段进行的商业事务活动。通过使用互联网等电子工具，使公司内部、供应商、客户和合作伙伴之间，利用电子业务共享信息，实现企业间业务流程的电子化，配合企业内部的电子化生产管理系统，提高企业的生产、库存、流通和资金等各个环节的效率。

联合国国际贸易程序简化工作组对电子商务的定义是：采用电子形式开展商务活动，它包括在供应商、客户、政府及其他参与方之间通过任何电子工具，如 EDI、Web 技术、电子邮件等共享非结构化商务信息，并管理和完成在商务活动、管理活动和消费活动中的各种交易。

2. 电子商务的特点

电子商务与传统形式的商务活动相比，它可以提供给企业与客户一个虚拟的环境，大大提高了商务活动的水平与服务质量。电子商务具有以下特点。

1）虚拟化。电子商务将传统的商务流程电子化、数字化，建立起虚拟的商务活动平台。

2）便捷性。电子商务贸易活动都是通过网络平台进行的，加速了交易双方信息交换速度，提高了贸易活动的效率。

3）开放性和全球性。由于电子商务是在互联网上进行业务活动的，所以面向的客户范围大大增加，可以通过计算机网络与世界范围内任何一个与互联网连通地方的客户进行贸易活动，打破了传统商务活动的地理条件限制，真正做到了全球性和极大的开放性，为企业创造了更多的贸易机会。

4）低成本。电子商务不需要租用销售商品的店面，更不用考虑店面所处的地段优劣，企业可以根据自己的需要来进货，根据自己的销售情况来订货，基本实现了零库存。在广告宣传方面，互联网上的信息也可起到宣传作用，从而节省了大笔宣传费用。

5）高效性。电子商务重新定义了传统的流通模式，减少了中间环节，使得生产者和消费者的直接交易成为可能。并且通过借助高效运作的计算机网络技术，实现了各种商务信息的快速传递，加快了贸易活动的洽谈、签订合同和订单处理的速度，并借助电子货币进行支付，减少了资金的在途时间。

6）技术性要求高。电子商务的业务过程需要相关信息技术的支撑，如电子数据的处理、网络数据的传送、数据交换和资金汇兑等，这些过程都需要通过高新技术来实现。在企业的电子商务系统内部具有导购、订货、付款、交易与安全等有机联系在一起的各个子系统，以及贸易双方之间的各环节都需要以先进的技术为依托，在基于技术的基础上进行交易。

7）协调性。商务活动是一个协调的过程，它需要雇员、客户、生产方、供货方以及商务伙伴之间的协调。为了提高作业效率，在贸易协议达成之后，电子商务企业通过合理组织各个作业环节，对各个环节以及所涉及的各部门间进行协调，减少冗余的作业环节，保证衔接的顺畅性，使整个贸易活动高效、低成本地运作，发挥出电子商务的协调性优势。

9.1.2 电子商务在交通运输业的应用

交通运输业的电子商务就是指以互联网为核心的现代信息技术在交通运输经营管理中的应用，从而提高交通运输企业的经济效益和经营效率，提高企业的市场适应能力和客户满意度，进而提升运输企业竞争力的一系列过程。交通运输业是国民经济命脉，其运行效率直接影响着商品在流通环节的转移速度。交通运输业本身也担负着电子商务过程中的实体商品在买卖双方间的转移流动，在电子商务活动中起基础性作用。因此，运输需求的增长和商务办理效率的提高，都对交通运输环节提出了极高的要求。为了打破传统运输环节在实体商品交易中的瓶颈地位，可以通过开展交通运输业电子商务，利用现代信息技术全面收集、分析客户信息及企业自身资源，创建畅通于客户、企业内部和第三方服务商之间的物流方式，从而以最快的速度和最低的成本来响应市场。

交通运输电子商务包含范围较广、业务环节复杂、表现形式灵活多样，如业务查询、信息交互、网上交易、实时跟踪、网上理赔以及其他附加服务等，都是通过应用先进的信息化管理手段，建立信息系统和电子商务平台来实现的。从业务范围来看，交通运输业电子商务的应用具体体现在以下几方面。

1）货运电子商务。交通运输企业通过因特网发布货运信息和开展货运电子交易，包括货运信息服务和网上交易两方面内容。利用信息服务功能可实现货运信息的浏览和查询，以及企业信息、供求信息的发布和管理。通过交易服务功能可实现询价报价、交易洽谈、合同管理、网上支付和客户投诉管理等。货运信息服务的开通对于减少车辆的空驶率、提高运输效率将起到很大的作用，为我国道路运输电子商务的实施打下一定的基础。

2）客运电子商务。客运电子商务主要是基于因特网的订票和售票系统，采取统一的主机结构，集中处理方式，实现同城异地、异城异地代理售票，是企业对个人的电子商务，即企业通过网络销售车票和服务于个人消费者。客户通过交通企业的网站可以查到用车信息、车型车级信息、座位信息、票价信息、客户订票清单、支付信息、乘车向导服务和车票递送信息等。通过现代信息技术来为企业管理和旅客乘车服务，很好地提升了行业管理和服务水平，为旅客提供了及时、准确的动态和综合性交通信息服务，方便旅客出行，提高了运输企业在公众心目中的形象。

3）附加服务。通过交通运输业电子商务网站为旅客和货主提供附加服务，如为旅客发布电子地图，介绍各地的自然条件、旅游景点、宾馆饭店等，甚至联系旅游、住宿业务；为货主提供市场供求信息，联系货物包装、集装、仓储、取送、装载加固、运输保险、押运等业务。这些附加服务都是在运输业的基础业务上向两端延伸的业务，都是为了更好地满足客户需求。交通运输相关企业网站主要有两类：一类为商业性网站，它以赢利为目的，创办者多为物流运输企业和与之相关的软件开发企业，该类网站主要包括网上车场、网上货场、在线追踪、网上订单处理、在线服务、行业信息、企业宣传等功能；另一类为非商业性网站，主要介绍物流运输的相关法律法规、政策、行业信息、物流知识及咨询，主要是由政府机构、物流协会和高等院校经营，它不以赢利为目的，例如，中国物流资源网为企业提供信息发布、企业宣传、系统建设、产品推广、物流解决方案等服务。

当前，我国运输电子商务正在迅速发展，但是交通运输领域的电子商务应用仍然落后于金融、零售、制造业等行业，少数交通运输企业还没有自己的网站，有些交通运输网站所发布的信息远没有达到电子商务的要求；大多数交通运输企业计算机应用比较落后，只停留在劳动工资、财务报表等初级阶段，并没有将信息技术与增强企业的竞争力结合起来考虑，因而影响了企业的运输能力。因此，我国必须要加快电子商务在运输管理中的发展，提高运输业务中现代信息技术的含量，以达到降低运输成本和提高运输组织效率的目标。

9.2 运输与电子商务

随着交通运输业的迅速发展，传统的销售模式已经在很大程度上限制了交通运输业的业务办理效率，为此我国逐渐加强了电子商务在交通运输业的应用，以增加运输业务中现代信息技术的含量，降低运输成本，提高运输组织效率。

9.2.1 铁路运输电子商务

铁路运输在运输市场中占有主导地位，其大运量、低运价、安全可靠、全天候的运输服务方式，使之拥有如各大型工矿企业等的众多客户。但铁路运输企业应清醒地认识到，铁路的经营模式未能及时地跟上经济发展的步伐，使得铁路丧失了一部分客户，在一些方面与其他运输方式相比已经处于弱势地位。铁路运输目前的经营模式中，信息交换的延迟与处理速度的缓慢是其经营的欠缺之处。而电子商务在铁路的管理和营销方面的应用可以弥补这种欠缺。

现代运输业的运行架构已经由依靠整体运输能力获胜转向依靠现代信息技术，以此来提高该运输方式在同行业中的竞争力。铁路实施电子商务，一方面将借助 Internet 技术为企业或用户提供不同的运输决策方案，在增大其选择空间的同时降低运输成本；另一方面通过建立 B2B 或 B2C 的营销模式，消除营销体系中的中间环节，从而缩短交易时间，降低交易成本。铁路实施电子商务的本质是提供一种面向客户的服务，它包括交易信息服务、交易平台服务和应用系统的电子商务化，这不仅是一个技术问题，更是对产业结构、企业经营与管理结构的变革，涉及铁路的经营模式、管理体制、管理手段、人力资源等方方面面的问题。因此，铁路企业改革既要考虑到社会电子商务迅猛发展的大环境，又要与铁路电子商务化紧密结合，与之相配套、相适应，提出适合企业正常发展的合理措施。

1. 铁路客运电子商务系统

当前，我国铁路客运系统的电子商务化已经在一些领域得到了应用，如实现了全国联网售票和车站的异地购票等。但是由于旅客对于整体售票信息、所乘车次的拥挤程度、中转换乘建议等方面很难查询，在客运高峰期（如春运和暑运期间）常常会出现旅客排长队、购票难等问题。而铁路客运电子商务系统的建立无疑会加快铁路旅客运输系统的信息化、智能化，从而进一步方便旅客，为旅客提供更周到、更便捷的旅行服务，最终实现我国铁路客运市场竞争力的进一步提高。

铁路客运系统实施电子商务化的过程中，不可缺少的一个环节就是在互联网上建立面向数以亿计的旅客的网上营销系统，用在线营销方式代替传统的窗口营销方式。一个较为完善的铁路网上营销系统至少要包括信息查询服务、信息反馈服务、在线订票和购票服务、代理人服务和其他服务5个主要功能，其结构如图9-1所示。

1) 信息查询服务。为旅客发布全面的铁路部门及其服务机构的设置、职能的相关信息和铁路能够提供的包括列车车次、票价、始发时间、终到时间、沿途所经车站及时间、车票预发售情况的查询和对路网上车站设置、具体车站简介、风景名胜等与运输服务相关的信息。

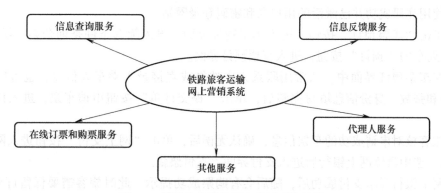

图 9-1　铁路旅客运输网上营销系统结构

2) 信息反馈服务。旅客通过电子表单或 E-mail 可以动态提出旅行需求、旅行意见、索赔要求、问题咨询等反馈信息。

3) 在线订票和购票服务。旅客不但可以在线预订车票，还可以通过电子现金、电子借记卡、银行信用卡、电子钱包等开放的兑付手段完成购票、退票等业务。

4) 代理人服务。为酒店、旅行社和大的团体提供车票的预订、优惠、折扣等在线洽谈、查阅和实现服务。

5) 其他服务。旅客可以在线完成托运、保险、索赔等其他与铁路运输相关业务的网上资金结算和动态数据交换。有了以上功能的旅客网上营销系统，可以 24h 在线把旅客随时到达、随时浏览、随时查询、随时办理、随时反馈的营销工作做到实处，最大力度地抓住现有客运市场，最大限度地挖掘潜在客源。

中国铁路客户服务中心网站（12306）于 2010 年 1 月 30 日开通并进行了试运行。2011 年 6 月 12 日，京津城际高铁首先在 12306 网站试行网络售票，当年 6 月 24 日，京沪高铁也开始通过网络发售高铁票。2011 年 12 月 24 日，以 C、D、G、Z、T、K、L、Y 开头的以及 1000~7598 的旅客列车都可以通过 12306 网站进行网络订票，有关事项按《旅客列车互联网售票暂行办法》的规定办理。2011 年年底，全国铁路已经全面推行网络售票，我国铁路开始走进电子商务时代。

中国铁路客户服务中心网站是铁路服务客户的重要窗口，它集成全路客货运输信息，为社会和铁路客户提供客货运输业务和公共信息查询服务。客户通过登录该网站，可以查询旅客列车时刻表、票价、列车正晚点、车票余票、车票代售点、货物运价、车辆技术参数以及有关客货运规章。铁路货运大客户可以通过该网站办理业务。铁路客运车票预订流程如图 9-2 所示。

图 9-2　铁路客运车票预订流程

1) 使用注册成功并已激活的用户名和密码登录网站。

2) 单击"车票预订"按钮,进入车票查询界面,输入筛选条件查询余票,规划行程。随后单击列车的"预订"按钮,进入车票预订界面。

3) 在车票预订界面中,从常用联系人中选择或直接录入乘车人信息,也可以改签系别、票种和张数。身份信息填写完整后,单击"提交订单"按钮申请车票,进入订单确认界面。

4) 旅客核对申请成功的车票信息,确认无误后,单击"网上支付"按钮进入网上银行选择界面。选中具体网上银行后进入支付界面,支付票款。

5) 网上银行提示支付成功后,随后会有购票成功提示。此时旅客需要保留订单号。旅客可持二代身份证原件和订单号于购票后、列车开车前到铁路代售点、车站自动售票机或车站售票窗口换取纸质车票。有些车站也可使用身份证直接乘车。

2. 铁路货运电子商务系统

铁路货物运输中每天会有大量的纸面单证和文件,同时运单中涉及有关托运人、收货人、承运人的各种信息,如货物的重量、单价、件数以及运输费用的结算信息等,这些数据信息是需要及时传递的。通过人工处理这样大量的信息,会使得工作效率低下,而发展电子商务将大大提高单证的传递效率并降低差错率,还可以节省纸张、电话、传真等费用。通过发展铁路货物电子商务物流,建立起良好的物流配送体系及健全的电子商务网络,可以使任何潜在的客户在线提供 Form 表单或发送 E-mail,提出对运输产品或运输服务的需求,从而得到优质、快速的"门到门"服务,同时货主也可以通过 Internet 追踪查询货物的位置及运输情况。这样不仅可极大地提升铁路企业在客户心中的形象,也可以极大地提高铁路货物运输的质量与管理水平,在铁路企业和用户之间建立起良好的供求关系,使铁路企业能够站在以客户需求为运输产品生产导向的智能运输前沿,帮助铁路货物运输增强市场竞争力。

铁路货物运输电子商务系统的功能和结构,应该按照现行的货物作业程序,以目前执行的货运章程、作业规范为依据,根据用户需求,确定铁路货运电子商务系统的功能。铁路货物运输电子商务系统应该包括查询、托运、费用结算、延伸服务以及理赔等几部分,其基本框架如图 9-3 所示。

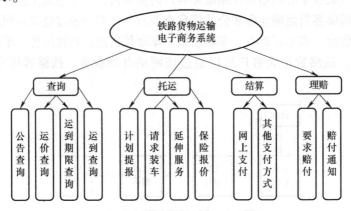

图 9-3 铁路货物运输电子商务系统的基本框架

(1) 查询

1) 公告查询。主要是客户在托运货物时，需了解的办理流程等信息，包括托运须知、领取通知、办理指南、流程图，以及有关的国家铁路运输政策、法令、法律文件等。

2) 运价查询。铁路运价的计算极为繁杂，非专业人员很难计算清楚，运价查询功能在客户输入货物的品名、重量、发站、到站和品名数据后系统就可以直接计算出全部运费。

3) 运到期限查询。《铁路货物运输规程》对不同品类的货物，按运输距离长短分别规定了货物的运到期限，客户输入发站、到站、品名、数据后，就可以获知货物的运到期限。

4) 运到查询。货主在铁路货运电子商务系统输入相关检索信息就可以得知货物是否到达，方便货主安排生产计划。

(2) 托运

铁路货物运单是铁路货物运输合同的主要单证，它明确了承运人、托运人双方的运输合同关系，以及运输的货物品名、计重、运到地点、运输方式及运输过程提供的延伸服务内容。在铁路货运电子商务系统中，客户在提供的电子货物运单上填写运输要求，订单核准后将信息反馈给托运人，在请求装车计划得到核准后即可组织装车。

1) 计划提报。客户在承运人提供的格式合同上填写到站、发站、货物品名、计重、车种、车数等数据后，即可得到以计划核准号的形式给予的回复。

2) 请求装车。货主在得到要车计划的批复后，即可准备进货、装车。该项功能便于铁路为货主在确定装车日期和数量后配备车辆，准备作业线路，包括取送车、对货位等装车前的准备工作。

3) 延伸服务。铁路除办理必要的货物发送、到达业务之外，还提供货运延伸服务。延伸服务的项目主要有仓储服务，发送综合服务，篷布综合服务，代为清缴、消纳垃圾服务，保价运输服务，代购、代加工加固材料服务，货物包装服务，到达综合服务等。延伸服务作为铁路货物运输的补充和延续，为客户提供了更完备、更方便的全程服务。客户可以进行网上委托，只要单击"延伸服务"选项，选取所需要的服务项目，就可以实现所要求的服务委托。

(3) 结算

1) 运输费用。运输费用主要由运费、杂费和基金组成，承运人向托运人、收货人核收费用时，应将以上项目一并加总核收。

2) 网上支付。该项功能提供了一种方便的支付方式，使客户可以以电子货币的形式直接在网上支付，从而节省了客户的交易成本。

(4) 理赔

在运输过程中发生货物短少、污染、变质等损失情况时，客户可在铁路货运电子商务系统中向承运方提出理赔要求。在需要时，可选取理赔选项，以货票号码为识别方式，提交货损、货差等情况及赔付要求，承运方在收到赔付要求后，根据《铁路货物运输规程》及货物保险、报价的有关条例，将赔付结果以赔付通知书的形式传递给托运人，并以托运方要求的赔付方式予以支付。托运方可在赔付结果选项中查询相关内容。

9.2.2 航空运输电子商务

航空运输电子商务是航空运输业务电子形式的统称，即通过计算机网络系统记载、保存和管理旅客、行李或者货物行程及相关资料的电子信息记录。其基本形式是电子运输凭证的营销管理，电子运输凭证包括电子客票、电子行李票和电子货运单等。客运电子机票（electronic ticket）作为航空运输电子商务的具体表现形式，是普通纸质客票的电子替代产品，是一种可以不通过纸票方式实现客票销售、旅客乘机以及相关服务的客票方式。电子客票将客票信息存储在计算机系统的电子客票数据库内，通过对数据库相关信息的全过程处理，实现传统纸质机票的管理、销售、发放、使用和结算。与传统的纸质凭证相比，电子运输凭证是一种崭新的销售方式，它以贴近市场、方便购票、不易丢失和遗忘、成本低廉等优势，被各航空公司所使用。由于航空公司具有规模大、人员多、企业管理方法复杂等特点，航空实现电子商务化将有助于提高航空业的企业效益，通过先进的信息化手段可以提高企业管理水平，提升企业的国际竞争力。

1. 航空运输电子商务系统的组成

航空企业经营地域广、投入高，特别需要通过提高信息化水平来降低成本、扩大销售、改善服务、提高竞争力，此外，航空企业内部或外部的信息系统要结合航空企业所开展的各项商务活动来建立。航空客运的电子商务平台提供的网上业务包括网上售票（B2B、B2C）、网上订舱、常旅客服务、航班查询、到离港信息查询、与旅游相关的服务等。通过航空电子商务系统，旅客和航空公司都可以监控一张机票从售出开始的生命周期：销售价格、销售对象、配送情况、航班运行、常旅客积分、常旅客服务、结算（B2B）。航空运输电子商务平台的结构图如图9-4所示。

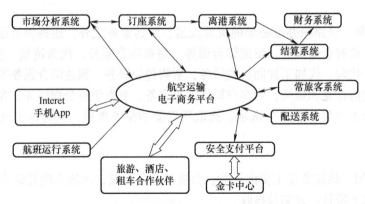

图9-4 航空运输电子商务平台的结构图

以下是该电子商务平台中的一些子系统。

1）从市场分析开始确定合适的航线、航班，确定有竞争力的价格；通过收益管理系统调整销售价格和销售策略，以达到收益的最大化，减少座位空耗的损失。这一系统根据历史数据和其他信息为收益分析系统提供数据，也是安排航班、确定销售策略和销售价格的依据之一。在实现上，应运用数据仓库技术和数据挖掘技术来分析某一航线上的市场特点、本公司的市场地位、旅客出行特点、旅客对象分布等。

2）收益管理系统直接管理票价。按国际通行做法，把座位分成价格不等的舱位，定价的依据主要是购买的时间（越早越便宜）、航班时间（夜间比白天便宜）、单程还是往返程、是否可签转退票、个人或团体。这种划分虚拟座位等级的舱位称为多等级舱位。收益管理系统的最大难点是如何确定不同等级舱位的座位数和在什么时机进行调整。

3）订座系统属于机票销售的总控制系统。网上订舱是在网上购买机票后可以直接确定机上座位，旅客可以按照自己的心愿选择座位，但这需要离港系统的支持。

4）电子支付平台。电子支付的业务类型按电子支付指令发起方式分为网上支付、信用卡预授权支付、电话支付、移动支付、销售点终端交易和自动柜员机交易等。

5）配送网络。纸质机票已被电子机票替代。电子机票的推广使得配送系统比较简单。旅客可以自己打印机票，或到机场凭有效证件直接领取登机牌。国外使用电子机票的公司，送票只是发一个电子邮件或信函，告诉旅客一个唯一编号而已。

6）常旅客系统。航空公司通常会有一个常旅客系统用于管理自己的常旅客，把常旅客信息进行网络管理不仅是增加一项网上服务内容，还有针对性地对常旅客实行积分和奖励措施，有时机票的价格可以优惠，甚至免费。

7）财务和结算。航空公司的结算系统独立于财务系统之外，专门进行机票核算。网上销售的数据直接进入结算系统，支付数据进入财务系统和银行对账。

8）航空运输经常是和旅游订房服务一起提供的，相当于增加航空公司的产品品种。有些航空公司兼做旅游、订房服务，也可以和大型旅游网站合作进行，双方客户奖励内容共享，这样可以极大地吸引客户，增加自己的客户群。

2. 航空电子客票

从 1993 年第一张电子客票出现在美国航空运输市场后，这种全新的商务运行模式受到了越来越多旅客的青睐，已经形成了航空运输销售的新潮流。每张成本 20 多元的纸质机票变成了只需 0.1 元的行程单，对于整个航空产业链来说，极大地降低了其运营成本，增强了竞争力，还给银行和第三方支付企业带来了相当可观的利润。电子客票对于我国航空运输的电子商务市场发展也起到了巨大的推进作用。

电子客票是指利用计算机网络，不需要填写有价纸票，由电子认证来提供旅客运输和航线使用的票证。电子客票保存在航空公司的计算机系统中，它包括航程、电子票联及在适用情况下的登机牌。旅客可使用电话、互联网及其他终端进行订座、付款。电子客票系统记录旅客需求并产生虚拟票证影像但不给出纸质机票。电子客票样票如图 9-5 所示。

图 9-5　电子客票样票

旅客登机时只需出示有效证件及电子票证编码，系统就会打印出登机牌和收据，即可登机。使用电子客票使旅客避免了保存、传送或遗失机票的麻烦，而且可用互联网 24 小时订票，对航空公司来说节省了机票的印制、填写、回收等手续，降低了成本，加快了资金流转、扩大了销售渠道。

目前，我国乘客购买电子客票的方式主要有机票代理机构网站订购及航空公司网站和电话订购。大多数乘客关心的是怎样能以最优惠的价格享受最称心的服务，而不在乎服务来源于航空公司还是代理商。在这种情况下，能同时提供多家航班信息的代理商仍是旅客购买机票的首选渠道。乘客直接登录机票预订页面，选择出发地点、目的地、出发时间等，搜寻出相应的航班，可以在不同的航班之间比较价格、时间、机型等，再选择最合适的航班，并订购。

电子机票的具体使用流程有以下 6 步。

1）登录网站查询某次航班的电子机票。选择购票网站和机构时，一定要选择具有合格资质的机构。最好能够查到是否具有正规的机票代理销售资格，是否能查到公司的备案信息。

2）填写机票预订内容，务必将乘机人信息填写准确。

3）确认订单后，在线支付票款，支付过程在银行网站完成。预订电子客票以后，可以通过现金、转账、支票、网络等方式支付，具体的支付方式视预订机构的情况而定。最为便捷的方式就是网上银行、电话银行或者第三方支付软件。

4）购票网站或航空公司将对旅客购票信息进行核实，发送电子机票号到旅客邮箱或者手机上。

5）旅客持有效身份证件原件到机场电子机票柜台或自助值机台办理登机手续，领取登机牌。自助值机是区别于传统机场柜台值机的一种全新办理乘机手续的方式，使用它可以使旅客通过特定的值机凭证在自助值机设备获取全部乘机信息，并根据屏幕提示操作选择座位、确认信息并最终获得登机牌、发票。整个过程完全由旅客自行操作，是一种 DIY 值机方式。

6）通过安检顺利搭乘航班。如需报销，可领取行程单作为凭证。国内电子客票在成功出票的同时，也产生了被称为航空运输电子客票行程单的传统机票替代品，可以作为法定的机票报销凭证。旅客购买国际机票时，正规的国际机票代理都会给旅客出具国际航空旅客运输专用发票，凭借这张发票旅客可以报销国际机票。

9.2.3 海上运输电子商务

在传统的海上运输贸易中，需要填制大量的单证、手续，造成日常文件处理的成本很高。既需要大量的人力，又会消耗很长的时间，导致海上运输业务的信息流动速度慢，时常造成一些文件处理或控制程序延误，也使得港口码头内的昂贵机器设备不能连续运转而增加企业运营成本。在这种情况下，电子商务技术在海洋运输业中的应用就显得极为重要。利用电子传输贸易文件为交易双方节省了时间，对提高业务处理速度、提高准确度、可靠度，改善服务质量，减少雇员等方面有很大帮助。港口经营者通过电子商务，可以缩短与客户的距离，迅速对客户查询做出反应，更加充分地应对海上运输中由于长时间、长距离和跨国界等特点所产生的多变因素，极大地改善运输产品质量。

1. 集装箱运输信息流程与主要单证

我国自 1973 年开展海上集装箱运输以来，经过几十年的发展，在优化航运集疏运体系、完善航运服务功能、建设国际航运发展综合试验区等方面，取得了一定进展。2010 年，上海港完成集装箱吞吐量 2905 万标准箱，首次成为世界第一大集装箱港；达到"枢纽港"标准（"枢纽港"重要标志的集装箱水水中转比例达 37.7%；货物吞吐量完成 6.5 亿 t 左右），并持续保持世界第一大集装箱港的排名。

在集装箱运输的港站以及与货代、船代、运输公司、银行、保险、监管等部门的业务活动中，围绕着集装箱的验收、提取、装卸、堆存、装箱、拆箱、费收、一关三检等，存在着错综复杂的作业环节，伴随着众多的信息、单证处理要求。因此，在集装箱运输过程中，集装箱码头是一切有关信息的处理中心。其所处理的信息中，出口信息起源于运输合同，从收货、配箱、装箱、订舱，到内陆运输公司向码头集箱。在这个过程中所形成的出口装载清单信息，经船公司的授权代理加工后送至码头，它是码头出口箱作业的依据。码头生成的船图信息，经理货公司，由船代送至船公司，这也是下一挂港要求船公司必须提供的信息。在进口信息中，进口船图、进口舱单、船期等信息，由船代送至码头，再根据需要提供给场站，以保证及时疏运。进出口集装箱业务的其他信息，如海关申报与答复、海关货物与运输报告等均有与上述大部分信息相同的信息流转。

集装箱运输中交换的信息分为以下三部分：第一部分是船公司、代理与货主之间交换的信息，主要包括外贸运输合同及说明、订舱及确认、到货通知、报关、费收、中转及提单等信息；第二部分是港口及腹地集疏运（公路、铁路、内河运输等）之间交换的信息，主要包括拆装箱、空箱调运、场地申请、运输订单、计划及实际的集装箱交接信息等；第三部分是本港、开来港、下一挂港之间交换的信息，主要包括船期及直接影响装卸效率的船图、舱单、装载指示等信息。

2. 电子提单的内容

电子提单是指通过电子传送的有关海上货物运输合同的数据，通过电子数据交换来实现提单作用，简单理解就是利用电子数据交换，系统转让海上运输中货物物权的程序。使用电子提单可以加快单证流转，防止提单转让过程中的欺诈行为，解决货物运输途中如何转让货物物权的问题。

电子提单是通过电子数据交换（EDI）技术将纸面提单的全部内容与条款以电子数据交换系统进行传送的有关海上货物运输合同证明的电子数据。EDI 电子报文是 EDI 的数据交换标准，每条电子报文是组成一笔完整业务的信息载体，适用于某一业务功能，并且与某一业务单证或其中一部分相对应。电子提单不是书面单证，而是显示在计算机屏幕上的一系列结构化了的电子数据。有关各方，包括卖方、托运人、银行、商品检验检疫机构、保险公司、港口、买方和收货人，都以承运人为中心，通过专用计算机密码完成在货物运输过程中的货物交付和所有权的转让。采用电子收货人提货，不需要出示任何书面文件，只要出示身份证明，由船舶代理验明即可。

承运人接收货物后，利用系统平台对提单记载内容和合同条款按照一定标准和规格进行处理，并以电子数据的方式通过电子信息交换系统或因特网，向托运人发送一份电子数据，托运人收到承运人发送的信息后，根据承运人在传送电子提单时提供的密码对该提单享有支配权。托运人如要转让这份电子提单，只需将转让的意图和对象通知承运人，并告知自己的密码，承运人核实后，设计一个新的密码通知受让人，并同时废除原密码，即通过密码的改变完成提单权利的转让，最后收货人在目的港凭密码提货。

与传统单证相比，电子提单能够实现货运信息和货权凭证的高速传递，满足集装箱快捷运输、综合物流管理以及客户对于提单传递的速度要求；能够节约人力与物力，提高业务运作效率，保证运作质量，实现货运单证作业的无纸化和自动化；能够防止冒领和避免误交，降低货运和单据的风险性。

3. 电子提单的流转过程

电子提单的流转是通过 EDI 系统，将有关各方的计算机联成网络而实现的。电子计算机将货物运输合同中的数字、文字、条款等，按特定的规则，转换为电子信息，借助于电子通信设备，从一台计算机传送到另一台计算机上。电子提单在货物进口业务中完整的流转过程是：

1) 托运人向承运人发出订舱电子信息，承运人确认托运人提出的各项条款。

2) 承运人接受订舱，则电子信息系统自动产生并向托运人发送接受订舱及有关运输合同条件的 EDI 信息，由托运人的 EDI 系统加以确认并通知运输调度，将货物交给承运人或其代理人接管。

3) 托运人的 EDI 系统向海关和商品检验检疫机构的 EDI 系统发送申请报关、商检出口的 EDI 证书，经确认后传送给承运人或其代理人的 EDI 系统批准放行。

4) 承运人或其代理人收到货物后，由 EDI 系统自动向托运人发送收货信息，托运人确认后，托运人即成为电子提单的持有人。

5) 货物装船后，大副签发 EDI 收据并由承运人的 EDI 系统发送电子提单给托运人和银行的 EDI 系统，同时给托运人一个更新了电子签名的通信密码，经托运人确认后即对货物具有了支配权，电子提单签发完结。

6) 托运人的 EDI 系统向银行的 EDI 系统发送电子发票、电子保险单和电子提单等电子单据，经银行确认后即完成结汇。

7) 托运人的 EDI 系统发送信息通知承运人，货物已转移给银行，随后承运人的 EDI 系统销毁与托运人的通信密码，并向银行提供一个新的通信密码。

8) 收货人向银行支付货款后，取得对货物的所有权。银行的 EDI 系统向承运人发出信息通知货物所有权已转移给收货人。

9) 承运人的 EDI 系统向收货人的 EDI 系统发送 EDI 信息确认其控制着货物，并传送电子提单及一个新的通信密码。

10) 承运人的 EDI 系统向目的港代理人发送 EDI 信息，将货物的说明、船舶情况及收货人的名称通知代理人，由代理人在船到港时，向收货人发出到货通知的 EDI 信息。

11) 收货人得到到货通知后通知运输调度，凭其身份证明在指定地点提货。

在电子提单形成和流转过程中，电子提单的安全问题是一个非常重要的事情。电子提单的安全关键在于密码的保密性和在传递过程中防止被人偷换，必须严加防范，同时还要加强和完善对电子提单的立法工作。

4. 关于电子提单的法律问题

围绕电子提单和电子商务的法律问题，有关国际组织进行了探讨和研究，并逐步形成了相关法律与实施规则。1990 年，国际海事委员会（CMI）制定了一套关于电子提单的自愿性规则，即《国际海事委员会电子提单规则》。该规则采纳了先前联合国颁布的《行政、商业和运输电子数据交换规则 MUN/EDIFACT》和《1987 年远距传送贸易数据交换行为统一规则》（UNCID）的主要内容，并配合此规则建立了中央登记制度。该规则要求各当事方承认电子信息与书面形式的等同地位和电子签字的效力，并规定：

1）电子提单的法律适用。电子提单规则规定，强制调整传统提单的国际公约或国内法同样适用于电子提单。

2）电子提单的书面形式。根据电子提单规则的规定，应当将在计算机存储器中存储的，可以以人类语言在计算机屏幕上显示，或者由计算机打印出来的电子数据视为书面形式。

3）运输合同的条款和条件。使用电子提单时，只需将特定的运输合同条款和条件转换为电子数据进行传输。

4）密码。各持有人持有不同的密码，该密码不得转让。各个持有人和承运人应当各自保持密码的安全性。

5）交付货物。承运人应将货物的预期交付地点和日期通知给有关的密码持有人，由密码持有人指定收货人。

6）要求签发书面提单的选择。根据电子提单规则的规定，在交货前的任何时候，密码持有人有权选择向承运人索取书面提单，承运人也有权选择向持有人签发书面提单。

规则同时就电子提单内容的确认、电子提单的转让、货物所有权的控制与转移、密码的使用与更改及密码的独立性和安全性，当事人之间发生由于实际传送数据所引起的争议时的处理及相关事项等，都做了相应规定。

国际商会（ICC）在 1990 年出版物《国际贸易术语解释通则》中规定，国际货物买卖合同的当事人可通过电子数据交换提供各种单据，如商业发票、清关单据、交货证明以及运输单证；当卖方需提交一份可转让的运输单据，特别是为出售在途货物常用的提单时，使用电子数据交换信息必须确保买方具有如同从卖方收到一份纸面提单同样的法律地位。1993 年，国际商会在修订另一出版物《跟单信用证统一惯例》时，废除了以前各版本对单据上签名的要求，规定计算机签发的单据为可接受的单据。联合国贸易法委员会（UNCITRAL）下属的电子数据交换工作组于 1996 年 6 月通过了《电子数据交换和有关传输手段法律事项示范法》，对包括海运提单在内的各种以数据形式传送的信息具有与书面单据同样的地位等做了规定。

此外，世界许多国家根据电子数据交换技术和电子商务的迅速发展与广泛应用，根据本国实际，在法律法规的制定方面也做出了积极反应。比如，1992 年英国在修改并替代《1855 年提单法》的《海上货物运输法》中，特别提及该法的适用范围扩大到使用电信系统或其他信息技术达成交易的情况；1996 年澳大利亚制定的《海运单据法案》指出，以数字信息形式存在的海运单据与书面海运单证一样予以适用，海运单证的流转也适用于数据信息形式的海运单证的流转。

9.2.4 公路运输电子商务

世界各发达国家均建成了四通八达的道路网，我国公路交通运输也发展迅速，但交通拥堵现象却没有从根本上得到解决，交通的污染和事故越来越多地引起了人们的关注。通过引入高新技术来改进传统的公路运输系统,大幅度地提高路网的通行能力和信息化水平,改善其服务质量,已经成为世界各国的共识。我国通过实现公路运输的电子商务化,借助先进的现代信息管理方法来改善公路运输服务质量。

截至 2019 年末,我国高速公路总里程达到 14.96 万 km,高速公路网络已经形成,正处于发展的有利时机,为引入专业的电子商务创造了良好条件。高速公路运营管理实现现代化,及时、全面地掌握路网动态,增强事故快速处理能力,做好车辆和路网抢修,维护路网运营安全,完善经营收费和监管等,这些都可以通过运用电子监视系统、建立路网监视平台、与电子商务联网等来实现。从高速公路服务区内部管理特点看,其服务区分布点多,距离长,管理难度大。而电子商务的突出特点就是可以打破地域界限,缩短信息流通时间,有效地缩短企业的供应链,降低企业的物流、信息流成本,拓展市场业务,提高企业竞争力。

高速公路电子商务管理系统按照其功能可分成以下几个子系统,如图 9-6 所示。

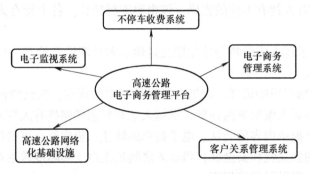

图 9-6 高速公路电子商务管理系统

1. 电子监视系统

高速公路监控系统将先进的信息技术、数据通信传输技术、电子控制技术以及计算机处理技术等综合运用于地面运输管理体系,从而建立起一种大范围、全方位发挥作用,实时、准确、高效的公路运输综合服务系统。高速公路应用监控系统对高速公路进行全面的监视和控制,对高速公路的正常运行和发挥其效益起着极为重要的作用。

所谓监控,就是指利用路面、路旁的数据采集、检测设备和人工观察,对道路交通状况、路面、天气状况和设备工作状况等参数进行实时观察和测量,并通过通信系统送至监控中心。依据监视所得到的各种数据,按照一定的模式进行分析、判断和决策,并将最终的决策结果和下达的控制命令通过通信系统传送到信息发布设备(可变情报板和可变限速情报板)、收费口控制设备或匝道控制设备,以促进行车安全,提高行车效率;对于引起延误的事件,迅速响应,提供紧急服务,快速排除事件,把事件引起的延误控制到最小值,从而达到调节和控制道路交通状况的目的。

高速公路监控系统由 5 个部分组成。

每条高速公路在其管理的区间内均设有一栋监控中心大楼。监控中心一般设在高速公路的出入口处,也有的设在管理区间的中心部位。中心一般设置有大型地图板和监控电视系统,并配有多画面切换控制设备、视频监视器、低速录像设备及自动转换装置。中心配备有计算机网络系统,负责管理各收费站的收费信息、紧急电话的控制、公路出入口及中间各大型电子显示屏的控制和公路沿线的小型电子提示牌的控制等。中心大楼内还有程控交换机系统、中心控制台、光缆通信设备、无线电话系统、UPS 供电系统等多种电子设备。

在每个收费站都配备有光缆通信设备，收费用的计算机局域网，收费站信号灯控制系统，监视、摄像、记录系统，控制操作台，站内电话控制台，无线对讲电话等。

在每个收费亭内配备有收费计算机网络系统工作站专用计算机、收费票据打印机、收费指示板、指示灯、车道控制机、自动栏杆、语音提示系统、车辆过境自动计数器、对讲电话和空调及供电系统等设备。

在公路沿线及收费站广场设置了多个监控摄像头，将摄像头的视频信号通过光缆、同轴电缆、对称电缆或微波传输系统传送到中心监控室，以利于控制中心掌握公路沿线的车辆行驶运行情况，便于指挥调度。

道路 LED 指示牌发布高速公路即时信息，位于空旷的环境中，其控制信号线一般由光纤组成。

2. 不停车收费系统

ETC（Electronic Toll Collection）的中文翻译是电子不停车收费系统，是智能交通系统的服务功能之一，它特别适合在高速公路或交通繁忙的桥隧环境下使用。目前高速公路收费处，有专门的 ETC 收费通道。通过安装在车辆风窗玻璃上的车载电子标签与在收费站 ETC 车道上的微波天线之间进行的专用短程通信，利用计算机联网技术与银行进行后台结算处理，从而达到车辆通过高速公路或桥梁收费站无须停车而能缴纳高速公路或桥梁费用的目的。使用全自动电子收费系统，可以使公路收费走向无纸化、无现金化管理，从根本上杜绝收费票款的流失现象，解决公路收费中的财务管理混乱问题。另外，实施全自动电子收费系统还可以节约基建费用和管理费用。

ETC 系统采用车辆自动识别技术完成车辆与收费站之间的无线数据通信，进行车辆自动感应识别和相关收费数据的交换。采用计算机网络进行收费数据的处理，实现不停车、不设收费窗口也能实现全自动电子收费。ETC 系统主要由车辆自动识别系统、中心管理系统和其他辅助设施等组成。其中，车辆自动识别系统由车载单元（OBU，又称为应答器或电子标签）、路边单元（Road side unit，RSU）、环路感应器等组成。电子标签或应答器中存有车辆的识别信息，一般安装于车辆前面的风窗玻璃上，RSU 安装于收费站旁边，环路感应器安装于车道地面下。中心管理系统有大型的数据库，用于存储大量注册车辆和用户的信息。当车辆通过收费站口时，环路感应器感知车辆，RSU 发出询问信号，OBU 做出响应，并进行双向通信和数据交换；中心管理系统获取车辆识别信息，如汽车 ID 号、车型等信息和数据库中相应的信息进行比较判断，根据不同情况来控制管理系统产生不同的动作，如计算机收费管理系统从该车的预付款项账户中扣除此次应交的过路费，或发出指令给其他辅助设施工作。不停车收费基本原理如图 9-7 所示。

实施不停车收费，可以允许车辆高速通过，大大提高了公路的通行能力；公路收费走向电子化，可降低收费管理的成本，有利于提高车辆的营运效益；同时也可以大大降低收费口的噪声水平和废气排放。由于通行能力得到大幅度的提高，所以可以缩小收费站的规模，节约基建费用和管理费用。另外，不停车收费系统对于城市来说，就不仅是一项先进的收费技术，它还是一种切实有效的通过经济杠杆进行交通流调节的交通管理手段。

3. 高速公路网络化基础设施

目前高速公路信息化建设在全国展开，因此从事这一建设业务的企业必须按照"统一标准、统一规划、统一框架、一库多用、分步实施"的原则，以高速公路现有的各类数据和成果为基础，对各类高速公路数据和成果进行标准化、规范化和空间化建设、改造和更新，建立综合性的高速公路数据库和综合业务传输网络平台，形成统一的数据中心和信息门户，并在统一数据中心和信息门户的基础上，开发各个业务管理应用系统；经过几年的建设积累，全国就有可能形成联网，这也是车联网的一个基础建设工程。

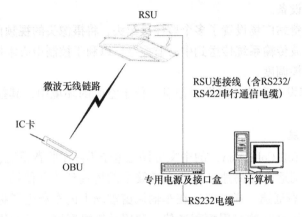

图9-7　不停车收费基本原理

网络化数据中心处理的应用开始走到前台；综合信息门户是作为高速公路统一数据中心及综合应用平台的前台应用入口，是各业务应用系统的统一登录界面窗口。在统一数据中心及综合应用平台的总体规划下，随着高速公路各个业务应用系统的设计开发，后台数据库形成一个高速公路的综合数据库，即统一数据中心，前台登录界面接口也集中在信息门户之中。通过统一信息门户，用户可以在内网的任何一台机器上通过统一入口进入所需要的应用，系统提供统一的身份认证，合法登录的用户便可以进入自己定制好的个性化页面，使用自己有权访问的个性化内容，在自己权限范围内，选择合法操作的内容来服务自己的各种需要。

统一数据中心及综合应用平台是各个高速公路业务应用系统的枢纽。不同的业务应用系统将其数据按照统一的编码规则和既定格式传输给数据中心，各应用系统再根据自己的需求从数据中心获取所需信息，数据中心在对信息处理的过程中，可以采用分层次的方法对无权获取某些信息的用户进行信息屏蔽，使不同的用户既能获得各自所需的数据，又能确保数据传输过程的安全性及共享数据的互操作性和互用性。

4. 电子商务管理系统

传统ERP系统是由MRP、闭环MRP、MRPⅡ等企业管理理论发展而来的，主要注重了企业内部管理的改革和理论变迁，无法考虑到整个市场"价值链"给企业带来的影响和冲击，特别是Internet应用的革命性变化，为广大企业客户，也为许多企业管理系统供应商带来新的挑战和机会。

通过电子商务、进销存供应链、客户关系管理、国际贸易、生产制造、财务等应用模块整合企业信息流、物流、资金流等，将供应商、制造商、分销商、零售商直到最终用户连成一个整体的功能网链结构模式，以提升企业间（特别是企业与供应商之间、企业与客户之间）的数据交换能力，帮助企业提高整个供应链的竞争力。

进入系统的数据能根据业务流程以及管理工作的内在规律和内在联系及各应用功能之间的相互关系，经过转换、整合再传递到相关的功能模块中，使数据和信息能够在应用系统之间畅通流动，使得各应用系统能协同运作，达到数据高度共享和系统的高度集成，完成企业的整个业务流程的管控。

电子商务大大缩短了供应链上采购信息从下游传递到上游的时间，信息流动时间的缩短提高了物流和资金流的流动速度，而第三方物流和电子支付方式又保证了物流和资金流按照预定的速度流动。物流、资金流、信息流流动速度的加快，使得供应链能够在更短的时间内实现价值的增值。

企业内部资源管理系统（ERP）是利用信息技术对企业内部的销售、采购、仓储等作业环节，以及企业内部的人力、资产、资金等资源进行有效的控制和管理，其核心是加强企业内部的供应链管理，实现管理控制的一体化，从而达到降低管理成本，减少库存，提高企业的经营效率和市场应变能力，提高服务质量的目的。

5. 客户关系管理系统

客户关系管理系统是指利用软、硬件和网络技术，为企业建立一个客户信息收集、管理、分析和利用的信息系统。以客户数据的管理为核心，记录企业在市场营销和销售过程中和客户发生的各种交互行为，以及各类有关活动的状态，提供各类数据模型，为后期的分析和决策提供支持。

在日益激烈的市场竞争中，利用信息技术使企业在市场营销、销售管理、客户关系、服务等经营环节中获取的信息及时、充分、有序地在企业和客户之间流动，提高企业满意度和客户忠诚度，与客户建立起长期、稳定、相互信任的密切关系，实现客户资源的有效利用；真正做到以客户需求为导向，逐步开展为客户提供个性化服务，最大限度地改善客户关系，提高客户对企业的忠诚度。

集成了客户关系管理思想和先进技术成果的客户关系管理系统，是企业实现以客户为中心战略导向的有力助手。一个完整、有效的客户关系管理系统应当包含以下4个子系统。

（1）客户合作管理系统

客户关系管理系统要突出以客户为中心的理念，首先应当使客户能够以各种方式与企业进行沟通交流，而客户合作管理系统就具备这项功能。

（2）业务操作管理系统

企业中每个部门都需要与客户进行接触，而市场营销、销售、客户服务部门与客户的接触最为频繁，因此，客户关系管理系统需要对这些部门提供支持，业务操作管理系统便应运而生。业务操作管理系统主要实现了市场营销、销售、客户服务与支持3种基本功能。

（3）数据分析管理系统

数据分析管理系统中，将实现数据仓库、数据集市、数据挖掘等工作，在此基础上实现商业智能和决策分析。此系统主要负责收集、存储和分析市场、销售、服务及整个企业的各类信息，对客户进行全方位的了解，为企业市场决策提供依据，从而理顺企业资源与客户需求之间的关系，提高客户满意度，实现挖掘新客户、支持交叉销售、保持和挽留老客户、发现重点客户、支持面向特定客户的个性化服务等目标。

（4）信息技术管理系统

由于客户关系管理的各功能模块和相关系统运行都由先进的技术进行保障，因此对于信息技术的管理也成为 CRM 系统成功实施的关键。

9.3　运输电子商务案例

1. 德邦快递简介

德邦物流股份有限公司成立于 1996 年，公司成立之初主要从事中山市小榄镇至北京雅宝路的毛衣空运业务。1999 年 12 月，德邦物流开发出"飞行 2000 航空货运系统"，各项业务流程由手工操作转变为计算机操作，大大提高了工作效率。2002 年 1 月，德邦物流开发了"TIS 物流管理信息系统 2.0"，全面提高系统性能，实现了网上货物追踪查询功能。2006 年 3 月，德邦物流信息化系统进一步完善，开通了全国免费服务热线"9510-5601"，现改为"95353"。在随后的几年里，德邦物流不断改进，逐渐实现了信息化。德邦物流在 2007 年 11 月正式晋级国家 AAAAA 级综合服务型物流企业，主营国内公路零担运输业务，近年来，德邦物流以 60% 的速度稳健发展。截至 2018 年 10 月，德邦快递拥有自营网点 10000 余家，覆盖全国 34 个省级行政区的大部分一、二线城市，服务网络遍及全国，自有运输车辆 10000 余辆，全国转运中心总面积超过 124 万 m^2。2018 年 1 月 16 日，德邦快递在上海证券交易所主板上市交易。2018 年 7 月 2 日，"大件快递大有可为" 德邦 2018 战略发布会在北京"水立方"开启。本次发布会上，德邦物流正式宣布更名为德邦快递。同时，德邦快递更名后推出了行业内第一款真正意义的大件快递产品——大件快递 3~60kg，并将以产品组合和服务定义大件快递服务。

德邦快递以大件快递为核心业务，主要业务涉及快运、整车、仓储与供应链，是中国企业 500 强之一。多年来，公司坚持"以客户为中心，以进取者为本，以团队创高效，坚持自我反思"的核心价值观，致力于为用户提供高效、快捷的货运解决方案。

2. 德邦快递各阶段电子商务的应用

（1）订购阶段

移动通信技术的普及，使移动电子商务真正实现了随时随地在线交易的构想。利用便携式计算机、手机、PDA 等移动通信终端，依靠增值服务平台和客户端软件，借助 CDMA、GPRS 通信网络以及 4G 通信技术，可以向目标客户提供产品和定制快速、灵活的服务，以及在线实时查询，以满足市场多样化需求。同时也能为物流企业的运作管理提供相关信息的收集、管理以及查询等服务。

德邦快递志在成为中国人首选的国内物流运营商，公司以"为中国提速"为使命，成功地建立了自己的网络平台。客户通过无线终端登录企业无线物流平台，从挑选、订购—企业将订单信息传送给无线终端支付平台—无线终端支付平台向客户下发短信，展示订单信息—用户回复短信确认支付—无线终端支付平台通知企业客户支付成功—企业给客户发货，同时将信息发送到客户无线终端上，告知客户商品已发货，注意查收。通过电子商务 WAP 网站的打造，可以通过无线终端轻松实现订购、交易、付款申请。电子订货系统流程如图 9-8 所示。

订购作为物流的首要阶段，是客户接触物流的开端。客户利用德邦快递的任意检索联机网络中的产品和服务，在选中适当的产品或者服务后直接向提供方购买，并在测试满意后由网络经银行直接转账付款；客户也可以在未选中合适产品时，通过网络与自己认为合适的提供方进行交流，将自己的需求告诉提供方，并由提供方在要求的时间内加工生产后经网络直接转账付款。

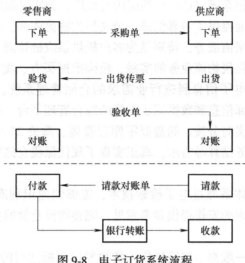

图9-8 电子订货系统流程

(2) 仓储阶段

库存管理是根据外界对库存的要求，用尽量少的人力、物力、财力把库存量控制到最佳的管理活动。电子商务的应用保证了物流信息的畅通，加以物流条码技术的运用，产品信息的录入、打印，货品入库、领用的信息化管理（图9-9），让库存管理变得更加精准、迅速。通过订单和生产信息及时被获取，德邦快递可以合理安排生产和产品出厂速度，从而减少库存成本，加快了资金周转。

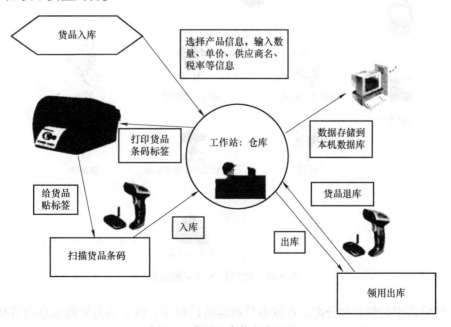

图9-9 货品入库信息化流程

德邦快递拥有自主研发的仓储管理系统，其自主研发的物流网络服务平台，能够实现物流服务需求与供给的高效、无缝对接，并提供网上委托与电话订单相结合的配套服务，方便客户交流与合作。卫星定位系统（GPS）的应用与推广，为实时跟踪货物，即刻向客户反馈信息，货物实时到达目的地提供了可靠保障。公司提供物流咨询、包装设计、市场信息、粘贴标签、扫描条码等物流增值服务，特别是为客户提供供应链管理一体化解决方案。

德邦快递经过多年的保税物流业务的实践，精确把握买方、卖方、仓库、海关、财务5大部分，自主研发了顺应电子信息制造行业需求的仓储管理系统，该系统是公司外部供应商、制造商、海关以及内部信息和数据同步交换的综合管理平台。基于该系统功能的模块化和集成化，满足了供应商实时分拨、制造商零库存管理、海关24小时实时监管、库存数据动态更新、企业管理及财务结算等需求，真正实现了现代保税仓储物流服务功能的一体化和协同性。

德邦快递的仓储管理体系通过电子检索技术，能够快速识别库存现状和未来的存储状态，能够为工作人员对仓库的安排提供参考意见，完善物流仓储的实际状况。

（3）运输阶段

过去的物流运输过程一般都是暗箱操作，货物发出到抵达目的地期间发生了什么情况，出现了什么问题，物流公司和客户很难知道。但是有了移动跟踪技术，可以使用GPS、GIS和移动LBS接收器对车辆、货物进行跟踪定位，实时监测货物运送情况。物流公司、发货方和收货方通过互联网实现信息的即时共享，还可以对车辆运行进行有效监管，合理调度车辆行驶，从而取得最大的经济效益。德邦快递的运输流程如图9-10所示。

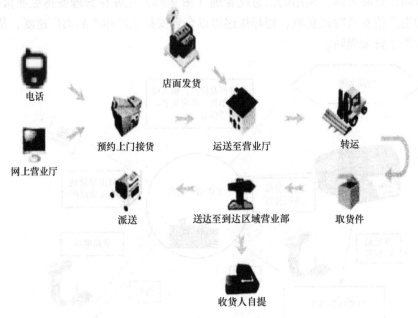

图9-10 德邦快递的运输流程

1）运输需求的整合和分配。在城市货物运输过程中，由于运力资源信息与货物资源信息严重分离，信息不畅通，货物承托双方之间缺乏有效的对接与沟通中介手段，导致车辆回程空驶现象严重，运输成本高、效率低，造成社会资源的巨大浪费。同时，由于运输需求的不稳定性、分散性以及运力资源的分散性，无法对需求和运力进行集成和合理分配。

在这种情况下就需要一个负责整合和分配需求的电子商务平台，这个平台需要专门成立网络公司进行管理，运输车辆通过注册加盟的方式与网络公司形成一种基于合同的合作伙伴关系，有运输需求的客户则可以通过网络进行注册和下单，之后由网络公司通过信息系统将各区域内的运输需求进行实时的整合，经信息系统处理后实时分配给各个运输车辆，如图9-11所示。

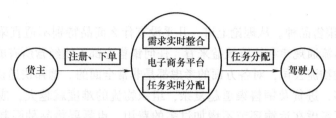

图9-11　德邦物流运输整合和分配

2）移动商务技术的引入。由于货车的空间位置是不断变化的，而且货车的载运状态将在等待运输和运输途中这两种状态间反复交替，因此，作为信息收集、处理和传输平台的网络公司必须实时与货车进行信息交流，才能实现物流车辆的有效调度，才能适时地为空载车辆进行动态配载。德邦快递就是针对这些情况，把GPS、GIS系统和手机进行捆绑，使货车的空间位置信息和载运状态信息通过无线通信网络实时传输给网络公司的电子商务平台（图9-12）。网络公司向货车驾驶人分配任务则可以通过网络信息方式发送，而后货车可以利用GPS导航尽快到达接货地点，进行补货配载，如此便为德邦物流节省了大量的人力、物力和运输成本。

图9-12　电子商务技术在城市货运物流中的应用

除此之外，运用GPS和GIS系统的设备进行监控，可以有效地观测货物运输途中的一切状况；也可以通过网络公司网站的"在途车辆动态运行监控图"对目标车辆货物运输状态进行查询，实现了电子商务与物流的无缝对接。

（4）配送阶段

物流配送是按照客户的要求，经过分货、拣选等货物配备工作，把最终产品从生产线的末端传递到消费者手中的移动和储存过程。在物流配送过程中，运送的货物有时需要暂存，借助移动公共物流信息平台和自动跟踪系统能及时获取各地区库存信息，实现货物就近储存，这样就实现了跨区域的仓库合理调配，提高了仓库利用率，从而减少了物流成本。德邦快递为了解决电子商务发展的物流瓶颈问题，除了选择合理的物流模式外，还制订了一整套适合电子商务发展的完整、高效的物流配送方案。

在制订方案时，德邦快递主要考虑了以下几方面内容。

1）合理定位销售区域。作为电子商务信息载体的互联网，其地理分布范围正在迅速扩展,但在电子商务发展的初级阶段,电子商务的销售区域很难覆盖互联网所涉及的全部地区。由于电子商务的客户分布不集中、送货地点分散,加之物流网络不及互联网覆盖范围广,很难合理地组织送货。所以,德邦快递作为电子商务经营者,根据消费者的收入、需求偏好、地理分布等条件的不同,合理定位销售区域。对不同的销售区域采取差别性的物流服务政策,从而实现物流的经济性。例如对电子商务普及、订货较集中的区域应及时送货,送货标准不低于有形店铺的送货标准,而对于物流零散的区域,则要进行集货,送货期限可酌情延长。

2) 认真筛选销售品种。从理论上讲,几乎没有什么商品特别不适宜采用电子商务的销售方式,但从商品流通规律和经济效益来看,任何销售商都不能经营所有的商品。德邦快递作为有发展前景的物流公司,对各方面的考虑都是非常全面的。德邦快递认为,销售商所经营的商品品种越多,进货及销售渠道越复杂,组织物流的难度就越大,成本也就越高。因此,德邦快递为了考虑在运输环节不增加过多的费用,也需要将品种限制在一定的范围之内。德邦快递认为,一般情况下商品如果有明确的包装、质量、数量、价格、储存、保管、运输、运输验收安装和使用标准,以及对储存、运输、装卸等作业无特殊要求,就适合采用电子商务的销售方式。

3) 精心策划配送方案。电子商务的物流方案中配送占据着至关重要的地位,它既是物流过程的重要组成部分,又是生产成本的重要环节,同时也是制约我国物流及电子商务发展的瓶颈,因此经营者必须精心设计配送方案。配送方案是一项专业性极强的工作,德邦快递的配送方案由专业人员精心策划,其中包括库存的可能性、反应速度、首次保修修复率、送货频率、送货的可靠性、配送文档的质量,同时还要设计配套的投诉程序,提供技术支持和订货状况信息等。

4) 降低物流成本。电子商务的物流更具有"多品种、小批量、多批次、短周期"的特点,很难单独考虑物流的经济规模,因而有时物流成本较高。德邦快递精心考虑这方面的因素,认为电子商务的服务提供商必须扩大在特定的销售区域内消费者群体的基数,如果达不到一定的物流规模,物流成本肯定会居高不下。

5) 合理控制库存。由于销售者很难预测某种商品的销售量,库存控制历来就是销售管理中的难题。回避该问题的最好方法就是直销,先拿到订单,按照订单组织生产,再将货物送到消费者手中。德邦快递采用先进的电子商务物流平台,不但能够时刻了解库存动态,还可以采用一定的软件技术来预测未来的库存状态和空间,有助于更灵活的调度。

德邦快递走的并不是国内司空见惯的"价格战"路线,很多时候其报价相比国际巨头、国内同行都要高出10%~20%的水平。专业化、规范化、精准化以及"承载信任,助力成功"的服务理念,成就了德邦快递在客户中的口碑和品牌认同,同时也在客观上形成了德邦快递的竞争门槛。

复习思考题

1. 如何定义广义电子商务?电子商务有哪些特点?
2. 电子商务在交通运输领域可以应用在哪些方面?
3. 高速公路电子商务管理系统由哪些部分组成?

第 10 章 Chapter 10
交通运输商务礼仪

礼仪是人类文明的一个重要组成部分。我国素有"礼仪之邦"的美誉，礼仪文化源远流长，并有着完备的礼仪体系。随着我国社会主义市场经济的发展，商务活动与国际交往日益频繁，礼仪更成为人们社会生活中不可缺少的内容。

对于企业和商务工作者来说，商务礼仪是一张通向现代市场经济的"通行证"。全面地了解与掌握商务礼仪的基本内容，可使商务人员树立良好的个人与企业形象，与对方进行良好的沟通、交往，从而成功地开展商务活动。

10.1 商务礼仪概述

礼仪是指人们在各种社会交往中，用以美化自身、敬重他人的约定俗成的行为规范和程序，是礼节和仪式的总称。礼貌、礼节、仪表、仪式等都是礼仪的具体表现形式。遵守礼仪需要在思想上对交往方有尊敬之意，在外表上注重仪容、仪态和服饰；在谈吐举止上懂得礼仪规矩；在一些正式的场合中，还须遵循一定的典礼程序等。对于职业人士来说，学习商务礼仪可以有效塑造自己的素质和专业形象，使交往对象产生规范、严谨、专业、有礼、有节的良好印象，从而形成企业独特的竞争优势。

商务礼仪则是商务人员在商务活动中，用以维护企业形象，对交往对象表示尊敬与友好的规范与惯例，是一般礼仪在商务活动中的运用和体现。商务礼仪是社会礼仪的重要组成部分，但它又不同于一般的人际交往礼仪。商务礼仪的运用不但体现了个人的自身素质，也折射出所在企业的企业文化水平和企业的管理境界。

1. 商务礼仪的特点

商务礼仪既然是商务活动中不可或缺的重要内容及商务活动成功的重要条件，必然有其内在的重要特点。

具体地说，商务礼仪的特点主要表现在以下几个方面。

（1）商务礼仪具有规定性

商务礼仪的适用范围，是指从事商品流通的各种商务活动，凡不参与商品流通的商务活动，都不适用于商务礼仪。

（2）商务礼仪具有信用性

要从事商务活动，必定有双方利益上的需要，而不是单方面的利益需求，因此，在商务活动中，诚实、守信非常重要。所谓诚实，即诚心诚意地参加商务活动，力求达成协议，而不是夸夸其谈，不着边际，毫无诚意。所谓守信，就是"言必信，行必果"。签约之后，一定履行；如果实在出了意外而不能如期履约，那么应给对方一个满意的结果来弥补，而不应该言而无信。

(3) 商务礼仪具有时机性

商务活动的时机性很强，有时时过境迁，就会失去良机。如果商务从业人员说话做事能够把握时机，恰到好处，问题就会迎刃而解。

(4) 商务礼仪具有文化性

商务活动虽然是一种经济活动，但商务从业人员如要体现文明礼貌、谈吐优雅、举止大方的风貌，就必须不断提高自身文化素质，树立文明的企业形象，在商务活动中表现出文明典雅、有礼有节的素养。

2. 商务礼仪的作用

(1) 遵守商务礼仪可以提升个人形象

个人形象说到底是由人的身材、长相、服饰打扮以及姿态、风度构成的，是一个人精神面貌和内在素质的外在表现。身材、长相是天生的，而服饰打扮以及姿态、风度却是可以通过后天培养的。一个人的外在美固然能引人注目，但只有将外在的美与内在美结合起来，个人的魅力才能长久不衰。商务礼仪不仅要求商务人员注重仪容仪表，更强调商务人员要培养良好的语言行为习惯，遵守社会公德以及法纪法规，符合社会规范。

(2) 遵守商务礼仪可以提升组织形象

礼仪是组织形象的核心内容之一，必须通过人来展现。因此，商务人员的个人形象与企业形象不可避免地紧密联系在一起。商务人员形象是企业形象的代表，商务人员是企业形象的主要塑造者，是企业连接消费者的"桥梁"。在职场上，商务礼仪不再仅仅是个人素质的外在表现，更是企业文化内涵的体现。但凡国际化的大企业，对礼仪都有着极高的要求，原因就在于企业希望通过形式规范的礼仪表现出企业的整体素质，从而获得良好的公众评价。商务礼仪能展示企业的文明程度、管理风格和道德水准，塑造企业形象。从某种意义上说，商务礼仪已经成为建立企业文化和现代企业制度的一个重要方面。

(3) 遵守商务礼仪可以提升职业形象

职业形象是行业或组织的精神及文化理念与从业人员个体形象的有机融合，是个性化和规范化的统一。不同的行业和组织都有各自不同的文化和理念，这就要求其从业人员的个人形象必须服从于组织形象，其个性的凸显必须在符合企业要求的前提之下。因此，职业形象必须是个体形象与组织形象的完美结合，不同行业的从业人员，其个体形象必须符合某类特定职业角色的要求。

作为商务人员，必须对自己所从事的工作有一个清醒的认识，应该将自己定位为：服务他人的商务人员。每个商务人员，都应该树立起与之相适应的职业理想、职业道德、职业信念，都应该具备与行业要求相吻合的职业素质、职业气质和职业仪表。

3. 商务礼仪应遵循的基本规律

(1) 约定俗成律

所谓约定俗成律，是指各种礼仪规范都是在社会生活中共同议定、众所习用的。礼仪规范不是法律规范，它不能依靠强制的权力来维持，而是依靠社会成员的认同、认可和主动服从。不同的社会圈子、不同的行业有不同的礼仪要求，因此礼仪才会呈现出不同的形式，如社交礼仪、商务礼仪、公务礼仪、教师礼仪、餐饮礼仪、酒店礼仪等。它们既有共性，也有因不同的目的和行业要求而呈现出来的差异。但不管哪种形式的礼仪规范，都需要社会成员和行业从业人员自觉遵守、共同实施。礼仪规范一旦形成，虽然不具有法律效力，但有着强大的制约力。"物以类聚，人以群分"，商务人员身处服务行业，当然必须遵循商务礼仪，否则将不被这个行业所接受。

(2) 等级相称律

等级相称律指的是，礼仪是划分为一定等级的，礼仪的等级与礼仪主体和客体的等级必须相称。所谓的等级，一是指社会地位的高低，二是指家族地位的高低和年龄的大小。由于有了上下、长幼之分，因此，礼仪的规模、规格和形式都应与之相适应。比如见到上级应该主动行礼问候，上级也应该点头回礼，这既体现出礼仪的等级必须与人的身份地位相符，也体现出彼此之间的互相尊重。

(3) 时空有序律

时空有序律是指一切礼仪行为中的时间、空间顺序都是有意义的。也就是说，礼仪行为和礼仪活动中的时间、空间顺序是礼仪主体和客体等级秩序的体现。等级秩序往往就是通过时空有序律体现出来的。社交礼仪中"女士优先"这一礼仪原则就是时空有序律最典型的表现，商务礼仪中的客人优先、位高者优先也体现了这个原则，剪彩仪式、签字仪式等活动也充分展现出礼仪行为中时间、空间顺序的重要意义。

(4) 客随主便、主随客意律

客随主便、主随客意律是指处于客位的礼仪当事人必须遵循处于主位的礼仪当事人所在地域的礼仪规范，而处于主位的礼仪当事人也必须本着互相尊重的精神，充分尊重客位当事人的礼仪规范和风俗习惯。这一规律在对外交往中尤为重要。它使不同民族、不同地区的人们在交往时有了一个共同认可的标准，体现了现代礼仪中互相尊重的精神，使人们在交往中不至于陷入盲目和无序当中。

当身为客人时，应尽量遵循所到地域的礼仪规范，才能得到主人的认同和欢迎。当身为主人时，也不能随心所欲，无所顾忌，而是应该充分考虑有关国家、民族的风俗习惯，尤其要了解客方的禁忌。

4. 商务人员应当具备的素质

商务工作是一种知识性、技术性很强的开拓性活动，要求商务人员必须具备广博的知识和多方面的才能。特别是在当今科学技术高速发展、全球经济迅速增长、贸易方式不断创新、新技术和新产品不断涌现的今天，商务人员的知识应不断充实、更新，应具有信息处理能力、专业技术能力和人际交往能力。

(1) 文化素质

文化素质是指一个人的知识水平，接受和更新知识以及把理论与实践相结合的能力。专职从事商务工作的人员应受过正规的高等教育，除精通商业专业知识外，还应有娴熟的外语表达和计算机应用技能，同时还应了解经济法和商法、社会学、人际关系学、历史和地理等多方面的知识。从事商务工作的人员所接触的商品种类繁多，技术范围广。这就要求商务人员接受商品技术培训，掌握丰富的商品知识，一旦被派驻某个市场，就既是推销员，又是售后服务员，要随时准备回答客户提出的商品技术问题。

从个人的角度看，良好的文化素质既能充分展示一个人的个性风采，增加人格魅力，又

有助于个人才能的发挥和事业的成功。因此，商务人员要认真学习一些种类知识，努力提高自己的内在文化修养，提高自己的社会交往能力，学会与人合作共事，培养热情开朗、幽默风趣、乐观自信、宽容豁达、精明强干的职场形象。

(2) 工作能力

工作能力是指一个人在具体工作环境中运用所掌握的知识、技能处理和解决问题的能力。国际商务人员的能力包括专业技术能力、组织能力、社交能力和表达能力。

① 专业技术能力。商务人员应是一个综合型人才，业务上具有多面手的能力，如市场调查、市场开拓、结算、商品售后服务、收集情报信息等技能。

② 组织能力。组织协调企业的商务工作，建立和拓展国内和国外市场。如果被派驻某地或某国工作，应能很快在当地建立商务机构，疏通各方面的关系，具备调配人、财、物的能力，尽快开展工作。

③ 社交能力。社交能力是衡量一个现代人适应开放社会程度的标志之一，也是商务人员应具备的起码的条件之一。没有一定的社交能力，是难以建立业务关系的。商务人员要做到善于观察，善解人意，善于与他人分享，善于说服人、影响人，善于取信于人，并与人真诚合作。

④ 语言表达能力。商务人员应当具有良好的语言表达能力。通俗、严谨、风趣的语言，不但能起到良好的表达效果，而且能创造交流业务的融洽气氛和亲密无间的客户关系。商务人员的语言表达应流畅、清晰、准确，富有表现力、吸引力和感染力。商务人员还要具有书面语言表达能力，如写市场调查报告、汇报材料等，也是商务人员经常要做的工作。商务人员除了要有良好的母语表达能力外，还应具备良好的外语表达能力，因为很可能有些客户是外国人，如果不懂外语，就很可能会失去商业良机。

10.2 见面及沟通礼仪

1. 着装礼仪

着装礼仪是一种文化现象，是一种无声的语言，从侧面可真实地传递出一个人的修养、性格、气质、爱好和追求。雅致、端庄的服饰表示对他人的尊敬，邋遢不洁的着装则是一种不礼貌的行为。社交界尤其是商务人员对服饰穿戴非常敏感，与陌生人初次见面，往往会"以貌取人"。因此，商务人员在工作中，对于有关着装的礼仪规范，务必严格遵守，不可忽视。

(1) 男士着装

西装，已成为商务人士特别是男士们参加商务活动的首选。面对市场上五花八门的西装品种，对它的选择十分必要。

西装的具体色彩必须显得庄重、正统，而不能过于轻浮和随便。根据此项要求，适合于男士在商务交往中所穿的西装的色彩，理当首推藏蓝色。在世界各地，藏蓝色的西装往往是每一位商界男士首先必备的。除此之外，还可以选择灰色或棕色的西装。黑色的西装也可予以考虑，不过它更适于在庄严而肃穆的礼仪性活动时穿着。按照惯例，商界男士在正式场合下不宜穿色彩过于鲜艳或发光发亮的西装。越是正规的场合，越讲究穿单色的西装。

与西装为伍的衬衫，应当是正装衬衫。正装衬衫主要以高支精纺的纯棉、纯毛制品为主，必须为单一色彩。在正规的商务应酬中，白色衬衫可谓商界男士的唯一选择。除此之外，蓝色、灰色、棕黑色，有时也可加以考虑；衬衫大体上以无任何图案为佳，较细的竖条衬衫在一般性的商务活动中可以穿着；衬衫的领形多为方领、短领和长领。具体进行选择时，须兼顾本人的脸形、脖长以及领带结的大小，千万不要使它们相互之间反差过大。

领带是商界男士穿西装时最重要的饰物。好的领带，应当是用真丝或羊毛制作而成的。在商务活动中，蓝色、灰色、棕色、黑色、紫红色等单色领带都是十分理想的选择。商界男士在正式的场合中，切勿使自己佩戴的领带多于三种颜色，同时，也尽量少打浅色或艳色的领带。

（2）女士着装

女士商务西服套装或商务套裙是商界女士正式场合的正装，对它的选择如同商界男士们对西装的选择一样，也要遵循一定的礼仪规范。

套装或套裙面料最好选择纯天然质地的，上衣、裙子以及背心等，应当选用同一种面料。外观上讲究的是匀称、平整、滑润、光洁、丰厚、柔软、悬垂、挺括。但一般情况下，可以选择薄花呢、人字呢、女士呢、华达呢、凡立丁、法兰绒等纯毛面料，高档的府绸、丝绸、亚麻、麻纱、毛涤以及一些化纤面料也可选择。

套装或套裙的色彩应以冷色调为主，体现出着装者的典雅、端庄与稳重。一般情况下，如藏青、炭黑、烟灰、雪青、茶褐、土黄、紫红等稍冷一些的色彩，都可以作为商界女士考虑的范围。套装或套裙的上衣与裤子或裙子可以是一色，也可以采用上浅下深或上深下浅等两种并不相同的色彩，使之形成鲜明的对比，前者显得庄重而正统，后者则显得富有活力与动感。

传统观点认为，裙短则不雅，裙长则无神。裙子的下摆恰好抵达着装者小腿肚子上的最为丰满之处，乃是最为标准、最为理想的裙长。一般情况下，商界女士穿着的超短裙，裙长应以不短于膝盖以上15cm为限。

2. 仪容仪态礼仪

商务人员的仪容仪态礼仪，在于通过美观自然的发型、大方得体的妆容，塑造美好的仪容；通过文明礼貌的行为举止，塑造优雅的仪态。注重仪容仪态礼仪，是商务人员维护自身形象，取得事业成功的基本要求。

头发位于人体的"制高点"，在人的仪表美中占有举足轻重的地位，也是被注视的重点。因此，修饰仪容也得从头发做起。要注意头发的整洁，一要勤于清洗，二要勤于修剪，三要勤于梳理。特别是在出门之前，换装和摘帽之后，要自觉梳理。

化妆已成为女士们追求美丽和时尚的法宝，但不是所有的女士都深谙化妆的原则。由于化妆不得体，弄美成丑的事比比皆是。在化妆时要遵循扬长避短的原则，找出面部最有魅力的部位，刻意加以美化，对有缺陷的地方，应加以掩盖或削弱，这样才能起到化妆的最佳效果。

站姿是商务人员工作和日常生活中第一引人注视的姿势，它是仪态美的起点，又是动态美的基础。良好的站姿能衬托出美好的气质和风度。站姿的基本要求是挺直、舒展、站得直、立得正、棱角分明、线条优美、精神焕发。其具体要求有：头要正，头顶要平，双目平视，微收下颌，面带微笑，动作要平和自然；脖颈挺拔，双肩舒展，保持水平并稍微下沉；

两臂自然下垂，手指自然弯曲；身躯直立，身体重心在两脚之间；挺胸、收腹、立腰，臀部肌肉收紧，重心有向上升的感觉；双腿直立，女士双膝和双脚要靠紧，男士两脚间可稍分开点儿距离，但不宜超过肩宽。

坐姿是非常重要的仪态。在日常工作和生活中，离不开这种举止。坐是一种静态造型，对男性更有"坐如钟"一说。端庄优美的坐姿，会给人以文雅、稳重、大方的美感。与人交谈时，坐得靠后——深坐，或坐得靠前——浅坐，可以反映不同的心理状态和待人态度。深坐表现出一定的心理优势和充满自信；浅坐表现出尊重和谦虚；但过分地浅坐，则有自卑和献媚之嫌了。在人体语言中，人的躯干、四肢、手势、面部五官各具特点，都可以作为表情达意的工具，显示出不同的心态。不过，在社交礼仪中，坐姿所起的作用更大些，所占的位置更重要些，应当尤其重视。

3. 交际礼仪

商务交际礼仪，就是对商务人士在平时的交际应酬中举止行为所作的具体规范。它涉及商务人士人际交往的各个方面。其重点是指商务人士以工作为基本目的，而以个人身份与其他各界人士进行各种交际应酬时所需要遵守的行为规范。

（1）介绍

自我介绍是交际场合中常用的介绍方式，它在某种意义上是打开人际交往大门的一把钥匙。在许多人交谈或聚会的场合，如果你要和一个不相识的人谈话，首先应该作自我介绍。自我介绍时，可以介绍一下自己的姓名、身份、单位。如果对方也有与自己相识的愿望，并且非常热情，那么作自我介绍的还可以进一步介绍自己的经历、专长、兴趣等。介绍自己要亲切有礼，态度谦虚，不能自我吹嘘。如果在单位担任领导职务时，只需介绍自己所在的单位，不必介绍职务。最简单的介绍可以这样说："你好，我是×××，请多关照。"

他人介绍，是指在社交场合由他人将你介绍给别人。由他人作介绍，自己作为当事人，如果你是身份高者或年长者等，听他人介绍后，应立即与对方握手，表示热情、欢迎、很高兴认识对方等意；如果你是身份低者或年轻者等，当将自己介绍给对方时，应根据对方的反应来做出相应的反应。如对方主动伸手与你握手，你要立即将手伸出与对方相握，对方愿意交谈，你应表示高兴交谈。介绍时，除女士和年长者外，一般应起立（但在宴会桌上、会谈桌上可不必起立），相距近者可握手，远者可举手致意。

为他人作介绍时，应对将要被介绍的双方的情况都比较了解，这是介绍的前提。在绝大多数的场合下，介绍人为他人作介绍都是深受欢迎的。但也有例外情况，即相遇的双方或一方因某种原因根本不愿认识，如果在这种情况下为他们作介绍，就使他们陷入不情愿之中而又不得不勉为其难，这也是失礼和不适于人际交往的原则。因此，介绍人应对双方是否有结识的愿望有确实的把握，若一时把握不准，可以先征求一下同行朋友的意见。另一方面，介绍人要机灵敏捷、善解人意，通过观察发现双方是否要求介绍，如双方有意相互结识并期待你作介绍，那就应该义不容辞地为双方做好介绍工作。

（2）称呼

在人际交往中，选择正确、适当的称呼，反映着自身的教养和对对方尊重的程度，甚至还体现着双方关系发展所达到的程度。称呼，是指人们在日常交往应酬之中所采用的彼此之间的称谓语；也是当面招呼对方，以表明彼此关系的名称。它是人际交往语言中的先行官。现代社交场合中，称谓语一般有通用称呼、姓名称呼、职务称呼和职业称呼四种。

通用称呼是在社交场合最简单、最常用的称呼，特别是对陌生人可常用的一种称呼。这种称呼不区分听话人的职务、职业、年龄，如同志、先生、太太、小姐、女士等。在这里要注意，一般在社交场合中，男士不论年龄大小都可称呼先生、同志；女性不管年龄大小也都可以称呼女士；太太一般是知道对方已经结婚的情况下对女子的尊称；小姐一般是对未婚女子的称呼，但是在社交场合若不知道对方婚否，则也可以用小姐称呼；而同志的称呼在现在的社交场合中用得远比先生要少，它只在某些场合用于对政府领导、警察、军人和公务员等的称呼。在涉外场合对于女性一般都要称呼女士，这是对女性的一种尊重。

姓名称呼是对于一些年龄、职务相仿，好同学、好朋友、好同事等常用的称呼语。按照国际惯例，在正规社交场合中一般都要用全称。

职务称呼是一种以被称呼人所担当的职务来作为称呼语的称呼，如经理、局长、厂长、院长、书记等。

职业称呼是一种以被称呼人所从事的职业来作为称呼语的称呼，如老师、律师、医生等。

4. 交谈礼仪

在商务交往中，商务交谈是至关重要的一种活动，因而对商务人员的谈吐有着很高的要求。商务人员不一定要伶牙俐齿，妙语连珠，但必须具有良好的逻辑思维能力和清晰的语言表达能力；在交谈中，必须保持自己应有的风度，始终以礼待人。交谈是一门艺术，为了实现交往的目的，商务交往中不仅要注意话题的选择，还要注意表情、态度、措辞、技巧以及交谈的禁忌。

寒暄是指初始见面时相互问候、相互致意的应酬语或客套话，恰当地运用能营造良好的交谈气氛。在商务活动中，寒暄具有独特的要求。

首先，寒暄要掌握分寸，适宜合度。这里所提出的掌握分寸、适宜合度既有量方面的要求，同时还有质方面的要求。所谓量的要求，是指寒暄语的使用不宜过度，能三言两语，绝不长话一串，能够精炼，绝不拖沓。所谓质的要求，是指寒暄过程中不能言不由衷，更不能一味吹捧夸大，特别是对仰慕敬重型寒暄的运用尤其要注意，以免产生物极必反的效果，使对方感觉自己受到讥讽或挖苦。

其次要考虑对象，选择措辞。交往对象不同，寒暄的选择也应有差别。一般来说如果交往双方在年龄上有明显的差别，那么在寒暄的过程中，年轻者要表示敬重，而年长者则要表现出热情谦虚；交往双方如果是已经非常熟悉的人，那么不妨在寒暄时更加随意、轻松一些为好；反之，若初次见面就应该显得庄重一些；男性与女性交往时，寒暄应该特别注意，不适合于女性的语言一定要避免使用；语言具有民族性，这不仅表现在语音、语调上，还体现在语言使用的习惯和表达的文化内涵上。不同民族、不同国家在寒暄这一语言环节上也有着明显的差异。

总之，在人际交往当中，商务人员应学会恰当地掌握或运用寒暄，为人际关系的和谐拉开序幕，并继续谱写出动人的篇章。

在商务交谈开始时，选择合适的话题是非常重要的。如果选择了对方不熟悉或不感兴趣的话题，谈话很容易陷入僵局，或者变成单方面的说教。

交谈双方熟悉程度不同，选择的话题也应有所不同。一般来说，在陌生人或是不太熟悉的人之间应选择比较简单且适宜的话题，如天气、环境、新闻等这些话题比较适合，不容易引起误会和不快。有人可能会觉得这些话题太陈词滥调了,其实正是这些简单的话题可能引出非常有意义的甚至是精彩的谈话,如天气的话题可能引出有关生态环境方面的谈论。

10.3 商务通信与客户往来礼仪

1. 商务通信的基本要求

一切贸易往来,从信函开始,由信函结束,因此一封商务信函的抬头绝非可有可无。抬头的基本内容包括称谓语与提称语,有吸引力的抬头应注意以下事项。

(1) 称谓语准确

确保所写姓名、头衔正确无误,切忌直呼其名或者没有称谓,因为写错或漏写收信者的姓名与头衔是非常不礼貌的行为。

不知道收信者的性别时,可以使用中性名词称呼收信者。稳妥的称呼比如"董事长""主任""首席代表"等。

不能滥用称呼。尤其是初次致信时,慎用"先生""小姐"之类的称呼,专用性称呼如"阁下""老板"等也应注意使用。必要的时候,可以以直接致信的有关单位或部门作为称谓语。

(2) 提称语到位

提称语是在称谓语之前用来提高称谓语的词语,平常的公务信函中可以不使用。公务信函里最标准的提称语是"尊敬的",而用于社交场合的古典式提称语如"尊鉴""台鉴"等一般不宜使用;对于普通的公务信函,不宜用"亲爱的"等西式提称语。

总之,商务信函的抬头应根据具体对象具体对待,力求恰如其分。

(3) 正文要主题明确

正文是商务信函中最核心的内容,写作时一定要注意主题明确,言简意赅,层次清晰,语句通畅。首先,要适当使用人称,根据对对方的了解以及双方关系的亲密程度来选择人称;其次,要将最重要的信息放在前面,节省对方的阅读时间,比如"本信目的是与你们探讨合作的可能性";第三,要精简信函内容,如果信函内容太长,会让对方感到乏味,而"篇幅短、段落短、句子短、词汇短"四短式的信函通常比较受欢迎;第四,要确保信息准确无误,比如要求供货时,不要用"大量""许多"一类词,应具体说明数量,在一封信上不讨论两件事,以突出主题;第五,要保持信函干净整洁,正式的公务信函最好打印,手写信函要字迹工整、格式正确。

(4) 结尾要全面而具体

结尾作为公务信函的最后一部分,写作上的基本要求是全面而具体,这样的结尾才是有效用的。一般而言,商务信函的结尾由以下6个部分组成。

1) 祝颂语。它是写信者对收信者所进行的例行祝福,内容多有固定模式,一般不宜空缺。

2) 附问语。它是指写信者代替自己周围人士问候收信者或附带问候收信者周围人士,可用可不用。

3) 补述语。它是正文后尚需补充的内容,也称为附言。非公务信函最好不用补述语,如需使用,应注意3点:单字不成行,单行不成页,字数不宜多。

4）署名。署名要署写信者的完整姓名，必要时也可同时署上其行政职务与职称。若为打印信函，最好有署名者的亲笔签名。

5）日期。所署日期要尽量具体，写明"×年×月×日"。

6）附件。即其他文件，通常置于公务信函之后，为便于收信者核对，在信中应注明具体件数、页数、名称等。

(5) 封文书写的规范

封文，即写在信封上的内容。交付邮寄、快递的公务信函均应书写封文，封文要慎用雅语、地址详尽，主要有以下规范。

地址详尽。通信双方的具体地址均应仔细写明，不仅要写上省、市、区、街道、门牌号码，而且还应写上单位、部门。这样既可以保证收信者及时收到信函，也能确保信函退回时不至丢失。

姓名书写正确。若收寄者是单位、部门，应注明其正确的全称。

慎用雅语。雅语的使用有其基本规范，不可滥用，并且要注意顺序，对邮递员的称呼应写在收信者姓名之后，启封词应写在收信者姓名与邮递员对其称呼之后，而缄封词则写在寄信者姓名之后。

邮编正确、勿漏。一些公务信函晚到甚至缺失，很可能是因为没有邮编或邮编不正确。

格式标准。不同类型的信函有不同的格式标准，因此要根据各自的标准来写公务信函的封文。比如直式信封的邮票贴于信封的左上角，横式信封的邮票则贴在右上角。

2. 常见的商务通信种类

(1) 贺信

贺信是表示祝贺的信函的总称。现代人一般使用贺信来表彰、赞扬、庆贺个人或组织在某个方面所做的贡献和取得的成功。日常交往中使用贺信可以维系朋友关系；在商务活动中使用贺信，一般考虑的是保持与合作伙伴良好的关系，加强双方的友好往来，因而商务贺信的书写也是很有规格的。贺信包含以下4个部分。

1）标题。可以写"贺信"，也可以在此之前写上何人给何人的贺信或祝贺的理由。

2）称谓。顶格写明被祝贺单位或个人的名称及姓名。

3）正文。首先表示祝贺，其次是表示欣赏与肯定，评价要恰如其分，最后提出自己的希望，通常以"谨祝取得更大的成功"一类祝愿语结尾。

4）落款。写明发信人的姓名和发信日期。

贺信写起来比较容易，但是在语言方面要把握有度，语言固然要热情洋溢、令人振奋，但不能显得谄媚。

(2) 感谢信

感谢信是对某个单位或个人的关怀、支援、帮助表示感谢的信。感谢信不仅有感谢的意思，而且有表扬的内涵。其基本要求是内容真实具体、感情真挚。

感谢信的格式：

1）标题。第一行正中用较大字体写"感谢信"或"致×××的感谢信"等。

2）称谓。顶格书写感谢对象的单位名称或个人姓名。若对象众多，可以在正文中提及。

3）正文。从第三行空两格起，首先致谢，其次说明致谢原因，以表现对方的优秀品格，重点叙述关键时刻对方的关心给自己带来的帮助，要将事迹叙述清楚，理清人物、事件、时间、地点、原因、结果等要素，让他人了解清楚并真诚地向对方学习。

4）结尾。写上表示敬意、感激的话，如"致以最诚挚的敬礼""此致""敬礼"等。

5）落款。署名，注明写信日期。

感谢信以说明事实为主，重点介绍对方对自己或本单位的帮助，切忌空洞的议论；表示谢意的话要得体，符合彼此的身份，感情要真挚、热烈，争取感染看信者。

(3) 致歉信

致歉信是因自己的失误或拒绝而让对方不快，为消除曲解、增进友谊和信赖而写的表示赔礼道歉的信函。其最主要的目的是求得谅解，因此一定要真诚，让对方字里行间看出你在对自己的言行负责。

1）致歉信的格式。由四部分组成：称谓、正文、署名和日期。正文要诚恳说明给对方带来不快的原因并表示真诚歉意，请求谅解。

2）如何通过致歉信最大限度地求得对方谅解。首先要坦率地致歉，不作辩解或找借口，对方不知情的原因背景是有必要阐述的；其次是阐明处理该事件的解决方法，若有必要，提出适当的赔偿，比如"优质产品已经运送过去了"；最后要明确、肯定地表示此类错误不会再发生，并希望对方不要因为此事改变对你方的友好态度。

附致歉信范例：

致歉信

尊敬的××先生：

感谢贵方 2020 年 5 月 17 日的来函，信中指出了我方发票中的一个错误。

很抱歉，由于我们的工作疏忽，把 d18 项错记在贵方的账户上。我们对此深表歉意，我方相关人员认真检讨了自身行为，吸取教训，以后定会杜绝此类错误的发生。现将修改后的发票附上。

此致

敬礼

2020 年 5 月 18 日

(4) 联络函

联络函是平时用以培养客户关系、与客户保持联络的一种专用信函，也称为保持接触函。联络函的使用，不仅能证明自己的存在，保持与客户的接触渠道畅通，还能培养、深化对方对自己的良好印象，为以后可能的合作打下基础。一般而言，联络函应当定期寄发。从以下几个方面写联络函会带来不错的效果。

1）寻找适当的去信借口。借节日、庆典、重要活动之机致函，这样对方就不会觉得太唐突。

2）真诚地表达对对方的重视或关注。可以先向对方表达自己诚挚的问候，在信函中提及对方的成就和威望并表示赞赏。

3）简要介绍自己或公司发展状况以增进对方对自己及所在单位的了解。

4）伺机表示与对方合作的决心。不妨将想要与对方进行进一步交往、合作的意图表达出来，语言要严谨、诚恳。

5）把握友善的分寸。联络函是以联络为主题，因此篇幅宜短，语气宜友善。

（5）推荐函

推荐函，一般是指在校教师、企业管理者、社会权威人士等专为介绍某位人士并建议其他单位任用该人士而使用的信函。一封有力度的推荐函，相当于给被推荐者增加了一块竞争的筹码。推荐函的写作需要兼顾以下4个方面。

1）介绍自身情况。在推荐函的开始部分，写作者应简要交代一下自己的情况以及自己和被推荐者的关系。

2）给被推荐者一个全面、客观的评价。被推荐者的能力、阅历、特长以及素质等基本情况必须介绍清楚。评价被推荐者独特的经历以及出色的技能时，不妨举出实例。另外，可以发表一下关于对这个人是否能胜任他将要寻找的工作的意见，这个意见可以有所保留，也可以直截了当。

3）向收信者致谢。对收信者的问候与感谢不能忽略。

4）附上背景资料。背景资料是用人单位对被推荐者进行进一步了解的窗口，所附材料一般要有被推荐人的简历、证书、个人业绩等。

（6）拒绝函

拒绝函，是指出于拒绝外人或外单位的某项请求的目的而使用的信函。拒绝函的写作难度比其他公务信函的难度大很多，其内容也最难以把握，因为写信者要保证正式拒绝对方的同时不影响到双方的关系。如果想尽可能地减少拒绝函对你和对方关系的影响度，不妨参考以下要点。

1）尽快回复。拒绝函的使用很注重时效，时间拖得太久，会给对方处理事务带来消极影响，对自己而言也会耽误其他事情，因此，若无特殊原因，应立即回复。

2）说明拒绝事项及原因。对拒绝的具体事项应该在拒绝函里明确指出，含糊不清、模棱两可只会让对方更迷惑；拒绝原因是拒绝函中最重要的内容，必须认真地予以说明，以便使对方理解接受，不因此而影响双方的关系。

真诚致歉。不管以后还需不需要与对方合作，都应当向被拒绝者表达你的歉意，并恳请对方今后继续与自己保持联络。

（7）电子函件

电子函件，又称为电子邮件或电子信函，英语名称为E-mail，是利用电子计算机所组成的互联网，向交往对象发出的一种电子信件。

在使用电子邮件时，需要遵守以下几个方面。

1）除了不用信封和贴邮票外，必须遵守纸质书信的一般规范，要有礼貌，有称呼、问候、致谢、签名等。在内容上，应当认真撰写。主题要明确，语言要流畅，引用数据、资料最好要标明出处，以便收件人核对。篇幅要简洁，越短越好。

2）一封电子邮件尽可能只有一个主题，不在一封电子邮件内谈及多件事情，以便于日后整理。

3）可适当使用大写字母或特殊字符来突出主题，引起收件人注意，但应适度，特别是不要随便用"紧急"之类的字眼。

4）在收到他人的重要电子邮件后，应即刻回复对方。商务电子邮件理想的回复时间是2小时内，一般不宜超过24小时，特别重要、紧急的邮件最好做到即刻回复，如果事情复杂，至少应做出响应，表明正在处理中。如果你正在出差或休假，应该设定自动回复功能，

以免影响工作。

回复对方邮件时，应当根据回复内容需要更改主题。邮件回复一定要多于 10 个字，不能仅用"是的""对""谢谢""已知道"等字眼回复，这样有敷衍对方的嫌疑，是对对方的一种不尊重。

5) 如果电子邮件带有附件，应在正文里面提示收件人查看附件。附件文件应按有意义的名字命名，最好能够概括附件的内容，方便收件人下载后管理。正文中应对附件内容作简要说明，特别是带有多个附件时。附件数目不宜超过 4 个，数目较多时应打包压缩成一个文件。如果附件是特殊格式文件，应在正文中说明打开方式，以免影响使用。

3. 与客户来往礼仪

（1）邀约的礼仪

在商务交往中，因为各种各样的实际需要，商务人员需要对一定的交往对象发出邀请，邀请对方出席某项活动，或是前来己方家做客。

从商务交往的角度看，邀约实质上是一种双向的约定行为。当一方邀请另一方或多方人士，前来自己的所在地或者其他某处地方约会，或出席某些活动时，他不能仅凭自己的一厢情愿行事，而是必须取得被邀请方的同意与合作。作为被邀请者，需要及早地做出合乎自身利益与意愿的反应。不论是邀请者，还是被邀请者，都必须把邀约当作一种正规的商务约会来看待，而不可对其掉以轻心。

邀约有书面邀约和口头邀约。在一般情况下，邀约有正式与非正式之分。正式的邀约，既讲究礼仪，又要设法使被邀请者备忘，故此它多采用书面的形式。非正式的邀约通常是以口头形式来表现的，相对而言，它要显得随便一些。

1) 书面邀约。根据商务礼仪的规定，在比较正规的商务往来之中，必须以正式的邀约作为主要形式。

在正式邀约的诸多形式之中，档次最高，也最为商务人士所常用的当属请柬邀约。凡精心安排、精心组织的大型活动与仪式，如宴会、舞会、纪念会、庆祝会、发布会、单位的开业仪式等，只有采用请柬邀请嘉宾，才会被人视之为与其档次相称。

请柬又称为请帖，它一般由正文与封套两部分组成。不管是上街购买印刷好的成品，还是自行制作的，在格式与行文上，都应当遵守成规。请柬正文的用纸，大都比较考究。它多用厚纸对折而成，以横式请柬为例，对折后的左面外侧多为封面，右面内侧则为正文的行文之处。封面通常采用红色，并标有"请柬"二字；请柬内侧，可以同为红色，或采用其他颜色。但民间忌讳用黄色与黑色，通常不可采用。在请柬上亲笔书写正文时，应采用钢笔或毛笔，并选择黑色、蓝色的墨水或墨汁。红色、紫色、绿色、黄色以及其他鲜艳的墨水，则不宜采用。在请柬的行文中，通常必须包括活动形式、活动时间、活动地点、活动要求、联络方式以及邀请人等项内容。在请柬的封套上，被邀请者的姓名要写清楚，写端正。这既是为了向对方示敬，也是为了确保它被准时送达。

以书信为形式对他人发出的邀请，叫作书信邀约。比之于请柬邀约，书信邀约显得要随便一些，故此它多用于熟人之间。用来邀请他人的书信，内容自当以邀约为主，但其措辞不必过于拘束。其基本要求是言简意赅、说明问题，同时又不失友好之意。可能的话，它应当打印，并由邀请人亲笔签名。

在一般情况下，不论以何种书面形式邀约他人，均须做得越早越好。至少应当在一周之前送达对方手中，以便对方有所准备。否则不仅会让对方感到措手不及，而且也是非常不尊重对方的。

2）口头邀约。口头邀约即非正式邀约，有当面邀约、托人邀约以及打电话邀约等不同的形式，多用于商务人士正式的接触之中。

在一般情况下，口头邀约也应至少在一周之前通知对方，以便对方有所准备。不然，也是非常不尊重对方的。

3）应邀与婉拒。在商务交往中，商务人士不管接到来自任何单位、任何个人的书面邀约，都必须及时、正确地进行处理。自己不论能不能接受对方的邀约，均须按照礼仪的规范，对邀请者待之以礼，给予明确、合"礼"的回答：或者应邀，或者婉拒。

所有的回函，不管是接受函还是拒绝函，均须在接到书面邀约之后3日之内回复，而且回得越早越好。

在回函的行文中，应当对邀请者尊重、友好，并且应当对能否接受邀约这一关键性问题，做出明确的答复，切勿避实就虚，让人觉得"难解其中味"。如果拒绝，则讲明理由，就可以了。拒绝邀约的理由应当充分，卧病、出差、有约在先等均可采用。在回绝邀约时，不要忘记向邀约者表示谢意，或预祝其组织的活动圆满成功。

回函的具体格式，可参照邀请者发来的书面邀约。在人称、语气、措辞、称呼等方面，与之不相上下，就算不上失礼。在写接受函时，应将有关的时间与地点重复一下，以便与邀请者"核实"无误。在写拒绝函时，则不必这样做。

回函通知邀请者自己决定接受邀请后，就不能届时失约了。这类临时的"变卦"，会给邀请者平添许多麻烦。对于邀约上书面规定的赴约要求，被邀请者在原则上都应当接受，并且"照章办事"。

(2) 拜访的礼仪

拜访是指亲自或派人到有关单位去拜见、访问的活动。在人际之间、社会组织之间、个人与组织之间，拜访活动都是必不可少的。拜访可分为事务性拜访、礼节性拜访和私人拜访三种。事务性拜访又有商务洽谈性拜访和专题交涉性拜访之分。遵循一定的礼仪规范，是商务拜访取得成效、达到目的的关键所在。

作为拜访者在提出预约前应把拜访的具体时间、地点、目的等问题考虑详细周到，以免当对方问及时支支吾吾或信口开河。同时，也应考虑到若对方不同意，应该怎么办。时间的选择是对方是否接受拜访的首要条件。若是公务拜访，应选择对方上班的时间；若是私人拜访，应以不妨碍对方休息为原则，尽量避免在吃饭时间、午休时间，或者是在晚上十点钟之后登门拜访。一般说来，上午九点至十点钟，下午三点至四点钟或晚上七点至八点钟是最适宜的时间。地点的选择有三个：一是办公室，二是家里，三是公共娱乐场所，这要视拜访的具体目的而定。若是公务拜访，则应选择办公室或者娱乐场所；若是私人拜访，则应选择家里或者娱乐场所。拜访的目的要具体。如果对方拒绝拜访，要委婉地问对方何时有时间，何种情况下可以拜访；如遇对方确实忙，分不开身，则说："没关系，以后再联系。"

拜访是有一定目的的交际活动，因此拜访者在拜访前一定要根据拜访的内容，把材料准备充分，以免措手不及，达不到拜访的目的。作为拜访者，一定要对拜访的地点有所了解，特别是对自己首次去的地方，要提前了解一下交通路线，以免耽误时间。这是因为只知大概方向，不知具体确切的路线，会影响按时赴约。在拜访前，拜访者一定要把自己的名片准备好,并放在容易取出的地方,同时还要准备一些礼品。这对于促进情感的交流、增进相互了解有一定的作用。

拜访的时间不宜过长,当宾主双方都已谈完该谈的事情,叙完情谊之后就应及时起身告辞。此外,当遇到以下这几种情况,也应及时告辞:一是双方话不投机,或当你谈话时,主人反应冷淡,甚至不愿搭理时;二是主人虽显"认真",但反复看他自己的手表或看墙上的挂钟时;三是主人将双肘抬起,双手支于椅子的扶手时。告辞时对于主人的热情招待,千万不要忘记感谢,哪怕是简单的一句"多谢您的盛情招待""给您添麻烦了",这是一种最起码的礼貌。主动伸手握别,然后看好门外第一个拐弯处,当走到该处时,一定要再回头看看主人是不是还在目送。如果主人还未返回,应挥手向主人示意,以示最后的谢意。

(3) 接待的礼仪

在商务活动中,十分频繁的业务交往与商务合作,使得接待任务十分繁重。从接待礼仪的角度来说,在商务往来中,"来者都是客",不论客方平时与己方关系如何,都应以礼相待。

在商务活动中,为了以礼接待商界同仁,必须遵循商务礼仪的惯例和规范,只有这样,才能加强与被接待方的感情,使双方的合作愉快、顺利地进行。

1) 接待准备工作。从接到来客的通知后,接待工作就开始进入了准备阶段。这是整个接待工作的重要环节,应设想整个接待程序,注意细节,做到有条不紊。

接到来客通知时,首先要了解客人的单位、姓名、性别、民族、职业、级别、人数等;其次,要掌握客人的意图,了解客人的目的和要求以及在住宿和日程安排上的打算;再次,要了解客人到达的日期、所乘车次、航班和到达时间,然后将上述情况及时向主管人员汇报,并通知有关部门和人员做好接待的各项准备工作。

要按照身份对等的原则,安排接待人员。对较重要的客人,应安排身份相当、专业对口的人士出面迎送;也可根据特殊需要或关系程度,安排比客人身份高的人士破格接待。对于一般客人,可由公关部门派遣有礼貌、言谈流利的人员接待。

良好的环境是对来宾的尊重与礼貌的表示。接待室的环境应该明亮、安静、整洁、幽雅,应配置沙发、茶几、衣架、电话,以备接待客人进行谈话和通信联络之用。室内应适当点缀一些花卉盆景、字画,以增加雅致的气氛,还可放置几份报刊和有关本单位或公司的宣传材料,供客人翻阅。

与行政或公关部门联系,按时安排迎客车辆;预先为客人准备好客房及膳食;若对所迎接的客人不熟悉,需准备一块迎客牌,写上"欢迎×××先生(女士)"以及本单位的名称;若有需要,还可准备鲜花等。

2) 礼宾秩序的礼仪。礼宾秩序所要解决的是多边商务活动中的位次和顺序的排列问题。这是一个容易忽视的问题,不当的排序会引发误解甚至是纷争。在正式的商务活动中,礼宾秩序可参考下列 4 种方法。

一是按照来宾身份与职务的高低顺序排列。如接待几个来自不同方面的代表团时,确定礼宾秩序的主要依据是各代表团团长职务的高低。

二是按照来宾的姓氏笔画排列。在国内的商务活动中,如果双方或多方关系是对等的,可按参与者的姓名或所在单位名称的汉字笔画多少排列。其具体排法是,按个人姓名或组织名称的第一个字的笔画多少,依次按由少到多的次序排列。比如当参加者有丁姓、李姓、胡姓时，其排列顺序就是丁、李、胡。当两者第一字笔画数相等时，则按第一笔的笔顺横、竖、撇/捺/点、折的先后关系排列；当第一笔笔顺相同时，可依第二笔笔顺排列，依此类推。

三是按企业名称的英文字母顺序排列。在涉外活动中，则一般应将参加者的组织或个人按英文或其他语言的字母顺序进行排列。具体方法如下：先按第一个字母进行排列。当第一个字母相同时，则依第二个字母的先后顺序排列；当第二个字母相同时，则依第三个字母的先后顺序排列，依此类推。但每次只能选一种语种的字母顺序排列。

四是遵循身份对等的惯例。身份对等是商务接待礼仪中的常识和惯例，国内国外，上层下层，皆是如此。它表示对交往双方的尊重和敬意，也是对交往活动的重视。身份对等，是商务礼仪的基本原则之一。其基本含义，是指己方作为主人，在接待客户、客商时，要根据对方的身份，同时兼顾对方来访的性质以及双方之间的关系，安排接待的规格，以便使来宾得到与其身份相称的礼遇，从而促进双方关系的稳定、融洽与发展。这项原则，要求在接待工作中应把对方的身份置于首要的位置，一切具体的接待事务均应依此来确定。

3）迎候宾客。在商务往来中，对于如约而来的客人，特别是贵客或远道而来的客人，表示热情、友好的最佳方法，就是指派专人出面，提前到达双方约定的或者是适当的地点，恭候客人的到来。

对于来自本地的客人，接待人员一般应提前在本单位住地的大门口或办公楼下迎候客人。待客人的车辆驶近时，应面带微笑，挥起右臂轻轻地晃动几下，以示"我们在此已经恭候多时了，欢迎您的光临"之意。在来宾下车之后，我方的迎候人员应依照身份的高低，依次上前，与对方人员握手，并同时道一声："欢迎光临！"或是"欢迎，欢迎！"若双方此刻到场的人员较多，则我方应有专人出面，按照有关礼仪规范，为双方人员引见、介绍。接待来宾时介绍的顺序是先介绍主人，后介绍客人。若宾主双方需要介绍的人员较多，则应依照身份的高低顺序，先将我方人员的姓名、职务一一介绍给来宾，再将来宾一一介绍给我方人员。彼此见面后，即由我方接待人员引导到预定的会客室。

对于来自外地或海外的重要客人，接待人员应专程提前赶往机场、码头或火车站迎接客人的到来。当客人到达时，应主动上前对客人表示欢迎和问候，并就有关事宜进行简单的介绍。接着，陪同来宾乘坐我方为之准备好的车辆，驶往下榻地点。客人抵达住地后，尽可能妥善安排日程。

4）对宾客的陪同。商务接待活动中总是需要有人陪同客人进行一系列的活动，陪同中必要的礼仪会使客人感到踏实、温馨。

在商务活动中，接待人员陪同客人，步行一般应在客人的左侧，以示尊重；如果是主陪陪同客人，就要并排与客人同行；如属随行人员，应走在客人和主陪人员的后边。

负责引导时，应走在客人左前方一两步远的地方和客人的步速一致，遇到路口或转弯处，应用手示意方向并加以提示。乘电梯时，如有专人服务，应请客人先进；如无专人服务，接待人员应先进去操作，到达时请客人先行。进房间时，如门朝外开，应请客人先进；如门往里开，陪同人员应先进去，扶住门，然后请客人进入。

乘车时，陪同人员要先打开车门，请客人上车，并以手背贴近车门上框，提醒客人避免磕碰，待客人坐稳后，再关门开车。按照习惯，乘车时客人和主陪应坐在驾驶人后第一排位置上，客人在右，主陪在左，陪同人员坐在驾驶人身旁。车停后陪同人员要先下车打开车门,再请客人下车。如果接待两位贵宾,主人或接待人员应先拉开后排右边的车门,让尊者先上,再迅速地从车的尾部绕到车的另一侧打开左边的车门,让另一位客人从左边上车,只开一侧车门让一人先钻进去的做法是失礼的。当然,如为了让宾客顺路看清本地的一些名胜风景,也可以说明原因后,请客人坐在左侧,但同时应向客人表示歉意。需要强调的是,即使是为了让客人欣赏风景,也不要让客人坐驾驶人旁的位置。

5)送别宾客。送别客人是接待工作最后的,也是非常重要的一个环节。尽管接待和陪同都做得热情、周到,令客人满意,但假如最后送别时失礼,则前功尽弃。

当客人告辞时,应起身与客人握手道别。对于本地客人,一般应陪同送行至本单位楼下或大门口,待客人远去后再回单位;如果是乘车离去的客人,一般应走至车前,接待人员帮客人拉开车门,待其上车后轻轻关门,挥手道别,目送车远去后再离开。

对于外来的客人,应提前为之预订返程的车票、船票或机票。送别外宾,要按照迎接的规格来确定送别的规格,主要迎候人应参加送别活动。一般情况下送行人员可前往外宾住宿处,陪同外宾一同前往机场、码头或车站,也可直接前往机场、码头或车站恭候外宾,必要时可在贵宾室与外宾稍叙友谊,或举行专门的欢送仪式。

在外宾临上飞机、轮船或火车之前,送行人员应按一定的顺序同外宾一一握手话别,祝愿客人旅途平安并欢迎再次光临。飞机起飞或轮船、火车开动之后,送行人员应向外宾挥手致意,直至飞机、轮船或火车在视野里消失,送行人员方可离去。不可以在外宾刚登上飞机、轮船或火车时,送行人员就立即离去。

10.4 商务礼仪案例

【案例 10-1】 小李是一家运输公司的业务员,口头表达能力很强,对公司的业务流程、市场情况都很熟悉,为人热情,给人的感觉比较淳朴和勤快,在公司所有业务员中小李的学历也是最高的,但他的业绩总是在中下等。小李自己也很着急,不知道问题出在什么地方。业务经理帮他指出了问题所在,小李虽然平时性格开朗,但是不修边幅,头发经常乱蓬蓬的,和客户握手时能看到长长的指甲,身上的衬衫常有褶皱。其实小李的这种形象在和客户接触的第一时间已经给人留下不好的印象,让人觉得他是一个对工作不认真、责任感不强的人,通常很难有机会和客户进一步沟通,承接业务的可能性自然就不高了。

解析:小李在日常工作中的表现是不符合商务礼仪规范的。在商务交往中,仪容仪表是很重要的。如果我们对某个人的第一印象很不好,那么即使这个人事后的表现再好,我们对他的评价也不会高。这就是礼仪学里所谓的"首轮效应",有时也称为"首因效应"。它所探讨的,主要是一个人或一个单位留给他人的客观印象是如何形成的问题。其核心在于:人们在日常生活中初次接触某人、某物、某事时所产生的即刻印象,通常会在对该人、该物、该事的认知方面发挥明显的甚至是举足轻重的作用。对于人际交往而言,这种认知往往直接制约着交往双方的关系。

【案例 10-2】 经过长期洽谈之后,我国××公司终于同美国的一家跨国公司谈妥了一笔大生意。双方在达成合约之后,决定正式为此而举行一次签字仪式。因为当时双方的洽谈在我国举行,故此签字仪式便由××公司负责。在仪式正式举行的那一天,让××公司出乎意料的是,美方差一点要在正式签字之前临场变卦,原来××公司的工作人员在签字桌上摆放中美两国国旗时,误以中国的传统做法"以左为上"代替了目前所通行的国际惯例"以右为上",将中方国旗摆到了签字桌的右侧,而将美方国旗摆到签字桌的左侧。结果让美方人员恼火不已,他们甚至因此而拒绝进入签字厅。这场风波经过调解虽然平息了,但它给了人们一个教训:在商务交往中,对于位次的礼仪不可不知。

解析: 在商务活动中,尤其是涉外活动中,位次的排列十分重要。行走、引导、接待、会议、餐饮、乘车等,对不同身份的人都有不同的位次安排。位次安排是否规范,是否符合礼仪的要求,往往代表了对交往对象的尊重和友善。位次排列安排不当,或不符合国际惯例,很容易出现不愉快的场面,会引起不必要的误会,影响合作,对此必须认真对待。

举行双边签字仪式时,位次排列的基本规则包括以下三点:第一,签字桌一般是在签字厅内横放;第二,双方签字者面对房间正门而坐;第三,双方参加签字仪式的其他人员,一般需要呈直线形,单行或者多行并排站立在签字者身后,并面对房间正门,通常面对房门,站在右侧的人是客方,站在左侧的人是主方。同时强调中央高于两侧,也就是双方地位高的人站在中间,站在最外面的人地位相对较低。如果站立的签字仪式参加人员有多排,一般还讲究前排高于后排,站在第一排的人地位较高。

复习思考题

1. 礼仪在商务活动中有什么作用?
2. 在商务沟通中电子邮件的使用需要注意哪些问题?

参考文献

[1] 丁波,夏立国. 运输商务管理 [M]. 南京:东南大学出版社,2009.
[2] 刘作义,赵瑜. 运输市场营销学 [M]. 北京:中国铁道出版社,2010.
[3] 赵瑜,刘作义. 运输市场营销学 [M]. 北京:北京交通大学出版社,2012.
[4] 胡洋. 运输市场营销 [M]. 北京:电子工业出版社,2013.
[5] 汤银英. 运输商务管理 [M]. 北京:科学出版社,2014.
[6] 陈鹏. 浅析国内航空旅客票价 [J]. 空运商务,2006 (4):36-39.
[7] 李津,金俊武. 运输商务管理 [M]. 北京:国防工业出版社,2005.
[8] 刘作义,郎茂祥. 运输商务 [M]. 北京:中国铁道出版社,2003.
[9] 彭楚挞. 如何节省港口使费 [J]. 中国水运,2003 (1):27-29.
[10] 唐秋生,刘玲丽. 交通运输商务管理 [M]. 北京:人民交通出版社,2006.
[11] 王学锋. 国际物流运输 [M]. 北京:化学工业出版社,2004.
[12] 曾天文. 高速公路旅客运输相关问题研究 [D]. 成都:西南交通大学,2007.
[13] 中国民用航空总局. 中国民用航空旅客、行李国内运输规则 [Z]. 2004.
[14] 冯媛媛. 运输实务 [M]. 北京:对外经济贸易大学出版社,2004.
[15] 胡骥. 对外运输贸易与保险 [M]. 成都:西南交通大学出版社,2006.
[16] 李津,金俊武. 运输商务管理 [M]. 北京:国防工业出版社,2005.
[17] 刘作义,郎茂祥. 运输商务 [M]. 北京:中国铁道出版社,2003.
[18] 杨广文. 交通大辞典 [M]. 上海:上海交通大学出版社,2005.
[19] 郑文礼,周红刚,钟锃光. 管理信息系统原理与应用 [M]. 厦门:厦门大学出版社,2016.
[20] 李洪心,刘继山. 电子商务案例分析 [M]. 大连:东北财经大学出版社,2017.
[21] 周江雄,庞燕. 国际货物运输与保险 [M]. 武汉:国防科技大学出版社,2006.
[22] 武敬敏. 商务礼仪一本就够 [M]. 北京:石油工业出版社,2012.
[23] 萝薇. 商务礼仪 [M]. 长春:吉林教育出版社,2019.
[24] 罗树宁. 商务礼仪与实训 [M]. 北京:化学工业出版社,2012.